MON PREMIER TREK

Aux Éditions du Petit Page

Déjà parus

Charles CONORD
Mémoires d'un sonneur de cors ou « Conorreries en vrac »

Edmond NEUKOMM
Histoire de la musique militaire

Christian PAUL
Les sociétés musicales du bassin thermal de Vichy de 1860 à 1914

Christine de PAS
Madame Brillon de Jouy et son salon

À paraître

Lionel RENOUX
Eugène Vivier, un corniste au XIXe siècle

Michel BRENET
La musique militaire

Oscar COMETTANT
Histoire d'un inventeur au XIXe : Adolphe Sax
La musique de la Garde républicaine en Amérique

Eugène de MIRECOURT
Adam, Auber, Berlioz, David, Meyerbeer, Offenbach, Rossini

Albert PERRIN
Les musiques militaires

Constant PIERRE
La facture instrumentale à l'Exposition universelle de 1889

Lorenzo Cardona

Mon premier trek

Petit Page

En couverture :

Dans la vallée de la Kangsar-Khola, Catherine contemple les 7 134 mètres du Tilicho Peak.

ISBN : 978-2-9538403-5-3

Préface

Lorsque j'ai demandé à mon ami Lorenzo, alors que nous entamions les premiers pas de notre périple en Himalaya, de consigner par écrit les aventures – mais aussi, les mésaventures – que nous nous apprêtions à vivre ensemble, je ne pouvais alors imaginer à quel point ce jour-là j'avais fait un choix judicieux.

D'aucuns pourraient craindre un de ces banals récits d'expédition sous forme de « cahier de route » se bornant à lister des évènements de façon chronologique – voire soporifique – et n'ayant en fait d'intérêt que pour ceux qui les ont vécus, à la manière d'un simple « pense-bête ». Ces censeurs blasés auraient bien tort de juger de façon aussi sévère cet ouvrage qui respire la fraîcheur et la bonhomie.

Ni roman à suspense ni savant ouvrage littéraire destiné à figurer parmi les *best-sellers* du rayon montagne, l'intérêt de ce récit réside principalement dans son caractère authentique, sa simplicité touchante, sa sincérité empreinte d'une grande sensibilité. Tout au long de cette légendaire cheminée himalayenne, devenue aujourd'hui une « grande classique », le lecteur aura l'impression de vivre en direct, sans fioriture superflue ni artifice littéraire, les sensations habituellement douces, parfois fortes, très souvent drôles, les moments de liesse comme ceux d'angoisse, que tout randonneur découvrant le Népal pour la première fois peut être amené à vivre en ce monde si différent de notre Occident matérialisé et surfait.

En rendant hommage à l'auteur de ce récit, je salue au passage l'homme de cœur fidèle, le compagnon d'aventure merveilleux et si sympathique qu'est mon ami Lorenzo. Drôle, sensible, excellent camarade, d'humeur égale et joviale, il est pour moi l'exemple du partenaire que l'on souhaiterait toujours avoir à ses côtés dans pareille aventure. Puissent ces quelques lignes faire pardonner, en partie, le chef d'expédition pas toujours très patient que je fus vis-à-vis de lui, dans certaines circonstances où la formation de montagnard « à la dure » qui fut la mienne jadis, rejaillit, de temps à autre, spontanément et sans concessions.

Jean-Pierre Revoil

Préambule

Lorsqu'au début de ce trek mon ami Jean-Pierre m'a proposé de consigner par écrit les évènements de chaque journée, j'étais loin d'imaginer l'ampleur de la tâche qui m'attendait.

Je me suis appliqué à prendre des notes sur un carnet le plus précisément possible, parfois même en marchant.

Le soir et pendant la pause du repas de midi, je retranscrivais ces simples aide-mémoires presque illisibles, de manière plus développée sur un cahier d'écolier. Une fois tous couchés, Catherine et Jean-Pierre me demandaient de leur en faire la lecture. Le fait que je notais également de nombreux détails parfois croustillants de notre vie quotidienne et que je laissais transparaître sans concession le caractère de chacun d'entre nous, les amusait beaucoup. Cela m'a encouragé à poursuivre même si, bien souvent, après une longue et éprouvante journée de marche ma rédaction devenait une véritable corvée.

À l'issue du trek, Catherine, Jean-Pierre ainsi que quelques amis m'ont demandé de leur en faire une copie.

Je n'ai pas osé leur présenter le récit à l'état brut : l'écriture était beaucoup trop télégraphique. C'est alors qu'a commencé pour moi un exercice de style auquel je ne m'étais jamais livré. Comment développer en phrases à peu près acceptables tout un récit ? Chaque jour nous marchions durant des heures sur des chemins interminables, dans des décors sublimes. Chaque jour, nous découvrions la montagne : grandiose, gigantesque, colossale, titanesque. Comment trouver les mots justes, comment exprimer tout cela, étape après étape, sans me répéter de manière excessive ?

Ceux qui ont lu ce récit m'ont fait part de leur enthousiasme et de leur sentiment de participer à ce trek jour après jour. Tous ont semblé amusés par les nombreuses anecdotes relatées, ainsi que par mes multiples déconvenues.

Quelques années plus tard j'ai osé me relire. J'ai été sidéré par la multitude de maladresses, de fautes de style et de syntaxe. Je me suis appliqué à effectuer de nombreuses corrections. J'en ai profité pour y ajouter des informations sur le Népal. J'ai lu de nombreux livres et je pense avoir une idée de ce qu'est la littérature. Ici rien de tel : il ne s'agit que d'un simple récit de voyage relatant notre manière de vivre et nos états d'âme au jour le jour.

Je n'ai que l'ambition de faire partager à mes amis et à ceux qui auront la curiosité de me lire, les anecdotes vécues et les sentiments que nous avons éprouvés durant ce voyage exceptionnel.

Lorenzo Cardona

Chapitre 1

Samedi 6 et dimanche 7 avril

Paris ➔ Katmandou

Catherine, Jean-Pierre, Jacques, Gilles et moi, avons rendez-vous à midi à la salle de répétition de la Musique de l'Air de Paris, sur la cité de l'Air à Balard, ce samedi 6 avril 2002. Nous entreposons nos lourds sacs marins et nos sacs à dos rebondis dans le hall. Catherine est arrivée la première. Sans perdre un instant, elle s'assied près de la fenêtre et s'attaque à un ouvrage au point de croix. Elle sait que pour passionnant que s'annonce notre périple, il faudra compter avec de nombreux moments d'attente durant lesquels il vaudra mieux avoir de quoi s'occuper. Quelques instants plus tard nos trois amis nous rejoignent, nous sommes au complet.

Jean-Pierre, Catherine et moi nous connaissons de longue date, nous faisons partie tous les trois de la Musique de l'Air de Paris. Il s'agit de la musique de prestige de l'Armée de l'Air, chargée de rendre les honneurs aux plus hautes autorités civiles et militaires et d'apporter du brio et de la solennité aux cérémonies. Elle offre également de nombreux concerts en France et à l'étranger remplissant ainsi, à l'instar de la Patrouille de France, son rôle d'ambassadrice de l'Armée de l'Air. Tous ses membres sont des musiciens professionnels recrutés sur concours qui endossent le statut militaire dès leur admission.

Jacques et Gilles viennent de Dijon. Ces deux amis sont également camarades de travail ; ils sont entrepreneurs en bâtiment. Catherine et moi avons fait leur connaissance depuis peu. Seul Jean-Pierre connaît tout le monde, il est en quelque sorte le catalyseur qui nous a réuni pour former une équipe.

Catherine est une jeune femme d'une trentaine d'année, brune, svelte, jolie, d'un naturel élégant et racé ; au premier abord elle en impose malgré elle pour qui ne la connait pas. Mais, très vite, sa bonne humeur et sa gentillesse dévoilent une personne agréable, sensible, très à l'écoute des autres. Toutefois, même en compagnie, elle se réserve des instants où elle aime s'isoler dans ses réflexions ou dans des tâches telles que la lecture ou le point de croix comme c'est le cas aujourd'hui. Ceci lui confère un je ne sais quoi d'énigmatique. C'est une excellente musicienne, elle est hautboïste au sein de l'orchestre d'harmonie de la Musique de l'Air. Sportive, passionnée bien sûr de musique mais aussi de culture et d'évasion, elle a été immédiatement séduite par le projet de Jean-Pierre. Avec son époux Fabrice, trompettiste à la Musique de l'Air, elle a déjà visité de nombreux pays du pourtour méditerranéen. D'un naturel beaucoup plus sédentaire et moins sportif, son mari a jugé plus prudent de ne pas se joindre à nous pour un tel périple.

Jean-Pierre est flûtiste de formation et compositeur. Malgré ses responsabilités de chef adjoint de la Musique de l'Air et de directeur de conservatoire, il est un véritable boute-en-train qui ne se prend jamais au sérieux. En revanche, ses facultés professionnelles lui ont donné de réelles aptitudes d'organisateur et de meneur d'hommes. La quarantaine passée, brun, mince, de taille moyenne, tout en muscles, Jean-Pierre est un sportif accompli. Passionné de montagne, formé très jeune à la dure école de l'alpinisme par les vieux guides de Chamonix, il connait la plupart des voies d'escalade du massif du mont Blanc. Au fil des années, il en a fait découvrir une partie à son épouse Brigitte, à ses deux fils ainsi qu'à ses amis. En perpétuelle effervescence, il regorge d'idées et de projets ; il se fixe sans cesse de nouveaux objectifs. D'un naturel enjoué, toujours avec le sourire, il sait les communiquer et les faire partager. Doté d'une grande force de conviction, il fédère ses amis autour de ses différentes entreprises. Lui et moi avons tant de passions et de sujets de conversation communs que nous sommes très vite devenus amis.

Jacques, l'entrepreneur, est un ami de longue date de Jean-Pierre. Il est trompettiste de formation et joue également du cor. Ils se sont connus lorsque Jean-Pierre dirigeait la musique du régiment de transmissions au mont Valérien en banlieue parisienne ; Jacques y a été nommé tambour major. Par la suite, il a poursuivi une carrière militaire outre-mer puis a rejoint sa région natale du côté de Lyon où il a repris l'entreprise de maçonnerie familiale. Châtain, râblé, la quarantaine passée, célibataire, Jacques est une force de la nature. Sa silhouette corpulente, quelque peu bedonnante, son apathie apparente et son sourire malicieux lui donnent un air de franche bonhomie. Etant resté en contact avec Jean-Pierre, celui-ci l'a tout naturellement convaincu au fil du temps de participer à plusieurs randonnées et escalades dans les environs de Chamonix.

Gilles, entrepreneur en maçonnerie également, collègue et ami de Jacques a fait la connaissance de Jean-Pierre par son intermédiaire il y a seulement quelques mois. Blond, grand, svelte, sportif, Gilles est un baroudeur infatigable ; c'est un passionné de voyages lointains, il adore s'immerger dans des cultures différentes. Il a également pratiqué l'alpinisme. Au premier abord, il vous transperce et vous sonde du regard, ce qui peut paraître déconcertant. Peu à peu, son ouverture d'esprit et sa faculté à communiquer dévoilent un personnage plus avenant sans toutefois lever entièrement le voile sur sa personnalité.

Quant à moi, trompettiste de formation, cornettiste à l'orchestre de cuivres de la Musique de l'Air, je me suis associé à l'aventure qui se prépare, par curiosité, goût de l'évasion et de tout ce qui sort de l'ordinaire. J'ai été contraint de laisser dans le Gers où j'habite, ma femme et mes deux enfants, pour vivre ce genre d'expérience au moins une fois dans ma vie. Brun, chauve, de taille moyenne, plutôt trapu, du haut de mes quarante-sept ans, je suis le plus vieux de l'équipe. Je n'ai jamais pratiqué l'alpinisme mais suis un passionné de montagne ; j'ai de nombreuses randonnées à mon actif. Contemplatif, je m'extasie en permanence sur le miracle de la nature et de l'univers. Malgré cela, je suis un touche-à-tout, exerçant de très nombreuses activités ; je suis plutôt lent, maladroit, curieux de tout, et doué en rien. Quand il le faut, je suis capable d'une volonté et d'une persévérance à toute épreuve, toujours prêt à plaisanter et à tout tourner en dérision.

Nous avons chacun deux gros sacs marins qui iront dans la soute de l'avion et un sac à dos que nous essaierons de faire admettre dans la carlingue malgré son embonpoint. Cela nous fait déjà un total assez conséquent de quinze sacs entassés à l'angle du hall, soit à peu près cent-quatre-vingts kilos.

Si l'on considère les autres cent-quatre-vingts kilos de matériel expédiés la veille en fret par Jean-Pierre, nous totalisons trois cent soixante kilos. Tout ce barda devra être acheminé dans l'Himalaya à travers une randonnée d'environ deux cent cinquante kilomètres, parfois à plus de cinq mille mètres d'altitude autour de la chaîne des Annapurnas.

Il sera porté par une équipe népalaise composée de quatorze personnes que nous rejoindrons à Katmandou. Quand je pense qu'ils auront également à transporter leur propre matériel, ainsi que les ustensiles de cuisine et la nourriture, j'ose à peine imaginer les charges qu'ils auront à supporter.

Nous allons manger au mess de la cité de l'Air, l'esprit serein, excités par cette aventure hors du commun. Nous avons cependant une légère appréhension à la perspective de tous les imprévus que nous allons inévitablement rencontrer.

Malgré cela, nous sommes extrêmement soulagés de pouvoir enfin concrétiser ce que nous préparons depuis de longs mois.

L'idée vient de Jean-Pierre. Elle a d'abord émergé sous forme de rêve puis, une fois partagé, le rêve a, peu à peu, pris corps sous la forme d'un projet. Il a très vite envahi nos vies et celles de nos familles respectives. Nous avons découvert et partagé les contraintes liées aux longs préparatifs et aux démarches administratives indispensables.

Le plus radieux d'entre nous est Jean-Pierre, coordinateur de ce projet auquel nous avons tous adhéré pour le meilleur et pour le pire. Il a su nous communiquer son enthousiasme et nous convaincre. Nous avions toutefois déjà une forte propension à l'évasion, à ce qui sort de l'ordinaire et qui n'est accessible que si l'on décide de s'en donner vraiment les moyens. Jean-Pierre a dépensé son temps et son énergie sans compter. Il a établi de nombreux contacts en France et au Népal : par courrier, par téléphone, par internet. Il a également mis en place toute la logistique nécessaire. Aucun détail n'a été laissé au hasard. Il a élaboré des fiches avec toutes les adresses et les numéros de téléphone à contacter : ambassades, compagnies aériennes, hôtels, banques, assurances, magasins etc. Il a établi des plans de progression avec les différentes étapes envisagées, en indiquant pour chacune d'elles : le temps de marche, le dénivelé positif, le dénivelé négatif, prévu un palier d'adaptation à l'altitude et une phase d'entraînement en cordée et crampons à glace. Il nous a aussi indiqué, point par point, la nature et la quantité de matériel individuel et collectif nécessaire. Il a prévu, en concertation avec des médecins, le matériel médical et de sécurité indispensable : médicaments divers, anti-inflammatoires, antiseptiques bandes, attelles, etc. En effet, loin de tout secours, à plus d'une semaine de marche de toute route carrossable, il nous faudra nous préparer à traiter au mieux toutes sortes d'accidents et de pathologies possibles.

Nous emportons un caisson hyperbare gonflable pour, le cas échéant, pouvoir traiter sur place l'un d'entre nous atteint du mal aigu des montagnes. Nous louons également un téléphone satellitaire pour être en mesure de contacter rapidement, si nécessaire, des moyens de secours plus conséquents. La riche expérience de la montagne acquise par Jean-Pierre lors de ses innombrables courses dans les Alpes, notamment dans la région de Chamonix, nous est d'une précieuse utilité.

Jean-Pierre est effectivement radieux, car, enfin ça y est, tout ce travail de fourmi, toute cette persévérance méticuleuse, finissent par se concrétiser. À plusieurs reprises, il me tape sur l'épaule et me dit : « Tu te rends compte, on y est, ça y est, c'est parti ! » Comme d'habitude sa bonne humeur est communicative et nous sommes déjà tous dans de bonnes dispositions. Le repas est pris en toute tranquillité sans précipitation aucune. Nous mangeons machinalement, sans trop nous préoccuper de ce que nous avons dans nos assiettes ; notre esprit et nos propos sont ailleurs. Aux tables voisines les conversations sont principalement axées sur le déroulement du travail de la journée. Les gens qui nous entourent n'imaginent pas à quel point nous sommes déjà loin de ce lieu.

Après avoir pris tout notre temps, bu un café, fait un récapitulatif des différentes phases de notre projet, nous prenons davantage conscience de la part d'imprévu qui nous attend certainement malgré notre méticuleuse préparation. Il est 15 heures ; il est l'heure de partir. Nous entassons tout notre barda dans le fourgon qui va nous conduire à Orly. Nous avons calculé large ; notre décollage n'est prévu qu'à 17 h 45.

Arrivés à l'aéroport, commence alors une interminable attente. En nous observant mutuellement, nous sommes amusés par nos allures respectives. Afin d'alléger nos sacs, nous nous sommes équipés de ceintures de trek, grosses chaussures de marche, casquettes, chapeaux, lunettes de soleil, appareil photo, caméra... Il n'est nul besoin d'être très perspicace pour comprendre que nous n'allons pas sur la Croisette. Celui d'entre nous qui a la touche la plus remarquable, c'est Jean-Pierre. Il observe tout, arpente le hall d'un pas lent et balancé, caméra au poing, prêt à saisir le moindre détail, la moindre attitude qui pourrait présenter un intérêt pour le montage vidéo qu'il s'est promis de faire au retour. Il est affublé de gros godillots, de chaussettes montantes et arbore un chapeau particulier, certainement efficace en montagne, mais totalement ridicule en ville même dans un hall d'aéroport. Il déambule, un rictus bon enfant quasi figé sur le visage, les yeux bridés de malice ; on le croirait directement issu d'un film comique ou prêt à entrer sur une piste de cirque pour un numéro de clown.

Nous repérons un bar et, pour tuer le temps, nous décidons de nous y installer à la grande joie de Jacques qui esquisse un large sourire à l'idée de pouvoir se délecter de l'alchimie du malt et du houblon.

Nous avons tout le loisir de discuter à bâtons rompus et de mieux nous connaître. Nous évoquons nos voyages et expériences de la montagne. L'année précédente, Catherine et Jean-Pierre ont fait l'ascension du mont Blanc ensemble. Jacques a également effectué des courses en montagne avec Jean-Pierre. Gilles a lui aussi une certaine expérience de la montagne. Dans ce domaine, je suis le novice qui n'a fait que de la randonnée. Certes j'ai déjà fait de nombreuses marches en montagne, certaines de onze heures, même de quinze heures dans la journée, mais jamais d'ascension, jamais de cordée.

Le périple que nous allons effectuer n'exige pas d'expérience particulière en alpinisme, si ce n'est le passage qui va durer trois jours et que nous avons choisi de franchir au niveau du lac Tilicho par le col du Mesocantu. Nous risquons d'y rencontrer des conditions particulières qui requerront des connaissances en alpinisme et nécessiteront d'évoluer en cordée.

Nous aurions pu envisager un trek beaucoup plus conventionnel, en faisant le tour par le col de Thorung La, plus élevé, mais mieux exposé et plus facile d'accès, puis par Muktinath, haut lieu de pèlerinage bouddhiste et hindouiste. Cela nous aurait permis de partir en expédition légère et de dormir chaque nuit en lodge en achetant le ravitaillement sur place. Le développement du trekking et l'afflux de touristes qui en découle ont fait surgir de nombreux lodges et boutiques tout au long du parcours. Si les prix peuvent paraître exorbitants pour les autochtones du fait qu'il faut tout acheminer à dos d'homme, ils demeurent néanmoins tout à fait raisonnables pour les Occidentaux que nous sommes.

Seulement voilà : pour sortir des sentiers battus, nous avons envisagé de passer par le lac Tilicho, à environ 5 000 mètres. C'est le lac de grandes dimensions le plus élevé de la planète. Jusqu'à présent j'ai toujours cru comme on me l'a enseigné à l'école à l'époque où ma seule préoccupation était d'avoir des billes et des malabars plein les poches, que le lac le plus élevé, au nom savoureux pour un potache, était le lac Titicaca, 3 800 mètres, en Amérique du sud entre la Bolivie et le Pérou. Vérification faite sur un dictionnaire, j'apprends qu'il s'agit du plus haut lac navigable du monde. Navigable ! Voilà toute la différence, voilà la subtile nuance qui induit en erreur des générations entières qui n'ont que faire de naviguer à de pareilles altitudes.

Nous voulons voir et fouler un lieu de notre planète qui se mérite. Cela nous oblige à évoluer en autonomie totale, sans aucune assistance possible durant trois jours. C'est pour ces trois jours que nous partons en expédition à l'ancienne, avec une équipe népalaise de quatorze personnes et avec trois cent soixante kilos de matériel. Nous avons tous conscience que ce trek est totalement disproportionné, nous déployons de gros moyens pour seulement trois jours, sans avoir la certitude de pouvoir passer. Si tel était le cas, nous devrions rebrousser chemin et après avoir perdu trois jours de marche, nous rejoindrions l'itinéraire plus conventionnel par le col de Thorung La.

Au cours de nos conversations à bâtons rompus qui, malgré tout, reviennent inexorablement sur le Népal et les voyages en général, nous apprenons que Jacques, en qualité d'ancien militaire, a déjà bien vadrouillé, surtout en outre-mer. Même s'il nous dit avoir vécu des moments difficiles, c'est pour lui une somme d'expériences enrichissantes dont il garde d'excellents souvenirs et une certaine nostalgie. Gilles est déjà allé plusieurs fois en Inde avec son épouse ; il semble totalement adhérer à la culture et à la philosophie orientale. Il fait un parallèle entre l'Inde et le Népal. Bien que réellement touché par l'existence misérable d'une grande partie de ces populations, il nous parle de ces pays pauvres et des rapports humains qu'on peut y avoir. Il accepte, sans complaisance, une certaine fatalité presque d'un air blasé.

Jean-Pierre filme à tour de bras et extrapole sur des projets de futures courses en montagne. Catherine, peu loquace, n'intervient que de temps à autre dans la conversation. Elle s'est lancée avec frénésie dans son ouvrage au point de croix. Elle compte les points, pique, repique, change de fil, coupe, vérifie à nouveau ; progressivement de son travail de fourmi émerge un tableau pointilliste dont la résolution s'affine peu à peu. Quant à moi, je me bats pour tourner les pages d'un journal embroché dans un vigoureux manche en bois, conçu pour éviter que des clients distraits ou indélicats ne s'approprient le quotidien. Manipuler un tel étendard à proximité d'une table exiguë encombré de verres, sans rien renverser, exige de ma part une habileté qui m'est peu coutumière.

Quelques heures et quelques consommations plus tard, un mouvement de foule nous indique que nous pouvons, enfin, faire enregistrer nos bagages.

Commence alors un déploiement d'ingéniosité pour essayer d'alléger les sacs marins qui iront dans la soute et réduire le volume du sac à dos que nous emporterons avec nous dans la cabine. Nous transférons tout ce qui est volumineux dans les sacs marins et ce qui est lourd dans les sacs à dos. Jean-Pierre nous recommande de ranger également, nos couteaux et nos ciseaux dans les sacs qui iront dans la soute, pour ne pas avoir de problèmes au moment du contrôle. Je me sépare avec regret de ma pince multiusage et de mes petits ciseaux coupe ongles que je transporte toujours avec moi. Afin de réduire encore le volume de mon sac à dos, j'accroche à ma ceinture : deux sacoches supplémentaires, mon appareil photo, mon téléobjectif glissé dans un étui prévu pour une gourde et je suspends autour du cou une pochette qui contient tous mes papiers, billets, argent, etc. C'est désolant, mon sac est encore trop gros ; je le sangle alors énergiquement à l'aide des lanières qui en pendent de toutes parts. Je le réduis, en profondeur, en largeur, en hauteur et lorsqu'il n'est plus qu'une loque informe, enfin satisfait, je l'exhibe fièrement à mes camarades. Certains regards discrets et amusés me font comprendre que, contrairement à mon sac à dos, je ne passe pas inaperçu. Ma ceinture bardée de toute sorte de sacoches et d'objets divers qui ballottent tout autour de ma taille, me fait ressembler à un Rambo de pacotille. Je prends alors l'air le plus dégagé possible, comme s'il était tout naturel de se balader ceinturé d'un tel fatras. Pour couronner le tout, j'endosse comme les autres ma volumineuse veste polaire, alors qu'il fait beau à Paris et que nous sommes à l'abri. C'est toujours cela de moins dans nos sacs.

Arrive le moment de vérité : la pesée des sacs. Certains d'entre eux me paraissent tout de même très lourds ; je remarque qu'ils débordent légèrement du tapis de pesée. Comme je suis juste à côté, très discrètement et le plus naturellement du monde, faisant levier en m'appuyant sur le talon, avec la pointe du pied, j'essaie de soulager les sacs d'une infime partie de leur poids. Après tout, si j'étais gros personne n'y trouverait à redire, les kilos excédentaires passeraient sans aucun problème et cela alourdirait tout de même l'avion. Que de mauvaise foi ! Est-ce l'esprit resquilleur français ? Sans doute cela n'a-t-il servi à rien, mais quoi qu'il en soit, cela m'a procuré une certaine satisfaction. Curieux paradoxe : nous allons traverser un bon quart de la planète, faire le tour de montagnes colossales dans des décors sublimes, notre esprit va cheminer vers les pensées les plus élevées et nous trouvons le moyen de nous satisfaire des plus petites mesquineries de ce genre. La nature humaine est ainsi faite et j'en fais partie.

Nous pensions qu'après l'enregistrement de nos bagages, l'affaire serait vite réglée, mais notre attente se prolonge indéfiniment. Le décollage était prévu à 17 h 45 et plus d'une heure après nous sommes toujours dans l'aéroport ; nous avons seulement changé de hall. Dehors, nous pouvons contempler l'énorme oiseau blanc et vert d'Air Bangladesh qui va nous conduire en un peu plus de neuf heures à plus de dix mille kilomètres d'ici. Il s'agit d'un DC10-30, facilement reconnaissable à son troisième réacteur perché sur l'empennage ; il me fait penser à un sèche-cheveux géant.

Bien plus tard, au moment d'embarquer nous remarquons un homme de type indien en pleines palabres et gesticulations avec les membres d'équipage. Il a un carton beaucoup trop lourd et volumineux qui n'est pas admis dans la cabine et il est trop tard pour être transféré dans la soute. Nous suivons les couloirs qui nous conduisent au satellite et nous nous retrouvons sans même nous en rendre compte à l'intérieur de l'avion.

Lors du contrôle aux rayons X, Jean-Pierre qui nous avait pourtant recommandé de transférer tout ce qui était pointu ou tranchant dans les sacs marins qui vont dans la soute, se fait confisquer le couteau qu'il a oublié dans son sac à dos. Catherine quant à elle, malgré ses véhémentes protestations, se voit confisquer ses inoffensifs petits ciseaux en forme de cigogne. Elle va devoir renoncer au point de croix, à moins de se résoudre à couper systématiquement le fil avec les dents.

Nous sommes accueillis par de gracieuses hôtesses en sari, un foulard jaune safran savamment posé sur l'épaule pour donner l'impression d'y avoir été jeté négligemment. Nous nous installons ; il n'y a pas beaucoup de monde, l'avion n'est occupé qu'à peu près au tiers de sa capacité. Nous prenons nos aises, nous occupons un siège sur deux. Après une nouvelle demi-heure d'attente, nous voyons entrer l'homme qui insistait pour faire admettre son carton ; il a l'air satisfait et plutôt suffisant. Après d'âpres négociations, je ne sais pas ce qui a fait fléchir l'équipage, mais il a obtenu gain de cause et c'est sans la moindre gêne qu'il monte à bord après avoir fait perdre un temps considérable.

Sur un écran, avant de nous expliquer les consignes de sécurité, on nous projette des scènes de ferveur musulmane sur fond de mosquées et de minarets. Les appels plaintifs du muezzin, psalmodiés dans un registre aigu, à grand renfort de « h » aspirés et de subtiles modulations au quart de ton, annoncent l'heure de la prière. À genoux et déchaussés, les fidèles participent à une des cinq prières de la journée. Celle-ci est collective ; ils implorent Allah, lèvent les bras au ciel et quand ils posent les mains à terre, des rangées de fesses bien alignées se redressent dans un mouvement uniforme.

Ça y est, l'avion roule à peine sur le tarmac que nous sommes déjà transportés dans l'ambiance du Bengladesh, pays principalement musulman depuis la partition de l'Inde en 1947. Nous décollons, il est 20 h 37 ; enfin ! *Inch Allah !*

C'est rassurant, avant un vol la compagnie Air Bangladesh place ses voyageurs sous la protection divine. J'espère qu'elle compte un peu aussi sur ses pilotes, son personnel et ses mécaniciens. De toute manière il n'y a rien à craindre, on n'a jamais vu un avion ne pas revenir au sol.

Une hôtesse nous propose aimablement un verre d'eau que nous refusons poliment. Nous suivons scrupuleusement les conseils de Jacques et de Gilles qui ont déjà eu l'occasion de voyager dans des pays tropicaux, ils nous ont recommandé la plus grande prudence. Si l'eau n'est pas servie en bouteilles capsulées, n'en connaissant pas l'origine, il vaut mieux s'abstenir d'en boire.

Jean-Pierre procède à quelques prises de vue avec sa caméra, ce qui me donne l'idée de prendre des photos.

Après avoir échangé diverses considérations, chacun d'entre nous se plonge dans la lecture de livres et de magazines.

J'observe Catherine qui, avec une concentration et une minutie remarquable, compte des mailles, elle a abandonné avec regret son ouvrage au point de croix, faute de ciseaux, pour un ouvrage au crochet. Tour à tour, elle le manipule lentement de manière très appliquée, puis subitement, prise d'une sorte de frénésie mystérieuse, à toute vitesse avec une dextérité incroyable, passe dans les mailles accroche le fil, repasse, recommence avec des gestes précis, des automatismes sans faille comme un jacquard bien programmé. C'est avec amusement que j'imagine Jacques dans cette besogne. Je suis étonné qu'on ait confisqué à Catherine ses tout petits ciseaux avec lesquels on aurait du mal à entailler un épiderme et qu'on lui ait laissé son crochet qui pourrait facilement percer une bedaine et plus aisément se loger dans un cou ou dans un œil. Peut-être qu'un crochet n'a jamais été utilisé à des fins terroristes et qu'il n'est pas répertorié dans la liste du matériel à confisquer.

Pour que nous puissions écouter de la musique, un steward nous distribue des casques. Dès que Jacques extirpe le sien du sachet en plastique, il s'aperçoit qu'il est cassé. Poings fermés, il le brandit, un écouteur dans chaque main. D'un air désolé et bon enfant, il en demande son remplacement, ne sachant trop s'il était déjà dans cet état-là ou si, avec sa force habituelle, peu enclin aux manipulations méticuleuses il n'a pas occis le pauvre accessoire.

Le casque branché à notre accoudoir, nous écoutons une musique orientale à laquelle nous sommes peu habitués. Personnellement j'aime bien, mais à petites doses. Au bout d'un moment j'essaie de varier, mais après avoir trituré tous les boutons de l'accoudoir, j'obtiens des airs différents certes, mais toujours chantés par ces petites voix aiguës, aigrelettes, accompagnées de cordes pincées au son métalliques qui semblent désaccordées et d'instruments à vent nasillards. La diversité des cultures est une richesse, mais il faut savoir en apprécier le contenu ; cela nécessite de la curiosité, une éducation et un certain temps d'adaptation. Pour le moment je n'en suis qu'à la phase de curiosité. Après avoir capté ce qui semble être des informations dans une langue totalement incompréhensible, résigné, je débranche mon casque et me plonge dans la lecture.

Bien que les rations soient parcimonieuses, le plateau repas est le bienvenu ; la viande et le riz sont fortement épicés. On nous projette ensuite un film en bengali sous-titré en anglais. Au moins je n'aurai de problèmes ni avec mon casque ni avec l'accent anglais. Il n'y a que deux personnes, certes à l'accent pas très british, que j'arrive à comprendre aisément dans la langue de Shakespeare : il s'agit de Cousteau et d'Arafat. Mon pire cauchemar en anglais s'est produit à New York lorsque j'ai voulu demander un renseignement. Je suis tombé sur un Texan serviable et jovial à souhait, mais les volubiles borborygmes qu'il éructait sont restés pour moi un total mystère. Ils avaient pourtant pour fondement, paraît-il, l'anglais. Mon problème avec cette langue est dû au fait qu'il faut écrire « élastique » mais qu'il faut prononcer « caoutchouc ». La projection de ce film a au moins pour mérite de nous aider à nous endormir.

Je me réveille ; il fait jour ; mes yeux picotent ; je consulte ma montre : il est 3 h 30, heure de Paris. Il y a 5 heures de décalage entre le Bangladesh et la France, mais comme nous avons déjà avancé d'une heure pour l'heure d'été et que nous allons vers l'est, il nous reste à avancer nos montres de quatre heures. Après un savant calcul, j'en déduis qu'il est 7 h 30 à Dhaka, horaire que j'adopte immédiatement. Il nous faudra alors déduire 15 minutes lorsque nous repartirons pour Katmandou. L'heure officielle du Népal est décalée d'un quart d'heure par rapport à celle de l'Inde et du Bangladesh.

Le soleil est déjà levé : nous sommes allés à sa rencontre. J'ai une pensée émue pour Copernic, le malheureux Giordano Bruno et Galilée ; ils avaient découvert et soutenaient que la terre tournait, mais victimes de l'obscurantisme instauré par la sacralisation de la science d'Aristote imposée par la religion catholique, ils ont dû renier leurs théories ou les payer de leur vie. Giordano Bruno a été condamné au bûcher pour ses positions théologiques considérées comme hérétiques. Mais se sont ajoutées aux autres chefs d'inculpation, ses activités philosophiques et scientifiques où il défendait la représentation copernicienne du monde. Trente-trois ans plus tard, pour sauver sa vie, Galilée a dû renier ses théories ; il a été toutefois condamné à la prison ou plutôt à résidence à vie. Ce n'est que très récemment, en 1992, qu'il a été réhabilité par l'église. Tout cela est loin de l'abnégation et de la tolérance du bouddhisme.

Je me déplace jusqu'au hublot ; à travers les trouées des nuages je distingue quelques dix mille mètres plus bas, des fragments de paysage. Nous sommes quelque part au-dessus de l'Asie.

À 8 h 30 j'aperçois, sur la gauche, la chaîne de l'Himalaya qui s'étire d'est en ouest telle des Pyrénées colossales. Jean-Pierre identifie et nomme les différents sommets avec autant d'aisance qu'il l'avait fait une semaine auparavant à Chamonix.

On a l'impression qu'il a déjà gravi toutes ces cimes, elles semblent lui être aussi familières que celles des Alpes.

Pour ma part, j'écarquille des yeux admiratifs : tout m'est inconnu.

L'avion descend de plus en plus, nous sommes au-dessus du Bangladesh, nous approchons de Dhaka. L'hôtesse nous demande d'attacher nos ceintures ; nous survolons des paysages marécageux parsemés de rizières. Peu à peu, apparaissent des habitations en briques rouges. Elles deviennent de plus en plus nombreuses et semblent dispersées au hasard. Le sol se rapproche : nous survolons de nombreuses briqueteries qui saupoudrent d'une auréole ocre tout le paysage environnant. Les habitations deviennent de plus en plus denses, leur disposition semble assez anarchique, il semblerait qu'ici les plans d'urbanismes ne sont pas un souci majeur. À 9 h 22, nous effectuons un atterrissage parfait sur le sol asiatique.

Dès la sortie de l'avion, nous sommes saisis par la touffeur tropicale. À travers les vitres des couloirs qui conduisent au hall de l'aérogare, j'observe des ouvriers en bâtiment dont le mode de travail contraste, de manière surprenante, avec ce que j'ai l'habitude de voir en France. Ils sont comme tous leurs compatriotes, de type indien : peau noire, nez aquilin, regard de jais, sveltes, souples et musclés, toujours souriants. Ils circulent en tongs ou pieds nus sur de frêles passerelles en planches. Ils transportent, à la limite de l'équilibre, des auges remplies de mortier qu'ils remettent à des collègues qui poursuivent ce numéro de funambule perchés sur des échafaudages en bambou. Ils grimpent avec agilité, leur charge sur l'épaule, sur des échelles également en bambou, avant de passer le relais à d'autres collèges œuvrant quelques étages au-dessus. Ces va-et-vient incessants s'effectuent, sans aucun casque, aucun filet, aucune rambarde de protection ; ils travaillent sereins, sans aucune sécurité. Ils me rappellent les ouvriers que j'ai pu observer en Espagne dans les années 60 lorsque j'étais enfant. Je prends quelques photos ; je suis à la traîne ; il n'y a plus personne dans le long couloir, j'accélère le pas.

Je débarque dans un grand hall où sont entassés toutes sortes de bagages hétéroclites contre des rangées de banquettes crasseuses et dépareillées. Il n'y a pas de climatisation : la chaleur est oppressante.

J'aperçois tout au fond, Catherine, Jean-Pierre, Jacques et Gilles dans une file d'attente ; ils vont retirer leur titre d'embarquement pour Katmandou. Au passage, j'observe les banquettes et les fauteuils de ce hall. Tous sont extrêmement usés et défoncés. Ils sont répugnants, leur état de saleté est impressionnant : des taches et des auréoles de crasse imprègnent les tissus. Ce n'est pas possible, des passagers se sont oubliés dessus !

À force d'observer mon nouvel environnement, je rejoins bon dernier la file d'attente qui s'est constituée à l'extrémité du hall. Qu'importe puisque nous n'aurons rien à faire pendant quelques heures.

Derrière un comptoir ébréché, trois fonctionnaires appliqués, conscients de leur importance, prenant tout leur temps, examinent avec le plus grand soin nos passeports et nos visas. Derrière eux, une vieille armoire métallique est recouverte d'une mosaïque de notes et de feuilles de service scotchées. Ils nous remettent nos titres de transport pour Katmandou d'un air qui exprime la satisfaction du devoir accompli.

Catherine et Jean-Pierre récupèrent respectivement, leurs ciseaux et couteau multi usages confisqués à Orly avant le départ. Nous sommes conviés à nous rendre à l'étage où une collation frugale nous sera servie.

Dans le hall, à l'étage, cinq ou six employés, certains pieds nus, d'autres chaussés de tongs, travaillent accroupis dans une posture typique de ces contrées ; cela leur confère une excellente stabilité. Les genoux très hauts et les fesses au ras du sol, ils polissent le carrelage avec de petits bouts de toile émeri. Leurs gestes sont lents, ils ne semblent ni pressés ni stressés, comme s'ils s'étaient résignés à accomplir cette tâche leur vie durant. Malgré leur travail ingrat, ils ont tous le sourire. Ils sont lancés dans une conversation très animée qu'ils n'interrompent que pour nous saluer dans un langage incompréhensible, certainement en bengali, langue du pays. Mais leurs intonations et leurs regards espiègles trahissent leur amusement à la vue de notre accoutrement et de notre barda de touristes himalayens. Gilles qui a l'habitude des pays asiatiques, nous fait remarquer que malgré leur emploi ingrat et certainement précaire, ils sont heureux de leur sort ; ils travaillent pour une grande structure, ce sont des nantis par rapport au reste de la population. Nous leurs rendons leur salut avec force sourires et hochements de tête. Je remarque la blancheur de leurs dents saines qui contraste sur leur peau noire, mais je suis surpris par l'imperfection de la denture de certains d'entre eux. Ils ont les incisives en avant de manière très prononcée ; l'un d'entre eux les a en haut presque à l'horizontale, ce qui lui donne un air caricatural, amusant, de personnage de dessin animé.

Au seuil de ce qui, de l'extérieur, ressemble à un pub anglais, après avoir consciencieusement griffonné une croix sur nos billets d'avion, un employé en uniforme nous autorise à entrer dans ce qui est en fait une salle de restaurant. Elle est propre, meublée avec goût, rappelant les clichés exotiques de l'époque coloniale. Le contraste avec l'état de saleté et de délabrement du hall à l'étage au-dessous est surprenant. On nous sert quelques petits sandwichs au pain de mie ainsi qu'un grand verre d'eau que nous évitons de boire et offrons discrètement à la plante verte derrière nous. Aux autres tables, personne ne semble prendre cette précaution. Nous sommes convenus, dans ces pays tropicaux à l'hygiène alimentaire approximative, de ne boire que de l'eau bouillie, minérale non décapsulée, sodas ou bière à la grande joie de Jacques. Afin de me désaltérer, je mange une pomme que je prends soin de bien éplucher auparavant. Telles des hélices, les grandes pales en rotin des ventilateurs au plafond, brassent l'air avec flegme dans un large mouvement circulaire. Leur souffle discret facilite un peu l'évaporation de notre transpiration et nous procure une fraîcheur toute relative. Au bout d'une heure, les employés qui s'affairent à nettoyer les tables désertées autour de nous, nous font comprendre qu'il est temps de partir à notre tour.

Nous croisons à nouveau les jeunes ouvriers qui, toujours accroupis, poncent le sol méticuleusement sans se presser, comme si leur but ultime consistait à accomplir avec application ce geste répétitif dans une joyeuse résignation et sans se soucier de terminer l'ouvrage. La notion de rendement doit leur être totalement inconnue, ils ont l'éternité devant eux. Ils nous gratifient à nouveau de larges sourires.

Cette scène de travail accroupi, typique des pays asiatiques, déclenche en nous l'instinct du touriste en mal d'exotisme. Nous éprouvons le besoin de saisir et de ramener ce souvenir. Pourtant, Jean-Pierre et moi, caméra et appareil photo en bandoulière, nous nous comprenons d'un seul regard, et n'en faisons rien, tout comme Catherine et Gilles. Jacques quant à lui n'a pas de telles considérations métaphysiques : il n'a emporté aucun appareil, il ne ramènera que les images qu'aura modelées et filtrées sa mémoire. Instinctivement, par respect pour ces ouvriers et leur personne humaine, nous ne voulons pas avoir la désagréable impression de les considérer comme des animaux de zoo. Jean- Pierre et moi, sans rien nous dire, comprenons ce que nous ressentons mutuellement. Par la suite, nous échangerons longuement nos impressions et nos sentiments à ce sujet.

De retour à l'étage au-dessous, comme nous devons patienter encore quelques longues heures, nous daignons nous asseoir méticuleusement du bout des fesses sur le bord des fauteuils dégoûtants de ce hall poisseux. Comme dans l'avion, les conversations peu à peu s'estompent et chacun retrouve ses occupations solitaires : lecture en grande majorité et point de croix pour Catherine. La fatigue aidant, chacun peu à peu prend ses aises, sombre dans le bonheur béat de la somnolence et s'affale dans la crasse.

Après quatre longues heures d'escale nous embarquons enfin pour Katmandou ; nous décollons à 13 h 30. Je suis comblé ; je suis à côté d'un hublot, nous volons vers l'ouest et je suis à droite de l'appareil, je vais pouvoir prendre des images sublimes. Je m'apprête à photographier le paysage et la chaîne de l'Himalaya, mais je ne découvre que des nuages. Quels que soient les pays, vus d'en haut, ils ont toujours à peu près le même aspect ; je suis frustré. Ma déception de ne survoler que des choux-fleurs cotonneux est en partie compensée par un repas toujours aussi frugal mais encore plus épicé que celui du vol précédent.

Après 1 h 25 de vol nous arrivons enfin à Katmandou, ville mythique de mon adolescence, symbole de liberté, d'évasion et d'aventures, lieu de pèlerinage des hippies de cette époque dont le romancier Barjavel m'avait fait découvrir les chemins. Au fil des lectures, bercé par la musique des Pink Floyd, je m'inventais des paysages idylliques.

Il est 14 h 55, heure de Dhaka donc je dois déduire un quart d'heure pour avoir l'heure de Katmandou, ce qui fait 14 h 40 et en France, voyons... il est 10 h 55.

Nous franchissons de nombreux contrôles avant de pouvoir récupérer nos bagages, contrôlés à leur tour. L'aérogare grouille de monde, tous veulent proposer leurs services. Dans l'espoir d'un pourboire, certains n'hésitent pas à nous arracher les bagages des mains malgré nos protestations. De toute manière nous n'avons pas la moindre roupie en poche. Quelque peu décontenancés, nous observons la scène et nous nous défendons comme nous le pouvons.

Heureusement, une jeune femme européenne parlant français, accompagnée de Népalais à son service, vient à notre rencontre. C'est Katia, la jeune patronne de l'agence de trek ; elle a recruté l'équipe de porteurs qui effectuera avec nous le périple autour des Annapurnas. Nous faisons de brèves présentations. Subitement, à je ne sais quel signal, une nuée de mains se précipite vers nous. Dans le désordre le plus total, elles se disputent nos sacs qui sont finalement chargés dans deux fourgons taxi. Katia distribue des pourboires aux porteurs qui se sont imposés en se mêlant au personnel qu'elle a recruté. Elle nous explique qu'ici c'est la coutume, il vaut mieux agir ainsi si on veut avoir la paix.

J'observe contre le bâtiment de l'aérogare, un groupe de femmes accroupies qui tondent la pelouse... avec les mains, à pleines poignées. Je me revois enfant habitant à la campagne, j'allais avec ma mère « faire » de l'herbe pour les lapins.

Les deux taxis brinquebalants s'engouffrent dans la banlieue de Katmandou à grand renfort de klaxon. Ici, vestige du colonialisme anglais chez le grand voisin du sud, l'Inde, (le Népal n'a jamais été colonisé) les véhicules roulent à gauche ou plus exactement où ils peuvent. Cela donne l'impression que tout le monde se fonce dessus et s'esquive au dernier moment : camions et autocars colorés, voitures, rickshaws, vélos, piétons tractant des chariots, simples piétons, chèvres, buffles, vaches sacrées qu'il faut, à tout prix, éviter de renverser sous peine d'emprisonnement. Les uns foncent, les autres vont au pas, tous partagent la même chaussée. Chaque carrefour est un carrousel de désordre et d'habileté. La route est bordée de boutiques et d'étals de toutes sortes. Pour la plupart, ce sont des baraques construites à même la terre battue. Je suis surpris par l'agitation, par l'intense activité et la confusion apparente ; mais ici cela paraît naturel et chacun a l'air de s'y retrouver. Je suis surpris mais réconforté. Je m'attendais à rencontrer du dépaysement et de l'exotisme ; j'en ai pour mon compte et j'en suis heureux. Que serait le monde si nous vivions tous de la même manière. Je suis ravi de découvrir une facette de cette diversité qui reste une des richesses de l'humanité. Lorsque j'étais enfant, il me suffisait d'aller en Espagne, mon pays natal, où vit la totalité de ma famille pour découvrir un tel dépaysement. Bien que frontalier ce pays me semblait lointain. Je m'y rendais en train tracté par une locomotive à vapeur, les indigènes aux coutumes différentes étaient les membres de ma famille. Maintenant, notre mode de vie est identique, il n'y a que la langue qui diffère et pour combien de temps encore ? Depuis quelques temps nous n'avons même plus besoin du rituel du changement de monnaie. Je vis peut-être un moment privilégié que les futures générations ne pourront découvrir qu'à travers de vieux documentaires, si le Népal, un des pays les plus pauvres de la planète, atteint le niveau de vie des pays européens. Suis-je utopique, visionnaire ou tout simplement nostalgique ? Le monde est fertile en surprises et revirements.

Après une vingtaine de minutes de slalom brinquebalant dans un concert de klaxons, nous arrivons à Thamel. Ce quartier pittoresque au nord-ouest de Katmandou est très fréquenté par les touristes, il présente une forte concentration d'hôtels, de restaurants et de magasins de toutes sortes, hauts en couleurs. Comme dans toutes les villes de la planète, ce quartier touristique attire de nombreux vendeurs ambulants, rabatteurs, faux guides, pickpockets et dealers.

Nous arrivons à notre hôtel, le *Siddhartha Garden Hotel*, en référence à Bouddha, de son vrai nom Siddhârta Gautama. Bouddha étant à l'origine un adjectif signifiant « éve llé » en sanscrit, sous-entendu éveillé à la vérité. Descendu du taxi, je ne sais où donner du regard. Les façades sont garnies d'enseignes. Des étals bariolés débordent de toute part sur le trottoir. Sur les devantures des magasins sont suspendus vêtements, tapis tibétains très colorés et thangkas, ces peintures sur toile, véritables œuvres d'art et de patience. La rue très animée fourmille de piétons et de cyclistes, tous semblent affairés. Les conducteurs de rickshaws richement décorés nous proposent déjà leurs services. Le rickshaw est un tricycle qui permet de transporter deux passagers. Les plus pittoresques sont à pédales, d'autres pétaradants et fumants sont motorisés. Dans notre rue, la densité de la population piétonne et cycliste doit décourager les automobilistes qui se font plus rares qu'ailleurs, mais manquent autant de discrétion : ici le klaxon semble être l'instrument essentiel de tout véhicule à moteur.

Nos sacs sont prestement débarqués et saisis par les employés de l'hôtel qui nous arrachent des mains ceux dont nous nous étions emparés. Ils sont à notre service et il n'est pas concevable que nous fassions le moindre effort.

Katia dont l'agence se trouve à une centaine de mètres de l'hôtel, reviendra nous rejoindre dans un moment pour nous conduire, comme nous le lui avons demandé, à la banque la plus proche pour acheter des roupies.

Nous entrons dans le bureau d'accueil de l'hôtel, à gauche sous le porche d'entrée. Le réceptionniste qui est venu nous souhaiter la bienvenue dès notre descente du taxi prend place derrière un comptoir encombré de papiers. L'ordinateur à sa droite, contraste étonnamment avec ce que nous venons de voir à l'extérieur. Jean-Pierre demande s'il aura la possibilité d'envoyer des courriels. Aucun problème. Le réceptionniste nous explique qu'il est plus facile d'envoyer des courriels à l'autre bout de la planète, que d'appeler quelque part au Népal. Je ne peux m'empêcher de penser au film « Nirvana », avec Christophe Lambert, où la technologie la plus moderne côtoie le dénuement et la misère la plus sordide.

Après avoir traversé une cour intérieure, véritable havre de paix sentant bon la fleur d'oranger et le jasmin, nous empruntons un escalier extérieur qui nous conduit au premier étage où nous prenons possession de nos chambres. Nous en avons retenu trois : une pour Jacques et Gilles, une pour Jean-Pierre et moi et honneur aux dames, une pour Catherine seule. La chambre est spacieuse, confortable ; mais où est la douche ? Il faudra que je m'y habitue, ici les douches se trouvent dans la salle d'eau avec les toilettes et elles n'ont pas de bac. L'eau se déverse à même le sol légèrement incliné, vers un trou d'évacuation situé à l'angle au fond de la pièce.

Pendant que Jean-Pierre se rafraîchit sous la douche, de la fenêtre j'observe l'animation de la rue en attendant mon tour. Je suis stupéfait par le désordre des fils électriques ; en tendant le bras je pourrais les toucher et m'électrocuter. En face de l'hôtel des ouvriers s'activent sur un chantier de construction. Ils sont une kyrielle, juchés sur d'étroites passerelles en planches et se passent, de main en main, des auges remplies de mortier. Ceux à l'extrémité de la chaîne le déversent patiemment dans un quadrillage d'armatures métalliques posé sur le sol d'un ancien immeuble rasé, pour en faire très certainement la dalle du rez-de-chaussée d'un nouvel immeuble. Cette scène me rappelle l'arrivée à Dhaka. L'échafaudage qui jouxte ce chantier est constitué de bambous dont certains sont plus ou moins courbes, ce qui confère à l'ensemble une certaine désinvolture comparée à la rigueur des échafaudages métalliques que nous connaissons en France.

Après nous être décrassés, rafraîchis et reposés, tout en devisant sur nos premières impressions sur le pays, je descends avec Jean-Pierre rejoindre les autres dans la cour. Katia nous y attend déjà, elle va nous conduire à la banque avant que celle-ci ne ferme.

Dehors, je ne peux m'empêcher de lever les yeux. Je suis, une nouvelle fois, ébahi par l'entrelacs de fils électriques, le foisonnement de panneaux publicitaires et d'enseignes en tous genres sur les façades des immeubles. Certains fils dénudés passent au ras des fenêtres à portée de main, d'autres distendus, s'élancent de l'autre côté de la rue dans une multitude de courbes molles. Arrivés aux boîtiers de dérivation, la longueur de fil excédentaire est rassemblée en rouleaux qui pendent accrochés aux murs. Non loin de notre hôtel, telle une araignée au centre de sa toile, sans aucune protection, un transformateur électrique est fixé à environ deux mètres cinquante du sol sur deux poteaux plantés sur le trottoir. En tendant la main ou par inadvertance en maniant un bâton, on pourrait les atteindre aisément et recevoir une décharge électrique. Tous ces ajouts de modernité disposés de manière anarchique ne semblent choquer personne. Bien au contraire, ce désordre est propice au piratage très répandu dans la capitale ; les branchements clandestins sont légion. Ce qui compte, c'est le résultat ; l'esthétique et la sécurité ne sont apparemment pas une préoccupation pour l'instant.

Dans la rue, nous essayons de nous fondre avec la population disparate de Thamel, mais nous sommes bientôt repérés et assaillis par une cohorte de vendeurs ambulants. Ils nous proposent toutes sortes de souvenirs : bijoux, couteaux et instruments de musique népalais. Ayant compris que nous étions français, l'un d'entre eux nous offre sur une flûte traversière rudimentaire, un récital de nos airs populaires. Son voisin, sur une saranghi, petite viole richement sculptée, à quatre cordes, au son aigrelet, se lance avec une frénésie de petits mouvements d'archet dans des mélodies beaucoup plus exotiques aux multiples broderies, avec une virtuosité époustouflante. Nous avons beau leur dire que nous venons d'arriver et que nous n'avons l'intention d'acheter des souvenirs qu'à la fin de notre séjour, ils n'en démordent pas. Ils nous indiquent des prix et nous demandent de leur faire à notre tour des propositions. Ici le marchandage est la base de tout commerce. Ils nous demandent une dizaine d'euros pour ces instruments qui ont nécessité des heures de savoir-faire et de patience. Combien a dû percevoir l'artisan qui les a fabriqués ? Dommage que nous n'ayons pas de place dans nos bagages.

À la banque, nous échangeons une partie de nos dollars contre des roupies ; nous pouvons également utiliser notre carte bancaire. Dans les secteurs touristiques il est possible de payer en dollars. En revanche, les euros, devise toute nouvelle que nous utilisons à peine depuis un peu plus de quatre mois, ne sont pas encore reconnus. Pour les conversions nous pensons en francs, ce qui est très pratique, puisque dix roupies équivalent approximativement à un franc, soit quinze centimes d'euro. Je ne convertirai les roupies que durant trois semaines, mais je crains de devoir convertir les euros en francs toute ma vie durant. Je n'ai toutefois pas à me plaindre, je connais des personnes qui depuis 1960 continuent à convertir en anciens francs, équivalents à un centime de franc, soit à 0,0015 €.

Nos sympathiques mais collants vendeurs ambulants attendent patiemment à l'extérieur. Nous voyant ressortir du temple de l'argent, lieu dans lequel ils n'ont peut-être jamais mis les pieds et nous sachant approvisionnés en roupies, ils redoublent d'ardeur. Et c'est le moins discrètement du monde que nous déambulons dans Thamel pour nous imprégner de l'ambiance et des couleurs locales, escortés de nos vendeurs ambulants.

Je suis surpris par le nombre de gens qui se raclent la gorge bruyamment et crachent non moins discrètement. Toute civilisation doit passer par sa période crachat. En France, autrefois ce devait être la coutume également. Dans certains lieux publics on pouvait lire : « défense de fumer et de cracher ». Ailleurs, comble du raffinement, on installait des crachoirs dont certains étaient des œuvres d'art.

Nous sommes stupéfaits de voir le nombre de magasins qui proposent des vêtements et des équipements de montagne à des prix absolument dérisoires. Nous y trouvons même de grandes marques. À ce prix-là, est-ce de la contrefaçon ou tout simplement des prix non majorés par le racket institutionnel de multiples taxes ? Concernant les équipements liés à la sécurité : cordes, baudriers, pitons, mousquetons, nous serions plutôt réticents, mais pour les vêtements ça vaut vraiment le coup. Nous commençons à regretter de nous être équipés de pied en cap au prix fort, dans notre cher pays, de vêtements *made in* n'importe où sauf en France.

De retour à l'hôtel, nos vendeurs sont toujours aussi tenaces. Les prix, déjà dérisoires au départ, ont fondu de moitié ou des trois quarts pour certains. C'est incroyable, comment peuvent-il vivre avec cela ?

Le Népal est l'un des pays les plus pauvres de la planète. Un sondage faisait état, en 1996, d'un revenu moyen mensuel par habitant de 16,50 €, contre 1 194 € pour les Français. Qu'avons-nous de plus pour mériter un revenu moyen plus de 70 fois supérieur au leur ? Il leur faut plus de six ans de travail pour gagner ce que nous gagnons en un mois. Si on extrapole, on peut considérer qu'il leur faut plus de soixante-douze ans de travail pour gagner ce que nous gagnons en un an. Cette extrapolation de temps de travail surréaliste, l'est encore davantage si l'on considère qu'elle n'est même pas compatible avec leur espérance de vie. Toujours en 1996, leur espérance moyenne de vie était de cinquante-sept ans pour les hommes et cinquante-huit ans pour les femmes ; en 1960, elle n'était que de vingt-six ans. Et si l'on compare leurs revenus avec ceux de nos dirigeants de grosses sociétés, nos vedettes de sport ou de cinéma, nous obtenons des proportions astronomiques encore plus indécentes.

À titre d'exemple, en avril 2005, le PDG d'une grande enseigne d'hypermarchés, s'octroiera 39 millions d'euro d'indemnités de licenciement, ce qui équivaut compte tenu des 198 € de gains annuels d'un Népalais en 1996, à 196 969 années de travail pour celui-ci. Plus de 1 969 siècles de labeur pour gagner ce qu'un autre homme perçoit parce qu'il n'est pas assez compétant. Bien sûr, entre 1996 et 2005, le niveau de vie des Népalais a certainement augmenté ; même en supposant qu'il ait doublé, ce qui me parait très optimiste, notre Népalais moyen doit encore travailler plus de 900 siècles pour gagner ce que ce PDG empoche pour son manque de performances. L'actualité est malheureusement féconde en scandales de ce type, dont plus personne ne semble s'offusquer.

Je pense à la déclaration universelle des droits de l'homme proclamée par l'ONU en 1948 qui s'inspire de celle de la France de 1789 : les intentions sont louables, mais il reste encore du chemin à parcourir.

Nous finissons tout de même par céder, nous leur achetons quelques menus objets. Jean-Pierre est séduit par une petite flûte traversière en bois et une saranghi. Il teste la flûte ; les Népalais sont stupéfaits par ce qu'il arrive à jouer sur cet instrument relativement rudimentaire. Bien sûr il triche un peu ; un premier prix de conservatoire national de flûte, ça laisse des traces, même sur une flûte népalaise. Par contre sur la saranghi, il est musicalement beaucoup moins volubile. Si le vendeur reste à proximité, il n'en vendra plus une seule ; les joyeuses ritournelles interprétées avec dextérité ont cédé la place aux grincements les plus pitoyables. Avant que nous ne rentrions à l'hôtel, ils nous promettent de revenir le lendemain. Nous essayons de les en dissuader en leur expliquant que nous partirons très tôt.

Sitôt nos menus achats déposés à l'hôtel, nous allons retrouver Katia au restaurant de son ami Jean-Claude, situé à proximité de son agence de trek, dans la même rue à deux cents mètres d'ici. Nous devons y accomplir encore quelques formalités, notamment convenir des dernières mises au point pour le départ du lendemain et lui régler le solde.

Nous sommes chaleureusement accueillis sur la terrasse du restaurant dans la partie réservée au bar et faisons la connaissance de Jean-Claude. Jean-Pierre et lui se sont déjà rencontrés lors d'une course en montagne dans les Alpes. J'ai l'occasion de déguster un lassi bien frais, boisson nationale qui est une sorte de yaourt sucré allongé d'eau. C'est excellent, mais il faut se méfier de la qualité de l'eau que l'on y ajoute. Jean-Claude nous assure qu'il est très vigilant à ce sujet et que chez lui nous n'avons rien à craindre.

La personne qui est allé chercher la veille à l'aéroport le reste de nos bagages expédiés en fret par Jean-Pierre, nous rejoint. Très vite une discussion houleuse s'engage. Elle nous explique, que, pour je ne sais plus quelle obscure raison, elle a dû payer un supplément assez conséquent de 350 dollars pour les récupérer. Elle nous présente comme justificatif un papier vaguement griffonné, dont rien n'atteste l'authenticité. Jean-Pierre qui a déjà réglé à Paris la totalité du coût de transport à la compagnie aérienne, n'est absolument pas d'accord pour payer ce supplément.

Katia, ne semble pas offusquée par cette situation. Elle nous explique, que c'était le seul moyen de récupérer rapidement nos bagages, puisque nous ne pouvions pas le faire nous-mêmes. Elle n'a fait que mandater un intermédiaire, maintenant, nous devons nous arranger avec lui. Après d'âpres protestations, Gilles désabusé et fataliste, lui qui a déjà voyagé à plusieurs reprises en Inde, nous explique que c'est un cas de figure courant dans ces pays asiatiques. Chacun à son niveau grappille ce qu'il peut de la manne touristique lorsqu'elle s'offre à lui, surtout s'il a un quelconque pouvoir ou moyen de pression.

Nous n'avons pas le choix si nous voulons revoir rapidement nos bagages. Comme il nous faut tout notre matériel pour le lendemain matin de bonne heure, nous nous exécutons. Cela nous fait tout de même un supplément de cinquante dollars pour chacun.

Nous ne sommes pas au bout de nos désagréables surprises. Katia nous explique que le poids de notre matériel est trop important. Pour des raisons philanthropiques, comme il ne faut pas surcharger les porteurs, il faut en recruter deux de plus, ce qui bien évidemment implique un coût supplémentaire. Il ne faut pas plus de deux sacs de treize kilos par porteur, compte tenu du fait qu'ils doivent en plus porter leurs propres bagages et le matériel collectif. L'équipe népalaise complète était prévue avec quinze personnes, elle sera donc de dix-sept. Nous apprenons que certains nous rejoindront en cours de route lorsque nous serons dans la montagne.

Katia nous reproche d'avoir emporté autant de matériel. Son ami Jean-Claude consulte la liste et semble étonné de la voir aussi fournie. Nous avions pourtant bien précisé que nous voulions passer par le lac Tilicho.

Jean-Pierre s'insurge, il conçoit très bien qu'il ne faille pas surcharger les porteurs, mais le matériel à emporter a été choisi en suivant leurs conseils et de plus la liste a été envoyée par courriel avant que le nombre de porteurs ne soit défini. C'est ensuite en fonction de leurs propositions que nous avons choisi leurs services.

Tout cela ne nous semble pas très clair, nous avons tous le sentiment de nous faire berner. Nous sommes tous très contrariés et manifestons notre désapprobation. Mais quoi qu'il en soit, demain matin nous allons nous lancer dans un périple autour des Annapurnas. Ça y est, notre rêve va pouvoir se concrétiser, nous touchons enfin à notre but. Et, bien à contre cœur, avec le désagréable sentiment de nous être fait gruger, nous sommes encore une fois contraints d'accepter ces nouvelles conditions.

Catherine, qui plus que les autres, aime que les choses soient claires et a horreur de se faire embobiner, fulmine. Les conditions avaient été définies à l'avance, elle exige qu'elles soient respectées. Elle ne veut pas se laisser faire, nous prend à partie, nous n'avons qu'à nous comporter en hommes, nous imposer. Notre virilité en prend pour son grade.

Gilles, fataliste, nous rappelle que dans ces pays tout se discute, tout se marchande, se réapprécie, même une fois le marché conclu. Pour obtenir satisfaction, il faut toujours rajouter des surplus. Les Occidentaux qui s'y sont installés finissent par admettre ces méthodes de fonctionnement.

Après avoir réglé tous ces suppléments, je suis dépouillé de la quasi-totalité des dollars que j'avais en réserve. Je n'avais pas jugé bon de retirer davantage de liquide, du fait que j'allais me rendre en montagne. Comme les banques sont à présent fermées et que la seule que je rencontrerai durant le trek n'accepte pas les cartes de crédit, je vais devoir économiser chichement les dollars rescapés, ainsi que les modestes roupies que j'ai retirées cet après-midi.

Une dernière mauvaise surprise nous attend. Katia et son ami Jean-Claude sont interloqués lorsqu'ils réalisent que nous avons un téléphone satellitaire. Il était pourtant mentionné sur la liste. Ils nous apprennent que depuis que le roi et la reine du Népal ont été assassinés par leur fils, en juin 2001, une rébellion maoïste qui essaie de s'emparer du pouvoir, sévit sur le Népal. Le pays est en état d'alerte et les téléphones satellitaires, instruments potentiels d'espionnage, sont formellement interdits sous peine d'emprisonnement de plusieurs années.

Alors que la presse française étale dans les moindres détails sur des pages entières, les états d'âme d'hypothétiques célébrités en devenir, les informations concernant le Népal n'ont fait l'objet que de quelques entrefilets. Elles ne donnaient qu'un aperçu minimisé de la situation qui n'a retenu l'attention que des personnes concernées comme nous.

Si Babul-Lal, notre sirdar, chef des porteurs, venait à apprendre l'existence de notre téléphone satellitaire, il refuserait le trek immédiatement. Aucun sirdar ou guide quelconque n'accepterait une expédition avec cet appareil devenu démoniaque : sa licence lui serait retirée sur le champ et il écoperait de deux ou trois ans de prison. Nous l'avons loué pour notre sécurité et compte tenu des circonstances, il représente maintenant une menace pour tous et devient un objet encombrant et totalement inutile. Bien que nous ayons quelques réticences, nous demandons à Katia si nous pouvons le lui confier. Les propos qu'elle nous tient avec Jean-Claude nous font comprendre qu'une telle perspective équivaudrait à leur confier la garde d'un pestiféré. Elle connaît des amis au consulat ; elle les appelle et leur expose le problème en quelques mots, espérant qu'il nous serait possible de laisser notre maudit téléphone, soit au consulat même, soit à l'ambassade de France. Le mot « téléphone satellitaire » semble provoquer un vent de panique ; il vaut même mieux éviter de le prononcer ; personne ne veut avoir d'ennuis. Elle nous conseille donc de le laisser discrètement à l'hôtel avec des affaires laissées en dépôt, sans rien dire à personne. L'idée de laisser de la sorte un appareil qui vaut plus de 3 800 €, ne nous enchante guère ; nous aviserons.

En rentrant à l'hôtel, un conducteur de rickshaw m'interpelle. Pensant qu'il me propose une course, je lui fais remarquer que je me rends à l'hôtel à proximité. Il me fait signe de m'approcher et me propose discrètement du haschisch, en précisant que c'est du bon. Je ne sais même pas si ça se fume, ça s'injecte, ça se sniffe ou ça se mange ; je sais tout simplement que c'est de la drogue, que c'est illégal et que ça n'est pas bon. Je décline l'offre poliment et poursuis mon chemin.

La magie des dollars supplémentaires ayant opéré, les fameux bagages expédiés en fret sont livrés à l'hôtel. Nous constatons que les cadenas ont été forcés. Tous les sacs ont été ouverts pour être et fouillés et contrôlés à la douane nous dit-on. Maintenant nous nous attendons à tout. Après un long et méticuleux inventaire, nous constatons à notre grand soulagement que rien ne manque. Jean-Pierre s'empresse d'acheter de nouveaux cadenas dans un magasin à proximité.

À l'aide d'un peson prêté par l'hôtel, nous nous efforçons de répartir les charges de manière à ne pas dépasser les treize kilos par sac, comme nous l'a recommandé Katia. Nous transvasons du matériel dans nos sacs à dos personnels les alourdissant d'autant. Malgré cela, nous sommes contraints de retirer tout ce qui est lourd et qui pourrait ne pas nous être indispensable ; nous rassemblons le tout dans un sac que nous laisserons à l'hôtel. Nous déposons une multitude de cordes ; je réalise à quel point elles sont lourdes.

Dans la chambre, Jean-Pierre et moi réorganisons le contenu de nos sacs. En bivouac, à la fin d'une journée de marche il faudra savoir exactement où se trouvent nos affaires ; surtout s'il pleut, neige ou vente. Je crains le pire ; au repos, dans la tranquillité d'une chambre, habituellement j'ai toujours du mal à m'y retrouver. Je range consciencieusement le tout en m'aidant de la liste établie par Jean-Pierre. Les sacs tassés à l'extrême sont durs. Pris d'un doute concernant quelques affaires, je préfère vérifier. Je ne sais plus exactement ce que j'ai fait ; je ressors tout, je range à nouveau, ça ne rentre plus, je force, le sac glisse, je fais tout tomber du lit. J'en ai marre de brasser du matériel ; je retrouve des slips avec les cordes, ma brosse à dents dans les chaussures, des chaussettes par-ci par-là. Je recommence ; je tasse encore, laborieusement je réussis à fermer, enfin, soulagé et satisfait j'admire le résultat, deux gros sacs ventrus plus ou moins en vrac et un sac à dos beaucoup trop lourd pour moi. Où sont réellement toutes mes affaires ? Je ne sais plus. Je me rends compte que ne suis pas plus avancé, c'est même pire qu'avant. Bon, tant pis, on verra bien à l'usage sur le terrain.

Le soir nous allons manger au restaurant de Jean-Claude. Nous sommes invités à nous installer sur la partie de la terrasse opposée au bar. Son agencement soigné, la fraîcheur du soir et le calme nous procurent un total dépaysement. À nos côtés une famille d'Américains savoure, outre un repas raffiné, ce moment privilégié de joyeuse sérénité à l'écart de l'agitation de la ville.

Nous faisons la connaissance de Babul-Lal notre sirdar, qui nous rejoint quelques instants plus tard. Il nous honore d'un respectueux salut népalais qui consiste à incliner légèrement le buste, mains jointes sur la poitrine tout en prononçant *namasté*. Ce mot nouveau, que j'entendrai et emploierai à longueur de journée pendant quinze jours, est bien plus chargé de sens que notre banal bonjour. Il signifierait : « Que toutes les qualités que vous portez en vous soient bénies par les dieux, je vous salue respectueusement. » Tout un programme ! Le sirdar est détenteur d'une licence spéciale qui lui permet d'exercer ses fonctions. Il est la personne chargée de recruter l'équipe d'une expédition et d'en assurer la coordi-nation ; il en est le chef. Il fait aussi office de guide et d'interprète. Généralement il travaille en exclusivité pour une agence de trek. Babul-Lal a le physique des gens des montagnes d'Asie : râblé, teint cuivré, yeux légèrement bridés, taille moyenne et de solide constitution. Nous découvrons quelqu'un de courtois, très cultivé, très au fait de l'actualité internationale, des différentes cultures et lucide sur les disparités du niveau de vie des différents pays. Il est bouddhiste et appartient à l'ethnie des Tamangs.

À la fin du repas, Jean-Claude nous rejoint. Il nous fait part de son expérience de trekkeur dans l'Himalaya et nous fournit de précieux renseignements complémentaires de ceux de Babul-Lal sur le tour des Annapurnas. Nous apprenons que cette année la météo est particulièrement rude, les récentes et abondantes chutes de neige rendent impraticable le col du Mesocantu, par le lac Tilicho. En cette période de l'année, bien que ce ne soit pas une sinécure, le lac est habituellement dégagé et le col accessible en cordée. Or cette année, toutes les équipes qui s'y sont aventurées ont dû rebrousser chemin. Cela n'augure rien de bon ; nous qui avons opté pour une expédition totalement disproportionnée à cause de ces quelques jours en autonomie totale dans le secteur du lac Tilicho, commençons à craindre la perspective d'un repli par le col de Thorung La. Il nous reste encore une bonne dizaine de jours avant d'atteindre le secteur ; d'ici-là une météo plus clémente peut totalement changer les conditions, de plus nous allons vers la bonne saison. Cette nouvelle, loin de nous démoraliser, fait naître en nous l'idée que nous pourrions être la première équipe à franchir ce passage en 2002, cela ajoute du piment à notre projet.

Nous nous quittons à une heure assez tardive. Babul-Lal, à qui nous offrons le repas, se confond en remerciements. Pour la première fois, joignant les mains, inclinant la tête, j'échange le *namasté*.

En haut : Ram Bahadur Tamang (porteur), Lawang Sing (cuisinier), Shandra (assistant sirdar), Babul-Lal (sirdar), Galygan Cook Sherpa (porteur), Sudeb (assistant cuisinier 1), Bekaas Magar (assistant cuisinier 2), Shandra Thapa (porteur).
En bas : Lakpa Tamang (porteur), Kanchha Tamang (porteur), Rakam Sing Tamang (porteur), Shyam Magar (porteur), Mekram Tamang (porteur), Pream Tamang (porteur).

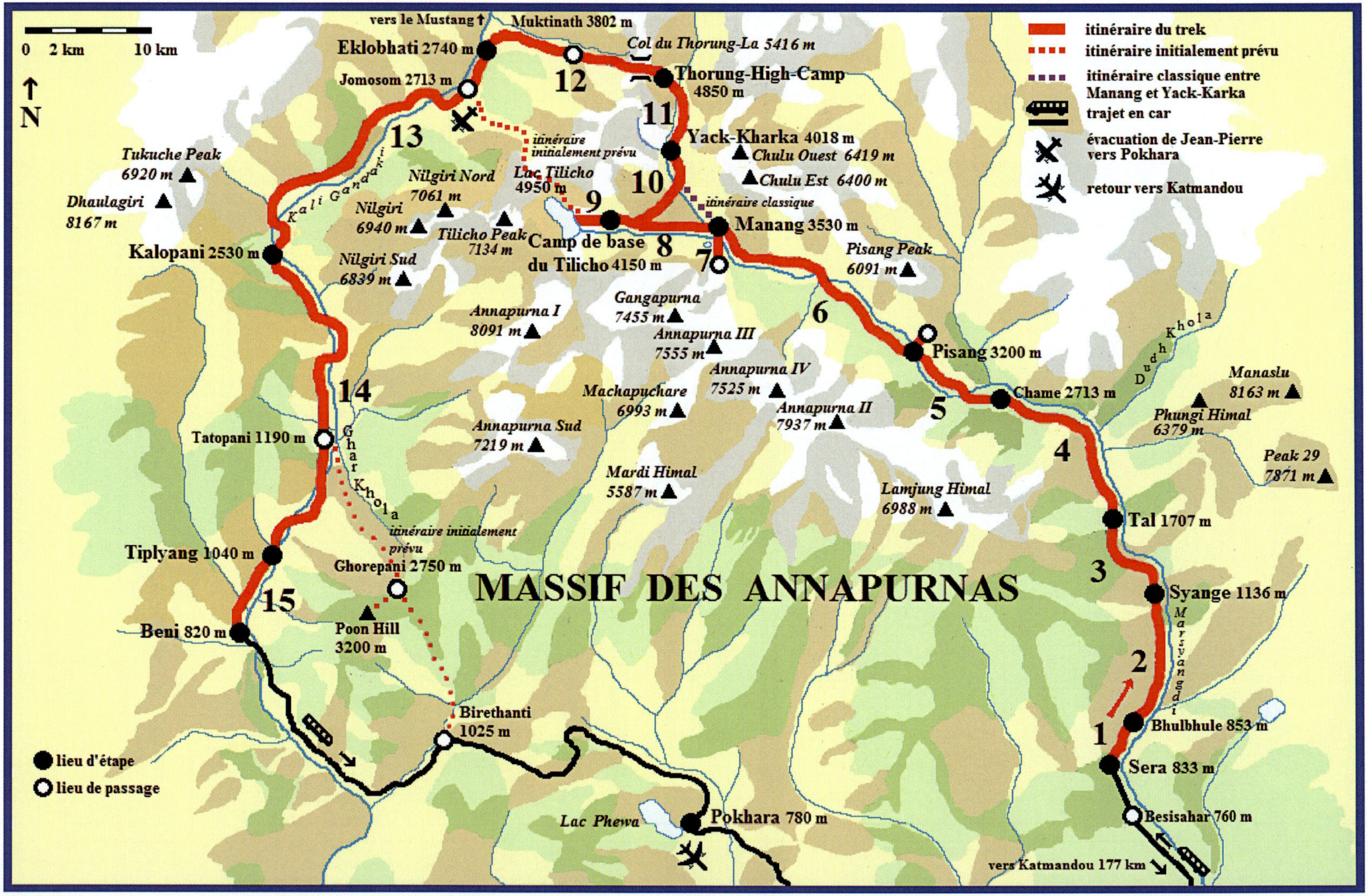

MASSIF DES ANNAPURNAS
itinéraire du trek
itinéraire initialement prévu
itinéraire classique entre Manang et Yack-Karka
trajet en car
évacuation de Jean-Pierre vers Pokhara
retour vers Katmandou
lieu d'étape
lieu de passage
0 2 km 10 km
N
vers le Mustang
Muktinath 3802 m
Eklobhati 2740 m
Jomosom 2713 m
Col du Thorung-La 5416 m
Thorung-High-Camp 4850 m
Yack-Kharka 4018 m
Chulu Ouest 6419 m
Chulu Est 6400 m
itinéraire classique
itinéraire initialement prévu
Lac Tilicho 4950 m
Camp de base du Tilicho 4150 m
Manang 3530 m
Pisang Peak 6091 m
Pisang 3200 m
Chame 2713 m
Tal 1707 m
Syange 1136 m
Bhulbhule 853 m
Sera 833 m
Besisahar 760 m
vers Katmandou 177 km
Marsyangdi
Dudh Khola
Manaslu 8163 m
Phungi Himal 6379 m
Peak 29 7871 m
Lamjung Himal 6988 m
Annapurna II 7937 m
Annapurna IV 7525 m
Annapurna III 7555 m
Gangapurna 7455 m
Annapurna I 8091 m
Machapuchare 6993 m
Annapurna Sud 7219 m
Mardi Himal 5587 m
Tilicho Peak 7134 m
Nilgiri Nord 7061 m
Nilgiri 6940 m
Nilgiri Sud 6839 m
Tukuche Peak 6920 m
Dhaulagiri 8167 m
Kali Gandaki
Kalopani 2530 m
Tatopani 1190 m
Ghar Khola
itinéraire initialement prévu
Tiplyang 1040 m
Ghorepani 2750 m
Poon Hill 3200 m
Beni 820 m
Birethanti 1025 m
Lac Phewa
Pokhara 780 m
1
2
3
4
5
6
7
8
9
10
11
12
13
14
15

Plateau du Tibet
CHINE
HIMALAYA
Zangbo
(Brahmapoutre)
Saipal 7040 m
NEPAL
Dhaulagiri 8167 m
Manang
Annapurna I 8091 m
Manaslu 8163 m
Beni
Sera
Pokhara
Everest 8850 m
Plaine du Teraï
Népalganj
Lumbini
Butwal
Bhairahawa
Katmandou
Bhaktapur
Patan
Sun Kosi
Dhankuta
Dharan Bazar
Birganj
Janakpur
Biratnagar
Gandak
Ghaghara
INDE
N
800 km

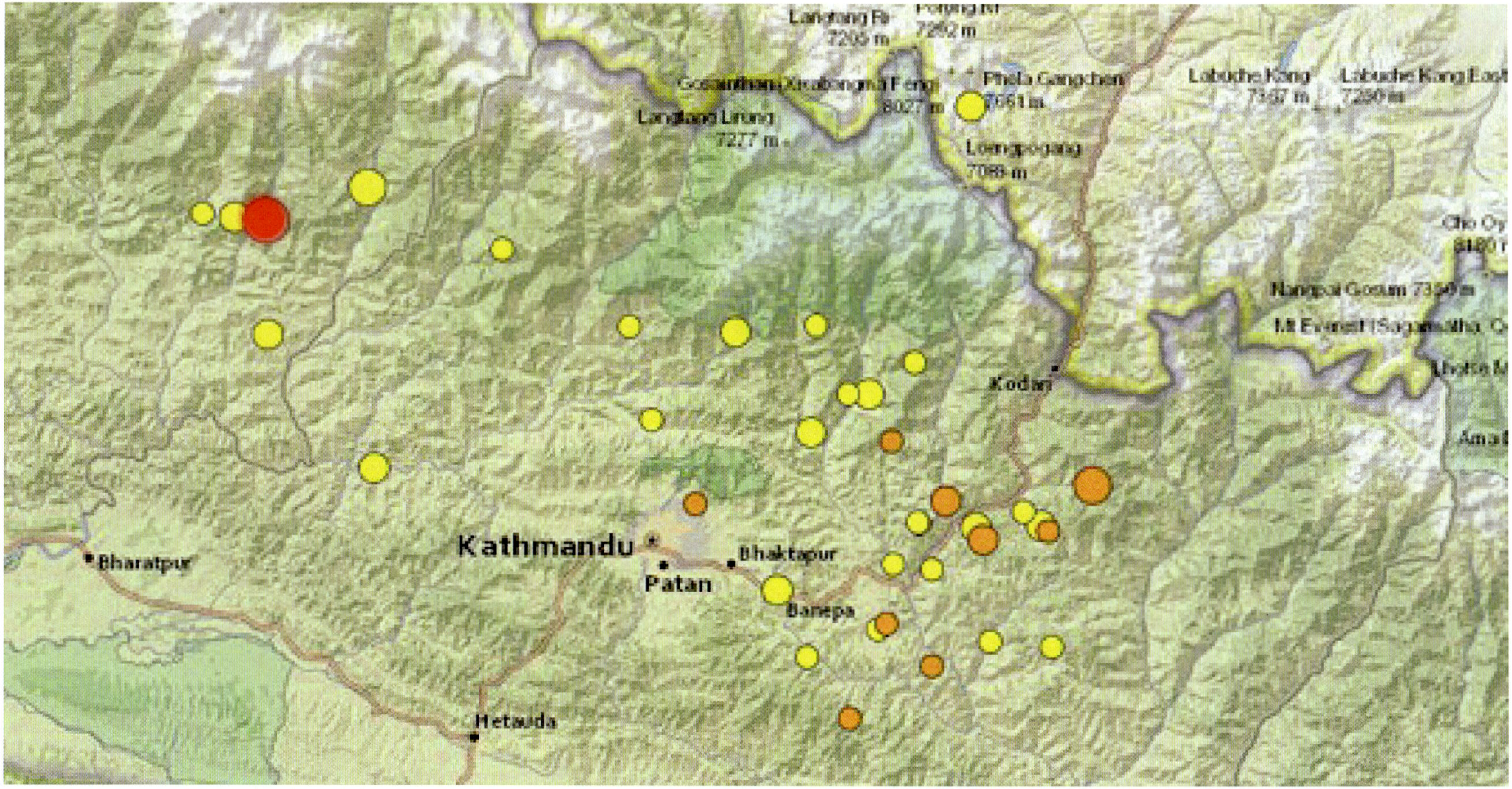

Carte du séisme du mercredi 15 avril 2015 (rouge), des répliques du samedi (jaunes) et du dimanche suivants (oranges).

Chapitre 2

1ère étape

Lundi 8 avril

Katmandou (1 400 m) ➔ Sera (833 m)
Car : 8 heures

Sera (833 m) ➔ Bhulbhule (853 m)
Marche : 1 heure – Dénivelé : +20 m

Le lever est matinal à l'hôtel Siddhartha, il est 6 h 15. La nuit, bien que courte, a été bienfaisante et réparatrice ; la fatigue de la veille a cédé la place à l'excitation du départ. Nous prenons le petit déjeuner à 6 h 30, dans la cour, sous les orangers et les jasmins. La journée s'annonce belle.

Pendant ce temps, au pied de l'escalier, c'est le branle-bas. Accompagnés de Babul-Lal qui est venu nous saluer, des membres de l'équipe népalaise que nous ne connaissons pas encore emportent nos sacs. Jean-Pierre nous confie discrètement qu'il a caché le téléphone satellitaire dans son étui de caméra, sous les batteries de rechange. Nous convenons d'un commun accord de ne plus le nommer par son nom, mais de l'appeler le bip.

À 7 heures, affublés de l'indispensable panoplie du parfait randonneur, nous quittons l'hôtel. Chaussures de marche, chaussettes montantes, short, sac à dos duquel pendent toute sortes de lanières, ustensiles divers autour de la taille, appareil photo en bandoulière, lunettes de soleil, couvre-chef et entrain jubilatoire ; rien ne manque, il est difficile de passer inaperçus.

Nous suivons Babul-Lal qui nous conduit au lieu de rendez-vous avec ses hommes. La chaussée est jonchée de détritus divers, au passage nous évitons de marcher sur un rat crevé. Au bout de la rue à 500 mètres de l'hôtel, nous apercevons le car spécialement affrété par l'agence. Il s'agit d'un petit car bleu et blanc d'une trentaine de places. Le matériel des porteurs et entassé sur la galerie recouverte d'une grande bâche jaune. Nous faisons leur connaissance. Ils nous honorent d'un concert de raclements de gorge et d'une abondance de crachats au sol. Ils sont tous très typés, ils ont des visages radieux.

J'essaie d'engager la conversation avec certains d'entre eux. Je leur fais part de ma joie de les rencontrer et de découvrir leur pays. Ma laborieuse conversation trouve un parfait terrain d'entente, elle est approuvée par de larges sourires et ponctuée de polis *yes* tout aussi approbateurs. Je ne tarde pas à m'apercevoir qu'excepté *yes*, ils ne comprennent pas un traître mot d'anglais. Tant pis, leurs visages expressifs valent bien des discours.

C'est le départ, nous montons dans le car ; les places à l'avant nous sont réservées. Les Népalais s'installent à l'arrière enjambant les bagages entassés dans l'allée centrale et sur les quelques sièges vacants.

La traversée de Katmandou vers l'ouest, s'effectue comme notre trajet depuis l'aéroport, dans le désordre le plus total, au milieu d'une multitude de véhicules pétaradants et brinquebalants de toutes sortes. Tous se frayent un passage à grands renforts de coups de klaxon, zigzagant, s'évitant in extremis, poursuivant sans relâche leur gymkhana urbain, entre les piétons et les vaches sacrées.

Nous atteignons les faubourgs grouillants et sales. La route principale, totalement encombrée, où chacun se fraie un passage dans l'anarchie la plus totale, se prévaut ici du titre ronflant d'autoroute. Elle est jalonnée de petites boutiques, d'échoppes et d'ateliers de toutes sortes à l'aspect de bidonvilles misérables, recouverts de poussière où œuvrent de pauvres gens accroupis à même le sol. Je remarque de nombreux hommes au physique plutôt de style afghan, coiffés d'une sorte de toque. Bien que nous soyons en milieu urbain, je suis étonné de croiser à plusieurs reprises des hommes conduisant des équipages de buffles.

Avant de sortir de la capitale, nous faisons un premier arrêt pour faire le plein de carburant, puis peu après, un deuxième pour faire souder le rétroviseur droit qui ici a une grande importance, puisque la conduite s'effectue à gauche.

Jean-Pierre et moi descendons du car pour fixer quelques images. Ici, pas besoin de rendez-vous, il suffit de héler un ouvrier qui laisse tomber son ouvrage et accourt prestement ; il s'ensuit une discussion assez animée entrecoupée de raclements de gorge et de crachats, ce doit être la phase de marchandage.

La besogne est aussitôt exécutée avec un poste à souder cabossé d'un autre temps, alimenté par des câbles totalement rafistolés, mais c'est efficace, tout fonctionne.

Ensuite, pas besoin de bureau, de secrétaire, de facture et d'ajouter des taxes ; il suffit d'offrir quelques menus billets à nouveau source de polémiques. Après je ne sais quel arrangement, avant de se quitter, tous se congratulent et échangent des *namasté* accompagnés de grands sourires. Nous repartons ; le chauffeur peut se passer de compte tours, on entend bien le moteur, pas de doute, c'est un diésel.

Nous roulons sur l'unique route reliant Katmandou à Besi-Sahar ; route sinueuse et dangereuse, à travers de hautes collines. Le mauvais état du revêtement, les nombreux lacets qui conduisent au col de Chandragiri, la chaleur oppressante, rendent le trajet particulièrement pénible. Le trafic de camions est incessant, les véhicules qui se croisent s'évitent de justesse au dernier moment ; ceux qui se suivent, après quelques puissants coups de klaxons, se doublent même dans les virages. Au bout d'une heure et demie nous n'avons parcouru qu'un peu moins de trente kilomètres.

Le car fait une halte et les Népalais descendent se restaurer. Ils disparaissent dans une arrière-boutique. Catherine et moi, après avoir vérifié qu'elles étaient bien cachetées, achetons chacun une bouteille d'eau minérale à prix d'or pour le pays. Malgré les essais de marchandage de Catherine, nous payons tout de même plus de deux euros la bouteille, cela correspond ici pour certains à deux journées de travail. Nous devons passer pour des fous, acheter de l'eau à ce prix ! Nous sommes conscients que nous nous faisons rouler, mais nous ne tenons pas à attraper la turista ou la dysenterie.

À l'extérieur, une petite baraque en planches, recouverte de tôles, abrite des marchandises que vend une jeune femme. Juste à côté, derrière un étal de légumes, elle épluche des cannes à sucre.

Un amas de gros blocs de pierre attend d'être transformé en gravier par de petites mains laborieuses, comme en témoigne le petit tas juste à côté, sur lequel sont déposées deux massettes.

Au bord de la route, j'observe un homme accroupi qui se délecte d'un plat de constitution assez pâteuse qu'il malaxe sans arrêt d'une main, son assiette posée à même le sol. Babul-Lal m'explique qu'il s'agit du dal baht, le plat quotidien du Népal ; il se compose de riz blanc et de sauce épicée à base de lentilles qui relève un peu le goût. Il est parfois agrémenté de légumes et de condiments divers.

J'observe à nouveau cet homme ; il prend tout son temps, il savoure chacune des boulettes gluantes qu'il confectionne après un savant pétrissage. Ce qui me fascine, c'est cette position accroupie qui, à le voir, semble si confortable. J'en fais part à Jean-Pierre. Discrètement à l'écart nous expérimentons cette position. Nous arrivons à nous tenir accroupis en équilibre précaire sur la pointe des pieds, mais dès que nous essayons de poser les pieds bien à plat, talons au sol comme les Asiatiques, nous basculons à la renverse. Et si nous faisons des efforts pour nous tenir ainsi, nous ressentons aux mollets une douleur qui devient vite insupportable. Dans cette posture qui nous rend totalement ridicules, visages grimaçants comme si nous souffrions d'une sévère constipation, nous éclatons de rire.

Nous reprenons notre route qui serpente à travers de hautes collines à perte de vue. Des cultures en terrasse et quelques habitations éparses s'accrochent sur leurs pentes. Par endroits, leurs coteaux ravinés rappellent qu'après déforestation, le travail de l'homme ne suffit pas à contenir les effets persistants de la mousson sur des pentes beaucoup trop raides.

Après quelques heures de voyage, nous sommes immobilisés. La circulation ne se fait que dans un sens. Au bout d'un quart d'heure, nous descendons du car dans lequel la chaleur subtropicale devient accablante. Les Népalais impassibles restent à l'intérieur. La moiteur ambiante rend l'atmosphère suffocante. Jean-Pierre dégoulinant de sueur précise avec humour : « J'ai les mains moites, les pieds poites et le cerveau croate. »

Catherine et moi prenons quelques photos de la rivière en contrebas sur notre droite, tandis que Jean-Pierre grimpe pour mieux filmer sur les hauteurs de la colline. Gilles et Jacques se dirigent vers l'avant de la file de véhicules pour essayer de s'informer sur la raison de cet arrêt.

Un moment plus tard la circulation reprend enfin ; notre file avance tout doucement, nous suivons le car à pied. À la sortie d'un virage, nous apercevons Jacques et Gilles qui nous demandent de vite monter dans le car, ils font de grands signes au chauffeur pour qu'il avance, cela amuse beaucoup les porteurs : c'est l'hilarité générale. Lorsqu'ils reviennent dans le car il est trop tard, la circulation a repris dans l'autre sens, nous sommes à nouveau bloqués.

Un accident a été provoqué par une voiture lancée dans un dépassement, mais qui n'a pas été fini à temps. Nous sommes à mi-parcours entre Katmandou et Pokhara, autre grande ville du Népal, distantes de 173 kilomètres. Comme il faut environ huit heures de route pour accomplir le trajet, s'il faut attendre l'arrivée d'une dépanneuse, il vaut mieux se munir de patience.

Si la circulation a repris sur notre file durant quelques minutes, c'est parce que Jacques y a mis bon ordre. C'est étrange, ici personne ne semble vouloir infléchir le cours des choses, tous paraissent résignés à leur sort. La file descendante dans laquelle nous sommes est encombrée, chacun attend que la file ininterrompue de camions qui nous croise présente une brèche pour franchir l'obstacle de l'accident. Cela peut durer des heures. Tous attendent patiemment, personne ne prend d'initiative. Soit cela correspond à la mentalité du pays, réputée fataliste, soit personne n'ose faire la circulation de peur de se substituer à l'autorité.

N'y tenant plus, Jean-Pierre, Gilles, Jacques et moi descendons du car. D'un geste dynamique et autoritaire, nous arrêtons les camions de la file montante et faisons signe à notre file d'avancer ; tous s'exécutent. Une fois notre car dégagé, nous remontons, abandonnons notre rôle improvisé de régulateur de circulation et laissons la file descendante à son sort. Les Népalais sont visiblement amusés par notre intervention. Que représente notre attitude pour eux : une marque d'esprit d'initiative, un manque de savoir-vivre, du culot, de l'inconscience, de l'insoumission ou, tout simplement, nous sommes-nous montrés ridicules à leurs yeux ? Nous ne le saurons jamais.

La route est vraiment dangereuse, à plusieurs reprises notre chauffeur esquive de justesse des cars qui, en sens inverse, finissaient de doubler des camions dans les virages et qui foncent droit sur nous.

La plupart des camions sont très colorés et décorés avec soin de multiples représentations religieuses ou de figures géométriques. Même si les couleurs sont toujours un peu criardes, certains véhicules sont de véritables œuvres d'art.

Tout au long du trajet, au pied de parois rocheuses je remarque des femmes et des enfants accroupis contre des tas de gravier. Ils cassent des pierres avec des massettes pour en faire du gravier. C'est insensé ! Dans cette position, patiemment, ils effectuent inlassablement ce travail répétitif, certainement pour un salaire dérisoire. Dans nos carrières les concasseurs broient des tonnes de pierre à l'heure. Ici ces petites mains fragiles, laborieuses et résignées, ont une fois de plus l'éternité devant elles pour accomplir cette besogne ingrate. Je repense aux hommes qui polissaient le carrelage à Dhaka, aux femmes aperçues hier à l'aéroport de Katmandou qui tondaient les pelouses en arrachant l'herbe avec les mains. Philosophie, perspective d'une autre vie meilleure, résignation, pas le choix, pas connu autre chose, qu'est-ce qui les aide à accepter leur sort ?

Nous arrivons à Dumre, village dans lequel nous allons déjeuner, mais auparavant le chauffeur doit s'acquitter d'un droit de péage. Il est vrai que cette route porte le nom d'autoroute. Les installations de péage sont assez sommaires : elles sont constituées d'une guérite en planches et d'une barrière en bambou munie d'un contrepoids en béton pour faire bras de levier. Le fonctionnaire qui perçoit les redevances ne semble pas affecté par la chaleur écrasante malgré son uniforme empesé.

Enfin, nous nous arrêtons pour manger. Bien sûr, nous commençons à avoir faim, mais nous en avons surtout assez d'être ballottés dans une étuve depuis presque cinq heures. Ce village me fait penser aux décors de westerns. Les habitations, essentiellement des magasins, des lieux affublés du titre de restaurant et d'hôtel, bordent l'unique rue poudreuse qui n'est autre que la route. Certaines boutiques ont une avancée recouverte de tôles ondulées soutenues par de gros bambous tortueux. Les façades sont presque toutes peintes uniformément en bleu ciel. Un maillage tentaculaire de fils électriques flasques relie chaque maison directement à un unique poteau.

À notre descente du car, nous sommes accueillis par un groupe de chèvres peu farouches qui semblent quémander quelques friandises ou morceaux de pain. Des fagots de bois sont carrément entreposés sur la route.

Nous nous dirigeons vers une gargote à l'entrée de laquelle un lépreux semble en pleine méditation. Son visage est ravagé, il n'a presque plus de nez et de ses mains ne subsistent que des moignons informes. Je m'éloigne et préparant les réglages à l'avance, en touriste méprisable, je le prends très discrètement en photo au téléobjectif. À présent, d'un pas mal assuré le malheureux erre le long de la route. Personne ne s'est aperçu de rien. Je me défends d'avoir fait du voyeurisme morbide, j'ai simplement voulu ramener un témoignage de ce qui malheureusement existe encore.

Babul-Lal nous convie à nous attabler dans la cour intérieure de la gargote. Lui et son équipe disparaissent au fond de la cour. Je pensais que nous prendrions les repas ensemble, ce serait plus convivial. Mais malheureusement, tout au long du trek, nous mangerons séparément.

Nous apprécions un peu de repos et un semblant de fraîcheur. On nous sert un repas frugal et douteux, composé de soupe, de riz et de lentilles, agrémentés d'un peu de sauce piquante et de pommes de terre. La propreté des couverts nous semble très approximative et la nappe en plastique est gluante. Comme boissons, après avoir vu remplir des bouteilles d'eau minérale à un tuyau d'arrosage qui traîne sur le sol, nous optons pour un Coca-Cola, excepté Jacques, fidèle à sa sempiternelle bière. Puisque nous ne buvons pas l'eau du robinet, les boissons sont à notre charge ; elles doivent certainement coûter plus cher que le repas inclus dans le forfait et réglé par Babul-Lal.

Nous observons une vieille femme qui, accroupie dans la cour, malaxe du riz en plongeant ses mains sales aux ongles noirs dans la gamelle posée sur le sol.

Une autre femme fait une vaisselle assez expéditive par terre. Elle asperge assiettes, couverts et casseroles à l'aide du tuyau d'arrosage. Après un bref coup d'éponge, elle les repose par terre et les arrose à nouveau en guise de rinçage.

Une troisième femme apparaît à la fenêtre de ce qui semble être la cuisine et déverse dans la cour, à quelques mètres de nous, un bac d'eau usée qui éclabousse la gamelle de riz et la vaisselle posés sur le sol. Ce sera leur manière de nous immuniser psychologiquement.

Pendant que Jean-Pierre filme à table, un jeune homme retire le tuyau d'arrosage, boit au robinet, se racle la gorge et crache par terre à l'endroit même où était posée la vaisselle quelques mètres derrière nous. Je fais remarquer que c'est peut-être sa manière de nous souhaiter bon appétit.

Jean-Pierre, Gilles et moi, téléphonons ensuite en France pour six euros la minute ; c'est pratiquement le prix d'une semaine de travail de certains Népalais. Hier, il était impossible d'obtenir une communication internationale depuis Katmandou la capitale, alors qu'aujourd'hui depuis ce boui-boui perdu, avec un vieil appareil rafistolé, cela devient possible. Je pense au sketch de Fernand Raynaud, « le 22 à Asnières ».

La communication de Gilles avec son épouse n'en finit pas, il essaie de conclure à tout moment, mais sans succès, sa femme relance sans cesse la conversation.

Je suis heureux de pouvoir communiquer avec ma femme et de transmettre des bisous aux enfants depuis un endroit aussi éloigné. Je l'entends comme si c'était un appel local. Cela fait du bien d'entendre ceux qu'on aime. C'est étrange comme l'éloignement procure la sensation de rapprocher les êtres sentimentalement. Je les aime. Néanmoins ma femme ne semble pas partager tout à fait mon enthousiasme, j'ai l'impression qu'à présent elle m'en veut un peu d'être parti pour trois semaines.

Vers 13 h 30 nous reprenons la route sous une chaleur étouffante. Nous quittons l'itinéraire vers l'ouest qui conduit à Pokhara et bifurquons vers le nord en direction de Besisahar. Cette route a été construite en 1987, raccourcissant ainsi le trek de trois jours qui autrefois commençait à Dumre. Il nous reste 42 kilomètres à parcourir, le trajet semble interminable. Nous observons de nombreux glissements de terrain, parfois la route est jonchée de pierres, certaines sont des blocs plus gros qu'un ballon de football. Qu'est-ce que cela doit être en période de mousson, lorsque tout est raviné par la pluie à longueur de journées ?

La circulation s'interrompt à nouveau, il doit y avoir un nouvel accident, mais contrairement à ce matin nous avançons tout doucement. Effectivement, un rocher de plusieurs tonnes est tombé sur le capot avant d'une voiture. À un mètre près, soit une infime fraction de seconde, les passagers auraient été écrasés. Ce rocher aurait également pu tomber sur nous. Le destin des êtres tient vraiment à peu de chose. J'en deviendrais à mon tour presque fataliste.

Vers 16 h 30 nous arrivons à une bifurcation et prenons une toute petite route sur la droite en direction de Besi-Sahar. Sur le parcours nous rencontrons plusieurs contrôles militaires. Chaque fois nous avons une appréhension pour le bip : s'il était découvert notre aventure s'arrêterait là. Nous aurions de sérieux ennuis, ainsi que Babul-Lal et Shandra son assistant. Nous sommes étonnés de constater que chaque fois on ne fait descendre que l'équipe népalaise. Eux seuls sont contrôlés, on leur pose chaque fois de nombreuses questions sur ce qu'ils vont faire. On vérifie leurs papiers et leurs bagages. Heureusement, on ne trouve rien de suspect et leurs papiers sont en règle. Notre physique et notre statut de touriste nous tiennent lieu de sauf-conduit. Nous assistons à une sorte de délit de faciès à l'encontre des autochtones.

Tout au long de la route nous rencontrons de nombreux militaires en armes. Au fur et à mesure que nous avançons ils sont de plus en plus nombreux. Des maoïstes seraient cachés dans les montagnes comme autrefois nos résistants dans le Vercors. La route est bordée de nombreux miradors et guérites protégés par des sacs de sable.

Dans les rizières environnantes, les paysans impassibles, non concernés par toute cette agitation, continuent à labourer de manière ancestrale avec des charrues entièrement en bois tirées par deux buffles.

Les femmes, courbées, l'eau jusqu'au mollets, plantent le riz avec des gestes immémoriaux, précis et cadencés. Ni le temps ni les évènements ne semblent avoir prise sur elles.

Toutefois, certains s'adaptent et tirent profit de la modernité. À plusieurs endroits nous remarquons des gerbes de blé ou de riz déposées sur la route. Dès que des véhicules passent dessus, des femmes s'empressent, avec des balais très courts, sans manche, en paille de riz, de récupérer les grains extraits de cette manière astucieuse.

Plus loin une vieille femme entièrement courbée, dos en équerre, traverse la route devant nous en trottinant. À force de passer toute une vie à travailler la terre dos courbé avec des outils aux manches très courts, il arrive un jour ou la colonne vertébrale refuse de se redresser. Après nous être apitoyé sur le sort de cette pauvre femme, une plaisanterie relevant de l'humour noir me vient à l'esprit. Je fais remarquer que si elle venait faire le trek avec nous, nous aurions des problèmes le soir dans la tente, elle prendrait toute la place, le dos ou les jambes seraient en travers. Pas de problème rétorque Jean-Pierre du tac au tac ; on la coucherait sur le dos les jambes en l'air. Imaginer cette scène aussi surréaliste que cruelle, déclenche en nous des fous rires de potaches. Et comme le rire est communicatif, nos amis Népalais s'esclaffent à leur tour de nous voir rire sans en connaître la cause.

C'est un réel plaisir de contempler ce paysage rural minutieusement entretenu. Les champs sont délimités avec soin. Au loin, les cultures en terrasse festonnent le flanc des collines d'une frise verdoyante.

Les maisons sont de plus en plus coquettes. Les murs ne sont pas maçonnés, ils sont constitués de pierres parfaitement jointes. Elles sont recouvertes de toits en chaume qui souvent font une avancée sur une terrasse. Les champs de maïs et de choux, bordés de bananiers, sont le résultat d'un travail méticuleux. De grandes meules de foin coniques et des paillotes qui abritent des récoltes, témoignent d'une intense activité rurale.

Quel contraste avec la banlieue de Katmandou, dont ma mémoire conserve un sentiment de désordre et des images en tons de gris.

Le physique des habitants change imperceptiblement. Le faciès indien cède peu à peu la place au faciès de type mongol semblable à celui des Tibétains. Les paysans que nous croisons ressemblent de plus en plus à bon nombre de nos porteurs.

Bien que j'essaie d'économiser les photos pour ne pas être pris de court en montagne, ma première pellicule touche à sa fin. Mon bon vieux Minolta a une vingtaine d'années, je rembobine manuellement. Le système se bloque, je suis obligé de forcer un peu, la pellicule résiste, j'insiste encore, elle finit par casser. J'ouvre mon appareil, tout est emmêlé, je débloque avec mon couteau la bobine coincée dans le boîtier. J'extrais ma pellicule, embryon torsadé de magnifiques souvenirs photographiques avortés. Ce n'est plus qu'un lamentable serpentin marron qui s'entortille sur mon avant-bras. Tout le monde s'esclaffe, visiblement très amusé par ma déconvenue. Les Népalais dans la partie arrière du car se tordent ; je suppose que c'est surtout mon air dépité qui les fait rire.

J'essaie de garder une certaine contenance et m'applique à esquisser un sourire, mais intérieurement j'enrage. Je viens de perdre toutes les photos de l'embarquement, de l'avion, de Dhaka, de Katmandou et de ce voyage en car.

À 16 h 30, alors que cela fait neuf heures que nous avons quitté Katmandou, nous arrivons à Besi-Sahar. Pour nous tous, c'est presque un nom mythique, tant nous l'avons lu sur nos cartes et prononcé de nombreuses fois dans la préparation du trek. Avant d'y entrer, nos pauvres porteurs se soumettent à nouveau à un contrôle militaire. Ils descendent pour montrer leurs papiers et s'expliquer sur les raisons de leur présence ici, alors que nous restons tranquillement assis sans jamais être inquiétés ; j'en suis gêné.

Depuis que la route de Manang a été autorisée aux touristes à la fin des années 70, Besi-Sahar est devenu le point de départ de presque tous les treks autour des Annapurnas. C'est une bourgade très colorée, comme à Dumre la couleur dominante est le bleu. De nombreux magasins bordent la route ; on y vend de tout. Je suis surpris par la quantité de récipients de toutes sortes et de bidons en plastique de toutes les couleurs sur les devantures des magasins. Tels des ballons en baudruche dans une kermesse, ils donnent au village un air de fête. Besi-Sahar signifie pompeusement « village-ville » ; je l'aurais bien nommé « bidon-ville ». La plupart des maisons sont à deux étages et possèdent des balcons assez inquiétants qui dissuadent de vouloir flâner en-dessous. Même si le niveau et le fil à plomb ne semblent pas très sollicités, cela a l'air tout de même tenir debout.

Les camions et les cars sont bondés de voyageurs, certains sont même juchés sur les toits. Les gens parlent et gesticulent avec entrain, ils ont le verbe haut. Tout cela crée une ambiance de franche pagaille et de joyeuse animation. Je constate que les fils électriques ne sont pas plus apprivoisés qu'à Katmandou.

Jacques ne tient plus, il demande un arrêt de cinq minutes pour s'acheter une bière. Après avoir disparu dans une boutique multicolore, il en ressort radieux, une bouteille de bière de 60 cl à la main et en déguste le contenu sur le champ avec délectation. Nous en profitons pour faire quelques photos.

Je croyais que notre marche à pied allait commencer ici, mais non, notre route se poursuit encore pendant quelques kilomètres sur un chemin dont il faut l'imagination et l'adresse de notre chauffeur pour le considérer comme carrossable.

On double péniblement de nombreuses caravanes d'ânes chargés de marchandises de toutes sortes. Certains trekkeurs courageux, moins nantis que nous, sont déjà à l'œuvre et marchent dans la poussière.

Le chemin devient de plus en plus cahoteux. Les ornières et les grosses pierres nous font gigoter tous à la fois dans une synchronisation parfaite. Les bonds au plafond deviennent de plus en plus fréquents. Nous croisons des camions avec difficulté, en manœuvrant au centimètre près à ras de ravins, sur ce chemin de terre aux bords non stabilisés. Heureusement que la conduite s'effectue à gauche, nous sommes du bon côté ; nous laissons le ravin pour ceux qui viennent en face. Un autocar archi bondé nous précède ; sur le toit une multitude de voyageurs s'agrippent comme ils le peuvent, par grappes, les uns aux autres. À chaque cahot nous craignons de les voir tomber. Nous remarquons avec amusement une inscription gravée fort à propos en gros caractères à l'arrière du car : *good luck*. En bas sur la droite coule une rivière tumultueuse : la Marsyangdi. Elle nous accompagnera pendant une semaine jusqu'au lac Tilicho.

Nous apercevons un vautour au plané superbe et majestueux se faire attaquer par deux vulgaires corbeaux arrogants au vol désordonné. Nous longeons des rizières, des champs d'orge, de maïs ainsi que des résidus de forêt subtropicale. Je ne sais plus combien a duré notre trajet depuis Besi-Sahar ; j'ai perdu toute notion du temps, je suis totalement abruti par ce voyage qui n'en finit pas dans ce car torride. De grâce, stop, nous sommes venus ici pour marcher ! Je suis bientôt exaucé, nous arrivons à Sera, le car fort heureusement ne peut plus passer.

Dorénavant, nous allons côtoyer des populations de contrées où le seul moyen d'accès est la marche, excepté deux modestes aérodromes pour quelques rares privilégiés. Ici, tout est transporté à dos d'âne ou d'homme.

Notre matériel est prestement déchargé. Nous nous retrouvons devant un amoncellement de sacs et de tout un barda hétéroclite. Babul-Lal donne quelques ordres précis, puis chaque porteur s'affaire à constituer sa charge.

Des cordes enserrent les sacs. Après avoir passé une sangle sur leur front protégé par un chiffon, les mains et doigts croisés derrière la nuque, les porteurs bandent leurs muscles et d'un vigoureux coup de collier arrachent du sol leur impressionnant fardeau. Subitement ils changent de physionomie, leur visage souriant prend le masque de l'effort. Nous sommes sidérés de voir ces petits bonhommes tout en nerfs et en muscles, partir avec des charges de quatre à cinq sacs de treize kilos et plus.

Certains transportent de grandes hottes en vannerie, remplies de toutes sortes d'ustensiles de cuisine. Les réchauds à pétrole et leur combustible sont eux aussi emportés dans la montagne. Ces hottes, les dokos, sont également retenues par un large bandeau posé sur le front, toujours protégé par un chiffon. Toute leur charge est soutenue par la nuque qu'essaient de soulager les mains alors que nos sacs à dos sont soutenus par les hanches et les épaules.

Les porteurs sont bien loin du poids à ne pas dépasser, constitué de deux sacs de treize kilos plus leurs affaires personnelles comme nous l'avait dit Katia. Je croyais que des porteurs supplémentaires devaient nous rejoindre. Où sont les deux porteurs pour lesquels nous avons payé un supplément ? Non seulement nous n'en avons pas dix-sept, mais nous n'en avons que quatorze ; initialement, ils devaient être quinze. Nos pauvres porteurs croulent sous leurs charges. Ce surpoids fait certainement le profit d'autres personnes… Bien sûr, grâce à nous ils ont du travail, mais bien que nous ayons fait ce choix, nous sommes maintenant confrontés à la réalité. Nous ne pouvons pas nous empêcher d'avoir un sentiment de culpabilité à l'idée d'utiliser des hommes comme on le faisait en des temps révolus.

Souvent, la confusion est faite entre porteurs et sherpas. Il y a peu de temps je la faisais également. Les Sherpas sont un groupe ethnique issu d'un peuple de l'est du Tibet. D'ailleurs, leur nom signifie littéralement gens de l'est. Ils occupent principalement les hautes vallées de l'est du Népal entre 2 500 et 4 000 m d'altitude, dans la région de l'Everest, le nord du Sagarmatha, le Khumbu. Ils seraient selon les sources, entre 30 000 et 50 000. Exposés à la haute altitude, ils ont développé des mécanismes physiologiques d'adaptation hors du commun. De petite taille, bien que d'apparence frêle, ils font preuve d'une force et d'une résistance à l'altitude et au climat incomparables. Ce sont des porteurs infatigables qui ont participé à la conquête des plus hauts sommets de la planète. Si bien qu'à tort, leur nom est souvent synonyme de porteur.

Toutefois, ces derniers ont progressivement délaissé leur fonction de porteur au sein des expéditions de trekking, au profit de Népalais appartenant essentiellement aux ethnies : Gurung, Raï et Tamang. Les Gurungs vivent principalement dans la région de Pokhara ; les Raï, dans l'est du Népal et les Tamangs au nord et à l'est de Katmandou.

Les Sherpas qui travaillent dans les métiers de la montagne sont parvenus peu à peu à de meilleures fonctions dans l'échelle sociale ; ils exercent actuellement des emplois avec plus de responsabilités et mieux rémunérés. L'expérience du terrain leur a permis d'accéder au statut de sirdar, dont le nom provient du titre de chef en Inde. Ils sont dorénavant recruteurs, guides de montagnes et chefs d'expédition. Plusieurs d'entre eux sont même devenus propriétaires d'agences de voyage et organisent des expéditions de trekking.

Alors que pour notre ignorance occidentale, le mot sherpa a tendance à devenir un terme générique désignant un porteur, paradoxalement, à quelques exceptions près, les Sherpas ne sont plus des porteurs.

Les montagnes sont l'objet d'une grande vénération dans la culture sherpa traditionnelle. Adeptes du bouddhisme tibétain, les sherpas croient que les sommets sont la demeure d'un panthéon varié de dieux et de déesses. À ce titre, ils appellent l'Everest, Chomolungma, ce qui signifie : déesse mère de la Terre.

La majorité de nos porteurs provient de l'ethnie Tamang, nous n'avons qu'un porteur sherpa.

À notre tour, nous endossons nos sacs à dos. Comme j'observais attentivement le départ des porteurs, j'ai pris du retard ; tous sont déjà prêts et commencent à marcher sans m'attendre.

Je ballote mon sac en tous sens et tourne en rond pour essayer d'enfiler ma deuxième sangle qui s'obstine à s'accrocher à ma montre, ensuite elle reste coincée au niveau du coude. La raideur de mes épaules m'empêche de m'y lover comme le font les autres avec autant de facilité. Parvenu à mes fins, bien que mes sangles relâchées pour faciliter la manœuvre soient torsadées, les lanières entortillées en tous sens et le sac de travers, sans plus attendre, je m'élance à leur poursuite. Mon sac réglé trop bas ou plutôt pas réglé du tout, me tape sur les fesses. J'essaie de tendre mes sangles en marchant, mais elles sont torsadées, elles ne glissent plus ; ça ne fait rien, les épaules tonifiées par la charge, de bonnes chaussures de marche aux pieds, les jambes reposées qui ne demandent qu'à se dégourdir, me transforment en un autre homme. Enfin ! Ça y est, nous marchons, le moment tant attendu est arrivé : quel bonheur ! Marcher, marcher, nous allons le faire jusqu'à la nausée.

Nous évoluons dans un paysage magnifique. Sur notre gauche s'échelonnent des cultures en terrasse, soutenues par des murets qui me rappellent ce que nous appelons en Provence et dans certains vignobles varois : des restanques. Il s'agit ici d'une multitude de lopins de terre minuscules, parfaitement entretenus, dans lesquels on cultive essentiellement des haricots et du maïs. Des femmes courbées en deux, la tête à ras du sol, binent inlassablement avec de toutes petites pioches au manche extrêmement court. Je ne comprends pas ; un manche plus long leur permettrait de se redresser. Elles y perdraient peut-être en précision, mais y gagneraient certainement en confort. Il s'agit sans doute tout simplement de la coutume. Sur notre droite, le parcours est jalonné de bananiers aux étranges grosses fleurs mauves en forme d'orchidée ; elles pendent à l'extrémité des régimes de toutes petites bananes. Tout en bas, la Marsyangdi écumante que nous surplombons d'une centaine de mètres, précipite ses eaux glaciaires turquoises vers les plaines du Téraï. Après avoir rejoint la Trisuli, elle change de nom donnant naissance au Narayani qui alimente les eaux sacrées du Gange.

Au loin, les montagnes verdoyantes auréolées de brume s'offrent à nos regards à travers cette profonde vallée de la Marsyangdi.

Tout au long de notre marche nous entendons des « tiuuu, tiuuu ». Ce sont des cris d'oiseaux qui me rappellent ceux du guêpier d'Europe, mais de manière plus flûtée. Je les ai entendus de nombreuses fois en Espagne et quelquefois en Provence. Ces cris nous accompagneront durant toute notre progression au milieu de la végétation subtropicale et disparaîtront dès que nous atteindrons la flore alpine. Jamais nous n'observons ces oiseaux avec certitude, nous n'apercevons que des fusées au plumage sombre jaillir de l'endroit où nous les entendions.

Nous croisons de nombreuses caravanes d'ânes aux harnachements magnifiquement décorés, elles descendent de la montagne chargées de marchandises. Chaque fois, Catherine, attendrie par ces têtes bornées au regard bonasse, ne peut s'empêcher de s'exclamer : « Que c'est mignon ! » sur un ton à faire fondre les cœurs les plus endurcis.

Nous traversons un groupement de maisons aux toits de chaume. Quelques enfants, accroupis par terre, jouent avec des bâtonnets. Gilles leur donne des crayons. Sachant que dans les pays asiatiques les enfants sont scolarisés mais manquent cruellement de fournitures scolaires, il en a apporté une quantité considérable. Très vite il est assailli de toutes parts par des enfants qui lui crient : *pen, pen !* À cela s'ajoute une demande tout aussi pressante : *sweets, sweets !* Pendant que Gille distribue ses crayons, nous distribuons une partie de nos rations énergétiques de la journée, composées de barres de céréales et de sucreries.

Tout au long du périple nous allons entendre ces quelques mots anglais que les enfants ont particulièrement bien mémorisés, auxquels s'ajoute parfois : *money !*

Le passage de touristes est une aubaine pour eux, ils peuvent goûter aux doux délices des sucreries dont ils raffolent, qu'ils ne connaissaient pas auparavant et qui sont pour eux hors de prix. Malheureusement, toute bonne chose a sa contrepartie perverse. Bon nombre de ces enfants qui ne souffraient pas de caries, en sont aujourd'hui atteints. Le drame, c'est que ces populations n'ont que peu de notions d'hygiène dentaire et n'ont aucun moyen de traiter les caries.

La marche reprend dans ce paysage grandiose. Exotisme suprême ! Nous allons emprunter un pont suspendu comme ceux qui illustraient les lectures que j'ai faites sur le Népal. C'est incroyable ce que nous sommes rassurés lors des voyages, lorsque ce que nous rencontrons sur le terrain, vient confirmer ce que nous avons vu dans des livres, des cartes postales ou des documentaires.

Ces innombrables ponts qui enjambent torrents et rivières du Népal dans les régions montagneuses, sont constitués de câbles tendus sur lesquels sont fixées des planches ou des plaques métalliques. Deux personnes peuvent tout juste marcher côte à côte. Malgré la tension des câbles, leur propre poids les incurve vers le bas, ce qui nous donne toujours une allure précipitée au départ et pesante dans la deuxième partie. Même si l'atmosphère est calme, au milieu des ponts nous rencontrons toujours de forts courants d'air. Chaque pas est accompagné d'une ondulation de bas en haut et d'une oscillation latérale, ce qui, les premières fois, transforme les traversées en joyeuses attractions foraines.

À l'entrée d'un pont, je croise une petite fille. Je m'apprête à la prendre en photo, elle s'arrête et me fait un sourire adorable. Mes réglages sont déjà prêts. En une fraction de seconde je règle la netteté, je déclenche... rien. Zut ! pas rembobiné... Si !... ah ! interrupteur pas ouvert !... si !... Mais quoi alors ? Je dois me rendre à l'évidence, je viens de tomber en panne de piles. Je suis fort contrarié. La fillette malgré ses petits yeux bridés ouvre un grand regard tout rond d'étonnement. Je ne résiste pas à l'envie de lui offrir une perfide sucrerie qui métamorphose ses yeux noirs comme la vraie couleur du ciel, en deux fentes malicieuses.

Je n'ai pas le temps de changer de piles, je dois rattraper les autres.

Quelques instants après, un petit garçon me demande de le prendre en photo ; je suppose qu'il en attend une petite récompense. J'essaie de lui expliquer que mon appareil ne marche plus et pour le lui prouver j'appuie sur le déclencheur. Par je ne sais quel maléfice, dans un ultime soubresaut, les piles fournissent à nouveau assez d'énergie pour faire fonctionner l'appareil ; je me photographie les pieds. Je peste, je rends un tonitruant hommage à Cambronne sous les yeux étonnés du garçonnet.

Ces piles au lithium ont une durée de fonctionnement supérieure à un an et c'est précisément maintenant qu'elles décident de me lâcher. Après tout c'est de ma faute, j'aurais dû les remplacer par précaution.

Tout en marchant, sac à dos mal réglé, avec lequel je fais une sévère partie de tape cul depuis le départ, appareil photo ballottant en bandoulière, j'essaie de me repérer sur la carte. Mais l'exercice est périlleux, car au moment où je rejoins Jean-Pierre, mi-amusé, mi-exaspéré de me voir si salement harnaché, je heurte de la tête un tuyau qui dépasse du mur d'une maison, ce qui me vaut une belle éraflure sur le front.

Nous entrons dans un petit hameau aux robustes maisons de pierre, couvertes de toits en chaume. Devant l'une d'entre elles, de jeunes gens s'adonnent à un étrange jeu qui pourrait être apparenté à du billard. Il est composé d'un plateau rectangulaire d'environ un mètre et demi de long, posé sur une table. Les joueurs face à face aux deux extrémités, propulsent d'une pichenette des palets circulaires les uns contre les autres. Afin de leur permettre de glisser, le plateau est saupoudré d'une substance blanche ressemblant à du talc ou à de la poudre de riz.

Jean-Pierre m'observe avec désolation ; excédé, il ne peut s'empêcher de me faire quelques remarques déplaisantes. Je sais, je sais ! Les sangles doivent être tendues, le sac doit être plaqué sur le dos et son poids doit être soutenu par les hanches ; ...doit, doit ! ça doit être, mais ça n'est pas. C'est que j'ai du mal à faire glisser ces satanées sangles torsadées, elles accrochent. Je dois faire mes réglages, tranquillement, sans précipitation, dans le calme. Mais comment faire ? J'ai pris du retard, je dois le rattraper, je veux admirer le paysage, prendre des photos, je dois marcher, même courir parfois. Je ne peux pas tout faire en même temps ; personne ne m'attend, moi ! Précisément si. Jean-Pierre est là et décide de mettre de l'ordre à mon équipement. Il ajuste mon sac, règle et tend toutes mes sangles par à-coups énergiques réprobateurs. Les sensations ne sont pas du tout les mêmes, mon sac ne me tombe plus sur les fesses, il est remonté sur mes hanches ; je me sens l'âme d'un trekkeur.

Nous nous arrêtons devant une sorte de gargote constituée d'une ossature de poteaux posés de travers, sur laquelle est fixé un treillage de bambous. Elle est recouverte de tôles ondulées ; on a l'impression que l'ensemble ne demande qu'à s'écrouler. Sous cet abri branlant, un groupe d'hommes discute, paressant assis sur des chaises, jambes croisées ; à leurs pieds des poules picorent. Je sors mon couteau multi usages pour couper un bout de cordelette. Un homme visiblement intéressé veut me l'acheter et me demande de lui proposer un prix. Si je le lui vendais le prix de sa valeur en France, ce qui correspond pour moi à une heure de travail, représenterait pour lui certainement plus d'une semaine de labeur. Les pouvoirs d'achat sont réellement disproportionnés. J'ai envie de le lui offrir mais je vais en avoir besoin. Nous nous quittons d'un air désolé en échangeant des *namasté*.

Jean-Pierre et moi avons pris un retard considérable par rapport aux autres, nous les avons tous perdus de vue. Être à la traîne à deux, c'est tout de même plus confortable que seul. Nous voyons la totalité du chemin jusqu'à une courbe là-bas au loin ; il n'y a plus personne. Jean-Pierre pense sérieusement à louer un âne pour rattraper le retard et pour faire une blague aux autres. Nous sommes amusés par la perspective de rejoindre nos amis sur des baudets, mais l'idée de nous lancer dans des négociations avec un muletier sans connaître une langue commune pour communiquer nous incite à allonger le pas.

En chemin, nous rencontrons essentiellement des femmes qui binent dans les champs de maïs. Jeunes ou vieilles, elles travaillent toutes courbées à ras du sol, leurs outils ont, comme je l'ai déjà remarqué, un manche très court de quelques dizaines de centimètres seulement ; à notre passage elles nous saluent presque toutes d'un joyeux *namasté*.

Alors que nous atteignons le haut d'une montée, lancés d'un bon pas, déterminés à rattraper les autres, nous entendons des appels que nous croyons au premier abord destinés à des paysans des environs.

Intrigués par l'insistance des appels, nous nous retournons et voyons en contrebas Jacques tout essoufflé en train de gesticuler.

Nous nous sommes trompés de chemin, nous devions bifurquer sur la droite pour traverser la rivière sur un pittoresque pont suspendu, mais nous sommes allés tout droit. Cette rivière, la Marsyangdi va nous conduire dans une vallée interminable, une des plus profondes de la planète, jusqu'à sa source : le lac Tilicho.

En contrebas de l'extrémité opposée du pont se trouve notre campement ; nous arrivons à Bhulbhule. Les porteurs s'affairent à monter les tentes, les cuisiniers sont déjà à l'ouvrage ; du haut du pont nous les entendons se racler la gorge, j'espère qu'ils tournent la tête pour expulser ce qu'ils ont récolté au raclage.

Dès mon arrivée, je change les piles de mon appareil et je prends quelques photos. Immédiatement après nous entamons le montage des tentes. Ce qui ne devait être qu'une formalité que nous pensions expédier en un tour de main, devient très vite un véritable casse-tête. C'est la première fois que nous montons ce type de tente de montagne ; nous pestons contre ces satanées notices de montage peu loquaces et aux dessins très sobres.

Pendant ce temps, un groupe d'enfants s'amuse à sauter sur le pont qui oscille et ondule : cela leur procure un terrain de jeu mouvant extraordinaire.

Alors que nous nous débattons toujours sous le regard amusé de l'équipe népalaise, il se met à pleuvoir. Compatissants, ils ne tardent pas à nous venir en aide, mais sont vite décontenancés également par le montage croisé des tiges flexibles. Ce système est conçu pour résister à de forts vents et à d'abondantes chutes de neige. Après plusieurs tentatives, montages et démontages, après des palabres au cours desquelles, l'exaspération aidant, le ton commence à monter progressivement, chacun pensant avoir trouvé la solution, nous finissons par comprendre. Il était temps.

Nous avons une agréable surprise, les porteurs ont monté une tente commodités dans laquelle est creusé un trou en forme de cuvette de bidet. Nous n'aurons pas à courir la montagne pour trouver un coin isolé.

Babul-Lal nous invite à passer à table ; nous prenons un repas bien agréable sous une sorte de paillote montée sur une solide armature en bambou géant. Mon crâne bien malgré moi, testera à deux reprises la solidité de cette armature un peu trop basse à mon goût. Un bleu et une plaie viennent s'ajouter à l'éraflure de cet après-midi ; ce n'est rien, c'est normal, j'ai l'habitude.

On commence par nous servir un thé, suivi du repas confectionné par le cuisinier de l'équipe sur un simple réchaud à pétrole : pâtes, légumes, sauce, banane, thé. Pour ne pas alourdir les bagages, le cuisinier et son aide n'emportent de la nourriture que pour quelques jours. Ils s'approvisionneront tout au long du trek auprès des populations locales.

Jacques commande une bière qu'un porteur s'empresse d'aller chercher dans une gargote à proximité. L'emplacement des campements se faisant souvent aux mêmes endroits, de nombreux autochtones tentent leur chance en essayant d'y vendre les produits qu'ils ont apportés dans la montagne.

Comme ce midi, les Népalais, y compris Babul-Lal, ne mangent pas avec nous ; ils sont à l'écart accroupis à l'extrémité du campement. Sous la paillote nous avons une table, des bancs et bénéficions même d'un éclairage électrique qui, bien que blafard, nous relie encore à la civilisation.

Je fais le dur apprentissage de l'organisation des sacs et de la vie dans la tente. Pour moi cela va être très difficile. Je réussirai à faire quelques progrès mais ce ne sera que vers la fin du trek. Jusqu'à présent je n'avais utilisé que de larges et confortables tentes de camping ou de simples tentes de bivouac dans lesquelles j'étais seul et m'organisais à ma manière et à mon rythme.

Mon problème vient du fait qu'à la maison, dans une chambre bien éclairée et spacieuse, j'ai déjà du mal à m'y retrouver devant une armoire soigneusement rangée par mon épouse.

Le fait de devoir, éclairé par une lampe frontale, ranger mes affaires dans des sacs qui vont dans d'autres sacs est déjà un problème. Dans l'exiguïté d'une tente de montagne à trois places, où l'on est déjà à l'étroit à deux, et dans laquelle on ne peut évoluer qu'en rampant, cela devient pour moi un véritable cauchemar qui semble amuser les autres.

Jacques et Gilles s'installent dans la tente à deux places, Catherine, Jean-Pierre et moi dans l'autre. Nous laissons Catherine s'installer la première et faire un brin de toilette avec des serviettes antibactériennes. Lorsqu'elle est prête, nous nous installons à notre tour ; je suis au milieu. J'expérimente les serviettes antibactériennes ; elles sont très efficaces, bien que rien ne vaille une bonne douche. Pour cela je fais mille contorsions dans mon sac de couchage avec l'indulgence de Catherine et Jean-Pierre qui de part et d'autre, reçoivent de nombreux coups de coudes et de genoux. Bien des fois, je me retrouverai entortillé dans mon sac à viande ; c'est ainsi que l'on nomme le drap en forme de sac qui protège le sac de couchage à l'intérieur. Par la suite, je ferai souvent ma toilette dans la tente commodités, dans laquelle je peux me tenir debout ; le contenu du trou est toujours systématiquement recouvert de terre, il suffit de bien faire attention à ne pas y mettre les pieds. Une fois couché, éclairé par ma lampe frontale, alors que tous sont déjà dans les bras de Morphée, je rédige les souvenirs de la journée avec en bruit de fond, le tumulte de la Marsyangdi, voire par moments, les énergiques ronflements de Jacques dans la tente voisine. Il est 22 h 15, j'éteins, dodo, à demain.

Chapitre 3

2e étape

Mardi 9 avril

Bhulbhule (853 m) ➔ Syange (1 136 m)
Marche : 4 h 30 – Dénivelé +283 m

Ma montre sonne à 5 h 30 ; quelques minutes après, Shandra vient s'assurer que nous sommes bien réveillés. Nous émergeons avec difficulté, bouffis de sommeil. Dehors les Népalais s'affairent déjà. Le temps est nuageux, un ciel de traîne étale ses cotonnades de cumulus ; c'est étonnant, en France nous n'avons ce temps que dans l'après-midi. L'herbe est humide : il a dû pleuvoir cette nuit.

Shandra vient nous servir le thé dans la tente, rituel matinal à un moment très mal choisi et auquel nous ne couperons pas durant tout le trek. Si le thé est très apprécié dans un moment de détente, il l'est beaucoup moins lorsque nous nous livrons à une gymnastique quasi acrobatique pour enrouler le matelas et le sac de couchage qui s'obstinent à ne pas vouloir entrer dans leurs sacs respectifs. C'est chaque fois la même chose, je pousse d'un côté et ça sort de l'autre, je recommence de l'autre côté et ça ressort du côté opposé. J'ai l'impression de remonter un pneu de vélo, j'obtiens à peu près le même résultat.

Catherine et Jean-Pierre ont déjà tout rangé. J'entends les porteurs qui, impatients, commencent à démonter la tente ; la toile se détend peu à peu. Il était temps que je termine ; au moment où je parviens à mes fins, la tente s'affaisse sur moi et j'émerge comme un parachutiste au sol, surpris par un coup de vent contraire.

C'est vrai, je suis un peu lent ; demain j'essaierai de faire mieux. Je suis malgré tout satisfait car je suis parvenu à tout ranger. Je pose fièrement mon sac à dos dans l'herbe et je commence à me brosser les dents ; malheureusement la pipette de ma gourde glisse et tombe dans la seule bouse de vache du secteur. Tous ceux qui assistent à la scène s'esclaffent, quant à moi dépité, je n'ai pas d'autre choix que d'essayer de sourire niaisement pour me donner bonne contenance. Je nettoie frénétiquement avec du dentifrice la pipette que je m'obstine à appeler la tétine. Afin de ne pas avoir à faire de manipulations pendant la marche lorsque nous voulons boire, nous avons des gourdes de trek, elles sont souples et se placent dans le sac à dos. Un tuyau les relie à une pipette que nous passons à l'avant dans une boucle sur une sangle du sac.

À 7 heures, nous regagnons notre paillote de la veille pour y prendre le petit déjeuner. Cette fois-ci, je prends soin de bien baisser la tête. La plupart des porteurs sont déjà partis depuis un moment. Seuls nous attendent le cuisinier et son aide qui ont des charges beaucoup moins importantes ; ils ne transportent que leur matériel de cuisine dans des hottes sanglées sur le front. Babul-Lal et Shandra, eux aussi ne transportent que leur propre matériel, dans des sacs à dos identiques aux nôtres. Nous partons à 7 h 30 ; peu à peu les nuages se dissipent. J'engouffre mes dernières affaires dans le sac.

Je suis vraiment très raide des épaules, je suis obligé de détendre les sangles, malgré tout je n'arrive pas à enfiler mon sac à dos : ma deuxième sangle reste toujours coincée. Pour y parvenir, je tourne sur moi-même, comme un chien qui essaie de se mordre la queue et lorsque j'y arrive (à enfiler le sac, cela va de soi), ma sangle est toujours torsadée. Ensuite, dans la précipitation, je ne réussis à les retendre qu'à moitié.

Ce n'est pas nouveau, quelles que soient mes activités : randonnée, plongée sous-marine, parachutisme, je me retrouve toujours avec quelque chose sur le dos que je n'arrive pas à enfiler. Pour ma prochaine réincarnation, j'ai le choix entre escargot et tortue ; j'ai déjà la maitrise de la lenteur qui a le don d'exaspérer Jean-Pierre. De plus, voyant la manière dont j'ai encore réglé mon sac, il a du mal à se contenir et à garder son calme. J'ai droit à quelques réflexions désobligeantes de sa part : il m'énerve. Tous sont déjà partis ; Jean-Pierre, désabusé, allonge le pas et les rejoint.

J'essaie de les rattraper mais je suis mal à l'aise, mon sac est encore vraiment très mal réglé, bientôt les sangles torsadées me cisaillent les épaules. Ensuite, je sens un petit caillou dans la chaussure. Pour ne pas perdre de temps je continue, mais j'ai de plus en plus mal au pied. Finalement, je m'arrête pour résoudre le problème ; j'expulse l'intrus de ma chaussure et en profite pour régler correctement mes sangles. Calmement, en prenant mon temps, j'y arrive, mais il ne faut surtout pas me bousculer. Bon sang ! qu'on me laisse le temps de faire mes réglages ! Qu'est-ce qu'ils ont tous à démarrer sur des starting-blocks ?

Mes quelques déconvenues ne m'empêchent pas d'admirer le paysage qui est magnifique. Sur ma droite au loin, je vois poindre la silhouette fantomatique du Peak 29, appelé aussi le Ngadi Chuli ou Manaslu II ; il culmine à 7 871 m. Au Népal, de nombreux sommets et cours d'eau ont plusieurs noms et pour chaque nom, plusieurs orthographes sont possibles. Il est parfois difficile de s'y retrouver ; cela est dû aux noms donnés par différentes ethnies et à la traduction phonétique des noms écrits en caractères sanscrits puis transposés en caractères romains.

Je prends quelques photos avec mon vieil appareil entièrement manuel, ce qui me demande beaucoup de temps et me retarde davantage. Je finis par me retrouver seul. Je sais que les autres sont devant, mais où ? Si je rencontre une bifurcation, je ne saurai pas où aller : je commence à m'inquiéter. Je ne suis pas dans la forêt de Fontainebleau, je suis tout de même dans l'Himalaya.

Je pensais faire de la randonnée en équipe et je me retrouve à courir seul dans des montagnes inconnues pour essayer de rattraper les autres, à la limite de l'essoufflement. De temps en temps, je sens venir un point de côté, ce qui m'oblige à ralentir. Peu à peu, le soleil tape plus fort et rend la marche encore plus pénible. Si je n'étais pas obligé d'aller si vite avec le souci de rejoindre les autres, le parcours serait aisé ; le chemin est relativement plat. J'ai soif : j'étrenne ma gourde. La pipette à la bouche, j'aspire mais rien ne vient, j'aspire de toutes mes forces... toujours rien, j'essaie de souffler, aucun résultat : c'est bouché. Satanée tétine ! J'ai soif, j'enrage de ne pas pouvoir boire l'eau que j'ai dans mon sac. Je n'ai pas le temps de m'arrêter pour enlever mon sac, extraire ma gourde, dévisser l'ouverture et boire au goulot puis, surtout remettre mon sac et le régler à nouveau ; tant pis, je continue.

J'avance à travers des plantations de riz, de millet et de maïs. Le chemin est bordé de palissades. Dans les champs en terrasses, des meules de foin sur pilotis agrémentent cet écrin de verdure de leur cône doré. Le paysage vallonné est très harmonieux, reposant, contrairement à ma marche. Je suis décontenancé par la nature environnante, excepté ce qui est cultivé, je ne reconnais ni les arbres ni les plantes ; tout m'est étranger.

Je finis par rejoindre Catherine et Jean-Pierre ; ils ont fait une halte pour m'attendre. J'ai soif ! Je leur explique mon problème de pipette bouchée. Jean-Pierre examine mon matériel ; il s'esclaffe. Une partie de la pipette coulisse légèrement ; il y a un cran de sûreté pour éviter toute fuite et empêcher le tuyau de se désamorcer. Il suffit tout simplement de tirer avant utilisation et de repousser ensuite. Vexé de ne pas avoir trouvé cela tout seul, je peux enfin me désaltérer.

Jacques qui ne fait pas de photos est parti loin devant, il suit les cuisiniers ; Gilles lui emboîte le pas. Jean-Pierre et Catherine m'attendent de temps en temps ; ils en profitent pour filmer et pour prendre des photos, mais ils repartent systématiquement dès que je les rejoins, ce qui fait que je n'ai jamais le temps de me reposer.

Jean-Pierre me fait remarquer, à perte de vue sur la gauche, un sommet enneigé ; il s'agit de l'Annapurna IV (7 525 m), nous devrons le contourner bien après l'avoir dépassé. La distance paraît telle, que le projet d'en faire le tour semble inaccessible. Pourtant en observant une carte, on s'aperçoit qu'il est tout prêt en comparaison du chemin que nous aurons encore à parcourir ensuite. Sur la droite, il me désigne le Manaslu (8 163 m). Je suis sidéré par sa connaissance des sommets sur le terrain où, pourtant, il n'est jamais venu, il ne les a étudiés que sur les cartes. Moi aussi je les ai étudiés, mais si je n'ai pas une carte sous les yeux, je me promène sans savoir où je suis, comme un chat dans un panier. C'est à croire que la connaissance approfondie de la montagne à Chamonix a développé chez lui un sens supplémentaire que je n'ai pas.

Après m'être à nouveau laissé distancer, je repars presque au pas de course. Catherine et Jean-Pierre sont en vue, mais plus haut dans la montée ; ils ont plusieurs lacets d'avance sur moi, je fais un effort pour essayer de les rejoindre. Arrivé à une bifurcation, je prends le chemin qui me semble le plus court, mais je me retrouve dans une cour de ferme, puis dans un enclos.

Un paysan népalais visiblement amusé, mais sans doute apitoyé par ma mésaventure essaie de m'indiquer le chemin.

Bientôt, je zigzague dans un dédale de champs en terrasses minuscules, entourés de barrières sur le côté et de murets en amont. Ça y est ! Je vois à nouveau le chemin ; j'y suis presque, mais je dois escalader un muret de ma taille et passer au sommet de celui-ci avec mon sac à dos, sous une poutre branlante sur laquelle est fixé un treillage de bambou. À deux reprises, les pierres qui me servent de prise se détachent du mur et entraîné par mon sac à dos je fais un roulé-boulé dans le champ. Finalement, crotté et écorché, je parviens à franchir le muret.

Après tous ces efforts et une montée d'un pas beaucoup trop rapide, toujours à la limite de l'essoufflement, j'arrive à Ngadi. À l'entrée du village, dans un terrain très soigné à l'herbe rase, des tables bien mises sous des paillotes attendent les rares touristes qui, cette année malgré les évènements politiques, se sont aventurés dans les montagnes. Un rhododendron en fleur, courbé artificiellement, forme une arche au-dessus de la porte d'entrée.

Je suis étonné de voir de la fumée sortir de certaines maisons : par les toits en chaume, par les portes, par les fenêtres et par les murs. Ces maisons n'ont pas de cheminée ; lorsqu'on y fait du feu ne serait-ce que pour cuisiner, la fumée envahit l'intérieur et sort par où elle peut. C'est une tradition : cela permet de désinfecter l'habitation. Bien que je sois à l'extérieur, les yeux me piquent et je suis gêné pour respirer, alors que les personnes que je vois à l'intérieur par l'ouverture de la porte n'ont pas l'air incommodées le moins du monde.

Devant une maison, de jeunes gens sont en pleine partie de jeu. Comme ceux que j'ai vus hier, ils propulsent d'une pichenette un petit palet qui va en percuter d'autres.

Essoufflé, un point de côté, le pied endolori par le caillou de tout à l'heure, je me demande si je vais pouvoir continuer à ce rythme. Je rattrape Catherine et Jean-Pierre qui eux marchent apparemment sans problèmes et surtout sans se douter de mon désarroi. Ils sont devant l'enclos d'une ferme, ils photographient et filment de jeunes buffles.

Comme d'habitude à mon arrivée ils repartent, c'est particulièrement agaçant et démoralisant : je n'ai jamais le temps de me reposer. Tant pis, la scène est trop touchante, de jeunes buffles avec leur maman ; il faut que j'immortalise cela. Je cadre, règle la netteté, choisis la bonne focale, règle la bonne ouverture, vérifie que la vitesse est la bonne, vérifie la profondeur de champ ; la pause est bonne, je déclenche... rien. L'interrupteur était sur *off*, je l'ouvre sur *on*. Je déclenche... rien à nouveau. Je n'avais pas réarmé. Je réarme, impossible, je suis en fin de pellicule, j'ai tiré ma dernière photo voilà plus de dix minutes. Je procède à la cérémonie de changement de pellicule qui ne veut jamais s'enclencher du premier coup. Cela, accompagné de nombreux jurons me prend presque toujours cinq bonnes minutes. Pendant ce temps, la famille de buffles, totalement désintéressée de figurer dans mon album photo, me tourne le dos avec le plus profond mépris.

Tant pis, je me rattrape en photographiant dans un enclos quelques gorets aussi roses que les nôtres. Je réalise que j'habite tout au sud du Gers, à la frontière des Hautes-Pyrénées. À cinq kilomètres de chez moi, dans l'autre département, le village de Trie-sur-Baïse est réputé pour... son marché aux gorets et son concours du cri du cochon appelé la Pourcailhade. Je me retrouve dans les contreforts de l'Himalaya, j'ai parcouru plus de dix mille kilomètres, j'en ai bavé une bonne partie de la matinée et qu'est-ce que je photographie ? Des gorets !

Je ne désespère pas de réussir de belles images, surtout beaucoup plus originales, durant ce trek. Mais la spontanéité photographique me manque cruellement pour le moment.

Quelque peu déconcerté, je repars à la poursuite des autres. J'essaie malgré tout d'observer les environs. Contre une grange constituée de pieux en bambou, recouverte d'un treillage également en bambou, une importante provision d'épis de maïs sèche sur une plateforme sur pilotis. Je croise une vieille femme chaussée de tongs, qui transporte une charge impressionnante de foin et de maïs sanglée à son front.

Depuis que j'ai compris le fonctionnement de la pipette, j'aspire sans retenue des gorgées de boisson énergétique préparée ce matin par Catherine.

Après bien des efforts je rejoins Catherine ; Jean-Pierre est parti devant.

Nous sommes bloqués par un groupe de vaches sur un pont suspendu ; elles refusent de traverser, le balancement du pont les effraie. Les paysans leur donnent des coups de bâton sur la croupe en poussant de grands cris. Quels que soient les pays et les continents, j'ai toujours entendu invectiver les vaches sur le même ton. Nous en profitons pour faire des photos. Dommage que Jean-Pierre, parti en avant n'ait pas pu filmer cette scène pittoresque.

Nous poursuivons ; le chemin devient de plus en plus raide, mes jambes de plus en plus molles, je suis exténué. Heureusement que depuis plusieurs mois je me suis entraîné comme j'ai pu de manière régulière : marches et randonnées à vélo dans le Gers, footing et rollers à Paris. Chaque semaine je gravissais et redescendais plusieurs fois les quinze étages du bâtiment F de la cité de l'Air. Ceux qui m'ont croisé dans les escaliers des étages inférieurs, dégoulinant de sueur, l'air effaré doivent encore s'en souvenir.

Malgré cela, j'ai l'impression de marcher sans avoir fait de préparation. Il est vrai que j'ai un rythme de marche très irrégulier. Les réglages de mon appareil photo et mon désir d'admirer le paysage me font perdre beaucoup de temps. Les autres, pendant ce temps-là poursuivent leur chemin et je suis obligé de les rattraper au pas de course.

Je sens de légères brûlures à la plante des pieds et sur le petit doigt du pied droit ; je présume que j'ai des ampoules en gestation. De surcroît, certainement sous l'effet conjugué de la chaleur, de l'effort irrégulier très mal dosé et d'un certain stress, toutes les articulations me font mal. Mes doigts sont enflés, je ne peux pas retirer mon alliance.

À 10 h 35, après une rude montée interminable qui achève mes jambes et mon courage, nous arrivons à Bahundanda, village situé sur un promontoire à 1 314 m. Son nom signifie : colline des Brahmanes. C'est ici qu'est prévue notre halte pour le repas de midi.

Le ciel s'assombrit, le tonnerre gronde à l'horizon. Babul-Lal, Gilles et Jean-Pierre nous attendent sur la placette du village face à un petit magasin. Ils sont assis sur le muret d'un chautara qui entoure un arbre énorme au tronc imposant, constitué d'une multitude de grosses racines qui s'entrelacent en plein air. Autour d'eux joue un groupe d'enfants.

Ces plates-formes de pierre, les chautaras, sont très communes au Népal, elles cernent deux sortes d'arbres étranges : le banian ou figuier des banians, symbole masculin, de ses branches pendent d'innombrables racines et le pipal ou figuier des pagodes, symbole féminin et symbole sacré de la connaissance. On dit que Bouddha aimait à méditer sous des banians. Étant donné que cet arbre-ci n'a pas de racines qui pendent des branches, ce serait un pipal. Les chautaras, sont à l'origine des lieux de haltes, destinés aux porteurs pour poser le doko. Ils y trouvent sous l'ombrage une fraîcheur bienfaisante et réparatrice. Les chautaras ont un rôle important dans la vie quotidienne des Népalais, où les déplacements s'effectuent généralement à pied. Ils sont construits soit par la communauté, soit par des familles qui veulent ainsi s'attirer des bienfaits divins. Ils ont donc à la fois une fonction sociale et religieuse.

Je suis heureux de pouvoir enfin me reposer : le point de côté commençait à me faire à nouveau souffrir. De plus, toutes mes articulations ainsi que mes pieds sont endoloris et enflés : il était temps que nous nous arrêtions. Nous sommes tous réunis sur cette plateforme, savourant la fraîcheur comme de vieux Provençaux assis sur le rebord d'une fontaine, sous l'ombre des platanes, attendant l'heure du pastis. Je sais que Jacques ne rêve pas de pastis, mais d'une bonne bière, bien fraîche.

J'ai vécu ma première matinée de souffrance et un sérieux doute commence à s'installer en moi. Dans quoi me suis-je engagé ? Serais-je capable de tenir ce rythme-là jusqu'à la fin du trek qui pourtant ne fait que commencer ? Ne vais-je pas devenir un boulet pour les autres ?

Pourtant, pour moi cette grande randonnée en montagne est aussi un défi, compte tenu de mon état de santé. Je souffre d'une maladie chronique : je suis atteint de rhumatismes inflammatoires. Quelques années auparavant j'ai été hospitalisé pour cela ; j'ai ensuite suivi un long traitement à base de cortisone en diminuant progressivement les doses. Je me suis engagé dans ce trek après avis médical bien sûr, en emportant avec moi de nombreuses boîtes d'antalgiques et d'anti-inflammatoires. Je vais devoir augmenter les doses. Mes camarades sont informés de mon état de santé et de mes prescriptions médicales, mais ils ne se rendent pas compte de l'effort que cela me demande. Par amour propre, je prends sur moi et ne fais part à personne de ma souffrance durant ces trois heures et demie de montée, ainsi que de mon doute quant à mes capacités physiques. J'ai l'impression que mes difficultés sont perçues comme une certaine nonchalance et une maladresse de ma part qui semblent les amuser. Tout compte fait, je préfère qu'il en soit ainsi : je n'aime pas être objet d'apitoiement.

Plusieurs vieux Népalais transportent dans leurs dokos de lourds chargements de pierres, ils vont pieds nus et passent sans faire de halte. Je suis à la fois admiratif et empreint de compassion.

Les enfants sur la place s'enhardissent et demandent des crayons et des stylos pour l'école. Ils sont aussi très intéressés par la caméra de Jean-Pierre ; ils sont heureux de se voir et de s'entendre, cela les amuse beaucoup.

En contrebas de la placette, dans un enclos, un petit agneau attendrit Catherine. À nouveau, comme presque chaque fois qu'elle rencontre des animaux, elle s'exclame : « Que c'est mignon ! » Autant dire que nous entendrons souvent cette exclamation. J'en profite pour faire quelques photos ayant tout le loisir d'effectuer les réglages. Au bout d'une demi-heure nous repartons. À cause de problèmes d'approvisionnement en eau potable, nous ne pouvons pas manger sur place comme prévu.

Nous poursuivons encore durant une bonne demi-heure dans une descente assez abrupte. Sur notre droite, s'échelonnent de nombreuses cultures en terrasses. Des bosquets de bambous bordent le chemin. Sur un promontoire nous surplombons toute la vallée. En bas, des meules de foin blondes, empalées sur leur pieux central sèchent sur des terrasses à flanc de coteau aux abords de la Marsyangdi. Très loin vers le nord se détache le mont Phungi (6 379 m) avec son sommet enneigé. D'après la carte je pense que nous arrivons à Besi, hameau composé de quelques maisons qui bordent le chemin.

Nous entrons manger dans une *guest house*, mi-gargote, mi-maison d'hôte, où Babul-Lal après négociations, loue l'emplacement le temps du repas et y installe ses cuisiniers avec leur matériel. Nous prenons place dans une salle obscure dans laquelle sont entreposés de nombreux sacs de riz. La pièce est tapissée d'images pieuses bouddhistes et hindouistes, ainsi que de photos des célébrités du pays que les gens de ces villages n'ont sans doute jamais vu animées sur un écran. Il fait de plus en plus sombre : le tonnerre gronde. Il se met à pleuvoir : un gros orage éclate.

Deux pigeons viennent s'abriter sur le rebord de la fenêtre. L'un d'entre eux a une ficelle entortillée à la patte ; cela doit le gêner considérablement et risque de le mettre en danger s'il s'accroche quelque part. Je me lève dans l'espoir de l'attraper pour le libérer de sa ficelle, mais les deux pigeons s'envolent dans la pièce et se posent sur les sacs de riz. Dans l'exigu local à côté, le cuisinier et son assistant s'affairent. Tous les porteurs prennent leurs repas entassés accroupis dans cette pièce minuscule, laissant pour nous cinq l'autre pièce, beaucoup plus spacieuse.

Le repas, très simple, est apprécié : rondelles de saucisson, fromage dans du pain de mie, riz, sauces, thé. À chaque repas nous prenons tous un comprimé de Ginkgo qui, d'après des statistiques, favoriserait l'adaptation à l'altitude. J'en profite pour absorber également deux comprimés d'anti-inflammatoires supplémentaires. Est-ce bien raisonnable de forcer les doses ainsi ? Mais je n'ai guère le choix, mes articulations sont gonflées et me font mal, heureusement que j'ai un estomac solide. Le tube dans lequel, pour gagner de la place, j'ai mis en vrac tous mes comprimés est obstrué par un petit flacon que j'ai glissé à l'intérieur. N'arrivant pas à l'extraire, je m'énerve et je le secoue de plus en plus fort. Finalement le flacon intérieur est éjecté et tous mes comprimés roulent sur un sol à la propreté plus que douteuse. Je vais ainsi m'immuniser contre toutes sortes de maladies, à moins que je ne les attrape.

Lorsque je retire ma casquette, on découvre que le contact répété la veille avec une des solides poutres en bambou de la paillote n'a pas été des plus tendres. J'ai une plaie sur le cuir chevelu, mais ayant eu d'autres préoccupations je n'y ai pas fait attention. Oui, j'ai bien dit cuir chevelu, même sur ma tête, c'est comme ça que ça s'appelle, il n'y a pas d'autre mot, même si je n'ai pas le moindre poil à cet endroit-là. Catherine veut me soigner avec de l'éosine, c'est un excellant produit désinfectant et cicatrisant mais il teinte fortement en rouge. Compte tenu de l'enjouement et du zèle de Catherine à vouloir me soigner, ainsi que de la mine réjouie de tous, je sens venir la farce. Ne tenant pas à retrouver mon crâne bien dégarni métamorphosé en fesses de babouin, je considère plus prudent de procéder moi-même à la désinfection. J'essaie de limiter les dégâts mais tel un drapeau japonais, j'arbore un gros rond rouge sur le front.

Dehors, l'orage continue. Les porteurs bâchent les sacs et repartent sous la pluie. Moins courageux, nous attendons l'accalmie.

Nous repartons à 14 heures. Peu après, excepté quelques flaques d'eau sur le chemin, il ne subsiste presque plus rien de l'orage, la terre a tout absorbé.

Nous passons devant des fermes où nous avons tout le loisir d'observer des buffles, des cochons et des chèvres. Dans de minuscules champs en terrasses, de nombreuses femmes binent, toujours courbées à ras du sol. On ne voit pas une mauvaise herbe, tout est cultivé à la main. Ici le désherbant c'est la binette et la patience, l'engrais c'est le fumier. C'est de la vraie agriculture biologique. Pour ces gens-là, c'est la seule agriculture qu'ils connaissent, c'est tout simplement de l'agriculture naturelle. Le qualificatif biologique appliqué à l'agriculture m'a toujours amusé ; il a pour moi des relents d'hypocrisie. L'intention est louable mais ce terme permet bien des fois de vendre au prix fort des ersatz de produits naturels. Je pense à mes parents qui ont toujours cultivé un jardin, ils ne pensent pas non plus à faire de l'agriculture biologique, ils font de la culture naturelle, sans produits chimiques ; ils s'appliquent à cultiver des produits naturels, des produits sains.

Au loin, au-dessus des nuages, émergent des sommets fantomatiques enneigés que l'on devine à peine dans l'horizon vaporeux.

Sachant que je ne reviendrai peut-être plus jamais, je prends de nombreuses photos. Je n'ai jamais autant photographié de ma vie. Pourtant je ne suis pas prêt de battre Catherine qui en fait deux fois plus que moi.

Une ligne électrique assez rudimentaire borde le chemin. Les poteaux qui ne sont autres que des troncs plus ou moins tortueux de longueurs différentes supportent les fils électriques qui s'incurvent de manière inquiétante à moins de deux mètres du sol.

Après avoir changé de nouveau la pellicule, en refermant le boîtier de mon appareil, je coince la languette de la fermeture éclair de mon porte-documents qui pend à mon cou. Je m'en aperçois après avoir amorcé la pellicule ; je suis obligé de rouvrir le boîtier, détruisant ainsi la partie sortie de la bobine. Heureusement que je ne suis pas reporter photographe, j'aurais du mal à gagner ma vie.

Tout en marchant, je ne me lasse pas d'admirer le paysage. De nombreux bananiers bordent le chemin ; les régimes sont bien fournis. C'est une variété de toutes petites bananes ; j'aimerais en goûter quelques-unes mais elles sont encore trop vertes.

Jacques a vu plusieurs petits singes traverser le chemin. Il m'apprend que certains arbres que je n'ai pas réussi à identifier seraient des papayers et des manguiers ; nous sommes en pleine végétation subtropicale. Il faut savoir que nous sommes à la latitude du centre de l'Algérie ou de l'Arabie Saoudite.

Nous remarquons de jeunes plants de maïs tout contre des plants de haricots. Nous comprenons que ces plants de maïs vont servir de tuteurs. C'est une technique assez astucieuse que j'ai déjà observée dans certains potagers du Gers.

Tout en bas, au bord de la Marsyangdi, sur le versant opposé, nous apercevons une construction en pierre sur laquelle débouche un énorme tuyau qui canalise l'eau du torrent au-dessus. Bubu-Lal nous apprend que ce dispositif fait fonctionner une turbine ; il s'agit d'une centrale électrique. Compte tenu de sa taille, elle ne doit pas fournir une puissance considérable, mais elle permet d'alimenter les ampoules électriques de ceux qui en ont les moyens dans cette contrée isolée.

Après seulement une heure et demie de marche, nous débouchons sur un plateau d'altitude ; nous apercevons en contre-bas une superbe cascade avec à proximité, un pont suspendu. Il est 15 h 30, nous arrivons à Syange, notre deuxième campement au bord de la Marsyangdi. Ce n'était vraiment pas la peine de courir comme des fous ce matin pour arriver si tôt l'après-midi. Il est vrai qu'en montagne il est conseillé d'arriver à destination avant 17 heures, le temps pouvant changer très rapidement. Mais, nous avons de la marge et nous ne sommes qu'à un peu plus de mille mètres d'altitude. Quoi qu'il en soit, il va falloir songer à mieux répartir nos efforts dans la journée, sinon à ce rythme-là je ne tiendrai pas. Après tout, considérons qu'il s'agit d'une première journée d'adaptation, même si la matinée a été particulièrement éprouvante pour moi. L'adaptation est toutefois douloureuse ; je suis fourbu, j'ai mal aux jambes... aux pieds, au dos, à la nuque... j'ai mal partout.

Comme la veille, nous installons le campement au pied du pont suspendu, au bord de la Marsyangdi. Maintenant les tentes n'ont plus de secrets pour nous, elles sont montées assez rapidement. Chouette nous disposons de toilettes et de douches sur ce terrain aménagé ! Mais très vite nous déchantons, les commodités sont infâmes et il n'y a pas d'eau dans les douches. Avec Gilles, je tire dans la douche un tuyau en plastique qui descend de la montagne.

Je dérange un petit poisson sombre aux yeux globuleux qui avance sur le sol humide en s'aidant de ses nageoires pectorales ; il disparaît aussitôt dans le trou du mur qui sert d'évacuation. Cet animal étrange ne manque pas de m'intriguer. J'en fais part aux autres, mais ils n'ont pas l'air de me croire, cela les amuse, ils pensent que j'ai pris une salamandre ou une grenouille pour un poisson. Je n'ai pourtant pas rêvé.

Nous nous lavons à l'eau glaciale. Pour éviter d'être congelé d'un seul bloc, j'élabore une technique de lavage du corps en plusieurs parties, que je déshabille, lave, sèche et rhabille successivement, buste courbé en commençant par le haut. C'est tonique mais supportable. Dans l'obscurité, je récupère au fur et à mesure mes vêtements à tâtons.

En sortant de la douche une sangsue me tombe sur le bras. Je l'ai aperçue dans sa chute ; je la jette à terre avec effroi. Son corps luisant, noir et compact, semblable à une limace, s'allonge subitement en forme de ver ; le haut se tortille en tous sens à la recherche d'un support. Ne trouvant rien, la partie supérieure bascule en avant, prend appui sur le sol et l'animal commence une étrange mais astucieuse locomotion, formant un arceau qui rapproche et éloigne ses extrémités, comme la chenille arpenteuse, parfois fléau de nos vergers. Pour la montrer aux autres, je la récupère sur un galet. Prévenue par je ne sais quel sens, elle s'allonge démesurément pour essayer d'atteindre ma main. À plusieurs reprises elle m'effleure les doigts et je la jette par terre ; c'est vraiment un animal que je trouve répugnant et qui me donne la chair de poule.

Je n'aurais pas aimé expérimenter les soins des médecins et des barbiers, qui autrefois utilisaient des sangsues parallèlement aux saignées. Je m'imagine mal explorant le Téraï, la partie sud du Népal à moins de 200 km d'ici, où, outre les tigres, les léopards, les ours à collier, les éléphants, les rhinocéros, les crocodiles et reptiles de toutes sortes, il me faudrait affronter ces maudits vers à ventouses, suceurs de sang qui sont en abondance dans cette région. Catherine écœurée par ma trouvaille ne cache pas non plus sa répulsion. J'ai droit aux quolibets de mes amis qui prétendent que la seule sangsue de l'Himalaya, n'attendait que ma visite pour me tomber dessus.

Nous prenons le thé sous une tonnelle : nous apprécions ce moment de détente. Bien que nous n'ayons fait que 4 h 30 de marche, nous sommes totalement épuisés par les nombreuses montées et descentes. Nous essayons d'imaginer ce que doivent endurer les porteurs sous des charges cinq à six fois supérieures aux nôtres. Pour en avoir une idée, Jacques et moi portons sur une vingtaine de mètres une charge de soixante à soixante-dix kilos, sanglée sur le front. L'effet est vraiment étrange, les épaules sont dégagées, on n'a pas l'impression de porter quelque chose de lourd mais on éprouve surtout une sensation d'écrasement. J'ai du mal à tenir sur mes jambes qui flageolent. Lorsque je les tends j'ai peur pour mes genoux ;

je sens l'articulation qui force en arrière, j'ai l'impression qu'elle risque de casser et de plier le genou dans le mauvais sens. Notre dégaine amuse beaucoup les porteurs. Je suis effaré de savoir que c'est Mékram, notre jovial petit porteur de l'ethnie Tamang, qui a transporté cette charge toute la journée. Je ne suis pourtant pas très grand, je ne mesure qu'un mètre soixante-dix ; Mékram ne m'arrive qu'aux épaules. C'est mon porteur fétiche, il sourit tout le temps. Avec Catherine nous nous apercevons qu'il est somme toute assez jeune ; il ne doit pas avoir plus de trente ans. Pourtant nous l'appelions le petit vieux, peut-être à cause des nombreuses rides qui se dessinent au coin des yeux, encore plus accentuées par son sourire permanent.

Catherine a mal aux pieds ; elle pose ses premiers pansements sur ses talons endoloris. Elle cherche sa montre qu'elle a posée il y a quelques instants sur une table ; elle ne la retrouve plus. Elle ne la reverra jamais. Il convient d'être prudent avec nos objets personnels qui peuvent attirer les convoitises.

Un groupe composé de quatre Anglais et d'un Français vient passer la nuit dans un lodge du camp. Le Français est un baroudeur, une sorte d'aventurier qui vit au jour le jour ; il vient de passer un an en Inde. Au cours de ses pérégrinations, il a fait la connaissance des Anglais et s'est joint à eux, séduit par cette nouvelle aventure autour des Annapurnas. Il apprécie notre type d'expédition : notre tentative de passer par le lac Tilicho et de franchir le col du Mesocantu. Cela semble convenir à son tempérament.

Vers 19 heures, nous prenons notre repas que nous trouvons excellent : nouilles, haricots, sauce, tranches de mandarines, thé. Fidèle à son habitude, Jacques commande une bière au bar du lodge. Comme le veut l'usage, les porteurs mangent à l'écart. Ils ingurgitent des quantités ahurissantes de dal baht. Leur ration dans l'assiette forme une pyramide impressionnante qu'ils malaxent avec leurs doigts. Ils ne mangent que çà et en redemandent. Il leur faut de la quantité : après l'effort fourni durant la journée il faut les rassasier. Ils ne mangent pratiquement jamais de desserts. Gilles nous explique qu'ils n'apprécient pas particulièrement les mets raffinés, ils ont les papilles anesthésiées par les épices.

Pendant le repas, Jean-Pierre nous fait part de sa désapprobation concernant la marche de la journée. Il s'est contenté d'observer les différents comportements de chacun. Il a l'intention de mettre dès maintenant les choses au clair pour la marche de demain.

Nous avons marché beaucoup trop vite, surtout dans les montées. Le pas du montagnard, ce n'est pas du tout cela. De plus, nous ne sommes pas du tout restés groupés. En montagne on doit toujours régler son pas sur celui du plus lent, ce qui me rassure. Pour le moment ce n'est pas encore trop grave, mais lorsque nous allons attaquer la haute montagne, cela va devoir changer.

J'approuve entièrement Jean-Pierre. Pour moi, c'est un grand « ouf » de soulagement. Ces propos me réconfortent et me donnent de l'espoir pour les jours à venir.

À 21 heures, tout le monde dort épuisé par ces 4 h 30 heures de marche beaucoup trop rapide. Quant à moi, comme chaque soir, je ne me reposerai qu'après avoir rédigé le résumé de la journée.

Chapitre 4

3e étape

Mercredi 10 avril

Syange (1 136 m) ➔ Tal (1 707 m)
Marche : 5 heures – Dénivelé : +571 m

Réveil à 6 heures, suivi du traditionnel et inopportun thé servi sous la tente que je vais toujours boire à l'extérieur de peur de tout renverser sur les couchages. C'est comme pour le café lorsqu'il est servi au lit, je me lève toujours au grand désespoir de ma femme. C'est moins romantique, mais ne risquant pas de faire d'immanquables dégâts, je le bois beaucoup plus sereinement.

Jean-Pierre découvre son matelas et son sac de couchage abondamment mouillés du côté de la toile de tente. C'est sans doute ce qui explique qu'il ait gigoté toute la nuit. Catherine fait l'objet de la même déconvenue. Quant à moi, étant au milieu, mes amis me protègent de l'humidité. Il s'agit certainement d'un problème de montage de la tente. Nous devons y remédier au plus vite, il n'est pas question que cela se reproduise lorsque nous aurons des températures négatives. La toile extérieure doit être en contact avec celle de l'intérieur qui absorbe l'eau de pluie ou de condensation par capillarité. Les côtés extérieurs des couchages de Catherine et de Jean-Pierre, en contact avec la toile intérieure, absorbent à leur tour cette eau indésirable.

Mon pliage du matériel, avec la riche expérience d'un jour, devient un travail digne d'un professionnel. Ma gourde a dû fuir dans le sac à dos, tout est mouillé au fond. Je découvre le magazine que j'ai apporté de Paris transformé en papier mâché. Je le conserve néanmoins car ne trouvant pas mon carnet dans l'avion, j'ai pris toutes mes notes dans les marges des articles.

Comme chaque matin, Catherine verse dans nos gourdes les doses de poudre énergétique. Cela donne de plus à l'eau que nous avons fait bouillir la veille au soir, un goût d'orange que nous apprécions les premiers jours, mais que nous trouverons au fur et à mesure de plus en plus écœurant. Au fil des jours, nous en diminuerons les doses jusqu'à ne plus en mettre du tout.

Les porteurs sont pressés de partir, ils emportent les sacs de matériel de Jean-Pierre et les miens avant que l'on ait tout rangé. Nous tassons ce qui nous reste dans nos sacs à dos respectifs. Cela nous fait un nouveau surplus de poids, mais lorsque nous songeons à nos porteurs nous n'osons pas nous en plaindre.

Nous prenons le petit déjeuner à 7 heures et partons à 7 h 30.

Après avoir emprunté le pont suspendu à proximité du campement, nous regagnons la rive droite de la Marsyangdi. Juste après nous traversons le village de Syange. Nous nous remettons à grimper dans cette vallée interminable. Nous allons marcher pendant 3 heures sans discontinuer à travers les sentiers ravinés empruntés par des caravanes d'ânes surchargés[1]. Que d'ânes ! Je comprends mieux le nom du massif dont nous allons faire le tour : « Ânnapurna ».

En sortant d'une gorge, nous pouvons admirer quelques rhododendrons aux fleurs rouge carmin, dont le drapeau du Népal porte la couleur. En temps normal, de mars à mai, dans cette zone les flancs des montagnes devraient se parer d'un manteau rouge, mais cette année l'abondance des pluies a fait pourrir la quasi-totalité des fleurs. Il ne subsiste que quelques touches éparses de carmin noyées dans l'immensité de la montagne.

Une plante, commune dans ce secteur, aux feuilles dentées et palmées, rappelant celles des marronniers mais aux lobes beaucoup plus graciles et en pointe, m'intrigue. Babul-Lal m'apprend qu'il s'agit de chanvre sauvage. Nous ne savons pas s'il est apparenté à la variété dont on fait des toiles et des cordages avec les fibres de l'écorce ou au chanvre indien plus connu sous le nom de cannabis. Les propriétés narcotiques de ce dernier sont exploitées sous forme d'herbe, la marijuana, ou sous forme de résine, le haschich.

La montée qui suit est sévère. Excepté les Népalais et Jean-Pierre qui tient la caméra, nous nous aidons d'un bâton de marche. Durant tout le trek, afin que Jean-Pierre figure sur le film, je prendrai également de temps à autre la caméra.

---

[1] De nombreux ânes circulant dans l'Himalaya seraient, en réalité, des mules, hybrides femelles engendrées d'un âne et d'une jument.

Nous sommes à plus de 1 200 m et nous rencontrons toujours des bananiers. À cette altitude en France c'est le domaine des épicéas et des mélèzes. Le temps est splendide ; le soleil tape fort ; il fait de plus en plus chaud.

La montée devient plus rude, le chemin grimpe à pic. Jean-Pierre nous explique le pas du montagnard. Malgré la raideur de la pente nous progressons ainsi sans forcer, d'un pas sûr, lent et régulier, en poussant avec les talons et en mettant les jambes en extension à la fin de chaque enjambée. Instinctivement, c'est ce que je faisais déjà. Mais, en en prenant conscience, j'exploite davantage mes mouvements. Cela me procure l'étrange sensation d'évoluer en marche arrière, pourtant j'avance inexorablement. Est-ce que c'est bien moi qui avance ou est-ce qu'à chaque pas je déroule le chemin sous mes pieds ? Ses conseils se révèlent efficaces. En comparaison, le rythme effréné d'hier me parait insensé. Le doute de la veille se dissipe : je reprends courage.

Un âne glisse sur le chemin en me dépassant ; il me bouscule, je perds l'équilibre et je me rattrape de justesse, le pied droit de travers, j'ai un peu mal à la cheville. J'ai échappé de peu à une entorse. Je réalise que mon trek aurait pu s'arrêter là tout bêtement.

Quelques temps après, dans un passage étroit d'une montée, un muletier donne un coup de bâton à l'âne qui me suit. Il bondit ; dans l'élan, un des lourds sacs de riz qu'il transporte, heurte mon sac à dos. Je suis projeté en avant sur Catherine qui tombe aussi. Un peu plus tard, j'apprends que Jean-Pierre a failli être précipité dans un ravin par un âne. Décidément ils nous en veulent ; pourquoi tant d' « ânimosité » ? Dorénavant lorsque nous serons en présence de ces charmants équidés flatulents, nous prendrons bien soin de nous trouver du côté opposé au précipice.

En chemin, nous passons devant quelques habitations très modestes. Le toit soutenu par des poutres ou de grosses branches tortueuses est fait de chaume très grossier. Les murs sont constitués, pour certaines, d'un treillage de roseaux écrasés, pour d'autres de planches jointes horizontalement. Parfois un amalgame de terre plus ou moins bosselé épouse irrégulièrement les contours des masures sur environ un mètre de hauteur pour en renforcer les bases. Les ouvertures, portes et fenêtres grandes ouvertes pour laisser entrer la lumière, sont constituées de planches grossièrement assemblées. Aucun élément vitré n'apparaît.

Profitant de la lumière extérieure, des femmes accroupies au seuil de leur maison s'activent à des tâches ménagères.

Bientôt, on aperçoit en contrebas Jagat, bâti le long d'une crête à 1 340 m d'altitude. C'est un village magnifique, très coloré. À nouveau, nous voyons de la fumée sortir de toutes parts de certaines maisons, sans que les habitants en semblent incommodés. Les gens sont d'une grande gentillesse et ont toujours le sourire, tous nous souhaitent la bienvenue et nous disent bonjour avec de radieux *namasté*, auxquels nous nous faisons un plaisir de répondre. Gilles, comme d'habitude, distribue des stylos et des crayons aux enfants.

Nous apprenons qu'à la sortie du village, un peu à l'écart, jaillissent des sources d'eau chaude, mais nous poursuivons notre chemin.

Nous descendons ensuite pendant une demi-heure jusqu'aux berges étroites de la Marsyangdi qui trace ici un profond défilé. Plus loin, en pleine montagne, au-dessus d'un petit torrent, à ras de l'eau, un astucieux petit moulin broie du maïs. Une roue à aubes fait tourner une meule qui écrase le grain ; un ingénieux mécanisme fait tomber d'un réservoir en bois en forme d'entonnoir, les grains de maïs les uns après les autres. Le système fonctionne tout seul, il n'y a personne dans les environs ; deux sacs de farine sont entreposés tout à côté.

Après plus d'une heure de montée éprouvante, nous arrivons au village de Chamje.

Juste après le village, nous traversons à nouveau un pont suspendu. Il nous mène cette fois ci sur la rive gauche de la Marsyangdi qui continue à creuser notre accès aux Annapurnas.

À 10 h 30, après trois heures de marche, nous arrivons au campement de midi installé juste après le pont sur la gauche. En contrebas, sur les galets, près de la rivière, gît le squelette blanchi d'un ongulé dont nous identifions facilement les sabots. Il s'agit des restes d'un âne malchanceux qui a peut-être fait un faux pas ou a été jeté en cet endroit victime d'un accident ou d'une maladie.

Depuis ce matin le soleil tape très fort. Gilles y est allergique, il a le visage et les mains boursouflés. Il est enduit de crème sur le visage et porte des bandages aux mains.

La bâche sur laquelle nous mangeons est tendue à l'écart, à environ trente mètres de celle des cuisiniers et des porteurs. Nous souhaiterions manger avec eux mais ce n'est pas dans leurs coutumes ; ici nous sommes des sahibs, nous leur fournissons du travail et sommes traités comme des seigneurs. On nous sert le traditionnel thé au citron avant le repas. On nous apporte même un lave-main, récipient métallique muni d'un robinet, du savon et une serviette ; nous n'en demandions pas tant.

Ma gourde dans le sac à dos doit avoir un problème, mes vêtements sont humides, je les fais sécher sur des arbustes épineux.

Jacques, n'y tenant plus, envoie un porteur acheter une bière au village tout proche de Chamje que nous venons de traverser, juste de l'autre côté du pont. À son retour il veut lui offrir un pourboire mais le porteur refuse, de plus Babul-Lal est catégorique, il ne veut absolument pas que des pourboires soient distribués.

Le repas est constitué de légumes, galettes rondes, saucisses et thé. Durant la pause du déjeuner, je rédige les évènements de la matinée pour en conserver un souvenir précis. Peu à peu, je deviens le rédacteur officiel du trek.

Jacques n'écoutant que son estomac, aimerait manger de la viande ; il essaie de négocier avec Babul-Lal l'achat de poulets auprès des populations locales. Je ne sais pour quelle raison ce n'est pas possible. Il demande alors avec un sourire quasi enfantin, si on peut acheter un cochon, enfin un petit cochon précise-t-il. La conversation devient alors sublime. Je pouffe dans mon coin poursuivant la rédaction.

Babul-Lal, visiblement amusé lui propose alors un Yack. « Non c'est trop gros ! » répond sérieusement Jacques avec réalisme, mais tout de même avec une pointe de regret.

Jean-Pierre me fait remarquer que nous sommes à environ 1 400 m d'altitude et chose impensable en Europe il nous reste encore à grimper 4 000 m.

Je vais faire une promenade en contrebas sur les galets au bord de la Margsyangdi ; j'y prends un bain de pieds, l'eau est glaciale. J'ai immédiatement les chevilles saisies comme dans un étau, mais que ça fait du bien ! Cela anesthésie momentanément mes pieds garnis d'ampoules avant qu'ils ne se mettent à nouveau à chauffer.

Nous repartons à 12 h 30 après un bon repos de deux heures. La montée s'annonce à nouveau difficile. Elle l'est effectivement, mais avec les conseils de Jean-Pierre, en adoptant un pas lent et mesuré, tout va pour le mieux. Le chemin se faufile à travers des blocs rocheux, puis s'élève progressivement pour devenir de plus en plus raide. Il fait vraiment très chaud, la température atteint 30 °C. Sur une plage, en maillot de bain allongé à l'ombre d'un parasol ce serait facilement supportable, mais, ici, exposés directement au soleil, en plein effort, avec une protection atmosphérique diminuée par l'altitude, cela devient vite particulièrement pénible.

Nous traversons peu de temps après des gorges sublimes qui, visuellement, nous donnent une sensation de fraîcheur alors que physiquement nous subissons réellement la morsure du soleil. Nous imaginons toujours les palmiers sur des plages ou dans des plaines ; ici ils s'accrochent sur les hauteurs en des lieux où, en Europe, nous sommes habitués à voir des conifères. Des cascades innombrables jaillissent de toutes parts. C'est beau là-haut, mais ici-bas lorsque les caravanes d'ânes nous dépassent nous subissons les raclements de gorge des muletiers et les pets des ânes ; quant au résultat de ce bruitage, nous évitons de marcher dessus.

En pleine montée, nous dépassons un vieux porteur chargé d'un barda impressionnant et terriblement lourd ; il n'est chaussé que de tongs. C'est inhumain, à cet âge, dans des montées pareilles et avec cette charge et cette chaleur ! Au cours de notre périple, nous rencontrerons de nombreux porteurs sans âge à la peau parcheminée et à la robustesse à toute épreuve. Lorsqu'ils atteignent l'âge que nous appelons pudiquement, par un euphémisme hypocrite, le troisième âge, leurs conditions de vie en font subitement des vieillards. Ils poursuivent malgré tout leur harassante besogne, bien souvent leur unique moyen de subsistance, jusqu'au bout de leurs forces. Ici, pas de pension, pas de retraite. L'unique havre de paix pour une trêve avant l'ultime repos, ils le trouveront auprès de leur famille, s'ils en ont une.

Catherine et moi prenons toujours de nombreuses photos, ce qui nous retarde considérablement. Peu à peu des nuages apparaissent et en l'espace d'une demi-heure, il se met à pleuvoir. C'est incroyable ce que le temps peut changer rapidement en montagne !

De plus en plus de bambous bordent notre chemin, nous traversons bientôt une bambouseraie inattendue.

À 14 h 30, après deux heures de montée sans discontinuer depuis notre halte pour le repas, nous franchissons la porte d'entrée de Tal. Cette porte, le kanni, coutume très fréquente dans la région, est une sorte de portique constitué de deux larges piliers massifs composés de pierres empilées de part et d'autre du chemin, sur lesquels d'épaisses poutres supportent trois petits chörtens, composés également de pierres empilées en forme pyramidale. Il permet de tenir à l'écart les esprits malveillants. Un écriteau nous souhaite la bienvenue.

Nous découvrons un plateau alluvionnaire paradisiaque formé par un verrou glaciaire. Une accumulation de rochers et de moraines apportés par un glacier a verrouillé le passage le plus étroit, en aval de cette gorge. Par la suite, au fil du temps, les alluvions se sont déposées en amont, comblant peu à peu le lac ainsi créé, pour former ce fertile plateau insolite qui abrite Tal.

Un porteur, après avoir fait une pause, endosse une charge colossale posée sur un muret et poursuit sa route en direction des gorges que nous venons de gravir. Il transporte un empilement de lourds cartons ficelés, de plus d'un mètre cinquante de haut. Chaussé de tongs, il chemine seul dans ces montagnes sous une charge écrasante, certainement pour un salaire de misère. Un troupeau d'ânes, la tête ornée de tissus colorés, lui emboîte le pas et repart à vide dans la vallée. Dorénavant, le chemin deviendra de plus en plus escarpé et peu à peu les ânes se feront plus rares.

Le coquet village de Tal dont le nom signifie « lac », avec sa rue principale pavée de grandes dalles de pierre, s'étale dans cet écrin minéral sur la rive gauche de la Marsyangdi. Des champs fertiles, bordés de murets en pierre quadrillent ce petit coin de paradis.

Des chèvres paissent en liberté sur les versants abrupts des montagnes environnantes dont les cimes sont saupoudrées de neige fraîche.

Et touche suprême de coquetterie de la part du créateur de ce décor, une magnifique cascade jaillit au fond, sur la droite du village.

Malheureusement, cette vision idyllique est ternie par une pluie persistante. Emportés par des préoccupations beaucoup plus terre à terre et souhaitant passer une nuit dans un confort relatif mais surtout au sec, l'idée de dormir en lodge fait son chemin. La halte de Tal était prévue en campement.

Jean-Pierre demande à Babul-Lal si cela est possible en payant un supplément. Nous pourrons ainsi faire sécher et remettre en état tout ce qui a été mouillé la veille. C'est chose faite.

Notre lodge est baptisé pompeusement : *Paradise Hotel* comme nous pouvons le lire sur un panneau à l'entrée. Il est situé à la sortie du village, pratiquement au pied de la cascade.

Le lodge, est un lieu d'hébergement conçu pour les trekkeurs dans les montagnes, il peut aller du simple baraquement à l'auberge ; on peut s'y désaltérer, s'y faire servir un repas ou louer l'emplacement et apporter sa nourriture. On y trouve des toilettes, une douche ou un point d'eau et des chambres ; généralement on dort dans son sac de couchage, les prestations sont assez rudimentaires. C'est en quelque sorte l'équivalent de nos rares refuges perdus dans les montagnes françaises, sauf qu'ici, chaque année, il y a de plus en plus de lodges le long des chemins de trek.

Le sympathique vieux Népalais à l'accueil nous propose deux chambres à l'étage : une de deux lits, une de trois lits, pour 250 roupies (3,80 € le tout, soit 0,76 € par personne), autant dire que c'est donné.

Nous conservons la même distribution que dans les tentes : Jacques et Gilles dans une chambre, Jean-Pierre, Catherine et moi dans l'autre.

Bien que rudimentaire, tout nous parait confortable en n'étant pas très regardant. Les draps qui se veulent blancs, jetés sur les paillasses de nos lits, ainsi que les taies d'oreillers, tels des saints suaires, ont imprimé en ombres marron la marque des corps des clients successifs. Nous sommes rassurés de dormir dans nos sacs de couchage. Nous avons même la possibilité de prendre une douche chaude. Et, luxe suprême pour Jacques, il peut aussi s'offrir une bière.

Les cloisons sont faites de planches plus ou moins jointes, peintes en vert ; des clous font office de porte manteau. Tout y est très sommaire, mais nous sommes dans l'Himalaya ; il pleut et nous sommes au sec. Confort apprécié mais égoïste… dehors il pleut à verses et les porteurs montent leurs tentes.

Jean-Pierre va prendre une douche. Catherine voudrait en faire autant mais tous les sacs ne sont pas encore arrivés : elle attend désespérément ses affaires de toilette.

J'apprends bientôt à mes dépends qu'ici il faut tout relativiser. *Paradise Hotel* signifie tout simplement : lodge où vous dormirez au sec sous un toit. Douche chaude signifie : douche non glaciale mais tout de même bien froide.

J'utilise à nouveau ma méthode de lavage en trois parties : la tête que je sèche immédiatement après lavage, le torse puis le bas du corps que je déshabille, lave, sèche et rhabille tour à tour.

La douche est située à l'extérieur du bâtiment, sa fenêtre est constituée d'un film en plastique hélas déchiré, ce qui rend les ablutions encore plus toniques. Pataugeant dans l'eau froide, j'en profite pour faire un brin de lessive.

Revigoré malgré moi pour toute la soirée, je regagne la chambre où j'ai tout le loisir de contempler mes belles ampoules aux pieds. Cette fois-ci, certaines sont crevées et deviennent réellement douloureuses : je dois faire quelque chose. J'expérimente les pansements Compeed qui vont s'avérer très efficaces ; ils constituent une sorte de deuxième peau qui protège les ampoules des frottements. L'adhésif est très puissant, je peux me laver avec. Il ne faut pas retirer le pansement, mais attendre qu'il se détache de lui-même, au bout de cinq ou six jours environ.

Ce soir nous testons notre purificateur d'eau. Tous les cinq réunis dans notre chambre, nous essayons de le faire fonctionner. Il s'agit d'un accessoire muni d'une pompe, très simple d'utilisation ; on y verse de l'eau impure claire et il en ressort de l'eau supposée potable, trouble. Je n'ai toujours pas compris pourquoi, c'est simplement une constatation. Disons plus exactement que j'ai la certitude de la savoir trouble ; quant à être potable... c'est écrit sur la notice.

Nous renversons plus d'eau sur le sol que dans nos gourdes. Le plancher au niveau du lit de Catherine est inondé. La voyant contrariée, j'éponge l'eau avec des mouchoirs en papier.

Il est 17 heures, c'est le rituel du thé avant le repas. C'est un réel moment de détente que j'apprécie, contrairement à l'acrobatique thé du matin. En descendant, je constate que mes lacets sont défaits, je me range sous l'escalier pour dégager le passage. Une fois mes chaussures lacées je me redresse brusquement. Ma distraction est immédiatement sanctionnée par l'escalier impitoyable. Fortement assommé, je vais patauger dans la douche pour me passer de l'eau froide sur le crâne.

Je rejoins ensuite les autres dans le réfectoire du lodge. Ils ne manifestent pas la moindre compassion, bien au contraire, ils semblent amusés par mes mésaventures de chaque étape qui laissent, au fur et à mesure, de plus en plus de stigmates sur mon crâne spacieux.

Quelque peu sonné, j'apprécie toutefois le brûlant thé sucré au citron. Jacques, quant à lui, préfère l'infusion résultant de la fermentation de l'orge. Il déguste sa bière avec un réel contentement, presque avec volupté. Ici elles ont une contenance de 60 cl, ce qui inquiète Jean-Pierre. Il fait remarquer à Jacques que l'absorption d'alcool ne fait pas bon ménage avec l'adaptation à l'altitude : dès demain il devra se passer de bière. Jacques ne semble pas apprécier et n'a pas l'air très convaincu.

À l'époque où Maurice Herzog a vaincu l'Annapurna I en 1950, le problème ne se serait pas posé, on ne risquait pas, comme maintenant, de trouver de la bière ou du Coca-Cola dans ces contrées reculées dont les habitants ne connaissaient même pas l'existence. Bientôt même le yéti pourra s'en procurer.

Il est même frustrant de faire autant d'efforts pour mériter ces paysages isolés et d'y trouver, pour notre confort, des denrées qui nous rattachent à ce que nous vivons au quotidien.

Les autochtones qui eux ne peuvent pas se les offrir, ont trouvé un nouveau moyen d'existence en proposant aux touristes toutes sortes de produits, avec la valeur ajoutée de leur laborieux travail de transport.

Nous sommes tous satisfaits de notre journée, les cinq heures de marche à une cadence modérée et régulière nous ont permis d'apprécier le paysage sans trop souffrir. L'ambiance est détendue, chacun y va de sa plaisanterie ; Jean-Pierre fait le pitre en imitant Louis de Funès.

Gilles a vraiment une sale tête ; son visage brûlé par le soleil est cloqué, il est enduit de crème, ses lèvres et ses paupières sont tuméfiées. Il me fait penser à un boxeur amoché à l'issue d'un combat : ses mains bandées renforcent l'illusion. Lorsqu'il rit, il fait une telle grimace qu'au lieu de nous apitoyer sur son sort, nous nous moquons amicalement de lui en l'imitant.

Nous faisons la connaissance d'une équipe assez hétérogène qui nous a rejoints au lodge ; elle est composée de Canadiens, d'un Anglais, d'une Américaine, d'un Tchèque et d'un Gallois.

Les Canadiens me prennent pour un de leurs compatriotes. Voyant mon air étonné, ils me font remarquer l'écusson orné d'une feuille d'érable rouge cousu, sur la manche gauche de ma veste. La marque de vêtements a utilisé l'emblème canadien, symbole de grands espaces. La méprise nous vaut à nouveau quelques bons éclats de rire.

Le repas préparé par nos cuisiniers nous est ensuite servi sur place. Il est constitué de beignets de crevettes, soupe, une sorte de riz cantonnais, momos cuits à la vapeur qui sont de gros raviolis faits avec de la farine de riz, rondelles de pomme et thé.

Jean-Pierre essaie de recharger les batteries de son caméscope sur une prise fixée sur la douille de l'unique ampoule de la pièce. Elle est accrochée à l'extrémité d'une installation électrique plus que sommaire et dangereuse. Les fils torsadés pendent en tous sens, ils sont tenus et fixés avec du scotch. Le contact se fait par intermittence, la prise grésille. Aidé de Babul-Lal il finit par réussir le branchement.

J'expérimente les toilettes qui ne sont pas éclairées. Heureusement qu'elles sont toutes à la turque ; à défaut d'être plus propres, loin s'en faut, c'est tout de même plus hygiénique. Tel un spéléologue je vais y œuvrer équipé de ma lampe frontale.

Dès l'entrée je regrette de ne pas m'être mis des boules Quiès dans les narines. J'apprendrai bientôt que cette odeur pestilentielle, est due au fait qu'ici, après usage, le papier n'est pas jeté dans le trou, pour ne pas boucher les canalisations. Il est jeté dans un bidon métallique et, lorsqu'il est plein, le papier est brûlé. Dans la semi-obscurité je ne sais pas que c'est du papier usagé et je suis étonné que le papier hygiénique soit présenté en feuillets détachés dans un bidon. Heureusement que je n'ai utilisé que celui du rouleau que j'ai apporté. Je frémis à l'idée de ce qui aurait pu m'arriver.

Par mesure d'économies, le courant qui a été mis à 18 heures est coupé à 21 h 15. Cela ne provient pas du propriétaire du lodge mais du réseau. Nous avons eu malgré tout de la chance car, hier, il n'y avait pas d'électricité du tout.

Dehors, il tombe toujours des cordes, ce qui nous inquiète tous. Là-haut, au col du Mesocantu, à plus de 5 000 m, c'est de la neige qui tombe en abondance en ce moment et risque de compromettre notre projet.

Bien à l'abri dans nos sacs de couchage douillets, nous apprécions le confort relatif du lodge que renforce par contraste le bruit de la pluie et du vent. Cette satisfaction égoïste est atténuée par la pensée que nos porteurs dorment à l'extérieur sous la tente.

Dans ce pseudo-lit, je peux davantage remuer sans risquer d'incommoder mes amis. J'étire mes jambes dans toutes les directions pour détendre les muscles et essayer de trouver la position la moins douloureuse.

Je profite de ce moment de tranquillité pour transcrire les notes de mon carnet de voyage écrites en style télégraphique souvent illisible, sur un cahier d'écolier. Je développe alors les différentes anecdotes.

Catherine me demande de lui lire le compte rendu de la journée ainsi que quelques extraits des jours précédents. Cela m'ennuie un peu car je n'ai pas tout à fait terminé ; Jean-Pierre insiste. Je me lance donc dans le récit où je décris parfois sans complaisance le comportement de chacun. Cela les amuse beaucoup. Chacun apporte son anecdote ; parfois ils me rappellent certains faits que j'ai oublié.

Bientôt, je n'entends plus aucune réflexion ni commentaire, je perçois un léger chuintement à proximité ; ils se sont endormis. Je poursuis tranquillement ma rédaction. Jusqu'à la fin du trek cela va devenir presque tous les soirs un rituel immuable.

Il est 21 h 20, j'ai terminé ; mes yeux picotent ; tout le monde dort ; demain sera un autre jour.

Chapitre 5

4e étape

Jeudi 11 avril

Tal (1 707 m) ➔ Chame (2 713 m)
Marche : 8 h 30 – Dénivelé : +1 006 m

Nous nous réveillons peu avant 6 heures ; le thé nous est servi dans les chambres. Pour une fois, confortablement installés, nous pouvons l'apprécier pleinement. Dehors, l'air est frais ; le vent s'engouffre dans la vallée, mais le ciel est entièrement bleu.

Les sommets environnants, même très bas, sont enneigés : c'est la conséquence sur les hauteurs de l'abondante pluie de cette nuit. Cela nous inquiète de plus en plus, nous craignons de ne pas pouvoir franchir le col du Mesocantu. Nous prenons le petit déjeuner dans le lodge : pouding, omelette, galette de blé, confiture, miel, café, thé, lait, chocolat. Dès la fin du petit déjeuner, Jacques demande où nous nous arrêterons pour manger à midi.

Nous nous mettons en route à 7 heures. Comme d'habitude Jacques et Gilles partent devant sans attendre personne. Nous ne pouvons que le déplorer car nous pensions faire ce trek en groupe. Il n'y a pourtant aucune mésentente entre nous, tout se passe bien lorsque nous nous retrouvons. Ils semblent davantage préoccupés par le fait d'atteindre rapidement la fin de l'étape que par la contemplation de la montagne et l'envie d'en ramener des images inoubliables comme nous le faisons Catherine, Jean-Pierre et moi depuis le début. Tant pis, nous devons nous faire une raison.

J'arbore dans la montagne un étrange pavois qui me donne fière allure. Il est composé de slips, chaussettes et tee-shirts accrochés à mon sac à dos. C'est ainsi que finit de sécher ma lessive de la veille.

À la sortie de Tal, nous découvrons les premiers moulins à prières bouddhistes que Babul-Lal se fait un devoir de faire tourner. Pour nous, cela deviendra aussi une habitude, nous les ferons également tourner systématiquement.

Nous quittons ce site pittoresque en nous engageant à travers un étroit défilé entre les versants abrupts de la montagne. Bientôt, nous évoluons dans une gorge à travers laquelle nous nous élevons peu à peu par un tortueux chemin escarpé.

Plus tard, nous traversons un hameau où des femmes font leur lessive pieds nus dans l'eau glaciale d'un ruisseau.

Des enfants prennent leur petit déjeuner au soleil sur des nattes de roseaux, un chien somnole à leur côté.

Ici, dans la montagne, la moindre parcelle cultivable est exploitée. En contrebas du chemin, une vieille femme courbée défriche, entre de gros blocs de roches, un lopin de quelques mètres carrés.

Nous repassons sur la rive ouest de la Marsyangdi sur un pont suspendu. Plus loin, nous empruntons un superbe pont à encorbellement. Sur chaque rive, des piliers massifs faits d'un empilement de grosses pierres taillées, supportent trois rangées de poutres de différentes longueurs. Elles sont encastrées dans les piliers perpendiculairement, les unes sur les autres par ordre croissant de longueur, les plus courtes en bas, comme les ressorts à lames des amortisseurs des vieux véhicules. La jonction entre les deux avancées est faite avec de longues poutres, des planches transversales forment le tablier, les rambardes sont également entièrement en bois. Ces ponts pittoresques ne permettent pas une grande portée, ils sont donc construits sur les parties étroites des rivières et enjambent essentiellement les affluents de la Marsyangdi, ils sont toutefois de véritables ouvrages d'art. Nous zigzaguons ensuite d'une rive à l'autre de la rivière au gré de l'accessibilité des reliefs, en empruntant plusieurs ponts suspendus au-dessus de gorges magnifiques.

Nous traversons les villages de Karte puis de Dharapani. Nous atteignons un confluent de la Marsyangdi où celle-ci s'incurve délibérément vers l'ouest, formant un Y avec son affluent la Dudh Kola en provenance du nord-est. Cet endroit marque la limite entre les vallées humides du sud que nous venons de traverser et les zones sèches de la haute Marsyangdi, moins affectées par les pluies de mousson. Peu à peu, la végétation subtropicale cède la place à la végétation alpine.

Tout en bas, près du confluent, nous découvrons le premier monastère bouddhiste de notre voyage, le monastère de Thonje Gompa, entouré de parcelles de terre cultivées. Gompa signifie monastère en népali.

Au fur et à mesure que nous grimpons vers le Tibet, la religion dominante devient peu à peu le bouddhisme, bien qu'elle ne concerne que 10 % de la population. Sur l'ensemble du Népal, 81 % de la population est hindouiste. Le bouddhisme est né de l'hindouisme vers le VIe siècle avant Jésus-Christ.

Hindouisme et bouddhisme ont toujours cohabité de manière pacifique et intelligente. Ce n'est pas le cas des trois grandes religions monothéistes que sont le judaïsme, le christianisme et l'islam, pourtant toutes trois descendantes d'Abraham. Elles sont sources de nombreux conflits dus à l'intolérance et au prosélytisme dont nombre de leurs chefs et fidèles font preuve depuis les origines. Sans doute faut-il y voir la différence entre des religions révélées qui se veulent porteuses de vérités absolues et la « sagesse » prônée par l'hindouisme et le bouddhisme.

Devant nous, sur la gauche, entre des sommets au premier plan, nous avons par moments une perspective sur d'autres sommets au loin, dont l'altitude donne le vertige : le Lamjung Himal (6 988 m) et l'Annapurna II (7 937 m).

Dans ce décor grandiose, au-dessus de nous, indifférent à notre lente progression, un indolent vautour, facilement reconnaissable à son cou déplumé, se laisse porter d'une vallée à l'autre au gré des courants d'air que génère pour lui la montagne.

Nous arrivons à Bagarchap. En 1995, le village a été détruit à 80 % par un glissement de terrain qui a tué 11 villageois et 9 randonneurs ; une partie de la population a ensuite été déplacée. En traversant le village, Babul-Lal en fervent bouddhiste ne manque pas de faire tourner les moulins à prières. Dorénavant, nous en trouverons dans tous les villages. Ce sont des cylindres en cuivre ou en bronze sur lesquels sont gravées de grosses lettres, certainement des prières. Ils sont sertis verticalement sur leur axe pivotant, la plupart du temps sur des murs aux portes des villages ou dans la rue centrale. Souvent des représentations peintes de Bouddha dans diverses postures figurent derrière ces cylindres. Ils contiennent des rouleaux de papier, très anciens pour certains, sur lesquels sont écrites des prières bénies par des prêtres bouddhistes. En faisant tourner ces moulins, toujours dans le sens des aiguilles d'une montre, on active les prières écrites.

Il existe trois principales catégories de moulins à prières. Ces cylindres d'une vingtaine ou trentaine de centimètres de hauteur sertis sur des murs. Les moulins à main portables, munis d'un manche dans le prolongement de l'axe et d'une boule reliée au cylindre par une chaînette ; la force centrifuge de la boule, induite par un mouvement du poignet, fait tourner le moulin activant ainsi indéfiniment les prières contenues. Les grands moulins à prières, installés dans un local approprié ouvert à tous ; ils sont constitués d'un cylindre unique d'environ deux mètres de haut que l'on saisit à la main et que l'on accompagne dans sa rotation en marchant. On doit faire trois tours en récitant la fameuse invocation bouddhiste : *Om Mani Padme Hum*. À chaque tour retentit une clochette. La signification de cette prière ne nous est pas encore compréhensible.

D'autres systèmes astucieux permettent des prières perpétuelles ; il s'agit de moulins à prières actionnés par des roues à aubes sur les torrents. Il existe aussi des drapeaux à prières bénis, les lungtas, sur lesquels sont inscrites des prières, les mantras qui se propagent dans les airs sous l'effet du vent. Parfois, des représentations de Bouddha ou des prières sont gravées sur des pierres plates, des manis, déposées côte à côte sur de longs murs semblables à ceux qui supportent les moulins à prières.

J'entre à mon tour pour la première fois dans un grand moulin à prières que je m'applique à faire tourner en essayant d'imiter Babul-Lal. Mais, les hochements de tête désapprobateurs de celui-ci et le pincement de ses lèvres, me font comprendre que la synchronisation de mon mouvement et l'ânonnement de la prière universelle que j'essaie d'exprimer phonétiquement, ne sont pas au point.

Nous reprenons notre route ; plus tard il me donnera un véritable cours.

À la sortie de Bagarchap, cette fois-ci c'est un aigle qui tournoie dans le ciel. Il se laisse porter par les courants ascendants sans aucun effort apparent. Plusieurs fois, il passe très près de nous puis s'éloigne ; nous réussissons même à le photographier en gros plan. Jean-Pierre et moi, habitués aux calembours douteux, faisons la remarque suivante : « il passe et il rapace ». En se laissant glisser dans les airs, il franchit des sommets et survole des vallées en quelques minutes, sur des distances que nous mettrions des journées entières à parcourir à notre allure de cloporte. Comment ne pas l'envier, comment ne pas vouloir l'imiter ? Je comprends que l'aviation n'attendait que le développement du savoir scientifique et de la technologie pour émerger. Elle était déjà latente dans les esprits depuis que les hommes ont vu planer de tels oiseaux. Devant tant de grâce et de liberté, je revisite le mythe d'Icare. Un peu plus tard, nous avons tout le loisir de contempler quatre aigles qui tournoient majestueusement au-dessus de l'immensité de la montagne environnante.

Finis les palmiers des jours précédents ; peu à peu nous découvrons des étendues de pins bleus, d'épicéas et de chênes. Nous franchissons à nouveau plusieurs affluents de la Marsyangdi sur de pittoresques ponts à encorbellement.

À 11 h 30, nous entrons à Dhanagyu pour notre pause-déjeuner. Comme la veille lors de notre arrivée à Tal, nous passons sous le kanni. Nous venons d'effectuer 4 h 30 de marche sans nous en apercevoir, nous ne sommes même pas fatigués, nous sommes tout simplement devenus contemplatifs, notre esprit s'est détaché de l'effort physique, nous avons perdu la notion du temps. Serions-nous imprégnés d'une certaine forme de mysticisme lié à ces montagnes ?

Le village est coquet, entretenu, pavé de grandes dalles de pierre plates soigneusement jointes.

Jacques qui ne prend pas de photos et dont le seul but semble consister à rejoindre l'étape suivante le plus rapidement possible pour déguster une Tuborg de 60 cl en attendant le repas, est déjà arrivé depuis presque une heure. Il commençait à s'impatienter et vient à notre rencontre.

Babul-Lal se dirige vers un grand moulin à prières d'environ deux mètres de haut, enfermé dans un local. À l'entrée, contre la porte, une boîte bleue attend les offrandes. Il fait faire trois tours au moulin ; il accompagne la rotation en marchant, tout en scandant à chaque tour, au tintement de la clochette, la prière universelle : *Om Mani Padme Hum*.

Jean-Pierre et moi, nous nous essayons à notre tour à la prière bouddhiste sous les conseils éclairés de Babul-Lal ; il nous initie à toutes ces subtilités. J'essaie de faire mieux qu'à Bagarchap. Nous répétons phonétiquement sans bien comprendre le mantra envoûtant : *Om Mani Padme Hum*, dont la signification est difficilement traduisible. Tous les enseignements de Bouddha seraient contenus dans cette simple formule. Les explications de Babul-Lal ne font que rendre la formule encore plus mystérieuse.

La signification la plus couramment admise serait : « Le joyau est dans le lotus », ce qui demeure tout aussi énigmatique. Mot à mot, *Om* serait intraduisible. *Mani*, signifierait joyau, c'est à dire l'existence. Il voudrait dire aussi bonheur, âme. *Padme*, signifie lotus, symbole de pureté et de renoncement aux biens sur la terre. *Hum*, serait l'équivalent de notre *Amen* qui signifie : ainsi soit-il. Fort de ces renseignements, je me hasarderais à la traduction toute personnelle suivante : « Le bonheur et la pureté de l'âme sont dans le renoncement des biens sur la terre ; ainsi soit-il ».

Plus loin, dans la rue, nous disposons de tout un mur de moulins à prières pour effectuer nos tournoyantes dévotions. Ne connaissant pas exactement le sens des prières que nous activons, amusés mais très respectueux, connaissant l'ouverture d'esprit et la tolérance du bouddhisme, nous concevons des prières secrètes pour notre famille et nos amis. Peut-être qu'une force bienveillante, le dieu commun à tous que chacun s'invente, viendra lire dans les profondeurs de nos esprits et exaucera nos prières.

Auparavant, je photographie les moulins à prières en cherchant l'angle de vue le plus approprié, j'entends soudainement des cris ; je vois des gens gesticuler dans ma direction. Tout d'abord je ne comprends pas, puis, je réalise que pris par des préoccupations d'ordre purement esthétique, j'allais contourner le mur dans le mauvais sens. Je risquais alors d'attirer sur le village : le mauvais œil, le mauvais esprit. Ne voulant pas me rendre coupable des malheurs qui pourraient s'y abattre, je leur fais signe de la main et je contourne les moulins par la gauche comme il se doit.

Cette scène me rappelle celle où le capitaine Haddock commet la même gaffe dans Tintin au Tibet ; il allait contourner un chörten par la droite. Il découvre ainsi dans l'Himalaya ce qu'il appelle des sens giratoires.

Installée dans la rue, une jeune femme confectionne sur un métier à tisser rudimentaire en bois, des tissus aux couleurs chatoyantes, comme ceux que nous pouvons admirer dans certains musées en France.

Babul-Lal nous invite à déposer nos sacs sur un muret à côté de ceux des porteurs et nous invite à entrer dans un lodge juste en face dont il a loué l'emplacement. La salle est très propre avec du lino par terre, cela contraste étonnamment avec ce que nous avons vu jusqu'à présent. Par respect, nous retirons nos chaussures.

À l'intérieur, une fillette souffre d'une rhino-pharyngite, elle semble avoir une infection assez sérieuse. Gilles va chercher la pharmacie pour lui administrer quelques antibiotiques.

Une vieille femme souffre quant à elle d'une sévère entorse. Sa cheville est déformée et enflée de manière impressionnante. Elle semble beaucoup attendre de nous, pour elle et sa petite fille.

Espérant pouvoir soulager sa douleur, je lui donne douze de mes comprimés anti-inflammatoires, pour 4 jours ; je vais devoir me rationner. Nous insistons bien pour que les comprimés soient pris pendant les repas et si elles ressentent des brûlures d'estomac nous leur conseillons de boire du lait. Babul-Lal s'applique à faire la traduction. Nous craignons des effets pervers de notre pseudo médication, mais que faire ? Nous ne pouvons pas non plus les abandonner à leur sort. Les effets psychosomatiques seront peut-être plus efficaces que les effets actifs réels.

Nous nous sentons totalement impuissants devant l'inexistence de moyens médicaux dans ces vallées. Ici lorsque les gens ont un problème de santé, ils n'ont que les recettes ancestrales pour se soigner. Les médicaments sont hors de portée, beaucoup trop loin et beaucoup trop chers ; de plus il n'y a pas de médecins dans la montagne. Plus qu'hasardeuse, notre pratique de la médecine nous donne bonne conscience et semble rassurer les malades. Gilles nous fait savoir qu'il est fort possible que les médicaments que nous leur avons procurés ne soient pas utilisés, mais revendus à des gens plus fortunés. Ici les médicaments, quels qu'ils soient, semblent considérés comme une panacée qui ne tient pas compte des pathologies pour lesquelles ils ont été conçus.

Nous prenons notre repas, préparé et servi comme d'habitude par nos cuisiniers, vers 12 heures et repartons à 13 h 15.

Nous empruntons un chemin qui, peu à peu, se transforme en sentier étroit, sinueux et escarpé. Plusieurs tronçons sont taillés au bord du précipice à même le roc, formant une demi-voûte en encorbellement. Notre progression sur les rochers qui forment de nombreuses marches inégales nous oblige à rompre notre cadence régulière. Compte tenu de la raideur de la pente, cela devient vite exténuant. Notre rapide ascension sur cette côte qui monte à pic, nous conduit à un dépaysement total. « Ascension », « Pente, côte » : nous célébrons la suite de Pâques avec un bon mois d'avance !

Pour la première fois, nous entrons dans une forêt. Elle est essentiellement constituée de conifères. De nombreux moignons de troncs d'arbres témoignent d'une déforestation inquiétante. Heureusement qu'on ne pratique pas de coupes blanches où on rase tous les arbres dans un secteur déterminé. Les prélèvements épars laissent ici le temps à la forêt de se régénérer. Mais, pendant combien de temps encore, l'équilibre sera-t-il maintenu ? Les arbres ne sont pas coupés à ras, mais en pointe à environ cinquante centimètres à un mètre de hauteur.

Au bord du chemin, légèrement en contrebas, nous découvrons ce qui semble être une scierie rudimentaire ; il n'y a personne. Sur un support de deux poutres surélevées, les troncs d'arbres sont découpés en long à la scie pour en faire des planches. Un scieur se place au-dessus, un autre au-dessous. Cela doit demander une patience inouïe et des efforts considérables. Je me demande comment le scieur du dessus parvient à résister car il est contraint de travailler courbé. Je suppose qu'ils doivent se relayer. La beauté et la régularité des planches ainsi obtenues témoignent de l'habileté et du savoir-faire des scieurs de long. Nous apercevons une grande scie passe-partout, munie d'une poignée à chaque extrémité suspendue à une poutre.

Pour abattre et débiter le bois de chauffage, la scie est remplacée par la hache, comme en témoignent les troncs, les grosses et les petites branches ; tous coupés en pointe, leur donnant l'apparence d'énormes crayons taillés maladroitement avec des couteaux émoussés. Sur le parcours, nous remarquons de nombreux arbres mutilés, présentant une plaie concave plus ou moins profonde sur toute leur circonférence, comme si on avait voulu y sculpter un énorme diabolo. Cette coutume qui peut paraître étrange consiste à prélever à la hache, des éclats de bois sur les arbres vivants. Peu à peu au fil des jours, le tronc s'amenuise et l'arbre finit par tomber ; il sera à son tour progressivement débité en minces éclats avant de disparaître définitivement. Ici on a tout le temps, on vit au jour le jour, la notion de rentabilité n'existe pas. Pour se procurer du bois de chauffage, à quoi bon se donner la peine d'abattre un arbre en une seule fois alors que de toute façon il finira bien par tomber.

Nous arrivons à un torrent très abrupt : il s'agit presque d'une cascade. Des ouvriers travaillent à la construction d'un pont qui va l'enjamber, selon des techniques relativement modernes : coffrages et béton armé. Il y a peu de temps encore on y aurait bâti un pittoresque pont à encorbellement en bois. C'est insensé ! Les ouvriers œuvrent pieds nus dans le béton qu'ils déposent sur le ferraillage avec des auges souples à deux anses. Pourtant le ciment brûle et abîme la peau ; de toute manière comment pourraient-ils se protéger, comment pourraient-ils s'offrir des bottes, eux qui ont tout juste les moyens de s'acheter des tongs ? Tout le matériel de ce chantier a été acheminé à dos d'homme durant plusieurs jours de marche.

Nous sommes obligés de descendre tout en bas au niveau du torrent et de le traverser sur deux vieux troncs branlants posés côte à côte en guise de pont pour remonter ensuite sur l'autre versant. Dans la descente, nous croisons un groupe d'une vingtaine de femmes aux vêtements multicolores ; elles grimpent à la queue leu leu dans un joyeux et bruyant caquetage. Elles ont toutes le type tibétain très prononcé. Cela mérite une photo. En un tour de main les réglages sont faits, mais le déclencheur ne répond pas. Selon mon habitude, dès qu'une scène nécessite de la spontanéité, je suis en fin de pellicule. Malgré ma rapidité et un déploiement peu coutumier d'habileté, toutes les femmes m'ont déjà dépassé et je ne réussis qu'à prendre une kyrielle zigzagante, colorée, de dos courbés dans la montée.

L'eau du torrent est un véritable joyau d'un vert émeraude profond et d'une limpidité extraordinaire. Les arbres environnants sont recouverts d'une chevelure verte de lichens. La soudaine humidité ambiante due à la brumisation provoquée par la cascade doit en être la cause.

Plus loin, je suis surpris par un arbre dont l'écorce se détache en feuilles fines comme du papier ; on pourrait presque s'en servir pour écrire. Dommage que Babul-Lal soit parti devant, il aurait pu me donner quelques explications. La description que je lui en ferai ne l'inspirera pas beaucoup. Je crains que mon anglais ne soit trop approximatif pour exprimer des détails bien précis, à moins que Babul-Lal ne connaisse pas cet arbre ; oui, c'est certainement cela.

À la sortie d'une courbe, nous découvrons une cage construite sommairement avec des branches coupées sur place et assemblées avec des ficelles. Elle est recouverte de branchages qui protègent un malheureux petit veau captif ; il a une patte avant cassée comme en témoigne une attelle rudimentaire. Je suppose qu'il est enfermé jusqu'à ce que la fracture se soit calcifiée, et lui éviter ainsi les souffrances de la marche en suivant le troupeau.

Alors que nous montons dans un passage escarpé, nous entendons une joyeuse animation derrière nous. Un vieux lama se fait transporter sur un âne ; il est accompagné par un petit groupe de personnes. Un lama sur un âne, c'est amusant ; il faut peut-être préciser que nous ne sommes pas dans les Andes mais dans l'Himalaya.

Lorsque Jean-Pierre se retourne pour les filmer, le muletier hilare se met à danser les bras écartés en l'air comme un danseur de fandango. Le lama radieux, toutes dents dehors, les yeux bridés jusqu'aux oreilles nous dépasse avec sa sympathique compagnie en nous lançant de gais *namasté*. Décidemment, ici la bonne humeur est de rigueur et communicative.

Nous traversons encore quelques modestes hameaux où la gentillesse et le sourire des enfants sont irrésistibles. Nous les gâtons, dans tous les sens du terme, en leur offrant traîtreusement pour leur plus grand plaisir, les destructeurs d'émail enrobés de douceur que sont nos barres énergétiques.

Peu avant d'arriver à Chame, il se met à pleuvoir ; nous rencontrons deux petits garçons, tenant chacun un chapelet de morilles astucieusement embrochées par une tige d'ajonc. Ils essaient de vendre leur cueillette aux passants. L'idée d'une omelette aux morilles me tente bien ; j'en ai l'eau à la bouche, mais les cuisiniers ont déjà dû prévoir les menus pour ce soir et de toute façon il n'y en aurait pas assez pour tout le monde. Notre refus ne laisse transparaître aucune déception, ils n'insistent pas, ils se contentent de sourire la tête inclinée sur le côté et ne demandent rien. Ils sont vraiment attendrissants ; Catherine et moi ne pouvons pas nous empêcher de leur offrir quelques friandises.

Nous arrivons à Chame avec la pluie à 17 h 45, soit après 4 h 30 de marche l'après-midi, ce qui nous fait un total assez conséquent de 8 h 30 dans la journée.

À l'entrée de Chame, Babul-Lal entre à nouveau dans un grand moulin à prières ; j'entends les trois tintements de la clochette qui marque chaque tour, au cours desquels il récite comme chaque fois la prière universelle : *Om Mani Padme Hum*.

Des préoccupations beaucoup plus terre à terre attendent nos porteurs : ils doivent se soumettre à un contrôle militaire. Une fois de plus, leurs papiers sont examinés soigneusement et les sacs fouillés méticuleusement. Quant à nous, comme d'habitude, nous nous acquittons d'un simple *namasté*.

Jacques, arrivé bien plus tôt et ne trouvant pas Gilles pensait qu'il s'était joint à nous. En fait, Gilles était tout simplement arrivé avant Jacques et sirotait une bière dans un lodge, bien tranquillement, en nous attendant.

Notre campement est installé peu avant la sortie de Chame sur la droite, dans un enclos à proximité d'un casernement militaire. La présence de tant de militaires est peut-être due, outre les évènements politiques actuels, au fait que toutes les administrations de la région sont concentrées dans ce village.

Après avoir monté nos tentes et avoir bu notre coutumier thé au citron, nous prenons pour la première fois notre repas sous une grande tente mess installée par nos porteurs. Soupe avec pop-corn, nouilles, frites, porridge et thé sont au menu ; diététiquement ce n'est peut-être pas très équilibré mais ça tient au corps et ça fait du bien. Malheureusement, les galettes de pain confectionnées sur place par le cuisinier ont un arrière-goût de combustion de pétrole. Elles sont simplement constituées de farine sans levure, d'eau et d'une pincée de sel ; la pâte ainsi obtenue est aplatie en galettes et cuite comme des crêpes.

Le soleil décline très rapidement derrière les montagnes et l'air se rafraîchit presque instantanément. Nous sommes tout de même à plus de 2 700 m.

Jean-Pierre nous briefe ensuite sur la marche à suivre pour le lac Tilicho, sur le mal aigu des montagnes et l'adaptation à l'altitude.

Nous allons tous être confrontés au manque d'oxygène dû à l'altitude et pouvons être victimes, si nous n'y prenons pas garde, du mal aigu des montagnes. Contrairement à ce que l'on croit bien souvent, il y a le même pourcentage d'oxygène dans l'air, en altitude qu'au niveau de la mer. La raréfaction de l'oxygène est simplement due à la baisse de pression, donc de densité. À chaque inspiration, nous absorbons de l'air moins dense qui contient donc moins d'oxygène.

Chacun de nous peut être victime du mal aigu des montagnes. Pour cela, il n'est nul besoin d'accomplir des exploits, celui-ci peut survenir à partir de 2 500 m si on ne prend pas quelques précautions. Autrefois, de nombreux alpinistes ou trekkeurs mal informés ou imprudents en ont été victimes ; certains y ont laissé leur vie, cela arrive malheureusement encore de nos jours.

À titre préventif, nous absorbons des médicaments tels que le Diamox, pour faciliter la production de globules rouges et mieux fixer l'oxygène dans le sang. Nous prenons également du Ginkgo qui favoriserait également l'adaptation à l'altitude. Nous allons continuer à monter progressivement et effectuer une journée d'adaptation à 3 500 m, à Manang. Nous augmenterons notre vigilance sur nos conditions d'hygiène, ainsi que sur la nourriture et la boisson qui doivent être parfaitement saines. La déshydratation augmente en montagne à partir de 3 000 m : nous pouvons perdre jusqu'à un litre d'eau par heure. Nous devrons par conséquent en absorber quotidiennement d'importantes quantités.

Nous étudions scrupuleusement les premiers symptômes du mal aigu des montagnes qu'il nous faudra parfaitement identifier : maux de tête, insomnies, vertiges, nausées, perte d'appétit, gonflement de certaines parties du corps, rétention urinaire, sont des prémices qu'il ne faudra pas prendre à la légère.

Si après avoir perçu certains de ces symptômes, on poursuit malgré tout, on s'expose à un œdème pulmonaire ou cérébral. C'est une rétention d'eau ou plutôt de sérosités dans les tissus des poumons ou du cerveau, pouvant entraîner une perte de connaissance, un coma voire la mort.

Si l'œdème pulmonaire laisse apparaître quelques signes avant-coureurs : spumes, crachats de sang, l'œdème cérébral, en revanche, peut être foudroyant. Si les premiers symptômes surviennent et persistent, le seul remède est la descente immédiate et rapide. Nous pouvons également effectuer une descente fictive, en utilisant notre caisson hyperbare gonflable. Nous pressurisons sur place la personne à traiter, puis quand les symptômes disparaissent, nous effectuons une dépressurisation très progressive pour que l'organisme puisse s'adapter.

Je constate une certaine corrélation avec les précautions à prendre en plongée sous-marine, mais ici les rapports de cause à effet sont inversés.

Nous nous mettons tous d'accord : si l'un d'entre nous est en danger, en cas de nécessité absolue, nous utiliserons notre téléphone satellitaire pour appeler des secours sans nous préoccuper de l'interdiction. S'il doit être rapatrié à dos de porteur ou en hélicoptère, le reste de l'équipe poursuivra le trek comme cela avait été convenu.

Il fait de plus en plus froid : nous revêtons nos vestes de montagne.

La conversation se poursuit assez tard dans la tente mess dans laquelle Babul-Lal nous a rejoints. La lampe à pétrole semble avoir quelques problèmes de combustion et empeste l'air d'une odeur de gaz d'échappement ; c'est tout de même un comble en pleine montagne.

La présence d'autant de militaires dans les montagnes soulève quelques questions de notre part. Babul-Lal nous donne des explications plus précises sur les évènements, jusque-là assez confus pour nous, qui ont provoqué l'état d'urgence dans lequel se trouve le Népal en cette année 2002.

Après l'assassinat du roi et de la reine par leur fils l'été dernier, juin 2001, sur l'instigation du frère du roi, les maoïstes profitant de la faiblesse du régime, cherchent à exacerber dans la population un sentiment d'insatisfaction. Ils veulent la conduire à une rébellion armée pour essayer de s'emparer du pouvoir.

Cette situation a provoqué une frilosité certaine chez les professionnels du tourisme en direction du Népal, ce qui a eu pour conséquence une baisse de fréquentation touristique de 80 % cette année.

Il nous parle ensuite du malheur des Tibétains qui continuent à être persécutés par le gouvernement chinois dans l'indifférence générale. Il nous explique que, dans ce pays voisin phagocyté par la Chine, se déroule un véritable génocide dont aucun pays ne se préoccupe réellement.

Il considère que puisque les différents gouvernements dans le monde ne disent rien, c'est qu'ils donnent leur assentiment tacite : il les juge tous responsables. À ce sujet, il porte un regard très critique sur les pays les plus riches qui ne viennent au secours des bonnes causes que lorsque cela peut servir leurs intérêts.

Je découvre chez Babul-Lal une personne cultivée, sensible, très au fait de l'actualité internationale, sachant porter des jugements sans complaisance, qu'elle exprime toujours avec beaucoup de courtoisie.

Pour contrôler notre forme et notre état de santé, Jean-Pierre demande à chacun d'entre nous de prendre son pouls ; je suis chargé de noter les résultats. Chaque soir, nous les comparerons à ceux de la veille. Cela va devenir un rituel pendant une semaine, jusqu'au ce que nous sortions de la zone des 4 000 m.

Je me mets une autre Compeed au petit doigt de pied qui a une ampoule impressionnante : il a doublé de volume. Je pense à Piqueboufigue, personnage dont parle Marcel Pagnol dans *Jean de Florette* ; il se perçait les ampoules avec une aiguille à coudre et laissait le fil en guise de drain. Je préfère ne pas essayer.

Nous prenons nos comprimés de Ginkgo et de Diamox pour favoriser notre adaptation à l'altitude et nous allons nous coucher dans nos tentes respectives.

Je finis de rédiger à la lueur de la lampe frontale alors que tout le monde dort profondément ; il est 22 h 30.

Chapitre 6

5e étape

Vendredi 12 avril

Chame (2 713 m) ➔ Pisang (3 200 m)
Marche : 5 h 20 – Dénivelé : +487 m

Nous nous levons à 6 heures du matin. En nous extirpant de nos tentes, nous les découvrons recouvertes d'une pellicule de glace. Il a dû pleuvoir puis geler cette nuit, pendant que nous étions bien au chaud dans nos duvets conçus pour des températures de l'ordre de moins vingt degrés.

Après avoir plié et rangé tout notre matériel, emmitouflés dans nos vêtements de montagne, à 7 heures, nous prenons notre petit déjeuner dans la tente mess : œufs durs, galette de blé, confiture, miel, thé, café, chocolat, lait.

La plupart des porteurs sont déjà partis. Un peloton de militaires passe au pas de course. Ils font leur gymnastique matinale en tenue de combat et en armes. Cela nous rappelle que le pays est en état d'alerte et confirme les propos de Babul-Lal hier soir.

Je remarque tout autour de nous sur les versants des montagnes, de nombreux « arbres poteaux » dont on a coupé les branches excepté quelques-unes vers la cime. Nombre d'entre eux sont décorés de drapeaux à prières. Il semblerait que ce soit à nouveau une manière de prélever peu à peu du bois de chauffage sans être obligés d'abattre les arbres.

Nous partons à 7 h 30. Dès la sortie de Chame nous passons sur la rive nord de la Marsyangdi. Bientôt nous entrons dans une interminable forêt de sapins. Je remarque que nous n'entendons plus de « tiuuu, tiuuu », ces cris d'oiseaux qui nous ont accompagnés depuis le début de notre trek, auxquels nous ne faisions même plus attention. Le chemin est de plus en plus précaire et accidenté. Nous passons avec nos charges au-dessus de nombreuses ravines : c'est assez impressionnant. Le sentier fait parfois moins d'un mètre de largeur avec la paroi rocheuse sur la droite et le précipice au-dessous sur la gauche. Mieux vaut ne pas avoir le vertige.

Malgré l'altitude, il fait à nouveau de plus en plus chaud, peu à peu nous retirons les vêtements de ce matin, je retrousse mes manches et mes pantalons.

Après plus de deux heures de marche, nous entrons dans Bhratang. Les gens très souriants ont des visages aux regards davantage bridés, des pommettes plus saillantes. Ce village, comme ceux que nous allons traverser pendant plus d'une semaine, est essentiellement habité par une population d'origine tibétaine.

Nous évoluons au pied d'un colosse : l'Annapurna II, à l'ouest sur notre gauche. Avec lui un peu plus loin vers le sud : le Lamjung Himal et vers le nord : l'Annapurna IV, semblent former les sentinelles d'un massif gigantesque de sommets vertigineux qui s'étend à perte de vue, dont onze d'entre eux culminent à plus de 7 000 m et deux à plus de 8 000 m.

C'est l'ensemble de ce massif, le massif des Annapurnas que nous avons l'intention de contourner par le lac Tilicho (4 950 m) et le col du Mesocantu (5 121 m), après avoir franchi l'Eastern Pass (5 180 m). Ce massif des Annapurnas se nomme l'Annapurna Himal en népalais. Le projet est excitant ; il commence à se concrétiser, nous avons l'impression de toucher au but, mais nous réalisons que nous n'en sommes encore qu'à la marche d'approche au cours de notre quatrième étape.

Nous rencontrons plusieurs groupes de trekkeurs, dont des Hollandais ; ils marchent à une allure effrénée, certains soufflent, suffoquent, mais maintiennent obstinément la cadence coûte que coûte.

Vont-ils tenir le coup ? Je suis bien content de ne pas faire partie de leur équipe.

Lorsque nous traversons les villages et les hameaux, les moulins à prières sont de plus en plus fréquents. Nous voyons également de plus en plus de stupas ; ce sont des monuments bouddhistes, de taille variable, allant du dôme immense au petit monticule de pierres. Ils sont constitués pour la plupart d'un socle en brique, en stuc ou en pierre, surmonté d'une tour carrée sur laquelle on a peint les yeux de Bouddha ; le sommet de l'édifice qui a une forme conique ou pyramidale selon les cas, est couronné par un dôme. L'ensemble protège une chambre scellée qui abrite des reliques. Les stupas se remarquent de loin : ils sont toujours bâtis sur des hauteurs ou dans des sites dégagés.

Perdu au milieu de la forêt, abrité dans une jolie petite cabane au bord d'un cours d'eau, un moulin à prières mû par une roue à aubes tourne automatiquement. Il psalmodie perpétuellement, une prière secrète emportée au fil de l'eau dans le murmure du ruisseau.

Très haut, sur les sommets qui précèdent l'Annapurna II, nous remarquons une étrange cascade vaporeuse ; nous constatons qu'il s'agit en fait d'une avalanche de poudreuse. Compte tenu des distances, elle doit être gigantesque.

Ici, 4 000 m plus bas, bien que nous soyons tout de même à 3 000 m, il fait très chaud : le soleil tape de plus en plus fort. Quel contraste par rapport à ce matin ! Visages, bras et jambes sont enduits de crème solaire haute protection. Sur mon crâne dégarni, la casquette en toile devient insupportable, c'est une véritable étuve sous laquelle je transpire abondamment ; je la remplace par mon passe-montagne en laine, roulé de telle sorte qu'il ait la forme d'une casquette avec un prolongement sur la nuque. Je suis mieux protégé du soleil et les mailles de laine permettent à l'air de circuler, c'est un réel confort.

Pendant que Catherine et moi prenons des photos, nous sommes dépassés par un moine bouddhiste qui avance d'un pas alerte sans sembler être incommodé par la chaleur. Lorsqu'il rattrape Jean-Pierre et Gilles, ils échangent quelques mots puis il les bénit.

Nous empruntons un pont suspendu sur lequel sont accrochés une multitude de petits drapeaux à prières, certains ont la largeur d'un ruban. À l'autre extrémité du pont, les porteurs nous font signe ; le bivouac pour le déjeuner est installé juste à côté sur la droite.

Il est 10 h 50, nous venons de faire 3 h 20 de marche sous la canicule ; nous allons pouvoir nous reposer contre des rochers à l'ombre des sapins qui surplombent la Marsyangdi au pied de l'Annapurna II.

Gilles a encore souffert de la morsure du soleil : ses mains et son visage boursouflés sont vraiment dans un triste état.

Nous sommes impressionnés par une formidable plaque rocheuse inclinée, qui surplombe la rivière sur l'autre rive sur près de 1 500 m ; sa crête qui culmine à 4 665 m est recouverte de neige. Nous apprenons que cette plaque gigantesque porte un nom : la Pauda Danda.

Comme d'habitude, les cuisiniers et les porteurs s'installent en retrait à une vingtaine de mètres de nous. Chacun malaxe son monticule de dal baht, certains engouffrent la boulette ainsi obtenue d'une chiquenaude. Sans le savoir, ils font leur provision de sucres lents qui vont leur permettre de fournir des efforts soutenus durant des heures. Nous leur demandons s'ils n'ont pas trop souffert de la chaleur. Nous ne pouvons communiquer que par gestes et mimiques si Babul-Lal ou Shandra ne sont pas à proximité pour traduire. Cela se passe immanquablement dans la bonne humeur et les éclats de rire. Visiblement, ils ont eu chaud, comme en témoignent les auréoles de transpiration qui plaquent leurs vêtements sur leur dos.

Nous avions l'intention d'inviter à notre repas le moine bouddhiste qui tout à l'heure a béni Jean-Pierre et Gilles, mais il est reparti après une courte pause.

On nous sert du chou, des haricots, des galettes de blé, du fromage et du thé. Il n'existe aucun commerce à proximité pour acheter de la bière. Jacques, malgré lui va suivre les recommandations de Jean-Pierre : il devra se contenter des délices du thé au citron brûlant.

Bien que nous progression à des rythmes différents, la plupart du temps l'équipe scindée en deux, nous sommes contents de nous retrouver de temps à autre, notamment au moment des repas. Nous échangeons nos expériences et nos impressions, parfois nous devisons longuement sur des sujets soulevés lors d'une conversation à bâtons rompus. Nous aimons plaisanter et tourner en dérision l'accoutrement et le comportement des uns et des autres. Même si la division du groupe nous irrite un peu, la bonne humeur prédomine et tourne souvent à la franche rigolade.

Après le repas, chacun se repose ou vaque à ses occupations ; j'en profite pour faire une séance de photos de groupe et noter sur mon carnet les éléments qui me serviront à la rédaction de ce soir.

À une dizaine de mètres, au bord du chemin, un arbuste décharné est orné de rubans effilochés. Cela me fait penser aux buissons recouverts de sac en plastique à Entressen dans la Crau, aux abords de la décharge à ciel ouvert de Marseille ; ce n'est pas du plus bel effet. Il s'agit d'un arbuste paré de petits drapeaux à prières ; un monticule de pierres a été érigé autour de son tronc. Nous en rencontrerons souvent au bord du chemin.

L'altimètre de Jean-Pierre indique 3 080 m.

Nous repartons à 12 heures précises après une pause d'une heure dix. Les porteurs partent les premiers ; le cuisinier et son assistant nous précèdent avec leurs dokos remplis de victuailles, surélevés de tout un bric-à-brac de bidons, du réchaud à pétrole et d'ustensiles de cuisine. Nous commençons par une bonne montée durant laquelle nous pouvons admirer sur la droite, dans sa totalité, l'immense plaque rocheuse que nous avions remarquée tout à l'heure ; elle est vraiment impressionnante.

Nous entrons à nouveau dans une forêt de conifères. Nous marchons groupés, ce qui ne nous était plus arrivé depuis longtemps. Nous grimpons de manière soutenue pendant une bonne heure, sans discontinuer.

Devant moi Babul-Lal aperçoit un papier par terre, il le ramasse et le met dans son sac. Durant le trek, à plusieurs reprises je le verrai accomplir cette action. Il est vrai que l'environnement semble respecté de tous. Excepté des tongs dont une lanière est cassée, égarés sur les chemins, les détritus sont rares. Les sirdars comme Babul-Lal, au cours de leur formation sont sensibilisés à la propreté de l'environnement qui est aussi leur outil de travail.

Au fur et à mesure que nous avançons l'air se rafraîchit, ce qui n'est pas sans nous déplaire. Arrivés au sommet de cette côte, il est, parait-il, de tradition de planter une pousse de sapin pour marquer son passage et aider ainsi au reboisement. N'en ayant pas été informés auparavant, nous dérogeons à cette coutume.

Nous entamons maintenant la descente qui va nous conduire à Pisang. Nous rencontrons pour la première fois de nombreux névés à notre hauteur : ce sont des résidus d'avalanches échoués en bordure du chemin. Nous pouvons contempler leur œuvre dévastatrice en observant les trouées dans la forêt à flanc de montagne et plus bas l'enchevêtrement des arbres emportés. Nous essayons d'imaginer le chaos et le fracas apocalyptique de la montagne sur ce lieu actuel de quiétude. Un petit lac glaciaire à l'eau ferrugineuse rouge borde le chemin donnant une vision totalement irréelle. Nous rencontrons à nouveau des moignons de troncs coniques et des arbres mutilés dont on prélève des éclats jusqu'à ce qu'ils tombent.

J'aspire goulûment sur la pipette de ma gourde mais je n'obtiens qu'un gargouillement au fond de mon sac à dos : elle est vide. Je croque les barres énergétiques les plus sucrées par petits bouts que je suce lentement, cela me fait venir de la salive à la bouche.

Au sommet d'une butte, soudain nous apercevons Pisang ; il était temps, je vais bientôt pouvoir me désaltérer. Nous avons une vue superbe sur la vallée.

Tout en bas, un petit pont de bois, à encorbellement, enjambe la Marsyangdi et nous invite à entrer dans la vallée qui s'élargit.

Le village est double : en bas, à gauche de la rivière, Lower Pisang, en haut, à droite, cent mètres au-dessus, High Pisang, au-dessus un monastère bouddhiste, le tout surplombé par le Pisang Peak (6 091 m). Au fond à gauche deux stupas, au loin en face le Chulu Est (6 400 m) et le Chulu Ouest (6 419 m), enfin, derrière nous, l'Annapurna IV et l'Annapurna II ; le décor est planté.

Nous arrivons à Lower Pisang à 14 heures, après deux heures de marche l'après-midi. Nous avons fait un total de 5 h 20 de marche dans la journée, ce qui est très raisonnable. Nous n'avons eu à déplorer que l'ardeur du soleil.

Pendant que je contemple le paysage, tous se dirigent directement vers le lieu de campement. Je les perds de vue ; je pars dans leur direction mais je m'égare dans une cour de ferme, cela devient une habitude. Je saute une palissade pensant les rejoindre de l'autre côté, mais je ne trouve pas d'issue ; je suis enfermé dans un enclos. Un vieux Népalais, amusé, comprenant mon désappointement, depuis un balcon m'indique le passage. Je devais bifurquer plus tôt et longer le mur de la maison sous le balcon de mon sauveur.

Nous déposons nos sacs au campement sur un terrain recouvert de galets entre les habitations et la Marsyangdi. Jean-Pierre, Catherine et moi repartons immédiatement pour une balade de 1 h 45 à High Pisang, nous monterons nos tentes au retour. Gilles et Jacques préfèrent se reposer ; le clivage au sein du groupe se fait imperceptiblement et se confirme au fil des jours.

Nous rencontrons plusieurs villageois très souriants, de type tibétain bien marqué. Vu d'en bas, High Pisang à l'allure fantomatique semble abandonné, mais il n'en est rien. La montée est assez pénible surtout après une journée de 5 h 20 de marche. Les champs environnants sont très caillouteux et semblent peu fertiles, ils sont tous bordés de murets de pierre.

Nous passons devant un modeste bâtiment tout en longueur recouvert de tôles ondulées. Il est planté derrière un muret au milieu d'un champ à une centaine de mètres du village du haut. Quelques tables et bancs rudimentaires traînent devant une sorte de préau, sous lequel des portes grandes ouvertes laissent entrevoir d'obscures salles minuscules. Il s'agit d'une école. Au moins ici la notion de culture au milieu des champs a sa signification dans tous les sens du terme.

De très nombreux drapeaux à prières flottent sur ce village à l'aspect de ruine. Ils sont : bleus, rouges, verts, jaunes et blancs, de forme carrée ou triangulaire.

Sur la place principale, derrière la fontaine, un mur de moulins à prières tout neuf avec un toit aux boiseries également neuves contraste avec l'aspect délabré que donne le village. Nous nous appliquons à toujours contourner comme il se doit, ces murs par la gauche, dans le sens des aiguilles d'une montre. Un vieil homme, un chapelet à la main fait tourner méticuleusement chaque moulin en marmonnant des prières. Sur la place, jouent des enfants maculés de crasse, aux visages radieux.

Les maisons sont constituées d'un empilement de pierres plates, sans aucune maçonnerie. Certaines portes, fenêtres et supports de balcons sont magnifiques. Ils sont richement sculptés mais très vieux et usés ; ils ne semblent pas entretenus du tout. Les toits sont faits de planchettes de bois disposées comme des ardoises ; elles sont simplement maintenues par des planches transversales sur lesquelles sont posées de lourdes pierres. Certaines maisons possèdent des gouttières ; ce sont de longs troncs d'épicéa évidés et posés sur des pieux fourchus. D'autres habitations sont recouvertes de stocks impressionnants de bois. De cette manière le stockage s'effectue sans prendre de place tout en contribuant à l'isolation thermique des maisons. Les extrémités biseautées des branches et les éclats de troncs laissent deviner une découpe à la hache.

Une femme racée, à la fois jeune et vieille, les cheveux enturbannés, pose fièrement bras croisés sur le pas de la porte. Un feston de tissus colorés orne le chambranle. Le mur est paré de drapeaux à prières tendus sur un fil comme un décor de kermesse.

Lorsque Catherine lui propose de la prendre en photo, elle avance le bras et d'un signe universel frotte le pouce contre l'index avec un regard malicieux. Le charme est subitement rompu ; cette honorable prêtresse sans âge dévoile ses doigts sales aux ongles noirs, sa robe poudreuse auréolée de taches et ses pensées bien plus terre à terre que ne le laissait supposer son allure de vestale. Après avoir hésité, Catherine lui tend avec un regard complice, un billet de dix roupies ; cela équivaut à 15 centimes d'euro.

Le malaise de ce genre de situation provient de l'énorme différence de niveau de revenus. Ces sommes modiques, ne représentent rien pour nous ; nous culpabilisons de ne pas les faire profiter de quelques retombées du tourisme. Si nous nous donnons bonne conscience en cédant à leur demande, nous culpabilisons également à l'idée de porter indirectement atteinte à leur dignité et de déstabiliser l'économie de ces montagnes, à l'origine essentiellement basée sur le troc.

Nous montons voir le monastère ; il est entièrement neuf et semble en fin de construction. Visiblement tout ce qui est neuf ici est réservé au bouddhisme.

Le temps s'est considérablement rafraîchi : nous rabattons nos capuches. Vu d'en haut, je suis stupéfait par le nombre de drapeaux à prières qui ornent le village.

En face, en regardant vers l'ouest, nous avons une vue d'ensemble sur une partie du massif des Annapurnas. Pour la première fois, nous pouvons contempler, là-bas tout au loin, le Tilicho Peak (7 134 m), à l'extrémité de la grande barrière, au pied duquel se trouve le lac Tilicho.

Nous admirons un arbre en fleurs au mois d'avril à 3 200 m d'altitude ; c'est une chose impensable en Europe. Une multitude de petits drapeaux à prières en lambeaux sont accrochés à ses branches.

Tout en bas, à Lower Pisang avec un dénivelé de 100 m, nous apercevons notre campement minuscule.

Un vieux Tibétain à la moustache et barbiche blanches, vêtu d'un lourd manteau et coiffé d'un épais bonnet, conduit une vache à travers les rues ; il la guide à l'aide d'un bâton prolongé d'une sorte de ruban, on dirait un fouet mais il n'en est rien. Le ruban placé devant l'œil de l'animal, le gène et l'incite à tourner du côté opposé. C'est une curieuse méthode que je ne connaissais pas pour conduire le bétail.

Plus loin, une fillette descend le village d'un pas alerte, trois petits veaux la suivent. Une fois de plus, Catherine, tête penchée, regard attendri s'exclame : « Que c'est mignon ! »

Pour redescendre nous empruntons un sentier à travers champs. Nous avons encore un exemple de l'ingéniosité des habitants qui, avec peu de moyens confectionnent tout ce qui leur est nécessaire. Nous longeons une canalisation ouverte qui, à l'instar des gouttières aperçues plus haut, est constituée de troncs évidés. Afin d'obtenir une pente régulière pour le nivellement des troncs, certaines parties du terrain sont creusées, d'autres surélevées à l'aide de murets en pierre.

Des tahrs domestiqués, chèvres népalaises aux longs poils, rappelant les chèvres basques, paissent leur maigre pitance dans les buissons épineux qui bordent les murets de ces champs caillouteux.

De retour à Lower Pisang, un enfant derrière un vieux moulin à prières, le visage maculé, la morve au nez, nous réclame : *money, money !* Une plaisanterie mal inspirée me vient à l'esprit et sachant qu'il ne comprendra pas je lui dis : « Mon nez, mon nez, tu ferais bien de le moucher ! » Visiblement la plaisanterie n'est pas du tout du goût de Catherine. Pour me racheter, je donne au garçonnet quelques friandises qu'il semble apprécier, mais il a de la suite dans les idées et continue à réclamer : *money, money* !

Les mêmes réflexions que tout à l'heure me viennent à l'esprit. Il est lui aussi le symbole attristant de gens pauvres qui ont coutume de vivre en autarcie et qui, de manière insidieuse, se voient corrompus par l'argent que peuvent leur procurer les touristes. Ils en sont réduits à faire fi de leur dignité au point de ne pas hésiter à mendier. D'autre part, il est compréhensible qu'ils essaient de tirer modestement parti de ce que certains considèrent comme une manne bienfaitrice. D'aucuns l'utilisent abondamment et sans scrupules sous forme de nouveaux business. Malheureusement, cela déstabilise l'économie locale, entre ceux qui tirent profit du tourisme et ceux qui poursuivent leurs activités traditionnelles. Cet enfant comme beaucoup d'adultes, ne se pose pas toutes ces questions, il essaie tout simplement de profiter de la situation qui s'offre à lui.

Lorsque nous arrivons au campement après 1 h 45 de ballade, nos tentes sont déjà installées. Elles ont été montées par les porteurs ; nous en sommes un peu gênés, nous les remercions. Nous étions repartis immédiatement après notre arrivée au campement, pour profiter de l'après-midi, mais nous avions l'intention de les monter au retour.

Nous prenons le thé sous la tente mess. Gilles et Jacques partent à leur tour chaudement vêtus, visiter High Pisang ; l'air est de plus en plus frais.

Je suis surpris, j'ai marché au total durant plus de sept heures et je n'ai plus de sensation de réelle douleur dans les jambes ; c'est indéfinissable, elles sont tonifiées, c'est une sorte de douleur sans souffrance, c'est une douleur apaisée.

Babul-Lal nous explique la signification des couleurs des drapeaux à prières, les lungtas, qui s'offrent au vent pour diffuser leurs messages imprimés aux quatre coins du monde. Ces couleurs représentent les différents éléments selon leur symbolique : le bleu l'eau, le rouge le feu, le vert la forêt, le jaune la terre et le blanc l'espace. Même lorsqu'au fil du temps, les prières inscrites, les mantras, s'effacent peu à peu, elles ne sont pas perdues puisque les gouttes de pluie en glissant sur les drapeaux, poursuivent l'œuvre du vent en entraînant dans leur chute les messages de paix qui se dissolvent dans les éléments.

Plus tard dans la soirée, nous sentons que nous sommes effectivement en montagne, la fraîcheur se transforme en froid sec. Nous mettons tous des vêtements appropriés : bonnets ou passe-montagnes, gants, combinaisons etc.

Catherine a mal à la tête. Jacques se rase ; il se coupe, mais avec la dépression due à l'altitude, il n'arrête pas de saigner. Les effets insidieux de la montagne commencent à se faire ressentir. Toutefois, il n'y a pas encore lieu de s'alarmer.

Gilles soigne un porteur, Ram Bahadur, qui souffre d'une inflammation des ligaments du genou. Malgré la douleur, il a marché toute la journée sans rien dire et a l'intention de repartir demain. Renoncer à porter, correspondrait pour lui à renoncer au salaire qu'il compte percevoir à la fin du trek.

Chaque matin, malgré ma bonne volonté, je suis toujours en retard ; je suis obligé de me rendre à l'évidence, c'est ma nature, je suis lent. Afin de rattraper le temps perdu, je range alors mes affaires… en vrac… c'est-à-dire pas du tout. Trouver un objet précis relève de la devinette. Décidé à m'organiser une bonne fois pour toutes avant le repas du soir, je vide tous mes sacs sur les galets et je commence à faire le grand ménage dans ce capharnaüm. Je reprends scrupuleusement la liste que j'avais tendance à négliger, mais parfois les noms ne me disent rien. Tant pis ; quand je ne sais pas, j'improvise. Finalement, peu à peu, à quelques exceptions près chaque objet trouve sa place.

On nous ressert un bon thé bien chaud, d'autant plus apprécié que j'ai la satisfaction du devoir accompli.

J'étrenne les toilettes sous tente que j'appelle comme les poilus de la guerre de 14 : les feuillues. Jusqu'à présent je n'avais utilisé que les toilettes immondes des lodges ou celles aménagées dans des lieux de campement, non moins infectes. Dans une tente étroite mais haute, les porteurs creusent au piolet, un trou oblong en forme de cuvette de bidet. La terre extraite est déposée dans la tente derrière le trou, afin que chacun puisse pudiquement avec le pied, ensevelir son offrande pour ne pas l'exhiber au prochain pèlerin du sanctuaire. C'est assez rudimentaire, mais efficace et surtout beaucoup moins répugnant que les toilettes des lodges. Il suffit de faire attention où on met les pieds.

Comme tout tube digestif a deux extrémités, nous prenons le repas vers 18 h 30 : soupe, momos, sauce, mangue, thé. Jean-Pierre nous recommande de boire abondamment ; ça tombe bien, je ne sais plus combien de gobelets de thé j'ai pu ingurgiter.

Catherine qui avait un fort mal de tête se sent mieux.

Le temps semble s'être radouci ; cela n'est peut-être qu'une impression due au fait que nous sommes habillés en conséquence.

Le ciel étoilé est magnifique. Que d'étoiles ! Elles sont si nombreuses qu'elles brouillent les repères qui me permettent de reconnaître les principales constellations. Même la Grande Ourse est méconnaissable tant il y a d'étoiles entre les sept principales. Une fois identifiée, elle me permet de repérer l'étoile polaire à l'extrémité de la Petite Ourse, puis Cassiopée en forme de W symétriquement opposée, ensuite je peux mieux m'orienter. Je cherche vainement Orion, la fleur de carotte de l'écrivain Giono, avant de réaliser qu'en cette époque de l'année elle doit se situer à ras de l'horizon ouest ; elle a par conséquent disparu depuis peu en plongeant derrière les Annapurnas. Les trois étoiles les plus lumineuses, encore un peu basses vers l'horizon est, dessinent déjà en cette période l'immanquable triangle des nuits d'été, composé par Deneb de la constellation du Cygne, Altaïr de l'Aigle et Véga de la Lyre ; cet été elles brilleront au zénith. Elles se détachent à merveille dans ce noir profond de l'immensité de l'univers. L'air est froid et si pur qu'elles semblent figées : elles ne scintillent même plus.

Les silhouettes colossales des Annapurnas pointent au sud-ouest comme pour percer la voûte céleste.

Jean-Pierre aussi est dehors en pleine contemplation. Les pensées les plus élevées comme les plus prosaïques nous viennent parfois à l'esprit simultanément, ce qui induit parfois d'étranges paradoxes. Je fais part à Jean-Pierre d'une plaisanterie inspirée par tant de beauté : « Le ciel est beau et toi laid », il acquiesce, il est toujours là-haut, pour lui le ciel restera étoilé. Certaines fois il est préférable de ne pas être compris.

Nous attendons que Catherine ait terminé sa toilette et se soit installée, pour regagner la tente à notre tour. Une fois ma toilette de contorsionniste achevée, après avoir roué de coups de coudes et de genoux Catherine et Jean-Pierre, bien calé dans mon sac de couchage, passe montagne sur la tête en guise de bonnet de nuit, lampe frontale en place, prêt à dégainer mon stylo, je m'aperçois que j'ai oublié mon carnet et mon cahier sous la tente mess. Coincé entre Catherine et Jean-Pierre, la gymnastique qu'il me faut faire à nouveau pour m'extirper de là et pour m'y engouffrer juste après, n'est pas la plus appréciée par mes amis.

Je termine la rédaction des évènements de la journée, il est 20 h 30, je suis crevé, dodo.

Chapitre 7

6e étape

Samedi 13 avril

Pisang (3 200 m) ➔ Manang (3 530 m)
Marche : 5 heures – Dénivelé : +330 m

Je me lève à 5 h 30 contraint par une nécessité naturelle qui m'inspire un nouveau dicton : « Thé du soir abondant, pipi du matin urgent. » À moins que ce ne soit une réaction psychosomatique due au nom du village. Le froid et ma vessie m'ont fait passer une nuit d'un inconfort total. Je sentais celle-ci pousser de plus en plus, cela en devenait douloureux ; je savais bien que je ne pouvais pas envoyer quelqu'un à ma place, mais je ne voulais pas m'extraire de mon cocon. Je craignais pourtant qu'un rêve perfide ne me fasse béatement imbiber mon duvet, d'un généreux distillat de théière.

J'ai également eu froid toute la nuit. Je me suis aperçu au petit matin que j'avais oublié de remonter la fermeture éclair de mon sac de couchage ; j'ai dormi recroquevillé, grelottant, à moitié découvert sur un côté.

Malgré le soin que j'ai mis la veille pour ranger tout mon matériel afin d'être efficace le matin, il y a un détail sur lequel je n'arrive pas à mettre la main… mon pantalon.

La tente est entièrement givrée. Pestant, en slip, dehors par moins 6 °C, sautillant pour essayer de me réchauffer, j'étale à nouveau absolument tout mon barda. Toujours pas de pantalon de montagne : j'enfile un caleçon long.

Autour de moi tout commence à disparaître dans les sacs ; visiblement j'exaspère, l'impatience monte. Recevant l'injonction de plier mon sac de couchage et mon matelas afin que l'on puisse démonter la tente, je m'exécute. Auparavant, j'engouffre dans la précipitation toutes mes affaires en vrac dans mes sacs, anéantissant ainsi mon méticuleux rangement de la veille ; c'est encore pire qu'avant.

La plupart des porteurs sont déjà partis. Celui qui est préposé à mon matériel, Mékram, attend désespérément, un sourire navré et compatissant figé sur ses lèvres.

Finalement je retrouve mon pantalon sous mon oreiller gonflable. Afin de ne pas perdre de temps je l'avais soigneusement préparé hier soir, pour l'avoir sous la main dès le matin et être ainsi plus efficace. C'est raté !

Après le petit déjeuner de 7 heures nous partons à 7 h 30. Il fait froid : nous sommes tous bien couverts.

En sortant de Pisang nous passons devant un long mur sur lequel sont posées de nombreuses pierres plates, gravées de prières en sanscrit et de représentations de Bouddha. Nous prenons soin de le contourner par la gauche. À son extrémité est bâti un stupa d'environ trois mètres de haut assez rudimentaire. Entièrement en pierres empilées, il est constitué d'un socle surmonté d'un dôme, lui-même surmonté d'un chapiteau. De forme pyramidale, chaque partie va en s'amenuisant vers le haut ; l'ensemble est blanchi à la chaux.

Pour rejoindre Manang, deux itinéraires s'offrent à nous, nous empruntons celui qui longe la Marsyangdi du côté est.

Catherine et Jean-Pierre avec leurs grands bonnets polaires qui remontent haut sur leur tête, ont des airs étranges. Jean-Pierre me fait penser à un schtroumpf.

Nous traversons une grande forêt avec de nombreux névés au bord du chemin. Nous marchons presque une heure pour gravir un col assez raide, mais quelle récompense une fois arrivés au sommet ! Nous découvrons une vue magnifique sur la vallée de Manang.

Nous pouvons admirer : l'Annapurna II sur la gauche, le Tilicho Peak en face, le Pisang Peak à droite et le village de Humde au loin en bas, avec son aérodrome rudimentaire.

En nous retournant, nous pouvons encore admirer une dernière fois la Pauda Danda, la fameuse plaque rocheuse au pied de laquelle nous avons mangé hier à midi.

Après la descente du col, nous évoluons en terrain plat ; au fur et à mesure que nous avançons, le chemin s'élargit, la forêt s'estompe peu à peu, elle reste accrochée aux flancs de la montagne en bordure de la vallée. Le paysage devient plus aride. Nous sommes tous en vue les uns des autres. Comme nous sommes relativement groupés, nous en profitons pour faire une pause photo devant l'Annapurna IV.

Nous croisons un groupe de cavaliers chevauchant à deux par monture, sans selle ni étriers. Ils passent au trot sur de vaillants petits chevaux. Ce sont les fameux mustangs, coursiers infatigables, originaires de la vallée du même nom en direction du Tibet, aux portes de laquelle nous allons passer dans une semaine. Mustang évoque pour une grande majorité, davantage les chevaux sauvages d'Amérique et la marque automobile dont ils sont l'emblème. On ne peut pourtant établir à ma connaissance aucun lien avec les chevaux d'ici. Au Népal, le mot mustang serait dérivé du tibétain *Mun Tang*, signifiant « plaine fertile », alors qu'en Amérique, il serait dérivé de *mestengo*, issu de l'espagnol et de l'anglais des États-Unis, signifiant « cheval sans maître ».

À l'entrée de Humde, parfois orthographié Hungde ou Hongde, nous rencontrons un étal de souvenirs, bijoux, couteaux et babioles en tout genre. Catherine craque et ne peut s'empêcher après un rude marchandage d'acheter quelques souvenirs. Sa manière de faire m'épate, elle a l'habitude d'aller en vacances dans les pays du Maghreb où il est indispensable de marchander longuement le moindre article.

La traversée de Humde nous offre des scènes attendrissantes de petits veaux tétant leur maigre mère. Un beau stupa blanc encadré de drapeaux à prières trône au milieu de la rue qui n'est autre que le prolongement de notre chemin de terre. Des enfants souriants, chaudement habillés de vêtements colorés jouent à proximité. Sur notre gauche, des enclos sont délimités par des tas de bois empilés.

À la sortie de Humde, nous rencontrons un poste militaire appelé check point, tout près de l'aérodrome. Nos porteurs vont y subir un nouveau contrôle et une fouille approfondie. Quant à nous, nous avons une fois de plus une paix royale. Nous sommes des touristes bénis, très rares cette année, nous apportons des devises au pays.

Cette situation est totalement aberrante : nous pourrions être des sympathisants maoïstes et porter des armes ou des objets interdits. Ce qui est un peu le cas avec le téléphone satellitaire que Jean-Pierre dissimule sous les batteries du caméscope. Cela devient gênant de passer sans encombre alors que les autochtones sont constamment contrôlés.

Le chef de la patrouille militaire est de type indien. Il a un comportement quasi caricatural. Très peu loquace, le visage fermé, il donne des ordres secs paradant avec un bâton de commandement sous le bras. Il fait les cent pas, jambes tendues sans fléchir les genoux comme s'il s'apprêtait à faire le pas de l'oie, tête basse, scrutant à la ronde de son regard de rapace.

Je m'éloigne et discrètement je photographie l'aérodrome qui n'est autre qu'un long champ de terre, nivelé, délimité sur un seul côté par des piquets en bois peints en blanc ; nous n'apercevons aucun avion. Le bivouac pour le déjeuner est installé juste en face sous des pins. Il est 10 h 30 ; nous sommes à 3 280 m, nous venons de marcher pendant trois heures.

Gilles et Jacques se sont arrêtés dans un lodge dans le village pour se désaltérer. Je ne sais pour quelle raison ils n'ont pas commandé une bière mais un thé. Oui un thé ! Même Jacques, de son plein gré. Peut-être ont-ils suivi les conseils de Jean-Pierre ? On le leur a servi à la façon tibétaine, salé et agrémenté de beurre de yack rance. Le breuvage était imbuvable, ils l'ont recraché avec dégoût, ce qui a vexé les autochtones : ils se sont fait insulter.

Pendant le repas à l'ombre des pins, malgré l'altitude il fait très chaud. Les variations de température sont beaucoup plus fortes que dans les Alpes. Catherine improvise une lime à ongles faite d'un caillou granuleux ; j'en fais autant c'est efficace. Un lama s'invite à déjeuner à notre camp ; il s'installe sous un pin en face des cuisiniers qui le servent avec dévotion ; cette pratique est coutumière.

Il accepte que je le prenne en photo et me bénit de gestes cabalistiques. Jean-Pierre assis en tailleur dévore son repas ; son drôle de bonnet sur la tête, ses grosses lunettes noires et ses collants noirs lui donnent une allure étrange, il me fait penser à une grosse libellule. Catherine saigne du nez. Nous supposons que c'est dû à la dépression atmosphérique à cause de l'altitude.

Nous devons faire très attention au rayonnement solaire.

Compte tenu de l'altitude, l'air est beaucoup moins dense : nous sommes beaucoup moins protégés par l'atmosphère, nous recevons donc beaucoup plus de rayons ultraviolets. Pour nous préserver, surtout des UVB et des UVC qui sont particulièrement nocifs, nous nous tartinons de crème solaire et de protection labiale. Nous nous protégeons comme nous pouvons : bonnets, linge sur la tête, mouchoirs pendant sur la nuque sous la casquette ou le chapeau. Sous l'action des ultraviolets beaucoup plus intenses, mon pantalon de montagne que je porte retroussé, s'est totalement décoloré : il a viré du rouge vif au rose pâle. Le contraste est saisissant lorsque dans le froid du matin, j'enfile la veste assortie qui a conservé sa couleur d'origine.

Nous repartons à 12 heures ; le soleil tape fort, il fait très chaud. Nous avons tous de drôles d'allures ; laissant libre cours à notre imagination, nous trouvons que nous ressemblons tour à tour à des schtroumpfs, des explorateurs, des Touaregs, des pharaons...

Nous traversons des zones de plus en plus arides n'ayant presque plus de végétation, le terrain caillouteux est très pauvre, la vallée s'élargit. Nous avançons assez vite en terrain plat dans lequel la Marsyangdi se permet quelques méandres. En nous retournant, nous pouvons admirer les Annapurnas II, III et IV.

Sur notre gauche, dans un champ désertique recouvert de cailloux, un grand arbre décharné, tel un vieillard moribond, finit ses jours, solitaire, au pied du colosse, l'Annapurna III (7 555 m).

Bien que je me désaltère en aspirant ma pipette parcimonieusement à petites gorgées, l'ardeur du soleil m'ayant fait faire de nombreuses tétées, je sens que le contenu de ma gourde touche à sa fin. Je suis encore plus vigilant et ne fais que m'humecter la bouche sans avaler de franches gorgées d'eau.

Face à ce décor, sur notre droite nous découvrons Braga dans toute sa verticalité. C'est un pittoresque village, quasi troglodyte, que surplombe son riche gompa, monastère bouddhiste, lui-même surplombé par des montagnes que surplombe à son tour au loin, le mont Chulu Est. Cette perspective étagée est superbe.

L'empilement d'habitations sommaires en pierre brute, coiffées de toits en terrasse, adossées à la montagne, donne à l'ensemble une apparence de ruine.

Éparpillées dans les champs de pierrailles en bordure de la Marsyangdi, des vaches efflanquées au pelage ébouriffé semblent paître de la rocaille.

Nous laissons les porteurs poursuivre leur route vers Manang et nous nous dirigeons vers le monastère. En montant nous passons devant une fontaine en face d'un grand stupa, à leur proximité s'ébattent un jeune poulain et sa mère ; nous faisons quelques photos. Cela déclenche chez Catherine ses traditionnelles exclamations attendries.

Un grand lama vêtu de noir, à l'allure altière, néanmoins souriant, nous accueille avec bienveillance au seuil du monastère.

Nous visitons l'édifice qui est l'un des plus grands et des plus riches de la région. Avant d'y entrer, comme le veut la coutume, nous nous déchaussons. L'intérieur sombre est orné d'innombrables tentures somptueusement colorées. Des gongs silencieux suspendus au plafond tournent imperceptiblement sur leur axe. Nous découvrons de nombreuses statues multicolores, magnifiques. Certaines représentent des personnages empreints de sérénité ; d'autres, plus inquiétantes, des monstres grimaçants.

Je suis surpris par les représentations de Bouddha ; je m'imaginais toujours un personnage à l'allure débonnaire, rond, chauve, ventripotent. Ici, loin de toute opulence et ne pouvant se déplacer qu'à pied, il a perdu toutes ses rondeurs. C'est un personnage svelte au visage androgyne. Ses sourcils fins sont dessinés d'un trait, le contour des yeux est surligné. Sur son front, entre les sourcils, le troisième œil, l'œil de la connaissance et représenté par un rond de couleur bordeaux. Ses lèvres rose pâle esquissent une légère moue. Il semble posséder une abondante chevelure bleue, à moins que ce ne soit une coiffe. Il est affublé de grandes oreilles aux longs lobes démesurés percés d'une large fente, comme s'il avait coutume de porter de très lourds pendants qu'il venait de retirer. Il est assis dans la position du lotus, paume de la main droite face à nous, pouce et index joints, comme un plongeur qui signifie que tout va bien. Le bras gauche est dissimulé par un tissu couleur jaune safran jeté sur son épaule.

Bouddha aurait vécu selon certaines sources de 532 à 480 av. J.-C. Les traditions ne s'accordent pas au sujet de ses dates de naissance et de mort. C'était un prince népalais qui a renoncé à ses privilèges pour se mettre en quête de vérité spirituelle. Il la découvrira au cours d'une longue méditation sous l' « arbre de la sagesse ». De cet éveil, il tira une philosophie de la compassion, du renoncement et de l'oubli de soi. Bouddha, comme je l'ai déjà précisé, signifie éveillé en sanscrit, éveillé à la vérité. De son vivant il enseigna les préceptes de sa pensée et après sa mort il devint la figure emblématique des doctrines religieuses qui se répandirent dans l'Asie toute entière.

Nous découvrons une riche collection de très vieilles peintures religieuses sur toile, des thangkas. Tout un rayonnage est chargé d'une collection de vieux livres de prières de plus de quatre cents ans à la couverture en bois sculpté. Ils sont malheureusement de plus en plus convoités. Souvent pillés, ils font l'objet d'un trafic de souvenirs pour touristes qui commence à être sérieusement réprimé par les autorités népalaises jusque-là relativement laxistes.

Nous avons l'autorisation de prendre des photos, mais je m'aperçois que dans la débandade de ce matin, j'ai laissé mon flash dans un des sacs des porteurs. Devant tant de trésors que je ne reverrai plus, mon appareil m'est totalement inutile dans la pénombre ; depuis le début je n'ai que des déboires avec la photo, tout va de travers. Catherine et Jean-Pierre me consolent en me promettant de me faire des doubles de leurs prises de vues.

Comme le veut la coutume, nous déposons de l'argent dans une urne, puis le lama nous fait signe de venir vers lui. À tour de rôle, il nous attache autour du cou un collier de fils colorés tressés, avec toute une gestuelle savante chargée de symbolique. Il nous bénit ensuite tout en marmonnant imperceptiblement des paroles incompréhensibles pour nous. Pour le remercier nous nous inclinons en joignant les mains et lui répondons *namasté.*

En sortant nous nous rechaussons, encore tout étonnés d'avoir vu de tels trésors en un endroit aussi isolé. Dehors sur une corniche, un corvidé prêt à prendre son envol se détache comme une ombre chinoise sur la cime immaculée de l'Annapurna III en arrière-plan. Au-dessus de nous, le lama nous observe dans notre descente ; il sourit toujours avec bienveillance, découvrant ses dents blanches parfaites qui contrastent sur son visage cuivré, il est vraiment très beau.

Nous passons devant un mur sur lequel sont gravées des prières en sanscrit, ainsi que des représentations de Bouddha assez diverses sur de grandes pierres plates, des manis. L'une d'entre elles est assez surprenante. Elle représente ses ébats amoureux. Il est assis en tailleur et tient par les fesses, face à lui, sa partenaire beaucoup plus petite. Elle est à califourchon sur lui, sa tête renversée les mains derrière la nuque, avec une expression d'extase. Cette représentation n'a rien de choquant ni d'obscène, elle est l'un des symboles de la fécondité.

Après plus d'une heure de visite à Braga nous repartons vers Manang qui est tout proche. J'aspire avec avidité, sans ménagement les dernières gorgées de ma gourde.

Gilles nous rejoint tout essoufflé : il a poursuivi vainement un énorme yack en essayant de le photographier. Il aura tout le loisir de se rattraper en cours de route. Bientôt nous croisons un troupeau de ces paisibles bovidés à l'aspect toutefois imposant avec leurs impressionnantes cornes dressées et leur longue toison laineuse.

À l'entrée de Manang, des porteurs font leur lessive dans un ruisseau à côté d'un petit pont. Catherine me prend en photo passant la porte d'entrée du village ;

une vieille femme me suit, son doko est rempli d'une charge de bois très impressionnante.

Shandra nous indique notre lodge sur la gauche, presque à l'entrée du village. Nous découvrons une cour intérieure avec un demi-déambulatoire en L : cela me fait penser à un cloître. Une terrasse prolonge le réfectoire situé à l'étage. Deux toilettes et une douche avec de la véritable eau chaude sont situés à l'extrémité de la cour. Même si le tout est assez rudimentaire, c'est le luxe par rapport à ce que nous avons connu jusqu'à maintenant. Nous faisons une cure de propreté générale : douche et lessive.

L'évacuation de la douche se fait par un trou latéral qui communique avec les toilettes, l'eau se répand sur le sol avant de disparaître dans le trou central. Chaque utilisateur est donc condamné à patauger dans l'eau savonneuse de celui qui prend sa douche, tout en supportant dans une position inconfortable, l'odeur immonde provenant de la boîte à papier hygiénique usagé à proximité. S'il venait à quelqu'un l'idée d'y faire une petite séance de lecture, il en serait vite dissuadé. Le local dans lequel se trouve le lavabo est enseveli sous la poussière, de plus l'évacuation n'est raccordée à aucune canalisation, l'eau éclabousse directement sur le sol. Je renonce à y faire ma lessive, pour cela je regagne la douche, ce qui m'oblige à me déshabiller à nouveau. Nous étendons tous notre linge sur la rambarde du déambulatoire de la cour intérieure du lodge : il la pavoise de toutes sortes de vêtements bigarrés.

Le tas informe de mes affaires en vrac sur mon lit me désole. Je repense à ma vaine tentative de rangement de la veille. Je ne me fais plus d'illusions, je ne parviendrai jamais à mettre de l'ordre dans mes sacs ; j'ai envie de baisser les bras. Dans des cas pareils, pour me redonner du courage, je me remémore la maxime de Guillaume d'Orange : « Point n'est besoin d'espérer pour entreprendre ni de réussir pour persévérer ». Elle est totalement appropriée au cas présent. « Point n'est besoin d'espérer » qu'il dit... « ni de réussir »... c'est parfait ! Allez courage, on y croit, on y croit ! « Pour persévérer »... ça, pour persévérer, je persévère ! Sans trop d'illusions tout de même, je range mes sacs, tant bien que mal, comme quelqu'un qui veut se donner bonne conscience en accomplissant son devoir.

Nos toilettes, lessives et rangements terminés, à tour de rôle nous visitons le village avec ses rues pierreuses et poudreuses comme partout dans la région. Appareil photo en bandoulière, je pars en compagnie de Catherine, enfin sans sac à dos !

Comme lors de la visite de High Pisang, nous sommes surpris par le nombre de vieilles portes, de fenêtres et de poutres sculptées, véritables chefs-d'œuvre qui ont l'air d'être laissés à l'abandon.

Au hasard de la promenade, nous découvrons de nombreux moulins à prières que ne manquent jamais de faire tourner les Népalais. Ils nous inspirent aussi du respect et nous les faisons tourner, bien sûr, sans commune mesure avec leur dévotion, mais avec beaucoup d'humilité et de sincérité. Nous en trouvons comme d'habitude, sur des murs conçus à cet effet, mais également sous plusieurs porches aux plafonds richement décorés de fresques et de mandalas ; ce sont de réelles œuvres d'art. Là aussi quelle injustice ! Je pense à certaines galeries d'art moderne où l'on met bien en évidence dans de vastes salles, à l'intérieur de cadres démesurés, certaines peintures constituées de quelques traits abstraits entrecroisés, fruits de l'inspiration spontanée de l'artiste. Ici rien de tel, chaque détail est savamment travaillé ; les sujets sont d'inspiration religieuse et retracent la vie de Bouddha. Les artistes anonymes, auteurs de ces chefs d'œuvres, souvent inaperçus dans la pénombre discrète du plafond des porches, les ont conçus avec humilité comme des prières secrètes.

Chose étonnante, parfois il manque un moulin à prières, remplacé par une boîte de chocolat ou de café métallique, de forme cylindrique. J'ai appris qu'ils étaient aussi fonctionnels que les autres, puisqu'en les faisant tourner on active la prière bénie par un lama, écrite à l'intérieur sur un papier. Jusqu'à présent je croyais que la prière était représentée par les inscriptions gravées à l'extérieur. Bien entendu, j'étais outré : Cacao, Nescafé, Nestlé etc., me semblaient des hérésies en guise de prières ; comment les Népalais pouvaient-ils accepter cela ?

En revenant au lodge, Catherine achète du fromage de yack, un peu fort mais excellent. J'achète une carte du tour des Annapurnas à un prix dérisoire par rapport à celles que nous commandons depuis la France.

Pendant que nous visitions Manang, Babul-Lal a pu obtenir des renseignements concernant les évènements du pays. Manang est relié au reste du monde par une parabole satellite, summum de la technologie moderne. L'unique téléphone du village, appareil d'un autre âge y est raccordé par un câblage fait de bouts de ficelles, ce qui est la cause de très nombreux disfonctionnements.

Nous apprenons que la rébellion maoïste va avoir des conséquences imprévues pour nous. Les maoïstes veulent imposer au pays une grève qui commencera le mardi 23 avril. Nous sommes le samedi 13 avril. Elle durerait toute une semaine. Ils ont l'intention de tirer sur tout véhicule de transport public qui dérogerait à cette grève.

Le chauffeur du car que nous avons affrété accepte de venir nous chercher jusqu'au 22 avril à midi dernier délai, au lieu du 23 en fin de journée comme convenu initialement. Cela rétrécit notre marge de manœuvre. Le passage par le lac Tilicho semble compromis. Il va falloir, en priorité, songer à s'organiser pour rentrer sans encombres en France. Nous avons déjà acheté nos billets d'avion à la compagnie aérienne Air Bangladesh qui ne dessert Paris qu'une fois par semaine.

La discussion est vive.

Jean-Pierre nous fait ensuite un long discours sur ce qu'il attend de nous et qu'il exigera s'il le faut pour le succès de l'entreprise. Il s'agit d'être objectif, plusieurs possibilités s'offrent à nous : soit nous réussissons notre projet et allons au lac Tilicho, puis nous poursuivons par le col du Mesocantu, comme prévu ; soit nous renonçons dès maintenant au lac Tilicho et envisageons de passer directement par le col de Thorung La, plus haut : 5 416 m, mais mieux exposé et plus accessible ; soit nous allons au lac Tilicho et en cas d'impossibilité de franchissement du col du Mesocantu, nous rebroussons chemin et nous passons alors par le col de Thorung La. Cela nous ferait perdre trois jours et compte tenu du nouvel impératif, prendre le car le 22 avril à midi, nous perdrions un jour et demi de plus, ce qui nous obligerait à revoir tout notre planning de retour. Les dernières étapes se transformeraient en véritable marathon. Dans ce cas, nous serions peut-être contraints de modifier notre itinéraire.

Nous sommes venus ici pour le lac Tilicho, c'est le symbole de notre expédition. Pour nous, il est devenu mythique, nous décidons d'un commun accord de tenter le passage du lac Tilicho et du col du Mesocantu. Nous envisageons une retraite possible par le col de Thorung La. Dans ce cas, nous acceptons l'éventualité d'une perte de trois jours de plus sur notre planning devenu de plus en plus serré ; nous disposerions donc au total de quatre jours et demi de moins pour terminer notre trek. Le pari est risqué mais nous l'assumons.

Nous sommes assez excités car, jusqu'à présent, aucune expédition n'a encore pu passer cette année. Le passage est particulièrement difficile à cause de l'enneigement exceptionnel en cette saison. Nous apprenons que nous sommes talonnés à un jour près par une équipe hollandaise, ce qui ne fait que renforcer notre envie de passer par le lac Tilicho.

Nous prenons le repas du soir à l'étage, il est copieux ; nous n'arrivons pas à terminer ce que nous avons dans les assiettes, nous en sommes confus. Soupe, pâtes, sorte de pizza népalaise, fromage de yack acheté par Catherine, mandarines et thé.

Demain, durant notre journée d'adaptation à l'altitude, nous irons faire une promenade dans les environs, sur les pentes du Gangapurna, pour tester notre matériel de haute montagne.

Nous allons nous coucher. Jacques qui a pris un somnifère un peu trop tôt, a beaucoup de mal à descendre les escaliers : il titube à chaque pas. Après avoir fait ma toilette du soir, pour la première fois de ma vie, je prends aussi un somnifère. En rédigeant le résumé de la journée le somnifère fait son effet, je m'endors adossé au mur, la lampe frontale allumée. C'est Catherine qui apercevant une lueur, viendra l'éteindre. Il y a pourtant l'électricité, j'ignore la puissance des ampoules mais, leur éclairage est si faible qu'elles ne peuvent servir que de veilleuses.

Ayant bu beaucoup d'eau et de thé pour mieux m'adapter à l'altitude, mes mictions m'obligent à me lever quatre fois dans la nuit. Je dois parcourir tout le couloir extérieur. Chaque fois je titube ivre de sommeil, je zigzague de droite à gauche, je me cogne et me retiens aux murs et à la rambarde, mettant en désordre les vêtements étendus. Finalement, au retour je m'affale sur le lit où j'ai un mal fou à entrer dans mon sac de couchage. Je suis sous l'effet foudroyant du somnifère. Jusqu'à présent je n'en avais jamais fait l'expérience, cela à l'air extrêmement efficace. Sans doute cela est-il également dû au fait que je n'ai jamais développé aucune accoutumance.

Chapitre 8

7e étape

Dimanche 14 avril

Manang (3 530 m) ←→ Manang
Journée d'adaptation à l'altitude

Aujourd'hui, 14 avril 2002, c'est le jour de l'an officiel népalais, il correspond à la culture hindoue : nous sommes le premier jour de l'an 2059 de l'ère Vikram Samvat. Elle a commencé à partir du règne de Vikram, souverain légendaire hindou, soit en l'an 57 av. J.-C.

Ce qui devait être une journée de repos et d'adaptation à l'altitude ne le sera pas vraiment pour moi. Par rapport aux jours précédents, nous faisons la grasse matinée, nous nous levons à 6 h 30.

Nous prenons le petit déjeuner sur la terrasse du lodge après une nuit agitée pour tout le monde. De nombreux pipis dus aux effets du Diamox et du thé en abondance pour rendre l'acclimatation à l'altitude plus aisée et prévenir le mal aigu des montagnes, nous ont contraints à parcourir plusieurs fois le couloir sous l'effet du somnifère, comme des zombies titubants.

Le ciel est clair, une belle journée s'annonce, mais il fait froid. Nous prenons le petit déjeuner attablés à la terrasse du premier étage, chaudement vêtus, nos bonnets enfoncés jusqu'aux oreilles.

Dans l'enclos voisin, les porteurs déjeunent également assis en tailleur ou accroupis sur une bâche. Gilles va soigner Ram Bahadur, le porteur qui souffre d'une inflammation des ligaments du genou. Ayant fait son service militaire comme infirmier, il met au profit d'autrui les connaissances qu'il a acquises.

Nous reconditionnons nos sacs à dos pour emporter le matériel de haute montagne. Nous le testons et le réglons dans la cour avec le plus grand soin.

Dans quelques jours, le succès de notre passage par le lac Tilicho et le col du Mesocantu en dépendra.

Je suis totalement empêtré dans mon baudrier dont je n'arrive absolument pas à comprendre le sens, de plus et là je n'y suis pour rien, les sangles pour fixer les mousquetons sont montées à l'envers, c'est sans doute ce qui m'a induit en erreur.

J'ai du mal à régler mes chaussures à coque rigide. Je n'arrive pas à fixer mes crampons. Déséquilibré, je me pique la main, je saigne mais par amour-propre je n'ose rien dire. J'y parviens après des efforts considérables, mais Jean-Pierre me fait remarquer que j'ai mis les guêtres après les crampons alors qu'il faut faire l'inverse. À mon grand désarroi je dois recommencer. Je retire tout : je reprends tout depuis le début.

Je n'arrive pas à attacher les guêtres, je me tords la cheville, j'ai une crampe, j'ai mal, j'ai un début d'essoufflement, je n'arrive pas à remonter la fermeture éclair, c'est une horreur. Parvenu à mes fins, je m'aperçois qu'elles sont inversées : j'enlève tout : je recommence à nouveau.

Une fois mes guêtres fixées aux bons pieds, je reprends la pénible pose des crampons. Lorsque j'ai enfin terminé, je vais vers Jean-Pierre pour qu'il vérifie mes réglages, mais je trébuche et je marche avec mes crampons sur une corde de rappel, je me fais engueuler ; de plus je marche sur les graviers, ce qu'il faut impérativement éviter pour ne pas user les pointes.

J'ai mal à la tête, je suis essoufflé, crevé, totalement démoralisé ; je suis un bon à rien, un empoté, je n'y arriverai jamais. Qu'est-ce que cela va donner sur de la neige ou de la glace, en cordée dans la montagne ? Je ne suis qu'à 3 500 m d'altitude.

En fait, j'expérimente un matériel totalement inconnu pour moi, à une altitude où je ne n'ai jamais séjourné durablement, dans des conditions de stress optimum. Mes exercices de contorsion dans des positions inconfortables, dans un milieu à faible densité en oxygène, m'ont conduit tout naturellement à l'essoufflement.

L'équipe népalaise, comme d'habitude, semble amusée par ma maladresse et mes déboires. Je leur donne une piètre image des Occidentaux. Jean-Pierre est exaspéré ; je suis démoralisé. L'idée me vient de tout laisser tomber, de les laisser poursuivre vers le lac Tilicho et de partir directement avec un porteur vers Pokhara. La journée de repos s'annonce mal pour moi. Pourtant ce n'est rien, ce n'est qu'un début.

Nous partons à 10 heures. Nous demandons que l'on ne nous prépare pas de repas pour midi. Nous ne voulons pas perdre de temps et ne voulons pas avoir de problèmes de digestion. Nous mangerons uniquement des barres énergétiques.

Seuls, Babul-Lal et Shandra nous accompagnent.

Les habitants de Manang, en ce jour de l'an, férié, nous regardent passer avec curiosité. Nous sommes équipés pour la haute montagne : ils doivent s'imaginer que nous allons nous attaquer à un sommet.

Une bonne marche nous conduit tout en bas de la vallée, jusqu'au lac glaciaire de Manang, cent mètres plus bas. Nous entamons ensuite une montée très dure qui sera exténuante pour moi.

Babul-Lal et Shandra chantent, Jean-Pierre fredonne des airs d'opéra, les autres semblent concentrés dans l'effort, mais grimpent sans problèmes apparents. Quant à moi, je suis au supplice, je souffle, je souffle ; j'essaie d'expirer le maximum de gaz carbonique mais, l'air que j'aspire ensuite ne m'apporte rien, il semble ne pas contenir d'oxygène. Ici plus que jamais je ressens cruellement dans l'effort de cette montée la faible densité de l'air.

La pente devient encore plus raide : nous sortons les piolets pour nous aider. Jean-Pierre précise : piolet toujours côté amont. Nous voilà transformés en une sorte de dahu à trois pattes. Je ne vois plus le paysage, je ne songe même pas à le regarder. Mon seul paysage, ce sont mes deux grosses chaussures jaunes de montagne à coque rigide. Qu'elles me paraissent lourdes ! Mon appareil photo devenu inutile, se balance lamentablement suspendu à mon cou.

Je fais de tous petits pas. Je pense à mettre mes jambes bien en extension, ce qui me donne chaque fois l'étrange impression de faire de la marche arrière. Un pied devant l'autre, un pied devant l'autre, allez, on recommence, encore ; voilà ma seule obsession, la seule grandeur de pensée dont je suis capable. Tête baissée, bouche constamment ouverte, les yeux hagards, j'avance comme un demeuré. Ma bouche est sèche ; j'ai l'impression que les parois de ma gorge vont se coller et ne plus laisser passer d'air ; je sens mes lèvres tirées qui se craquellent, j'essaie vainement de les humecter avec ma langue qui n'est plus qu'une râpe d'amadou, je n'ai ni la force ni la volonté d'attraper la pipette de ma gourde.

Je n'en peux plus ! Jean-Pierre me crie : « Ne t'arrête pas, avance à ton allure, vas plus lentement s'il le faut ! » Comment aller plus lentement ? Je piétine, je fais du surplace. Je n'en peux plus ! « Ne t'arrête surtout pas ! » me crie à nouveau Jean-Pierre. Je passe à la hauteur de Babul-Lal qui s'écarte pour me laisser le passage.

Celui-ci avec un grand sourire me montre un rocher et m'invite à m'asseoir. « Ne t'arrête surtout pas ! » répète Jean-Pierre. Qui croire, qui écouter ? Ce sont pourtant deux personnes expérimentées en matière de montagne et en comportement humain. Pour moi, la voix de la sagesse semble venir de Babul-Lal. Me reposer enfin ! Mais le chef d'expédition c'est Jean-Pierre, il connaît très bien la montagne, c'est lui que je dois écouter.

Nous nous engageons sur une crête de moins d'un mètre de large, avec un précipice d'un côté sur le lac glaciaire et de l'autre sur des rochers. Je m'essouffle, je manque à nouveau cruellement d'oxygène et je suis pris de vertiges. Je sens que je vais m'écrouler, ce n'est surtout pas l'endroit, cela pourrait m'être fatal.

Je déroge aux conseils de Jean-Pierre et je m'arrête dos courbé, prenant appui sur mon piolet l'air totalement ahuri.

Je me mouche, j'ai du sang plein le mouchoir. Haletant, le souffle court, j'absorbe goulûment cet air vital auquel nous ne prêtons pas attention la plupart du temps. Mais cet air a un goût de rouille, un goût de sang. Ayant peu à peu retrouvé mes esprits, je me désaltère abondamment.

Au bout de quelques minutes, cela va beaucoup mieux, je peux même admirer le paysage. Il est magnifique ! Au-dessous, un lac glaciaire vert émeraude dans lequel je serais précipité au moindre faux pas. C'est un véritable joyau au milieu de ce paysage de rocaille monochrome. Au loin, Manang se confond avec le paysage : il me faut un instant de réflexion pour comprendre que ce qui semble être des blocs rocailleux désordonnés sont les maisons du village. Avec précaution, je prends quelques photos. Tous semblent apprécier cette brève halte que je leur ai imposée ; personne ne parle.

Babul-Lal rejoint Jean-Pierre et lui tend la corde de rappel. Il repart avec Shandra vers Manang. Je croyais qu'ils allaient faire toute la course avec nous. Comme j'aimerais les suivre ! Nous passons plusieurs névés et poursuivons la montée. Le dénivelé depuis Manang est de 500 m au pied du Gangapurna. Nous atteignons des pentes enneigées. Dès que Jean-Pierre en aperçoit une qui lui convient nous faisons une halte.

Nous sortons tout notre matériel et nous nous équipons pour la cordée. Afin de nous concentrer et de ne pas entraver notre sécurité, nous rangeons nos appareils photos et caméra.

Jean-Pierre nous explique comment procéder en cordée, ainsi que les subtilités des différents nœuds. Sur le plan théorique je sens que c'est à ma portée, mais dans la pratique, il va en être tout autrement.

Nous montons la pente enneigée en deux cordées. Nous nous appliquons à faire les bons nœuds ; pour une fois je suis efficace. Les notions de matelotage que j'ai acquises en passant mes brevets de plongée sous-marine me sont d'une grande utilité, les nœuds sont sensiblement les mêmes.

Assurer une prise sur un piolet enfoncé jusqu'à la garde dans la neige et me retrouver accroché par un simple mousqueton à la corde qui nous empêche de dévaler la pente fortement inclinée n'est pas fait pour me rassurer.

Alors que nous bifurquons, je place la corde dans le mauvais sens ; j'essaie de rectifier la position, je n'ai pas assez de mou, Jean-Pierre tire, je lui demande de ralentir, il continue. J'essaie d'enjamber la corde, j'ai peur de dévaler la pente, Jean-Pierre tire à nouveau, son ton se durcit, je marche sur la corde avec mes crampons, je me fais engueuler. Mes crampons lâchent prise sur un bloc de glace qui casse : je me rattrape avec mon piolet. Jean-Pierre tire toujours sur la corde, ce qui rend ma position encore plus instable. Je lui ordonne d'arrêter pour enjamber la corde et me replacer correctement ; il ne veut rien savoir et continue à avancer. Je suis déséquilibré à nouveau, je plante mes crampons dans ma combinaison toute neuve, je la déchire. Je me fais à nouveau engueuler par Jean-Pierre : je le maudis.

C'est totalement insensé : pour la première fois de ma vie, je suis en cordée sur une forte pente enneigée, j'utilise des crampons à presque 4 000 m, 3 980 m exactement, sur les flancs du Gangapurna dans la chaîne de l'Himalaya.

Quelle inconscience ou prétention ! Cela mérite peut-être que je me fasse un peu réprimander.

Finalement nous atteignons une plate-forme de laquelle nous avons une vue magnifique. Nous nous accordons vingt minutes de repos pour manger nos barres énergétiques. Nous en avons tous besoin. La tension se relâche. Je prends une photo de groupe avec le retardateur ; gêné par mes crampons je rejoins les autres in extremis pour figurer sur le cliché.

Nous repartons : nous entamons la descente toujours en cordée, tant que nous sommes dans la pente neigeuse. Bientôt, nous repassons sur la crête où ce matin j'ai vécu mon calvaire. Cela va beaucoup mieux mais j'ai mal aux genoux. Catherine aussi commence à peiner maintenant. Elle semble plus à l'aise dans les montées que dans les descentes.

J'aperçois en bas des squelettes d'animaux. Je ne sais pas si ce sont des vaches ou des chevaux. Ici, les chutes ne pardonnent pas.

Nous descendons tout en bas de la vallée, bien au-dessous du niveau du village. Après être passés sur l'autre versant, nous entamons une remontée qui semble n'en plus finir. À bout de forces, nous arrivons enfin à Manang. Nous croisons plusieurs personnes transportant sur le dos des charrues entièrement en bois.

J'ai mal à la jambe gauche au niveau du tibia : je boitille un peu. Je suis totalement éreinté : je n'arrive presque plus à parler. Il est 14 h 50, nous avons fait 4 h 50 de marche dans des conditions éprouvantes. Pour une journée d'adaptation et de repos ce n'est pas mal.

Nous souhaitons téléphoner, mais, l'unique téléphone du village ne fonctionne pas. La communication ne peut se faire que par satellite : le procédé est ultramoderne, mais comme nous l'a expliqué Babul-Lal la veille, l'installation et le combiné qui le prolongent ne sont que bidouillages.

Après quelques instants de repos nous retrouvons nos forces. C'est tout de même incroyable ce que l'on récupère vite lorsque nous ne disposons d'aucun confort et que rien ne nous incite à nous avachir.

Nous partons tous les cinq dans le village à la recherche d'une sculpture assez étonnante vue la veille par Gilles et Jacques. Il s'agit d'une poutre de charpente sculptée, qui dépasse du bas de la toiture d'une maison. Elle représente un énorme phallus. Il n'y a pas d'ambiguïté, c'est bien de cela dont il s'agit. Une pièce de tissus est nouée à son extrémité, telle une élégante écharpe autour du cou. Que c'est seyant !

Ici les représentations du sexe, de l'accouplement, les évocations érotiques, ne sont pas taboues. Elles figurent même sur les façades ou à l'intérieur de certains temples. C'est le symbole de la fécondité et de la reproduction. L'esprit gaulois reprenant le dessus, je ne peux m'empêcher d'être amusé à l'idée de nous imaginer déambulant avec un foulard coquettement noué à un tel endroit. Comme les poutres sont en sapin, je médite sur le fait qu'ici les sapins peuvent produire des glands. Par pudeur, ne sachant pas si Catherine partagerait ce type d'humour, je garde mes réflexions pour moi et m'en tiens aux commentaires sur la symbolique népalaise.

Nous ne pouvons pas nous empêcher de photographier à nouveau des portes et des fenêtres sculptées, comme à High Pisang. Des groupes de chèvres flânent dans les rues ou paressent sur les perrons des maisons. Sérieusement fatigués par la course en montagne, nous poursuivons tout de même la visite de Manang affublés de tout notre équipement. Au cours de notre promenade dans le village, nous découvrons des bergeries dont les poutres des plafonds sont savamment travaillées, taillées en motifs géométriques symétriques. Certains piliers sont même surmontés d'un chapiteau en bois richement ciselé. Aucune pièce métallique, aucun clou ou vis ne sont utilisés, tout est assemblé par des tenons, mortaises et chevilles en bois. Ce raffinement contraste étonnamment avec l'usage qui est fait des lieux. Une échelle extérieure, massive, adossée sur une façade conduit à un grenier. Elle est constituée d'un gros tronc dans lequel ont été taillées des marches en l'évidant à intervalles réguliers.

Un tout petit enclos est exploité pour la culture d'une plante semblable à de jeunes pousses de blé. Dans le terrain sec et rocailleux on devine une abondante fumure ; malgré cela, les pousses sont très clairsemées.

En revenant au lodge nous croisons deux jeunes lamas crânes rasés, vêtus de leur traditionnelle robe jaune safran et chaussés de sandales.

Plus bas devant un étal de souvenirs je suis tenté par quelques bijoux. Après de longues palabres et marchandages, aidé par Catherine et Gilles, experts en la matière, j'achète deux colliers en turquoise pour moins d'un dixième de ce qu'ils m'auraient coûté en France. Le marchand est un vieil homme jovial qui semble prendre un réel plaisir à négocier les prix. J'observe avec amusement son dentier qui se déboîte chaque fois qu'il ouvre la bouche et qu'il réajuste immédiatement d'un coup de langue sec accompagné d'un mouvement en avant du menton. Un Népalais dans les montagnes avec un dentier est une chose excessivement rare, il faut être marchand, négociant avec les touristes pour avoir les moyens de s'en offrir un. Je me demande s'il a été réellement fait sur mesure ou si un jour il a eu l'opportunité d'en trouver un d'occasion, tant il semble peu ajusté. Gilles lui donne 50 centimes d'euro ; le marchand est ravi d'avoir un souvenir de France et un échantillon de cette toute nouvelle monnaie européenne, il nous gratifie de quelques nouveaux claquements de dentier.

Jacques et Gilles ont acheté la veille des chapeaux en toile qui me plaisent ; je leur demande de me conduire au magasin où ils ont fait leur acquisition. J'effectue un raccourci de marchandage en proposant d'emblée le même prix que mes amis. Je ressors donc avec un chapeau en prévision du retour dans les zones à forte chaleur.

Affublés de notre matériel de montagne : gros souliers, baudriers, piolet, mousquetons, sacs à dos, nous provoquons des sourires amusés. Celui qui a le plus de succès, c'est Jacques, avec son chapeau, son nez rougi par le soleil et sa crème de protection blanche autour des lèvres. Il a tout l'air d'un clown, et on s'attend à ce qu'il dise : « Bonjour les petits enfants ! »

Ces gens qui passent la plupart de leur temps à subvenir à leurs besoins les plus élémentaires, ne doivent peut-être pas bien comprendre ce que l'on va faire dans les montagnes où il n'y a rien à exploiter, rien à cultiver.

Une fois rentrés au lodge, le temps se dégrade : cela nous inquiète à nouveau pour le passage du lac Tilicho.

Jean-Pierre se rend au bureau de l'*Himalaya rescue institute*, pour assister à un briefing concernant la haute montagne et le mal aigu des montagnes. Cet organisme est chargé d'informer et de sensibiliser les trekkeurs aux dangers de la montagne. La plupart des accidents en Himalaya ne proviennent pas de l'alpinisme mais de ce mal sournois qui guette tout un chacun en altitude et dont il faut bien connaître les symptômes. Un autre danger fait aussi de nombreuses victimes chaque année : les avalanches.

Nous apprenons qu'en ce moment deux autres treks se préparent pour le lac Tilicho. L'une des équipes est française, elle compte seulement faire l'aller-retour, l'autre est hollandaise, elle a l'intention comme nous de poursuivre par le col du Mesocantu. Malheureusement, les abondantes chutes de neige récentes sur les hauteurs et le scepticisme de Babul-Lal ne laissent rien présager de bon.

Nous commençons à nous demander si son scepticisme est réellement fondé sur la météo ou sur le fait que son équipe n'est pas préparée à un passage en haute montagne comme cela avait été convenu.

Jusqu'à présent, excepté le piolet qui creuse nos latrines en campement, nous n'avons aperçu aucun matériel de montagne. Ils marchent pour la plupart en tongs ; ils ont également des baskets dans leurs sacs. Comptent-ils passer le col du Mesocantu en baskets ?

Jacques achète une bière qu'il prétend conserver pour la boire lors du passage du lac Tilicho. Une précédente année, une expédition belge n'a pu fêter cet évènement qu'à la bière : elle seule avait tenu le coup. Le champagne qu'ils avaient également emporté, s'est complètement vidé hors de la bouteille à son ouverture, à cause de la dépression.

À 19 heures, nous prenons notre repas comme la veille, dans le réfectoire à l'étage : riz, sauce, sorte de brocoli, tarte aux pommes et thé. L'électricité ne fonctionne que quelques heures chaque soir. Jean-Pierre en profite donc pour recharger toutes les batteries de sa caméra afin de disposer de plusieurs jours d'autonomie. Bien que la consommation électrique nécessaire pour la charge soit quasi nulle, il doit chaque fois payer un prix excessif pour avoir l'autorisation de brancher son chargeur à l'unique prise du lodge.

Mon stylo quatre couleurs fuit de toutes ses billes, certainement à cause de la dépression. J'ai de l'encre sur mes affaires ; je m'en débarrasse, je n'écrirai plus qu'au crayon. Je l'offre à un employé du lodge : il est ravi et se confond en remerciements.

Nous préparons soigneusement le matériel pour le lendemain. Ma gourde fuit de plus en plus. Le fond de mon sac est toujours mouillé et collant à cause de la poudre énergétique sucrée que nous ajoutons à l'eau ; je l'enveloppe dans un sac en plastique.

J'ai une plaie au tibia gauche, due au frottement de mes chaussures à coque rigide lors de cette expédition d'entraînement de la journée : je me fais soigner par Gilles.

Nous testons le caisson hyperbare ; nous le gonflons à 0,220 bars. Malgré cette faible pression, ce sarcophage pneumatique est impressionnant de dureté. Il est très étroit ; en cas de problèmes, il ne faut vraiment pas être claustrophobe.

Nous allons nous coucher ; le repos est bien mérité. Tout le monde dort ; je rédige à la lueur de la lampe frontale jusqu'à 22 h 30. Après avoir terminé, je prends comme hier un somnifère et tombe presque aussitôt, assommé, dans un profond sommeil.

Chapitre 9

8e étape

Lundi 15 avril

Manang (3 530 m) ➔ Camp de base du Tilicho (4 150 m)
Marche : 7 h 10 – Dénivelé : +620 m

Nous sommes réveillés par une rumeur confuse ; des éclats de voix et des cris résonnent au loin. Dehors, dans les champs environnants, c'est l'effervescence ; tout le monde s'active. Dans de nombreux champs les paysans labourent tous en même temps. Est-ce la coutume après le nouvel an népalais ? C'est sans doute pour cela que la veille nous avons croisé des hommes transportant des charrues.

Les labours sont effectués avec des charrues entièrement en bois. Certaines possèdent une pièce métallique pour renforcer le soc, mais la plupart des socs sont uniquement en bois. Chaque charrue est tirée par deux bœufs. Bien sûr, il n'existe aucun tracteur, aucun engin mécanique. Comment auraient-ils pu arriver jusqu'ici si ce n'est en hélicoptère ou en pièces détachées ? J'admire l'harmonie entre l'homme et les animaux. Arrivés au bout du champ, les bœufs doivent tourner et repartir en sens inverse pour creuser un sillon parallèle, tout aussi droit que le précédent, uniquement guidés par la voix puissante du laboureur. La vallée de Manang résonne de leurs cris. Sitôt la terre labourée, une horde de femmes pioche pour briser les mottes et égaliser le sol.

Dès que le terrain est suffisamment aplani, un homme, à pas réguliers, ensemence le sol projetant les graines à la volée d'un geste ample. Il les puise dans une musette en toile portée en bandoulière. Nous admirons le geste auguste du semeur décrit par Victor Hugo qui, mieux que quiconque, a dépeint cette scène dans les deux dernières strophes de son poème « Le Semeur ».

Il marche dans la plaine immense
Va, vient, lance la graine au loin
Rouvre sa main et recommence,
Et je médite, obscur témoin.

Pendant que, déployant ses voiles,
L'ombre, où se mêle une rumeur,
Semble élargir jusqu'aux étoiles
Le geste auguste du semeur.

Quel réalisme et quel lyrisme à la fois ! C'est magnifique !

Revenons à nos préoccupations. Ce matin dans le lodge, Catherine saigne abondamment du nez. Jean-Pierre est également pris à son tour de saignements. En rangeant le matériel, je ne retrouve plus la sacoche dans laquelle j'ai laissé hier mon dictionnaire encyclopédique électronique qui me sert également de traducteur, ainsi que ma calculatrice. Chaque fois que nous sommes sortis nous avons pourtant refermé la porte de la chambre à cadenas. Je constate qu'une des deux fenêtres, lorsqu'on la pousse, présente un jeu qui permet de passer une main et de saisir la poignée d'ouverture. Je ne retrouverai jamais ma sacoche. La montre de Catherine a disparue à Syange, six jours auparavant, pratiquement sous nos yeux. Il faut se garder de porter des accusations, mais il convient de se montrer vigilant.

Nous partons à 7 h 45. J'ai rangé mon piolet sur mon sac comme me l'a indiqué Jean-Pierre, de manière à ce que le moment venu il soit facilement accessible sans l'aide de personne. Je n'ai pas dû le placer correctement car dès le début je le sens ; peu à peu il me cisaille le dos.

En descendant dans les rues de Manang, un moine bouddhiste officie, solitaire, assis en tailleur sur le sol, une tablette en forme de tabouret lui sert d'autel ; il marmonne des prières qu'il lit d'une voix grave et profonde, dans un livre à la couverture en bois posé sur ses genoux. Face à lui, les fumigations de brindilles de résineux répandent dans la rue leur odeur purificatrice.

Nous franchissons la porte ouest de Manang, le kanni surmontée de trois petits chörtens, dans l'encadrement de laquelle on aperçoit au loin le Tilicho Peak à l'extrémité de la grande barrière.

En cours de route, sur une pente ravinée nous apercevons des chèvres et des chevaux qui essaient de tirer leur subsistance de ces terrains arides. Avec leurs sabots, ils grattent le sol afin de mettre à nu des racines. Puis, retroussant les babines, du bout des dents s'en saisissent délicatement et les extraient pour s'en nourrir. Je songe aux vaches qui paissent l'herbe haute et grasse des prés dans le Gers ; elles ne connaissent pas leur bonheur. Je ne peux m'empêcher de penser au titre du film : « Le bonheur est dans le pré ».

Pour les hommes, comme pour les animaux, ici tout est beaucoup plus laborieux. La nature pourtant si généreuse en paysages sublimes, semble assez chiche lorsqu'il s'agit de denrées vitales. Elle les offre parcimonieusement et exige beaucoup d'efforts et de patience pour les obtenir.

Nous passons en contrebas ; les animaux déclenchent bien involontairement quelques chutes de pierres.

Plus bas, vers ce que je crois être la Marsyangdi, nous voyons encore des scènes de labours. Toute la population de la montagne s'y est mise en même temps.

En observant une carte je suis un peu déconcerté, car peu après Manang, notre fidèle et écumante Marsyangdi se divise en deux et son nom disparaît. Le bras nord qui vient de la direction de Thorung Phedi se nomme la Jhargeng khola et le bras sud que nous remontons et qui vient du lac Tilicho prend le nom de Khangsar Khola. Pour moi, sentimentalement, elle restera la Marsyangdi.

Au bord du chemin, nous rencontrons, gravées dans la roche, des svastikas. Ce sont des croix gammées aux branches coudées vers la gauche, symbole sacré, symbole de la vie chez les hindouistes. Les nazis ont utilisé ce signe en inversant le sens des branches vers la droite. J'en déduis, à travers le triste témoignage de l'histoire, qu'ils en ont malheureusement aussi inversé la symbolique.

Nous croisons une très vieille femme qui transporte un fardeau de bois et de branches impressionnant. Lorsque Catherine la prend en photo, elle tend la main pour demander de l'argent. Cela semble être devenu une habitude.

Nous empruntons un pont suspendu pour franchir un affluent de la Khangsar Khola, alias la Marsyangdi. Nous assistons à de nouvelles scènes de labours perdues au fond de la vallée. Le large lit majeur de la rivière dans lequel serpente le lit mineur trahit la présence de fortes crues à certains moments de l'année. Au fur et à mesure que nous nous élevons, il se rétrécit peu à peu dans ce profond talweg.

Un doko rempli de pierres semble abandonné au bord du chemin. Nous ne risquons pas de le dérober, il est insoulevable. Catherine n'arrive même pas à le faire bouger, il sera pourtant transporté à dos d'homme.

Nous arrivons à Khangsar, dernier village de la vallée en direction du lac Tilicho, à 9 h 55, après 2 h 20 de marche sous le soleil. Je ne sais pas qui, du village ou de la rivière, a donné le nom à l'autre. Nous entrons dans un lodge devant lequel coule une fontaine pour prendre un thé.

La tenancière du lodge fait chauffer l'eau sur ce que j'appellerais un « poêle-cheminée », placé au milieu de la pièce. Il est constitué d'une plaque métallique posée sur des briques, le tout reposant sur un socle à environ un mètre de hauteur. Une grande hotte en bois, à la manière de certaines cheminées centrales au design moderne, canalise la fumée vers un tuyau de poêle. Pourtant la pièce est noire et sent fortement la fumée.

En sortant je me blesse au genou en heurtant une peau de yack séchée, posée sur un banc, elle est dure comme du bois ; je sors en claudiquant.

À l'extérieur, de très jeunes animaux : agneaux, poulains, veaux, s'ébattent heureux en compagnie de leurs mères respectives. Catherine ne peut, une nouvelle fois, retenir son leitmotiv : « Que c'est mignon ! » Même Jacques est attendri : il saisit un agneau dans ses bras et le caresse. Affublé de son chapeau, avec son nez rouge, sa crème de protection blanche autour des lèvres et son sourire débonnaire, comme hier, il a vraiment l'air de s'être grimé en clown.

Nous repartons à 10 h 20 et après une nouvelle heure de marche, nous arrivons à Tare Gompa qui sera le lieu de notre déjeuner prévu par les porteurs. Nous nous y conformons à regret, car cela rompt notre rythme de marche ; nous aurions souhaité poursuivre. Le soleil est éprouvant, il fait très chaud, il le sera davantage dans quelques heures. Nous ne pouvons pas leur en vouloir, leurs charges sont si lourdes, ils ont besoin d'un repos bien mérité.

À l'entrée du hameau qui n'est constitué que de quelques maisons et d'un temple, nous admirons un panneau indicateur en sanscrit dont l'écriture est gravée en relief dans la pierre. Cela ressemble à un étrange mélange d'arabe et de chinois.

Devant nous, nous contemplons la mythique grande barrière qu'ont révélée Maurice Herzog et Louis Lachenal lors de l'expédition de 1950. Pour la première fois, un sommet de plus de 8 000 m a été vaincu : l'Annapurna I (8 091 m). Je ne peux m'empêcher de penser à Maurice Herzog qui a emprunté ce même chemin tout seul lorsqu'il est parti à la recherche de nourriture vers Manang, n'ayant en réserve qu'une tablette de chocolat. Les habitants à l'époque avaient tout juste de quoi subsister ; il est revenu bredouille.

Jean-Pierre fait tomber sa caméra du haut de la plate-forme sur laquelle nous nous trouvons. Nous avons tous une grosse frayeur : nous craignons de ne plus avoir de souvenirs animés de notre périple. Finalement, plus de peur que de mal, elle fonctionne normalement. Toutefois, l'extrémité de l'objectif est déboîtée : nous la consolidons avec du sparadrap.

Le sac d'un porteur roule et tombe aussi, celui-ci se fait réprimander par Babul-Lal qui veille à ce que notre matériel ne soit pas détérioré.

Puisque nous sommes arrêtés pour manger, nous demandons un repas très léger ; nous savons que nous avons encore un long effort à fournir et nous ne voulons pas être indisposés par des problèmes de digestion. Nous nous contentons d'une soupe claire avec de petites pâtes et du thé ; ce sera tout.

Jean-Pierre et moi comme bien souvent au cours de ce trek, avons un petit moment de délire. Lorsqu'on me sert le thé brûlant, prenant l'accent arabe, je m'amuse à transformer : « le thé est chaud » en « li Tilicho » en montrant ledit sommet du doigt. Jean-Pierre le désignant à son tour, ainsi que la grande barrière enneigée, les compare à des gâteaux recouverts de chantilly. Nous laissons ensuite libre cours à notre imagination. Nous nous amusons à faire des jeux de mots et comme d'habitude, plus ils sont mauvais, plus nous en rions, sous le regard mi-amusé, mi-désolé de nos amis.

Avant de repartir nous voulons visiter le monastère qui donne son nom au village de Tare Gompa. Des moulins à prières polychromes sont fixés sur un cadre en bois adossé au mur extérieur. Je prends Jean-Pierre en photo : il pose contre un immense moulin à prières rouge dans une sorte d'antichambre du temple. Fixés au mur à côté d'un masque effrayant, on peut observer les portraits officiels du roi et de la reine, assassinés par leur fils l'été dernier. La porte d'entrée du sanctuaire est ornée de savants motifs géométriques multicolores.

Un moine bouddhiste, solitaire, est en train d'officier une cérémonie. Il nous demande de patienter, cela n'en finit pas, finalement las d'attendre nous repartons à 12 h 30.

En nous retournant nous devinons là-bas très loin, Manang et pouvons admirer toute la vallée de la Khangsar Kola que nous venons de parcourir. En face, nous découvrons des montées abruptes que nous allons bientôt gravir par plus de 4 000 m. À 4 200 m, nous passons dans des ravines vertigineuses qui surplombent la rivière d'environ 500 mètres. Il ne faut surtout pas perdre l'équilibre, la moindre maladresse pourrait avoir des conséquences dramatiques.

Nous assistons à de fortes chutes de pierres. Un passage d'une centaine de mètres est particulièrement à découvert et dangereux. Nous nous y engageons un à un, presque en courant, sur un cheminement qui par endroits n'offre que la largeur d'une chaussure. Nous sommes impressionnés par le ravin sur notre gauche et redoutons les chutes de pierres au-dessus de nous sur la droite. Pour courir moins de risques il faudrait passer très tôt le matin alors que les pierres sont encore soudées par le gel.

Nous utilisons une technique totalement différente de celle des porteurs. Lorsque nous jugeons le moment opportun, un seul d'entre nous s'élance pendant que les autres surveillent le passage. Celui qui aperçoit des pierres tomber crie : « Pierres, pierres ! » Celui qui est engagé, s'arrête de courir, lève la tête et essaie de les esquiver. Et si quelqu'un se nomme Pierre, c'est son problème. Catherine subit une pluie de pierres durant toute sa traversée. L'angoisse est grande pour toute l'équipe. Lorsque le passage dangereux est franchi, la personne suivante s'élance à son tour sous la surveillance des autres. Jean-Pierre regrette d'avoir suivi les conseils de Katia à l'agence : elle lui a déconseillée de s'encombrer de casques, estimant qu'ils ne seraient pas nécessaires pour aller au lac Tilicho.

Les porteurs quant à eux, chose étonnante, procèdent seuls. Quand ils jugent le moment opportun, ils s'élancent et poursuivent leur course en courant, comme un chat qui traverse une route. Ils doivent considérer que statistiquement, moins on passe de temps à découvert, moins il y a de risque. Peut-être est-ce dû aussi au fait qu'avec leurs lourdes et encombrantes charges, compte tenu de l'étroitesse du chemin, ils ne peuvent pas manœuvrer et esquiver les pierres.

Nous sommes contraints de procéder de la sorte dans plusieurs passages. Perdus dans cet univers minéral, nous assistons impuissants, à la lente et inexorable érosion de la montagne.

Finalement, nous arrivons au camp de base du Tilicho à 16 h 20. Nous installons notre campement en ce lieu désertique devant un lodge inhabité qui a été construit récemment et néanmoins délabré. Cela devient décevant, n'y aurait-il que les sommets qui soient exempts de toute habitation ?

Une équipe danoise dont nous n'avions pas connaissance redescend du lac Tilicho, après une tentative vaine de franchissement du col du Mesocantu au-delà du lac. Jean-Pierre s'entretient longuement avec eux. Ils évoquent le fait que compte tenu de la quantité de neige, les repères sont introuvables. Il y a beaucoup trop de poudreuse, parfois jusqu'à mi-corps, ce qui rend la progression très difficile. De plus les risques d'avalanches sont importants.

Babul-Lal nous rappelle que nous devons absolument prendre le car, au plus tard à midi, le lundi 22. Nous devons impérativement arriver à Pokhara avant le 23. Il semble de moins en moins enchanté par notre tentative de passage par le lac Tilicho. Que faire ?

Le soir une vive discussion s'engage. Le ton monte, je ressens la tension et l'énervement général. Nous planifions les trois cas de figure dont nous avions évoqué l'éventualité à Manang.

Première solution. Demain nous assurons à nous cinq ; nous faisons la trace puis faisons suivre les porteurs et installons le camp pour la nuit de l'autre côté du lac. Le lendemain nous tenterons le passage du col du Mesocantu. Si nous ne pouvons pas franchir le col, nous aurions perdu un précieux jour de plus pour revenir. Cela rendrait notre retour à temps pour prendre le car plus qu'improbable.

Deuxième solution. Forts des renseignements des Danois, nous renonçons dès à présent au lac Tilicho et rebroussons chemin dès demain matin en direction du col de Thorung La.

Troisième solution. Nous renonçons définitivement au passage par le col du Mesocantu, mais demain nous monterons tout de même au mythique lac Tilicho avec du matériel de montagne léger, sans les porteurs, puis nous reviendrons au camp de base. Après demain, nous redescendrons la vallée que nous avons empruntée aujourd'hui et nous rattraperons le chemin qui mène au col de Thorung La, en bifurquant à gauche vers le nord avant Manang.

Comme nous le faisons depuis cinq jours, nous relevons notre pouls afin de contrôler notre adaptation à l'altitude et déceler toute éventuelle anomalie cardiaque.

Nous dînons à 19 h 30, au premier étage du lodge, assis par terre devant une fenêtre sans vitres, éclairés par la lueur blafarde de la lampe à pétrole qui répand son odeur âcre de mauvaise combustion due à la raréfaction de l'oxygène : soupe, pâtes, purée, sauce, beignets de crevettes, pêches au sirop et thé. Nous sommes transis de froid.

Au cours du repas, la discussion devient de plus en plus animée ; le ton se durcit, chacun veut imposer son avis sur la marche à suivre. Ce n'est qu'à la fin du repas que nous prenons réellement une décision commune. Après avoir étudié toutes les éventualités et mesuré toutes les conséquences, l'unique solution s'est imposée à tous. C'est la mort dans l'âme que nous optons pour la troisième solution.

Demain, nous irons donc au lac Tilicho, lieu culte de notre trek, mais nous renonçons définitivement au passage par le col du Mesocantu. En cas d'échec, ce dont nous sommes de plus en plus convaincus maintenant, la perte d'une journée supplémentaire serait rédhibitoire. Nous ne pourrions plus prendre notre car pour Pokhara avant la grève maoïste et, par conséquent, nous raterions ensuite notre vol hebdomadaire pour rentrer à Paris depuis Katmandou avec Air Bengladesh. Nous ne pouvons pas nous permettre de courir ce risque. Nous rebrousserons chemin pour le col de Thorung La. Il ne nous restera que très peu de temps pour effectuer la totalité de notre trek.

Nous préparons soigneusement notre matériel pour le lendemain. Une de mes grosses chaussures à coque rigide me glisse des mains et me tombe sur le pied. Je suis en sandales ; je ressens comme une décharge électrique au petit doigt de pied, la douleur est vive. J'ai un hématome ; après l'avoir enduit de pommade, j'ajoute un sparadrap. Bientôt, je n'aurai même plus besoin de chaussettes, mes pieds sont recouverts de sparadraps et de pansements de toutes sortes.

À 21 heures, nous regagnons nos tentes sous un froid vif : il commence à neigeoter. Il y a une semaine que nos familles n'ont plus aucune nouvelle de nous. Nous décidons tout de même d'utiliser notre téléphone satellitaire, mais brièvement espérant ainsi ne pas être repérés ou localisés. Sous la tente, Jean-Pierre passe une communication à son épouse ; il veut la rassurer, lui donner des nouvelles qu'elle transmettra à nos conjoints respectifs. Il a du mal à obtenir le contact, ce qui l'incite à proférer des « allô » tonitruants. Je lui demande de parler moins fort ; je crains qu'on ne se fasse repérer par Babul-Lal ou les porteurs qui risqueraient alors d'abandonner le trek.

Je songe que cette communication est à la pointe de la technologie. Elle est possible parce que des satellites envoyés par des hommes, tournent dans l'espace autour de la terre. Ce matin, nous avons vu des scènes de labours avec des charrues en bois tirées par des bœufs, comme au Moyen Âge. Quel contraste !

J'ai du mal à écrire : il fait très froid, mes doigts sont engourdis. Bientôt, je vais disparaître dans mon duvet comme l'ont déjà fait Catherine et Jean-Pierre.

Chapitre 10

9e étape

Mardi 16 avril

Camp de base du Tilicho (4 150 m) ← → Lac Tilicho (4 950 m)
Marche : 6 h 50 – Dénivelé : +800 m puis -800 m

Durant la nuit, j'ai dû sortir à quatre reprises pour éviter que ma vessie n'explose. Les quantités de thé que j'absorbe pour bien m'hydrater, ajoutées aux effets du Diamox, ont sur moi un effet diurétique relativement impressionnant. C'est incroyable, j'en bois un gobelet et j'en pisse deux. Heureusement que je me suis habitué à le boire sans sucre, sinon je finirais diabétique avant la fin du trek.

Il ne neige plus. Les nuages du soir se sont dissipés et la nuit est magnifique. Le noir est profond : aucune lueur artificielle ne vient troubler cette féerie nocturne. C'est une débauche d'étoiles, elles se détachent à merveille de l'obscurité du vide sidéral, on a l'impression qu'elles sont toutes proches. La voie lactée, dans toute sa splendeur, traverse le ciel telle une écharpe diaphane. On comprend mieux pourquoi tous les peuples de la terre, depuis les temps les plus reculés, contemplant un tel spectacle, ont eu l'intuition de Dieu.

Lever 6 heures ; petit déjeuner 6 h 30 ; départ 7 heures. Nous nous équipons pour la haute montagne : combinaisons polaires, passe montagne, guêtres, piolets. Ayant été blessé au tibia l'avant-veille par le frottement de mes chaussures à coque rigide et au pied hier soir en laissant tomber une de ces mêmes chaussures, étant donné que je n'aurai pas à fixer mes crampons, je prends le risque de monter avec mes chaussures de marche souples. Suivant les conseils de Babul-Lal, puisque nous ne poursuivons pas jusqu'au Mesocantu, nous laissons : cordes, crampons et baudriers.

Le fond de mon sac à dos est toujours mouillé, une poche d'eau stagne dans le sac en plastique qui enveloppe ma gourde. Je dois me rendre à l'évidence, elle est percée. Je la remplace par une gourde de rechange. Compte tenu de la réverbération provoquée par la neige, les lunettes de soleil sont indispensables. Bien évidemment, je ne retrouve pas les miennes. Heureusement, j'en ai une paire de secours, mais de moindre qualité, elles n'ont pas de protections latérales. Catherine a cassé la branche des siennes : elle procède à un rafistolage.

Pour les porteurs, ce sera une journée de repos supplémentaire ; je sens qu'ils vont nous apprécier. Seuls Babul-Lal et Shandra nous accompagnent ; ils partent avant nous avec Gilles et Jacques.

Catherine, Jean-Pierre et moi attaquons l'ascension qui va nous mener au lac Tilicho dont nous avons tant rêvé depuis plus de huit mois. Nous commençons par une montée assez raide. Très vite nous progressons sur des terrains en forte pente, couverts par endroits de glace et de névés. Notre piolet nous est d'un grand secours, nous regrettons de ne pas avoir emporté davantage de matériel pour progresser en cordée pour plus de sécurité.

Par endroits, nous passons à nouveau dans des ravines, sur des traces de quelques dizaines de centimètres, nous n'avons pas droit au moindre faux pas. Notre progression se fait de plus en plus pénible. Comme hier, nous essuyons à nouveau des chutes de pierres.

Catherine n'est pas du tout rassurée ; au bout de quelques heures de marche elle semble très éprouvée, non pas par la fatigue, mais par l'angoisse d'éventuelles glissades ou d'une chute. Elle progresse prudemment ; elle émet de petits cris plaintifs à la moindre glissade, au moindre dérapage. Elle semble réellement très stressée, mais elle fournit un effort soutenu, sans relâche. Je découvre en elle une véritable force de la nature.

De plus, de très grosses pierres dégringolent sur notre chemin. Même un casque ne serait pas d'une grande utilité. Cela ne rassure personne.

Jean-Pierre est dans son élément ; bien qu'extrêmement vigilant, il avance imperturbablement d'un pas régulier et balancé, il est à l'aise dans la montagne.

Quant à moi, comme depuis le début, j'essaie de m'appliquer, de faire de mon mieux, je me concentre sur l'effort soutenu. J'essaie de contrôler ma cadence, lente mais sûre, ainsi que ma respiration. Le vide, le danger, la glissade ou la chute possible, j'en suis conscient. Mais, bien au contraire, cela me grise ; j'ai toujours aimé les sensations fortes. Je reste très concentré, très attentif, je n'aime pas prendre des risques inutiles.

En milieu hostile ou dangereux, je me débrouille toujours assez bien ; ce n'est qu'en terrain plat, en dehors de tout risque que mon attention se relâche, je trébuche alors à la moindre fumée de pipe.

Je n'ai jamais été particulièrement doué dans aucune des activités que j'ai entreprises. Je suis lent, mais je suis un laborieux, je suis tenace et j'ai de la volonté, j'ai au moins ce mérite. Le résultat est payant : je finis toujours par m'en sortir honorablement.

Nous continuons à monter dans des lacets interminables, très éprouvants. Nous pouvons contempler sur notre gauche, la masse colossale de l'Annapurna I qui culmine à 8 091 m ; il semble si proche. Je sais que c'est trompeur. Nous ne pouvons pas nous empêcher d'avoir encore une pensée pour Maurice Herzog et Louis Lachenal, dont nous foulons les traces plus de cinquante ans après, sur ces passages étroits de moins de cinquante centimètres. J'ai une pensée également pour Gaston Rebuffat et Lionel Terray qui, dans l'abnégation la plus absolue, ont œuvré afin que le sommet soit atteint sans y aller eux-mêmes, alors qu'ils étaient si près du but. Ils ont assisté et sauvé leurs amis qui, grâce à eux, ont pu redescendre au cours d'une marche épuisante et au prix de souffrances extrêmes. Et, comme chaque fois, les vainqueurs oubliés de tous ces exploits, sont les porteurs toujours anonymes, sans lesquels aucun sommet ne serait vaincu.

Une équipe japonaise qui monte aussi au lac Tilicho nous double, soufflant bruyamment à une allure consternante. L'un d'entre eux a une démarche assez étrange. Coiffé d'un grand chapeau, il progresse avec deux bâtons de marche qu'il manie de manière aussi surprenante qu'inutile.

Progressivement, le vent se lève puis s'intensifie. Il devient de plus en plus froid au cours de la montée. Nous sommes transpercés. Nous faisons une halte pour endosser tout notre barda de haute montagne : anorak en gore-tex, passe-montagne, sous-gants en soie, gants, capuche, etc.

Nous faisons des prises de vue impressionnantes du Tilicho Peak et de l'Annapurna I. Tout en haut, sur les sommets s'élèvent des tourbillons vaporeux. On imagine aisément la puissance du vent balayant la neige. Nous ne nous lassons pas de contempler ce spectacle immuable pour les éléments, mais éphémère pour nous qui ne sommes que de passage.

Sur notre gauche, nous longeons cette fameuse grande barrière décrite par Maurice Herzog. Sur sa crête, comme sur les sommets environnants, nous observons les mêmes tourbillons de neige générés par le vent. Aucun alpiniste n'a jamais songé à la gravir : ce serait suicidaire. Ce n'est qu'un amas de glaciers et de séracs titanesques prêts à s'effondrer ; le chaos parait encore plus impressionnant lorsque je le photographie au téléobjectif.

Bientôt, nous évoluons totalement dans la neige. Autour de nous tout est devenu blanc : le spectre solaire a concentré ses couleurs en une seule. Au fur et à mesure que nous grimpons, nous avons l'étrange impression que la neige a estompé tous les reliefs et rapproché les distances. La grande barrière, le Tilicho Peak et l'Annapurna I, pourtant plus de 3 000 m au-dessus de nous, semblent au premier abord des sommets accessibles, pour peu que l'on se donne la peine de marcher. C'est peut-être cette sensation qui a conduit les premiers alpinistes à aller toujours de l'avant et à tant de témérité. Pourtant, en observant plus attentivement, en nous aidant de points de repère, nous prenons réellement conscience du décor colossal qui nous entoure.

Derrière nous, la vallée de Manang a totalement disparue ; nous sommes entourés de barrières, de pics et de sommets enneigés à perte de vue. Dès que nous retirons nos lunettes de soleil, la luminosité devient insoutenable.

Nous progressons en suivant la trace laissée par les autres ; dès que nous glissons, nous nous rattrapons à l'aide du piolet. J'essaie de m'en écarter, mais très vite je m'enfonce jusqu'aux genoux, puis à mi-cuisses ; sans tarder je regagne prudemment la trace glissante de la neige déjà tassée, mais beaucoup moins éprouvante.

Vers 11 h 10, à notre grand étonnement, nous voyons redescendre Jacques, tout seul d'un pas rapide ; nous sommes inquiets. Serait-il arrivé quelque chose à Gilles ? Il est essoufflé, a mal à la tête, il a selon son expression le crâne dans un étau. Il semble angoissé et éprouve le besoin de redescendre à tout prix. Il est peut-être atteint des premiers symptômes du mal aigu des montagnes. Il a déjà atteint le lac Tilicho avec Gilles, Babul-Lal et Shandra. Il est certainement monté trop vite, en force selon son habitude, pour suivre la cadence des autres.

Il nous apprend qu'il a assisté à une avalanche due à la chute d'un sérac du glacier sur la rive ouest du lac. Cela a provoqué un énorme fracas très impressionnant. Il en semble encore affecté. C'est peut-être ce qui a déclenché cette angoisse qui transparaît dans ses paroles et sur son visage.

Il tient à redescendre seul, ce qui va à l'encontre des règles les plus élémentaires de sécurité en montagne. Mais, quand Jacques a pris une décision, il est impossible de lui faire changer d'avis. Nous nous demandons si ce soir il ne va pas devoir utiliser le caisson hyperbare.

Enfin, à 11 h 30, après 4 h 20 de montée ininterrompue, nous arrivons au lac Tilicho dont nous avons rêvé et tant prononcé le nom depuis plusieurs mois. Nous sommes à la source de la Marsyangdi, même si elle a changé de nom depuis Manang, elle nous a accompagnés depuis la première étape.

Le lac nous apparaît sous la forme d'une immense étendue blanche ; il est entièrement glacé et recouvert de neige. Ceci est parait-il assez rare en cette saison. Malgré l'altitude, comme nous sommes assez près du tropique du Cancer, en temps habituel, la relative verticalité des rayons solaires fait fondre la glace dès avril.

Comme le nom des lieux, les indications d'altitude varient d'une carte à l'autre ; 4 919 à 5 000 m pour le lac Tilicho ; je retiens 4 950 m, chiffre indiqué sur les cartes fournies par l'Institut géographique national (IGN). Pour une pareille altitude, ses dimensions sont assez impressionnantes : superficie de 4,8 km^2, longueur de 3,9 km, largeur de 1,6 km, et profondeur de 85 m.

Le lac est situé juste à l'extrémité ouest de la grande barrière, au pied du Tilicho Peak. Les glaciers et les avalanches de séracs se déversent dans le lac du côté sud. Des parois rocheuses bordent sa partie nord. Par prudence, pour éviter les avalanches, nous l'aurions contourné par le nord si nous avions poursuivi.

Tout au fond, à son extrémité ouest, nous devinons avec un léger pincement au cœur, le col du Mesocantu dont nous avons définitivement renoncé à tenter le franchissement.

Gilles nous attend au bord du lac en compagnie d'une autre équipe de trekkeurs ; ce sont des Hollandais qui rebroussent chemin également. Nous en profitons pour faire une séance de photos. Une personne de chaque équipe photographie l'autre groupe. Nous ressemblons à des membres d'une expédition polaire, chacun est emmitouflé dans sa combinaison, passe-montagne complètement tiré ; on ne voit émerger que les yeux et le bout du nez. Il fait moins 10 °C et le vent renforce cruellement la sensation de froid.

Gilles et moi sommes pris de forts picotements aux pieds aux jambes et aux doigts : cela en devient douloureux. C'est probablement dû à la dépression causée par l'altitude. Nous piétinons sur place, faisons les cents pas, puis tournons en rond en tapant des pieds et des mains tout en nous parlant. Nous avons l'air de deux demeurés. Nous essayons de réchauffer l'extrémité de nos membres et de faire circuler le sang, mais la douleur persiste.

Gilles nous apprend que Babul-Lal et Shandra sont partis de l'autre côté du lac, à l'High Camp, pour rejoindre le col du Mesocantu par l'Eastern Pass. Cela nous paraît insensé. Ils veulent en avoir le cœur net et veulent savoir si le passage est réellement impraticable ou non. Ils font preuve d'un réel professionnalisme. Faire une telle course en une seule journée, revient à faire pratiquement le double de ce que nous avons déjà fait. Nous sommes en admiration, d'autant plus que nous sommes tous assez éprouvés par la marche et par l'altitude. Il faut songer au retour : passer la nuit ici sans matériel adapté serait suicidaire.

La douleur et le picotement s'estompent peu à peu. Nous mangeons nos barres énergétiques et nous nous résignons à repartir à 12 h 30 après une halte d'une heure.

Nous emmagasinons au maximum les images, les sensations et le souvenir de ce lieu sur lequel il est peu probable que nous revenions un jour. Nous regardons une dernière fois là-bas, tout au bout du lac, le col du Mesocantu qui nous a tant fait rêver aussi, en direction duquel sont partis Babul-Lal et Shandra. Pourvu qu'il ne leur arrive rien !

Comme Jacques tout à l'heure, Gilles part tout seul devant.

Bien qu'il soit un marcheur solitaire, cela est très imprudent, surtout en milieu hostile.

Notre descente s'effectue beaucoup plus rapidement que la montée, d'abord dans la neige, ensuite dans les éboulis. J'ai mal aux genoux et aux muscles antérieurs des cuisses.

Bientôt, nous nous retrouvons à nouveau dans les ravines avec les continuelles chutes de pierres. Nous passons un à un et assurons une fois de plus le passage de celui qui est exposé au danger. Un énorme bloc de plusieurs tonnes se détache, roule, rebondit de façon impressionnante et pulvérise l'étroit chemin, une centaine de mètres devant nous. La taille du bloc donne l'impression qu'il chute au ralenti. Jean-Pierre zoome et filme la scène. Arrivés au passage défoncé, Jean-Pierre et moi nous nous engageons sur les éboulis ; nous traçons notre chemin à coups de talons, les pieds bien perpendiculaires à la pente. Nous nous penchons le plus possible côté amont en nous aidant de notre piolet. Côté aval c'est le ravin qui nous précipiterait tout droit dans la Khangsar Khola 500 m plus bas.

Catherine va passer à son tour, elle semble très inquiète. Je m'engage à nouveau dans la ravine en sens inverse et creuse, devant elle avec mon piolet, une trace d'une dizaine de centimètres de largeur pour que ses chaussures puissent trouver un support relativement stable. Il m'est impossible de faire demi-tour sur moi-même : c'est trop risqué. Jean-Pierre me guide et je reviens sur mes pas tout doucement, comme un funambule, à reculons.

À proximité du camp de base nous dépoussiérons nos chaussures dans un torrent. Les miennes sont souples, elles sont en gore-tex. Au cours de la marche dans la neige et du rinçage dans le torrent, elles n'ont pas pris la moindre goutte d'eau, alors qu'elles permettent à la transpiration de s'évaporer. Tous ces nouveaux matériaux avec lesquels sont composés les équipements sportifs depuis ces dernières années sont extraordinaires. Ils sont beaucoup plus performants, plus faciles d'emploi, solides et surtout beaucoup plus légers que leurs vénérables prédécesseurs. Lorsque je songe à mes lourdes chaussures en cuir et aux sacs en toile de mes premières randonnées en montagne, je fais figure d'ancêtre.

Nous arrivons au camp de base à 15 heures, après 2 h 30 de descente, alors qu'il nous avait fallu 4 h 20 pour monter. Jacques va beaucoup mieux, il n'aura pas besoin du caisson hyperbare. Comme la plupart du temps, la perte d'altitude heureusement suffit à faire disparaître les troubles de la montagne. Pour se réconforter, dès son retour, il s'est repressurisé à la bière ; il a vidé sur le champ la bouteille de 60 cl qu'il avait apporté de Manang pour fêter le lac Tilicho.

Le soleil tape fort ; les contrastes en montagne sont toujours brutaux et surprenants. On a beau le savoir, on le redécouvre à chaque fois. Gilles est à l'extérieur, il lézarde sur son sac de couchage.

Les porteurs, en cercle, assis en tailleur, profitant de cette journée de repos, jouent aux cartes à n'en plus finir. Leurs parties sont très animées. C'est que malheureusement elles ont un enjeu. On y joue de l'argent. Certains d'entre eux auront dépensé bien avant la fin du trek ce qu'ils auront si durement gagné en transportant leur fardeau durant quinze jours à travers les montagnes, comme des bêtes de somme.

Dès notre arrivée, le cuisinier nous sert le thé au citron sucré accompagné de biscuits. Quelques instants après, il nous apporte un grand bol de potage ; sitôt terminé, il nous ressert. Nous ne sommes pas prêts de nous déshydrater. Je crains le pire pour cette nuit. Combien de fois vais-je devoir me lever ?

Babul-Lal et Shandra reviennent de leur excursion extraordinaire. Pour être de retour si tôt, ils ont dû soutenir un rythme de marche infernal. Les Danois, la veille ont certainement exagéré la description de l'état de la neige, ils prétendaient qu'après le lac on s'y enfonçait à mi cuisses. Il se peut néanmoins que durant la nuit, le froid ait formé une croûte davantage porteuse en surface. Babul-Lal et Shandra nous apprennent que nous n'avons rien à regretter, le passage par le col du Mesocantu est en effet impraticable. Le relief est très tourmenté avec des arrêtes de glace à franchir et un pan également de glace, après le col, d'environ 250 m en pente très raide.

Seule une équipe légère, très expérimentée, munie de pitons à glace pourrait franchir le passage. Cela est hors de portée pour notre expédition. Les porteurs n'auraient pas pu passer avec leur matériel. Et de nous cinq, seul Jean-Pierre et éventuellement Gilles ont une expérience suffisante pour se lancer dans ce qui n'est plus du trek, mais de l'alpinisme pur et dur. Si quelqu'un venait à dévisser sur ce pan de glace après le col, personne n'irait le rechercher. En temps normal, le passage est accessible, même si on n'est pas chevronné, à condition d'être en bonne forme, de disposer du bon matériel et d'être bien encadré par des personnes expérimentées.

Lors de leur reconnaissance, au col du Mesocantu, ils ont tout de même eu une grosse frayeur. Shandra a dévalé une paroi glacée, heureusement sans dommages. Ensuite, il ne parvenait plus à remonter ; pour le hisser, Babul-Lal a dû nouer leurs anoraks par les manches.

Finalement, c'est avec soulagement que nous accueillions ces informations. Cela nous conforte dans notre décision prise la veille, de ne pas passer par le col du Mesocantu. Nous n'avons rien à regretter.

Catherine a oublié dans la journée, de s'enduire le visage de crème solaire, elle est brûlée par le soleil et a des cloques sur le nez. Nous répartissons différemment nos affaires dans les sacs pour l'étape du lendemain. Demain, nous reviendrons sur nos pas en direction de Manang et nous bifurquerons sur la gauche vers le nord dans la vallée de la Jhargeng Khola en direction du col de Thorung La. Afin de gagner du temps, je commence à rédiger dehors le récit de la journée. Très rapidement l'atmosphère se rafraîchit, peu après, je me gèle.

À 19 heures, nous prenons notre repas dans une salle au rez-de-chaussée, à droite du lodge, sous une lumière blafarde. Chose étonnante, malgré les efforts de la journée, personne n'a faim. Jean-Pierre nous incite à manger, nous devons nous forcer si nécessaire. Le manque d'appétit est un des signes précurseurs des symptômes du mal des montagnes. Le repas est composé de soupe, momos, pommes de terre pelées, sauce, salade de fruit en boîte et thé.

Connaissant maintenant la marche à suivre pour les prochains jours, la conversation est beaucoup moins animée que la veille. Nos sentiments sont mitigés ; nous sommes tous heureux d'avoir atteint ce fameux lac Tilicho mais nous ressentons aussi un arrière-goût amer d'échec. Nous nous efforçons, à tour de rôle, de trouver des arguments pour nous convaincre que nous avons en quelque sorte réussi, nous avons après tout atteint un des buts que nous nous étions fixés. Le fait de devoir rebrousser chemin était prévisible, nous essayons de considérer cela comme un contretemps. Malgré tout, ces quelques jours nécessaires pour faire le détour jusqu'au lac Tilicho sans pouvoir couper par le col du Mesocantu risquent de nous manquer pour terminer notre périple ; nous évoquons cela à nouveau, mais sans véhémence comme la veille, cela nous inquiète un peu. Peut-être devrions-nous reconsidérer la répartition de nos prochaines étapes. Il nous faudrait étudier une carte mais nous sommes tous pris d'un sentiment de lassitude ; nous verrons bien dans les jours à venir.

Toute la soirée, comme au bord du lac, je suis atteint d'un picotement persistant et douloureux au bout des doigts et aux pieds. Ensuite, j'ai la désagréable sensation d'avoir moi aussi la tête enserrée dans un étau ; j'ai un peu de mal à respirer, j'ai l'impression de suffoquer et pour couronner le tout je saigne du nez. Je commence à me demander si je ne vais pas devoir utiliser le caisson.

Je ne suis pourtant qu'à 4 150 m, je pense à ceux qui gravissent des sommets de plus de 8 000 m tels que l'Annapurna I ou l'Everest. Même si c'est de plus en plus fréquent, cela demeure tout de même un réel exploit. Malheureusement, nombreux sont ceux qui y laissent encore leur vie.

Des expirations soutenues, suivies de profondes inspirations, ainsi que deux cachets d'aspirine, parviennent au bout d'un certain temps à atténuer mes troubles et à soulager mon mal de tête.

Dehors, dans le noir, je fais un brin de toilette à l'eau glaciale de la montagne, canalisée par un tuyau en plastique, dont l'extrémité est fixée à un piquet, ce qui fait office de fontaine.

On nous annonce pour demain matin, un lever à 5 h 30. Nous partirons très tôt, afin d'éviter les chutes de pierres : à cette heure matinale elles seront encore soudées par la glace. De plus, nous devrons emprunter un passage balayé par de forts courants d'air dans la journée : il vaudra mieux le franchir avant que le vent ne se lève.

La nuit, le ciel est à nouveau féerique : que d'étoiles ! Que d'étoiles ! Et quel noir profond à l'infini ! En bas dans les plaines, à proximité des villes, nous sommes grugés, nous avons un déficit stellaire considérable. Depuis que les éclairages publics se sont fortement développés au XXe siècle, la pollution lumineuse gagne du terrain de manière exponentielle sur la planète. Un halo blafard dont nous n'avons même plus conscience enveloppe le ciel, même dans nos campagnes, ne laissant transparaitre que les astres les plus lumineux. Il est de plus en plus difficile de contempler la voûte céleste. La voie lactée a même totalement disparue du ciel des grandes agglomérations, de manière définitive. Pour pouvoir admirer ce spectacle nocturne, il est indispensable de s'éloigner de plus en plus des concentrations urbaines et de prendre de l'altitude. Bénéficiant des circonstances idéales, je profite pleinement de ce moment privilégié. Admirant au fond du firmament, cette multitude d'étoiles d'or, d'argent, de rubis et de saphir, incrustées sur ce ciel d'ébène saupoudré de voie lactée, je laisse libre cours à mon imagination et à mon lyrisme.

Après un long moment de contemplation éthérée, le froid me ramène à la réalité terrestre : transi, je regagne ma tente. Tout le monde dort. Engoncé dans mon duvet, je laisse la nuit tourner autour de nous.

Chapitre 11

10e étape

Mercredi 17 avril

Camp de base du Tilicho (4 150 m) ➔ Yack Kharka (4 018 m)
Marche : 8 heures – Dénivelé : -132 m

Nous nous levons à 5 h 30. Pour moi, la journée commence mal ; ce n'est pas une nouveauté. J'ai rangé mes chaussures de montagne dans le mauvais sac. Comme elles sont au fond, je suis obligé de sortir toutes mes affaires. Ensuite et cela est une règle immuable, lorsque j'explore le contenu d'un sac ou d'un bagage, je n'arrive plus à le refermer.

Le piolet est maintenant situé juste devant l'anneau de fermeture, ce qui m'oblige à tout recommencer. Mes affaires retournées en tous sens sont moins compactées. Afin d'espérer joindre les anneaux de fermeture diamétralement opposés, je dois tasser mon sac le plus possible, pour cela je m'y assieds dessus à califourchon et saute comme un kangourou. Jean-Pierre trouvant cela amusant me demande de recommencer pour filmer. Cet exercice m'ayant mis de bonne humeur, je m'exécute sans me faire prier. Dans mon excès de zèle, je ne fais pas attention au piolet qui émerge à peine du sac. Lors d'un des derniers bonds c'est le choc violent entre le piolet et mes parties intimes ; mais le piolet est beaucoup plus dur. N'ayant pas compacté que le sac, serrant les dents, recroquevillé sans rien dire, j'attends que ça passe. Encore une fois, mes déboires font le bonheur de tous. Cette fois-ci, je l'ai tout de même bien cherché.

Une fois les effets de la remontée d'organes apaisés, je fais un brin de toilette tonique au tuyau que j'ai utilisé la veille. L'eau se déverse dans une cuvette qu'elle a creusée dans le sol au fil du temps. En me brossant les dents, je glisse sur une pierre mouillée et je plonge le pied dans l'eau glacée ; je suis en chaussettes avec mes sandales de détente. Il fait moins 6 °C. Si je m'étais appliqué à mal commencer ma journée, je n'aurais pas pu mieux faire.

Nous prenons notre petit déjeuner à 6 h 30. Exceptés Catherine et Jean-Pierre, nous mangeons sans appétit, nous nous forçons. Nous mâchons et remâchons nos aliments, mais nous n'arrivons pas à avaler la bouillie ainsi obtenue. Comme d'habitude, nous reprenons du Diamox. Babul-Lal nous distribue des rations individuelles. Nous avons prévu une longue journée de marche avec de nombreux dénivelés. Afin de ne pas perdre de temps, à midi nous ferons un bref pique-nique en cours de route.

Nous partons à 7 heures, nous reprenons en sens inverse le même chemin que le lundi 15 avril, deux jours auparavant. Nous repassons les fameuses ravines vertigineuses qui, par endroits, malgré l'heure matinale, n'attendent que notre passage pour déverser sur nous des déluges de pierres.

Catherine fait un blocage dans l'une d'elles. Elle n'a pas le vertige mais craint le dérapage. Il y a de quoi, je ne suis pas plus fier. Le chemin fait juste quelques dizaines de centimètres de largeur, le terrain est instable, nous surplombons une pente abrupte de plusieurs centaines de mètres et au-dessus les pierres sont prêtes à nous tomber dessus. Au moindre faux pas la sanction impitoyable serait immédiate.

Babul-Lal lui vient en aide, il lui donne la main. Elle se plaque contre la paroi et avance centimètre par centimètre. Je ne sais pas comment les porteurs ont pu franchir ce passage, avec leur lourd et volumineux chargement. Il nous apprend, que deux ans auparavant, à cet endroit même, un Allemand a voulu prendre une photo ; il a perdu l'équilibre et en voulant se rattraper, a déséquilibré à leur tour deux porteurs. Ils ont roulé tous les trois dans le ravin : personne n'en a réchappé.

Avant de m'y engager, je me risque à prendre discrètement une photo de Catherine et Babul-Lal au milieu du passage difficile. Auparavant, je m'assure que Jean-Pierre ne me regarde pas, afin de m'éviter une bonne engueulade. Lorsqu'il y a un danger potentiel, nous ne devons pas nous occuper à faire des prises de vue, mais songer uniquement à notre sécurité et à celle du groupe.

À 9 h 20, nous croisons une équipe de Hollandais ; ils s'informent sur les conditions de montée au lac Tilicho, ainsi que sur les possibilités de passage par le col du Mesocantu. Nos réponses les laissent perplexes ; ils ont visiblement les mêmes intentions que nous, deux jours auparavant. Ils ont l'air déçus, mais vont tout de même aller constater par eux-mêmes. De toute façon, comme nous, ils veulent aller au lac Tilicho même s'il leur est impossible de franchir le col.

Pour nous, ce serait maintenant impossible. Ils peuvent se le permettre ; leur séjour est plus long que le nôtre et ils sont, par conséquent, moins concernés par la grève maoïste.

Sur une pente, au-dessus du chemin, nous observons un groupe de cervidés semblables à des chamois, mais sans cornes. Ils paissent leur maigre pitance dans des buissons épineux. Nous nous approchons prudemment pour les photographier, mais après avoir humé l'air et dressé les oreilles ils détalent comme des flèches et disparaissent derrière des rochers.

Jean-Pierre s'est trop approché des buissons, il sent une épine dans la chaussure, elle est épinglée dans sa chaussette. En voulant la retirer, il se la plante profondément dans le doigt. Il n'y a pas que moi qui suis maladroit. Avec une autre grosse épine cueillie sur un buisson, après bien des tentatives, serrant fortement son doigt pour le rendre insensible, je réussis à la lui extraire non sans l'avoir quelque peu charcuté.

Bientôt, nous arrivons à la bifurcation qui conduit à Uper Khangsar. Nous grimpons sur le chemin de gauche, abandonnant et surplombant celui qui conduit à Manang, par lequel nous sommes venus deux jours plus tôt.

Au fur et à mesure que nous avançons, Jean-Pierre allonge le pas et peu à peu disparaît de vue. Notre groupe est réduit à Catherine et moi accompagnés de Babul-Lal. Je commence à pester car nous sommes partis à cinq ; je pensais que nous effectuerions ce trek en groupe, que nous pourrions discuter tout au long du chemin, partageant nos impressions, nos émotions. Notre équipe est plus que jamais dispersée.

J'attends Catherine qui marche très bien dans les montées mais peine dans les descentes ; si elle va trop vite, elle a mal aux genoux. Pour ma part c'est l'inverse, si je me retiens trop dans les descentes je force sur les genoux, cela me fait mal et je me fatigue vite. Je me laisse donc emporter par la descente et j'avance seul à mon rythme. À ce moment-là, la notion de groupe n'existe même plus, la dispersion est totale. Mais, dès que j'ai un peu d'avance, j'attends Catherine et Babul-Lal. Nous sommes convenus de ne jamais nous perdre de vue afin de pouvoir en cas de besoin nous porter assistance immédiatement.

Deux rocs d'une blancheur immaculée bordent le chemin : ce sont des blocs de silice qui se sont décrochés de la montagne. Je ramasse quelques éclats aux alentours que je ramènerai en souvenir à mes enfants. J'ai épinglé sur la porte de la chambre de mon fils, le plan du circuit que nous effectuons afin qu'il puisse suivre notre périple jour après jour.

À 11 h 10, après 3 h 10 de marche, nous arrivons au village désaffecté d'Uper Khangsar ; Jean-Pierre nous y attend.

Sur une plateforme à proximité de quelques maisons inhabitées, au pied d'un cairn orné de cornes de bélier, nous mangeons notre frugale ration de voyage : deux galettes de pain, tranches de fromage de yack, un œuf dur, un biscuit et un jus de mangue.

Nous sommes à plus de 4 100 m devant le Gangapurna. Nous surplombons le village de Khangsar, en bas dans la vallée, dans lequel nous avons pris un thé deux jours auparavant, en allant de Manang au lac Tilicho.

N'aimant pas conserver le moindre ressentiment, je fais part à Jean-Pierre de mes réflexions et de ma désapprobation concernant l'éclatement du groupe ; je lui reproche de nous avoir laissés seuls, contrairement aux conseils qu'il donne sur les comportements à adopter en montagne. Il nous explique qu'il s'est permis d'aller à son pas, car nous étions accompagnés de Babul-Lal, de plus sur cette partie du parcours il n'y avait aucun danger.

Nous repartons à 11 h 25, après une brève pause déjeuner de quinze minutes. Je suis étonné par des bouses énormes. Quel soulagement cela a dû être pour les pauvres bêtes qui ont fait ça ! Nous apprenons que ce sont des bouses de yack. Voilà un combustible bien écologique, mais il vaut mieux attendre que cela sèche encore un peu.

À 12 h 20, nous surplombons le confluent de la Marsyangdi ou plutôt, selon les cartes, l'endroit où la Khangsar Khola et la Jhargeng Khola se rejoignent pour former la Marsyangdi.

Nous apercevons Manang, en bas à droite, au fond de la vallée de la Marsyangdi. Voilà déjà quatre jours que nous sommes arrivés dans ce village. Au loin, à l'opposé, sur notre gauche, nous devinons Yack Kharka, à peine visible, tout au bout de la vallée de la Jhargeng Kola. Ce sera notre étape de ce jour ; nous avons encore tout ce chemin à parcourir dans cette immensité. Il nous faudra descendre tout au fond de la vallée, franchir la Jhargeng Khola, remonter sur le versant opposé, puis, après bien des montées et des descentes, redescendre définitivement sur Yack Kharka. Cela nous semble inaccessible, c'est, par moment, assez démoralisant. Mais quel panorama !

Dans la chaîne de montagnes, là-bas au loin, à l'horizon, après Yack Kharka, entre le Yakgawa Kang (6 482 m) et le Kathung Kang (6 484 m) je découvre l'échancrure par laquelle nous devrons passer après-demain ; le col de Thorung La.

Sur la gauche, vers le nord, toujours en direction de Yack Kharka, nous voyons au loin : le Chulu Ouest et le Chulu Est enneigés, ils surplombent la vallée de la Jhargeng Khola.

Sur notre droite, vers l'est, après Manang dont nous devinons à peine l'endroit, au fond de la vallée par laquelle nous sommes venus il y a quatre jours, nous apercevons le Pisang Peak au pied duquel nous sommes passés. Derrière celui-ci, bien plus loin, le sommet du Manaslu émerge de l'immense horizon dentelé qui grignote le ciel.

Derrière nous, les Annapurnas II, III, IV ainsi que le Gangapurna (7 454 m) tout proche, surplombent la vallée que nous dominons de notre belvédère.

Combien de fois dans notre vie aurons-nous l'occasion d'admirer un panorama aussi grandiose ? Nous faisons une courte halte contemplative. Encore une fois, je pense à Victor Hugo, qui, dans les Pyrénées, impressionné par le cirque de Gavarnie, en avait fait une description extraordinaire :

C'est une muraille et une montagne tout à la fois ;
C'est l'édifice le plus mystérieux du plus mystérieux des architectes ;
C'est le Colosseum de la nature,
C'est Gavarnie.

Quels mots assez forts aurait-il trouvé pour dépeindre ce décor à la mesure de l'Himalaya ?

Depuis le début, je suis en manque d'adjectifs et de superlatifs pour décrire cette montagne qui me gratifie, à tout instant, d'un spectacle somptueux : colossale, énorme, gigantesque, grandiose, immense, monumentale, titanesque... Je me répète souvent et crains de provoquer une inflation verbale et pourtant... Oui. Que c'est grand ! Et que c'est beau !

Requinqué par ce panorama hors du commun, je pars en tête d'un bon pas, vers le nord, en direction de Yack Kharka, mais le bon chemin contourne la crête par le sud, ce qui m'induit en erreur ; je pars donc en sens inverse. Je suis vite rappelé par les cris et les rires moqueurs de Catherine, Jean-Pierre et Babul-Lal, qui baptisent cet endroit, par taquinerie : le « Lorenzo Peak ».

Lorsqu'on fournit un long effort soutenu, il en faut peu pour retrouver un second souffle avec exaltation. Dans la descente, Jean-Pierre et moi avons à nouveau notre petit moment de folie. Nous partons, en trombe en tenant les bâtons de marche comme le guidon d'une moto de cross. Nous nous penchons dans les virages, nous cabrons dans les accélérations, en imitant vocalement les différents régimes du moteur, comme des enfants dans une cour de récréation.

Catherine et Babul-Lal semblent compatir de nous voir nous livrer à de telles gamineries, ils sourient et hochent la tête avec commisération.

Nous trouvant sur une face nord, bientôt nous progressons à nouveau dans des névés, toujours aussi peu appréciés par Catherine. À chaque glissade, elle se rééquilibre en levant brusquement les bras, en poussant des cris de marmotte. Jean-Pierre et moi, l'aidons, en lui donnant la main à tour de rôle sur les passages en pente les plus glissants.

Nous franchissons la Jhargeng Khola sur un petit pont de bois fait de trois poutres bancales côte à côte. Je crois que c'est le pont le plus sommaire que nous ayons traversé jusqu'à présent. Nous grimpons ensuite sur l'autre versant.

Plus loin, nous rencontrons un troupeau de yacks, producteurs de lait et de scato-combustibles. Cette zone d'alpage himalayen est le royaume du yack. Leur lourde toison tombante et leurs cornes pointues dressées vers le haut, leur donne au premier abord une allure inquiétante. Un grand spécimen blanc, contrairement aux autres qui sont noirs, est assez impressionnant. Ce sont pourtant de paisibles bovidés en liberté, à la recherche de pâturages.

Pour les gens de ces régions et pour les Tibétains qui l'ont importé, le yack est une richesse inestimable. Outre ses capacités de portage, tout est utilisé : son lait, sa chair, ses poils, sa peau, ses os, ses cornes et même ses bouses séchées. Je suggère d'utiliser aussi ces dernières comme frisbee pour amuser les petits Himalayens, selon le degré de séchage, il serait aisé de faire des farces aux copains.

Après de très nombreuses montées et descentes éprouvantes, nous rejoignons le chemin en provenance de Manang, qu'empruntent la plupart des trekkeurs en direction du col de Thorung La. Plus haut, sur des pentes abruptes paissent des troupeaux de tahrs, chèvres sauvages au long poil, dont c'est aussi le domaine. Nous en avons déjà aperçu quelques-unes à Pisang. Nous n'en finissons pas de marcher, de monter et de redescendre, dans cette vallée interminable vers Yack Kharka.

Le village apparaît enfin. À l'entrée de Yack Kharka, j'aperçois dans une modeste boutique, un collier en turquoise que j'aimerais offrir à mon épouse ; je le trouve très joli. J'en fais part à Catherine qui, ayant l'habitude du marchandage, me permet de l'obtenir à un bon prix. Mais, auparavant, un malentendu s'est installé. Catherine a cru que je l'informais tout simplement de l'existence du bijou ; elle a marchandé parce qu'elle le convoitait elle-même. Finalement, sous le regard étonné de la commerçante qui ne comprend rien au sens de nos bavardages, Catherine me cède le collier.

Nous arrivons au campement, à la sortie de Yack Kharka, à 15 h 15, après 8 heures de marche éprouvante. Depuis notre départ du camp de base du Tilicho, ce matin à 7 heures, durant toute la journée nous n'avons pas cessé de monter et de descendre, cependant au total nous ne sommes descendus que de 132 m. Nous devons pourtant avoir dans les jambes une somme de dénivelés positifs et négatifs assez conséquente.

Heureusement que cela fait dix jours que nous marchons ; nous sommes éreintés, mais nous tenons le coup, nous en éprouvons même du plaisir. Les muscles sont douloureux, mais c'est supportable ; c'est de la bonne douleur, de la bonne fatigue.

Pendant que nous achetions le collier, Jean-Pierre a rejoint Gilles et Jacques que nous n'avons pas revus depuis ce matin au départ du camp de base du Tilicho ; ils nous attendent à la terrasse d'une boutique. Un bar assez sommaire y a été aménagé.

Jacques, nous apprend qu'il a retenu une chambre pour lui seul dans un lodge, bien évidement sans consulter personne. Pour seulement l'équivalent de 1,5 €, ce n'est pas la peine de s'en priver, nous dit-il. S'il veut dormir en lodge c'est entièrement son droit, mais il était convenu que nous logerions en campement cette nuit.

Si nous devons changer d'avis, comme nous l'avons fait à Tal à cause de la pluie et que nos affaires étaient mouillées, il me semble logique que nous prenions les décisions ensemble. Je suis déçu du manque de collégialité de notre groupe ; la dissension se confirme. L'esprit d'équipe déjà bien émoussé, s'effrite plus que jamais.

Sur une esplanade, à proximité de notre campement, un grand cercle avec un H au milieu, constitué d'une multitude de pierres blanches, indique une aire pour hélicoptère. Ce témoignage de technologie moderne perdu dans la montagne semble assez insolite, pourtant en cas de nécessité, c'est le seul moyen d'évacuation rapide. Encore une fois, je songe que les trekkeurs sont les seuls à pouvoir bénéficier de ce genre de secours que règlera leur assurance. Les gens des montagnes n'ont que le recours d'une très éprouvante et hypothétique descente à dos de porteur ; de toute manière ils n'ont pas les moyens de se payer des soins. Dans la plupart des cas, ils subissent leur sort en restant dans la montagne, n'ayant recours qu'aux soins dispensés par des guérisseurs ou des sortes de rebouteux.

Une fois le campement monté, nous prenons le thé et le repas sous la tente mess, supportant comme d'habitude la fumée irritante de la lampe à pétrole ; dehors il se met à pleuvoir. Le repas se compose de soupe au gingembre, saucisses étranges ressemblant à des quenelles, pâtes collantes, sauce au fromage, tranches d'ananas et thé. Pour une fois, ce n'est pas fameux.

Il faut reconnaître que le cuisinier, avec très peu de moyens, après des marches éprouvantes, varie les menus du mieux qu'il peut. Les plats sont cuisinés à même le sol, en position accroupie, confectionnés sur un réchaud à pétrole très rudimentaire. La plupart du temps hormis un léger goût de fumée de pétrole, la cuisine est bonne. Pour une fois que cela laisse à désirer, nous ne lui en tenons pas rigueur ; après tout nous sommes en train d'effectuer un trek dans l'Himalaya, pas un circuit gastronomique. Vers la fin du repas la pluie cesse de tomber.

Jacques prend possession de sa chambre, seul dans le lodge, Gilles dort seul dans la tente. Jean-Pierre et Catherine vont également se coucher. Avant de les rejoindre, je sors faire un brin de toilette avec les lingettes antibactériennes. Je ne trouve pas ma lampe frontale. Dehors, je vide totalement mon sac dans le noir et peste de ne pouvoir mettre la main dessus. Jean-Pierre m'entendant maugréer m'informe qu'elle est dans la tente. Soudain, je me rappelle que je l'avais soigneusement préparée pour ne pas avoir à la chercher : je l'avais effectivement suspendue à un arceau à l'intérieur de la tente.

Il fait nuit noire ; seules les étoiles semblent exister. Leur lumière pourtant phénoménale à l'origine, après de nombreuses années de voyage, n'a plus la force que de venir nous chatouiller la rétine. Elle ne permet pas aux couleurs des objets qui nous entourent de se réfléchir pour nous manifester leur présence.

Je n'ai donc ni à me contorsionner dans mon sac de couchage ni à veiller à ne pas mettre un pied dans le trou des latrines. La nuit me servira de paravent. Je vais pouvoir me frictionner en toute liberté dans le noir ; je n'ai que le froid à affronter durant quelques minutes. Dehors à plus de 4 000 m, avec ma lampe frontale éteinte par pudeur, ma toilette avec les lingettes devient acrobatique.

Je veux retirer mes chaussettes ; elles restent collées aux Compeeds et sparadraps de toutes sortes. Je n'ai pas d'appui, le sol est mouillé et je suis obligé de sautiller sur un pied pour garder l'équilibre, je suis en slip et il commence à faire très froid. J'apprécie le confort de la tente et de mon sac de couchage, après mes fraîches péripéties hygiéniques !

Il est 21 heures, comme la plupart des soirs je fais une lecture, attendue par Catherine et Jean-Pierre, du compte rendu de la journée. Parfois, ils s'endorment avant la fin. D'autres fois, je m'interromps au milieu d'une phrase car je n'ai pas terminé ; ils me demandent de me dépêcher pour que je leur lise la suite. Je prends tout mon temps car je suis lent, de toute façon je sais qu'ils s'endormiront bien avant que j'aie fini.

Je me prends au jeu et j'éprouve un réel plaisir à écrire, mais cela est parfois fastidieux. À tout moment, dans la journée, je prends des notes rapidement, même en marchant parfois, ce qui fait que bien souvent, le soir je n'arrive même plus à me relire. Pour cela, le moment du repas est le bienvenu, mais le soir avec la fatigue, après une journée éprouvante de marche, l'écriture des dernières pages devient bien souvent une corvée que je me suis toutefois promis de mener à terme.

De part et d'autre de mon duvet, Catherine et Jean-Pierre dorment comme des bienheureux ; j'ai terminé, il est 21 h 30, j'éteins ma lampe frontale.

Chapitre 12

11ᵉ étape

Jeudi 18 avril

Yack Kharka (4 018 m) ➔ Thorung High Camp (4 850 m)
Marche : 5 h 15 – Dénivelé : +832 m

Durant la nuit, j'ai eu droit à un bruitage assez amusant de la part de Catherine et Jean-Pierre. Jean-Pierre dans un sommeil profond, s'est mis à expulser l'air comme un petit vieux en faisant trembloter ses lèvres, on pouvait entendre : « Pffff, Pffff ». Catherine quant à elle s'est mise à éternuer, de sa manière bien particulière, en prononçant : « Tchouuu, Tchouuu ». Leur synchronisation par moments donnait : « Pffff, Pffff... Tchouuu, Tchouuu... Pffff, Pffff... Tchouuu, Tchouuu ».

Parfois cela s'arrêtait, puis le petit train de l'Himalaya repartait de plus belle. C'était assez cocasse, une manière en quelque sorte, de rendre hommage au réseau de chemin de fer le plus court du monde. Le Népal ne possède que trente kilomètres de voies ferrées au sud-est du pays, à la frontière de l'Inde. Elles sont essentiellement affectées au transport des marchandises.

Nous nous levons à 6 heures. L'extérieur de la tente est entièrement glacé : la pluie de la veille a gelé. J'ai même de la glace sur mon duvet, dans mes chaussures et dans mon sac à dos. Le réveil est assez tonique. Ici point de torpeur matinale. Il fait moins 8 °C, nous prenons le petit déjeuner dehors, par terre, assis en tailleur sur une toile cirée. Quoi de plus spartiate ? La tente mess a été démontée ; la plupart des porteurs sont déjà partis.

Jean-Pierre a froid aux mains ; il met ses gants, ce qui n'est pas très pratique pour faire des tartines. Très vite ils sont gluants, enduits de miel. Jacques qui a passé la nuit seul en lodge, nous rejoint comme si de rien n'était. Personne ne fait de réflexion mais une légère tension est sensible.

Un peu plus tard, alors que nous plions notre matériel, stupéfaits nous apercevons Jacques, avec sa démarche chaloupée, là-bas sur le chemin. Plus imprévisible que jamais, il est parti seul avant les autres, sans rien dire à personne. Dix minutes ou un quart d'heure après lui, nous partons à 7 h 30 avec Gilles, mais très vite il nous distance et poursuit également son chemin en solitaire.

À la sortie de Yack Kharka, Babul-Lal, comme il l'a fait tout au long du trek, ramasse un papier qui traîne par terre, il le met dans sa poche. Nulle part nous ne laisserons traîner de détritus. Soit nous ensevelissons ce qui est rapidement biodégradable, soit nous emportons les autres déchets dans des sacs en plastique. Les cuisiniers et les porteurs suivent également cette consigne à la lettre. Le tourisme et l'environnement sont leur outil de travail : ils ont conscience de la nécessité de les préserver. Si seulement cette conscience pouvait s'étendre à toute la population et surtout aux dirigeants de ce monde ! Je peux toujours rêver.

Nous n'en finissons pas de grimper, nous grimpons à nous tétaniser les cuisses. Nous surplombons d'assez haut la Jhargeng Khola sur sa rive est. Nous devinons un petit pont, tout en bas dans la vallée ; c'est par-là que nous devons passer. Il nous faut alors, en poursuivant notre route, redescendre peu à peu tout le versant pour franchir la rivière a cet unique passage. Une fois de l'autre côté, nous sommes contraints de remonter à nouveau sur la rive opposée, ce qui est assez râlant. C'est ainsi que l'on progresse dans l'Himalaya : ce sont de véritables montagnes russes.

Nous franchissons à nouveau de nombreux névés dans une descente orientée vers le nord. La perspective d'une glissade n'enchante toujours pas Catherine. Elle n'est pas très rassurée, d'autant plus qu'il faut aller vite ; au-dessus de nous, de gros blocs de pierre instables menacent de nous tomber sur la tête. Mieux vaut ne pas s'attarder.

Tout en bas, nous atteignons le large lit majeur empierré de la petite Jhargeng Khola. Le chemin disparaît sur l'étendue de galets, son emplacement est balisé par des cairns. Nous passons définitivement sur la rive ouest sur ce tout petit pont de bois aperçu là-haut à flanc de montagne. Un des cairns est coiffé d'un vieux chapeau. Afin de lui donner l'allure d'un bonhomme, je lui rajoute en guise de bras, deux morceaux de branches certainement apportées par une crue. Le résultat obtenu semble amuser deux porteurs qui font une pause à proximité.

À 11 h 20, après 3 h 30 de marche, nous faisons une halte de quinze minutes à Thorung Phedi, minuscule hameau, bâti sur un monticule surplombant une prairie d'altitude.

Il y a seulement quelques années, c'est ici que se trouvait le dernier lodge avant le col. Il fallait alors, faire en une seule étape, l'ascension depuis Thorung Phedi au col de Thorung La, soit 996 m de dénivelé positif, puis enchaîner la descente vers Muktinath, soit 1 614 m de dénivelé négatif. Cette marche de forçat nécessitait une robuste constitution et une volonté à toute épreuve. Depuis, on a bâti le Thorung High Camp à 4 850 m, soit 566 m au-dessous du niveau du col. Cela permet de mieux répartir les efforts avec des étapes plus homogènes.

Assis sur un muret, nous mangeons quelques barres énergétiques et une pastille de glucose pour reprendre des forces et nous donner du courage.

Nous repartons à 11 h 35. Nous entamons immédiatement une montée sinueuse qui s'élève rapidement le long d'une pente d'éboulis. Nous progressons sans interruption à tout petits pas réguliers. Notre allure semble surprendre et amuser un groupe de trekkeurs qui nous observe d'en-bas et qui s'apprête également à partir de Thorung Phedi. Ils se lancent à l'assaut de la montée à grandes enjambées rapides. Après quelques lacets, ils suffoquent et sont obligés de s'arrêter pour reprendre leur souffle. Ils continuent ainsi quelques temps, puis peu à peu, semblent adopter notre méthode. Bien qu'ils aient considérablement ralenti leur cadence, leur allure est trop irrégulière. Finalement, ils arriveront à l'étape bien après nous qui progressons à pas de tortue, sans nous arrêter. Rien ne sert de courir, il faut progresser à point.

Nous franchissons une colline, la première d'une longue série qui conduit au col. Je ne les ai pas personnellement comptées, mais j'ai lu sur un guide qu'il y en a une vingtaine.

Nous arrivons à Thorung High Camp à 13 heures, après 1 h 25 de montée sans discontinuer depuis Thorung Phedi, soit après 5 h 15 de marche depuis ce matin. Nous sommes à 4 850 m, juste au-dessus de la hauteur du mont Blanc. Mais ici, à cette altitude, chose impensable en Europe... pas de neige : ce n'est qu'une désolation de rocaille et d'éboulis. Nous découvrons une série de lodges identiques, bâtis en pierre, côte à côte sur une même façade, à la manière de nombreuses habitations en banlieue londonienne.

Nous retrouvons Gilles et Jacques qui d'office en ont déjà loué un. Jean-Pierre, Catherine et moi, préférons passer la nuit en campement, nous avons loué les services d'une équipe népalaise et emporté le matériel pour cela. D'autre part, ce n'est pas tous les jours que nous aurons l'occasion de camper à une hauteur supérieure à celle du mont Blanc. Finalement, nous n'avons pas le choix, nous ne trouvons pas d'emplacement approprié pour installer notre campement et sommes obligés, ainsi que l'équipe népalaise, de recourir au lodge.

La pièce qui nous est allouée est plus que sommaire. À l'intérieur, les murs en pierre sont enduits de terre pour colmater les fissures. Tout ce que nous y adossons est immédiatement souillé d'une trace poudreuse marron clair. La porte est faite de planches disjointes. Le jour apparaît entre le chambranle et le mur. Pour éviter les courants d'air, de nombreuses fentes sont colmatées avec du papier. On voit le ciel à travers des trous dans la toiture. Des planches sommairement agencées sur le sol font office de parquet ; elles sont recouvertes de terre et de poussière. Des matelas rudimentaires garnis de bourre sont jetés sur un lit fait également de planches. Comme dans la plupart des lodges, il n'y a ni draps ni couvertures ; nous dormons dans nos sacs de couchage. Excepté leur exiguïté, nos tentes sont plus confortables et surtout plus propres.

Pour l'ensemble des lodges, il n'y a qu'un seul cabinet de toilette, cloaque devrais-je dire. Mieux vaut donc éviter les heures de pointe. Il s'agit d'une petite baraque en planches, bâtie un peu à l'écart et on comprendra pourquoi. L'avant du plancher prend appui sur un rocher et l'arrière sur des pilotis. Un trou au centre, à condition de bien viser, permet d'apporter sa contribution à l'élaboration en contrebas, d'une pyramide flasque, stratifiée de couches de différentes couleurs, au gré des humeurs intestinales des trekkeurs de passage. Cela a au moins le mérite de dissuader les usagers d'occuper trop longtemps les lieux ; la place est vite libre pour le suivant.

La technique des refuges du mont Blanc a fait école, elle n'est pas plus élaborée. Lorsque j'ai fait son ascension après ce trek, mon portefeuille est tombé dans le trou des toilettes du refuge du Goûter ; il était fort heureusement enveloppé dans un sachet en plastique muni d'une fermeture à glissière. Je dois une fière chandelle au dynamique gardien du refuge qui est allé le récupérer. Par bonheur, si j'ose dire, la pyramide de déjections gastriques était gelée, ce qui a évité que mon portefeuille ne s'y enlise ; il a glissé en contrebas. Ce jour-là, j'ai eu malgré tout de la chance ; quelques mètres plus loin, il serait tombé dans un précipice. Lorsque je suis remonté au refuge dépité, j'ai fait part de ma mésaventure pour demander de l'aide alors que tout le monde venait de passer à table.

Catherine veut se faire un shampooing : elle demande aux cuisiniers de lui faire chauffer de l'eau. Comme il n'y a ni salle de bain ni lavabo, elle se lave les cheveux à l'extérieur. Je l'aide à se rincer en lui versant peu à peu de l'eau chaude sur la tête.

À 13 h 45, le repas nous est servi dehors, sur une table en bois équipée de deux bancs. Jacques fait quelques réflexions concernant le rythme de marche. Il voudrait toujours aller plus vite, toujours aller plus loin, faire plusieurs étapes en une journée. Je n'en vois pas l'intérêt, le trek a été planifié avec un certain nombre d'étapes.

Du fait de l'impossibilité de passer par le col du Mesocantu et à cause de l'éventuelle grève imposée par les maoïstes, nous rallongeons déjà assez les étapes et nous allons bien trop vite. Nous souhaiterions disposer de plus de temps pour admirer le paysage et faire des photos.

Jacques râle parce qu'il est obligé de nous attendre à la fin des étapes. Quelle est l'utilité d'arriver plus tôt pour attendre sur place le reste de la journée ? Il ne prend pas de photos ; nous nous demandons même s'il prend le temps d'admirer le paysage. Catherine ne peut s'empêcher de lui faire quelques réflexions acerbes. Jacques à son tour rétorque de manière désobligeante. Le ton monte entre eux deux. Catherine, de plus en plus irritée, se met en colère ; elle quitte la table brusquement et part faire des photos.

Une vive discussion s'engage à nouveau sur de déroulement des prochaines étapes. Nous ne savons pas si la grève que les maoïstes ont l'intention d'imposer le 23 est réellement maintenue. Nous savons qu'auparavant, ils avaient déjà fixé une première date qu'ils avaient ensuite reportée. Cela pourrait encore se reproduire cette fois-ci. Babul-Lal nous recommande de ne pas trop nous faire d'illusions, s'ils reportent sans cesse la date, ils risquent de perdre toute crédibilité. Cette fois-ci, la situation s'est durcie : ils sont plus fermes. Par précaution, nous devons considérer que la grève est maintenue. Nous avons déjà perdu trois jours en allant au lac Tilicho et actuellement nous sommes en train de faire le détour par le col de Thorung La et Muktinath, ce qui rallonge encore la durée du trek.

Nous sommes le jeudi 18 et nous devons impérativement prendre le car avant le lundi 22 à midi. Il ne nous reste que trois jours et demi de marche et nous devons encore parcourir une centaine de kilomètres dans les montagnes, soit presque autant que depuis le début du trek. Nous devons nous rendre à l'évidence : nous ne pourrons jamais arriver à temps à Birethanti, lieu du rendez-vous avec le car. Il nous manque une journée : nous devons trouver une solution. C'est ce qui explique l'énervement de Jacques.

Nous n'en voyons qu'une seule solution possible : changer d'itinéraire en fin de trek et rallonger considérablement les étapes. Après avoir examiné la carte, nous décidons d'un commun accord, mais à regret, de rallier Beni, la ville la plus proche accessible par voie carrossable. Nous n'avons pas d'autre choix. Elle sera notre nouveau point de rendez-vous pour rejoindre le car. Pour cela nous devrons bifurquer, sur la droite, après Tatopani dans la vallée à l'ouest de notre itinéraire initial.

Nous devrons impérativement trouver un téléphone, probablement à Jomosom, pour prévenir l'agence qui avertira le chauffeur de notre changement d'itinéraire. Adieu la vallée est, dont nous avions tant rêvé, entre Tatopani et Birethanti, en passant par Ghorepani. Adieu les fameux rhododendrons en fleur en cette saison, dont nous espérions faire de fort belles photos. Adieu l'ascension du Poon Hill et le lever du soleil sur les montagnes saisi de ce point de vue extraordinaire.

Malgré ce nouvel itinéraire, il nous reste encore à parcourir à pied, une centaine de kilomètres en haute montagne, en trois jours et demi. Il ne faudra pas traîner. Les étapes risquent de devenir de véritables marathons. Lorsque nous étudions la carte, nous sommes impressionnés et nous nous demandons si cela est bien raisonnable. Nous revoyons totalement la longueur de nos étapes pour pouvoir terminer le trek en si peu de temps.

Je comprends mieux la nervosité de Jacques qui ne veut pas rater l'avion pour Paris. En cas de nécessité, prendre un vol sur une autre compagnie nous coûterait plus du double et nous ne serions même pas certains de pouvoir obtenir immédiatement une place. Enfin, les billets d'Air Bangladesh ne nous seraient pas remboursés. C'est donc une éventualité à totalement exclure. Tant pis, nous n'avons pas le choix : la décision est prise. Il va nous falloir de la volonté et du courage, pour accomplir ces nouvelles étapes composées d'innombrables heures de marche. Nous espérons que la chance sera avec nous, que nous n'aurons à déplorer aucun incident et que nous tiendrons le coup.

Jean-Pierre et moi, profitons de ce que nous soyons tous réunis lors de ce moment de répit, pour filmer et photographier toute l'équipe népalaise, individuellement et en groupe. Nous voulons faire un trombinoscope afin de conserver un souvenir de chacun. Tous s'y prêtent dans la bonne humeur.

Ensuite, toujours avec Jean-Pierre, je fais une promenade sur le sommet qui surplombe le Thorung High Camp ; nous sommes à environ 4 900 m. De très nombreux cairns y sont érigés ; certains sont constitués d'un fragile empilement de pierres ajourées, ils me rappellent les dominos que je superposais deux à deux par étage, sur les côtés opposés d'un carré. Au sommet, des drapeaux à prières flottent sur une corde tendue entre deux branches, callées par des pierres.

Au loin, l'Annapurna I apparaît à nouveau ; il est coiffé, ainsi que le Chulu Ouest, d'énormes cumulonimbus. Nous les filmons et prenons des photos superbes. Lors de la descente, nous nous asseyons sur des rochers et contemplons sans nous lasser ce paysage grandiose qui s'offre à nous.

Nous devisons et philosophons longuement, sur les tracas et les mesquineries de ce monde qui n'ont pas lieu d'être, alors qu'il existe tant de beauté. Les merveilles de la nature peuvent se partager sans qu'il soit nécessaire de se les approprier. Il suffit de faire quelques efforts, de se donner la peine d'aller les chercher, de savoir les voir, de savoir les contempler, de savoir les apprécier et surtout de le vouloir. Durant de longs silences nous méditons et relativisons sur le sens de nos vies, l'importance de nos priorités ; l'absolu n'existe pas, tout n'est que choix et compromis. Nous pensons à nos familles, à nos amis, à ce que nous pourrions partager ou réaliser avec eux. Nous sommes en quête d'authenticité, de vraies valeurs.

Encore une fois la montagne se révèle propice à la contemplation et à la méditation.

Lorsque nous revenons au camp, un thé nous est servi à l'extérieur. Nous invitons un Canadien solitaire, fort sympathique, à l'accent à couper au couteau d'un paysan berrichon du XVIIe siècle. Nous échangeons nos expériences mutuelles et nos impressions sur ce trek, sur la montagne en général, ainsi que sur le Népal et ses habitants. Nous regagnons ensuite nos chambres. Nous faisons part à Catherine de la décision prise sans elle, de changer l'itinéraire et de rallonger les étapes. Elle n'a d'autre choix que de s'y conformer avec un manque d'enthousiasme indiscutable. Vers 19 heures, Shandra vient nous servir le repas : soupe, pommes de terre, pâtes, lentilles et riz mélangés, crème, thé. Nous mangeons assis sur nos lits.

Après le coucher du soleil, nous sortons photographier le ciel rougeoyant au-dessus de l'imposant Annapurna I. Shandra nous apporte trois tasses d'eau bouillie comme à l'accoutumée, pour nous brosser les dents, ainsi que deux bougies. Nous ne voulons prendre aucun risque, même en montagne, même pour nous brosser les dents, nous utilisons de l'eau bouillie. Notre test du purificateur d'eau à Tal ayant été peu convaincant, nous ne buvons que de l'eau préalablement bouillie. Nous ne savons pas de quelle manière elle a été captée et transportée.

Dès que j'ai fini d'écrire, je ressors avec Jean-Pierre admirer le ciel. Vu d'une altitude supérieure au mont Blanc il est sublime ; c'est encore une débauche d'étoiles, je ne me lasserai jamais de les contempler. Je ne l'ai jamais vu d'aussi haut, d'aussi près, comme si quelques milliers de mètres pouvaient rapprocher les années-lumière.

À l'horizon, au fond de la vallée par laquelle nous sommes venus, des flashes énormes zèbrent le ciel qui, là-bas, est noir. Les éclairs sont générés par des cumulonimbus démesurés qui surplombent tous ces géants de sept à huit mille mètres, encapuchonnés de blanc. Fait étrange, nous ne percevons pas le moindre grondement de tonnerre, les orages sont si lointains qu'aucun son ne parvient jusqu'à nous. Cela semble pourtant si près. Ce silence, ajoute au mystère et à la féerie nocturne.

Nous devons nous reposer, demain nous aurons une rude journée. Nous allons nous coucher, il est 20 h 40 ; la température est de moins deux degrés dans la chambre. À travers les trous de la porte et de la toiture, par moments je perçois encore de manière atténuée, la lueur tremblotante d'un éclair ; ce sera mon marchand de sable.

Chapitre 13

12e étape

Vendredi 19 avril

Thorung High Camp (4 850 m) ➔ Eklobhati (2 740 m)
Marche : 11 h 20 – Dénivelé : +566 m puis -2 676 m

La journée sera longue : nous nous levons à 4 h 15. Il fait toujours moins deux degrés dans la chambre. Nous avalons un rapide petit déjeuner apporté par Shandra. Nous partons à 5 h 15, éclairés par nos lampes frontales ; dehors il fait moins dix degrés. Le jour se lève peu de temps après. Je fixe la rondelle en plastique à l'extrémité de mon bâton de marche, pour qu'il ne s'enfonce pas dans la neige dans laquelle nous allons bientôt évoluer.

Nous entamons une montée exténuante qui va se poursuivre durant 2 h 45. L'ascension sera de 566 m à travers de très nombreux cols. Jacques et Gilles comme à l'accoutumée partent devant : nous ne les reverrons que de manière épisodique durant cette longue étape.

Après une heure de montée, pratiquement toujours dans la neige, je suis déjà à bout de forces. J'ai soif : je saisis ma pipette, j'aspire... rien. Elle est bouchée. Le tuyau en provenance de la gourde et la pipette elle-même sont complètement gelés. J'ai également le nez bouché ; je respire donc par la bouche. Mais, très vite, elle finit par devenir sèche. Je sens mes lèvres qui se craquellent ; j'ai l'impression d'avoir un morceau de carton à la place de la langue. Le fond de ma gorge se colle avec un arrière-goût de sang. J'ai de plus en plus soif. J'ai pris du retard pour faire quelques photos : je suis à la traîne.

Jean-Pierre se retourne et comprend que j'ai des difficultés. Je lui crie avec une voix éraillée que j'ai soif, ma pipette est bouchée. Il me répond : « Pas d'arrêt, on verra au sommet ! » Comment ça pas d'arrêt ? J'ai soif et le sommet est encore loin ! On verra au sommet ! Ça c'est la meilleure ! Et lui qui nous recommande de boire le plus possible, surtout en altitude ! Ça fait un bon moment que nous grimpons à plus de 5 000 m. Qu'est-ce qu'il a, à ne jamais vouloir s'arrêter lorsque je suis en difficulté ? On doit régler sa cadence sur celle du plus lent du groupe, de toute façon je n'ai plus de cadence, je suis pratiquement à l'arrêt.

Il doit croire que j'ai un coup de pompe car il me recommande de prendre des pastilles de glucose. Je m'exécute. Après tout, en suçant les pastilles, ça devrait me donner de la salive et ça ira mieux. Mais, sucer des pastilles de glucose en grimpant à plus de 5 000 m, le nez bouché, en respirant uniquement par la bouche qui a la consistance de l'amadou, est un exercice qui se pratique en apnée. Je suffoque ; je m'asphyxie. Pour en finir, je croque les pastilles qui se désagrègent dans la bouche en particules poudreuse ; c'est encore pire, je tousse, je m'étouffe. Jean-Pierre loin devant, me demande si ça va. J'essaie de répondre, mais tout est collé dans ma bouche, seul un filet de son éraillé filtre à travers les glaires enfarinées de résidus de pastilles de glucose.

N'entendant aucune réponse, visiblement inquiet, Jean-Pierre renouvelle sa demande en criant et en ajoutant : « Tu pourrais répondre quand on te parle ! » Je le hais ! Dans ces moments-là, je hais tout le monde. C'est incroyable comme ceux qui ont à charge de mener à bien une expédition ou un projet quelconque, soucieux de la réussite de l'entreprise et de la sécurité de ceux qu'ils ont entraîné avec eux, emportés par leur passion, à un moment ou à un autre, ont des réflexions ou des comportements qui nous paraissent odieux. Ce n'est fort heureusement qu'un sentiment éphémère, mais intense et incontrôlable.

Je m'écarte de la trace et saisis à pleines mains des poignées de neige vierge que j'avale goulûment. Je marche dans de la neige molle, je m'y enfonce jusqu'aux genoux, ce qui rend ma progression encore plus pénible. Durant toute la montée, je mange de la neige régulièrement. C'est délicieux, je n'ai jamais trouvé la neige aussi bonne. Mais rien ne vaut de l'eau, cette eau à laquelle nous ne faisons même pas attention tant elle nous est familière. J'imagine la sensation du fluide qui passe dans la gorge, nous hydrate, nous désaltère, nous rafraîchit et nous redonne vie. J'imagine différentes saveurs d'eaux minérales, je me représente le goût de différentes eaux pétillantes, le goût de sirops rafraîchissants de citron, de menthe. Je me revois en Provence, buvant un grand verre de pastis noyé, au désespoir des puristes qui le troublent à peine d'une larme d'eau. Je divague. Je repense aux quelques gouttes d'Anthésite que ma mère versait dans ma gourde remplie d'eau, quand je partais en excursion durant mon enfance ; je me désaltérais de ce breuvage bon marché au délicieux goût de réglisse.

Nous ne faisons toujours pas de halte. Ma gorge devient brûlante, je perçois de plus en plus un arrière-goût de sang. Nous marchons ; nous marchons. Je suis à la traîne ; l'écart avec les autres se creuse ; j'ai de plus en plus de mal à respirer ; je n'en peux plus. L'eau redevient une obsession : je délire. Comment ? Pas d'arrêt ! Pas avant le sommet ! Excédé, à bout de forces et de patience, je m'arrête ; j'ignore les autres. J'arrache ma cagoule ; je jette mon bâton, mes gants, je défais mon sac à dos que je jette aussi dans la neige. J'entreprends scrupuleusement une séance de « décroûtage » nasal ; je me mouche abondamment, puis tel un joueur de cornemuse, je souffle dans ma pipette, pendant qu'avec les mains je chauffe le tuyau en provenance de la gourde. Enfin ça y est ! L'eau arrive ! J'ai débouché tous les tuyaux : je peux respirer par le nez et j'ai de l'eau à boire. Je revis. J'ignore ce qui m'entoure : j'ignore le monde entier. Peu importe le sommet, peu importe l'effort à fournir encore, peu importent les autres ; c'est le bonheur.

Babul-Lal, inquiet, intrigué par mon comportement, me croyant sans doute atteint d'un délire dû à l'altitude ou de je ne sais quel trouble, rebrousse chemin et vient précipitamment à ma rencontre. Il me conseille de sortir mon deuxième bâton de marche et me propose de porter mon sac. Il insiste lourdement. J'ai du mal à lui expliquer mes déboires et à lui faire comprendre les raisons de mon attitude soudaine. Je ne vais tout de même pas me faire porter mon sac. Pourquoi ne pas me porter moi-même puisqu'il y est ! Ce col de Thorung La, je veux l'avoir en entier, je veux le franchir avec mon sac sur le dos, je veux le mériter. L'occasion de passer à plus de 5 400 m ne se renouvellera pas souvent. Une fois requinqué, rassasié d'eau et d'oxygène, je me remets en marche en compagnie de Babul-Lal.

Quelques instants après je rejoins Jean-Pierre qui m'attend avec Catherine et Shandra ; je lui dis sur un ton hargneux que je le hais. Cela l'amuse ; magnanime, il me dit que c'est tout à fait normal. Son flegme contraste avec ma rancœur et ma mine renfrognée. Je sens que j'ai l'air totalement ridicule. Je garde tout de même mon masque de mauvaise humeur : je n'ai pas encore envie de sourire.

Nous reprenons la montée et franchissons encore de nombreux cols ; cela me semble interminable. Vers la fin, à chaque col franchi nous avons l'impression que nous sommes arrivés, mais c'est toujours plus loin, encore plus loin ; c'est comme un arc-en-ciel, plus on veut s'en approcher plus il s'éloigne.

Catherine est devant moi ; elle m'épate toujours dans les montées. D'un pas lent, régulier, bien cadencé, penchant bien le buste en avant à chaque enjambée, elle progresse de manière sûre et imperturbable. C'est incroyable ce qu'elle est à l'aise dans les montées, alors qu'elle éprouve tant de difficultés dans les descentes.

Finalement à 8 heures, après un dénivelé de 566 m, au bout de 2 h 45 de marche nous arrivons au sommet, au col de Thorung La. Il fait toujours -10 °C. Nous découvrons subitement un autre versant, une nouvelle vallée, à perte de vue, au pied d'une chaîne de montagnes derrière laquelle se cache le Tibet. La vallée du Dolpo s'étire en bas sur notre droite. Face à nous, tout en bas, nous apercevons à peine la vallée verdoyante qui abrite le village de Muktinath, notre étape de midi. Sur la gauche après Muktinath, s'étire la vallée dans laquelle nous nous engouffrerons après avoir effectué un dénivelé négatif de 1 614 m. Son extrémité débouche sur l'entrée de la vallée du Mustang, celle des célèbres et valeureux chevaux.

Nous nous accordons une pause de vingt minutes pour savourer l'instant présent. Jacques et Gilles, sont probablement repartis depuis longtemps. En ce lieu perdu, un cairn a été érigé en face d'une cabane en pierre. Sur un poteau planté à son sommet, des fils tendus sont recouverts d'un enchevêtrement de drapeaux à prières. Nous posons pour quelques photos avec Shandra et Babul-Lal. Emmitouflés dans nos tenues de haute montagne, nous levons les bras tels des explorateurs ayant vaincu un sommet inexploré. Pour nous, il s'agit d'une victoire, une modeste victoire sur nous-mêmes.

Une fois reposé et désaltéré, je suis surpris de la facilité avec laquelle je respire à plus de 5 000 m lorsque je ne fais pas d'efforts. Je ne ressens plus aucun des symptômes dus à l'altitude : c'est grâce à l'adaptation de notre métabolisme, cela fait tout de même cinq jours que nous séjournons à plus de 4 000 m.

Mes déboires survenus pendant la montée font l'objet de quelques quolibets, mais la bonne humeur est revenue ; nous en rions tous. Après avoir ingurgité quelques barres énergétiques, nous sortons notre deuxième bâton de marche et attaquons la très longue descente vers Muktinath, pour un extraordinaire dénivelé de 2 676 m, jusqu'à Eklobhati.

Au début nous descendons dans la neige, ce qui nous vaut quelques glissades et dérapages qui ne sont pas du tout du goût de Catherine. La descente devient par moments très raide. Nous devons ménager nos genoux qui risquent d'en pâtir. Pour cela nous nous aidons de nos deux bâtons de marche. La technique pour nous retenir dans la descente n'est pas du tout la même que pour nous pousser dans la montée. Cela nous donne une démarche assez particulière.

Un homme et une femme de la région, chargés chacun d'un lourd doko, nous doublent d'un pas assuré, sans s'aider d'aucun bâton. Leur facilité me déconcerte. Quelle nécessité les pousse à franchir ce haut col pour passer d'une vallée à l'autre ? Est-ce le commerce, le besoin de s'approvisionner, une visite à leur famille ou à des amis sur l'autre versant ? Ils ne sont visiblement pas en ces lieux pour y faire du tourisme.

Après vingt-cinq minutes de descente assez éprouvante nous faisons un arrêt sur une plate-forme pour manger à nouveau quelques barres énergétiques. Nous remarquons un attroupement. Nous y retrouvons une partie de l'équipe népalaise ainsi que Jacques et Gilles. Cela est dû à une attraction peu fréquente dans la région. Un Américain essaie de prendre son envol en parapente. Il fait plusieurs tentatives, mais, une fois la voile gonflée, il renonce. Il attend que le vent soit favorable et suffisant. Jean-Pierre, qui a fait du deltaplane s'étonne qu'il ne s'élance pas en courant. Nous supposons que compte tenu du manque de densité de l'air, il ne veut prendre aucun risque. Nous attendons encore un moment puis nous repartons.

Au cours de notre descente, près d'une sorte de boutique en pierre, nous découvrons une famille abritée sous une toile tendue, assise en tailleur sur des tapis et des peaux de yack. Je ne sais pas si cet abri précaire est provisoire ou s'il leur tient lieu d'habitation.

Soudain, je vois des enfants radieux, sauter de joie et faire de grands signes en direction du ciel. Le parapente vient de prendre son envol. Ce ne doit pas être tous les jours qu'un tel spectacle s'offre à eux. Les adultes aussi, pointant le doigt vers le ciel avec de grandes gesticulations, commentent bruyamment l'événement. Nous non plus, nous ne sommes pas insensibles au plané de ce grand oiseau de toile dans ce panorama grandiose. J'envie cet Américain qui s'offre une expérience extraordinaire. Faire du deltaplane dans l'Himalaya, ce n'est tout de même pas banal. Nous le suivons attentivement du regard, jusqu'à ce qu'après bien des circonvolutions, il disparaisse près du sol à proximité de Muktinath. Je m'attendais à ce qu'il évolue beaucoup plus longuement dans ce panorama sublime. La faible densité de l'air explique certainement la relative brièveté de son vol. Ce trajet parcouru en une quinzaine de minutes par la voie des airs, va représenter pour nous plusieurs heures de marche laborieuse. Cela me rappelle le vol des aigles il y a une semaine, ainsi que les réflexions qu'il m'avait inspirées.

Tout au fond, sur la gauche, on aperçoit, pour la première fois, le Dhaulagiri (8 167 m). J'ai une pensée émue pour mon ami Lionel André, le fils du célèbre trompettiste Maurice André, qui s'est tué en montagne il y a maintenant une dizaine d'années. Lors d'une marche d'approche dans les Alpes, une plaque de neige s'est détachée sur sa cordée, elle a entraîné un bloc de glace qui lui est tombé dessus. C'était un ami, un être vrai, intègre, un amoureux de la montagne, toujours de bonne humeur ; il était venu gravir les pentes du Dhaulagiri quelques années auparavant. Une voie d'escalade porte désormais son nom dans le massif du mont Blanc.

Nous reprenons notre marche et allons la poursuivre pendant plusieurs heures. Peu à peu, nous finissons par perdre la notion du temps. Cette descente interminable est réellement éprouvante. Je commence à souffrir sérieusement des genoux. Heureusement que nous utilisons des bâtons de marche dans notre progression : ils nous aident à amortir notre poids. Jean-Pierre semble assez à l'aise ; il avance à son rythme et nous distance sérieusement. Catherine peine visiblement, elle a mal aux genoux également. Elle ralentit son allure de peur de forcer. En ce qui me concerne c'est l'inverse, si je retiens, c'est à ce moment-là que je force sur les genoux. J'utilise la même méthode que lorsque nous sommes repartis du camp de base du Tilicho. Je me laisse emporter par la descente à une cadence assez rapide, en me retenant tout de même avec les bâtons. Lorsque je prends un peu d'avance, je m'arrête et j'attends Catherine qui continue à progresser d'un pas prudent et régulier. Babul-Lal et Shandra, toujours très professionnels, ferment la marche.

Après avoir passé une ravine creusée par un cours d'eau intermittent, actuellement à sec, nous traversons un plateau rocailleux et finissons par arriver à l'entrée de Muktinat. C'est, dans tous les sens du terme, un haut lieu de pèlerinage qui abrite plusieurs temples hindouistes et bouddhistes. C'est une oasis de verdure perdue dans un désert de rocaille, encadré de montagnes. Il est temps que nous arrivions. Malgré l'aide de mes bâtons de marche, je commence à souffrir sérieusement des genoux, en particulier du genou gauche.

Nous sommes surpris de voir un hélicoptère descendre en direction des temples, se poser et repartir presque immédiatement. Nous retrouvons Jacques et Gilles devant l'entrée du premier temple. Babul-Lal va chercher quelqu'un pour que nous puissions le visiter. Il revient avec une femme, une prêtresse bouddhiste ; je ne savais pas que les femmes officiaient dans cette religion.

Nous retirons nos chaussures et entrons dans le sanctuaire. Comme à Braga, nous sommes autorisés à prendre des photos à l'intérieur du temple. Cette fois-ci, j'ai le flash avec moi. Je vais pouvoir m'en donner à cœur joie. L'intérieur est moins riche que celui du temple de Braga, mais il est aussi très décoré et non dénué d'intérêt. Dès la deuxième photo j'arrive à la fin de la pellicule. J'ai des problèmes pour enclencher la nouvelle pellicule, la roue crantée glisse sur les encoches et refuse de s'y accrocher. Je fais plusieurs tentatives sans succès.

Les autres ayant terminé la visite ressortent. La prêtresse me regarde faire d'un air étrange ; j'imagine qu'elle doit s'impatienter. Je n'insiste pas ; poliment, je la remercie et je sors à mon tour, après avoir glissé un billet dans l'urne près de la porte d'entrée. C'est encore raté ; pour les prises de vue dans les temples, je n'ai plus qu'à compter sur Catherine et Jean-Pierre.

En contrebas, nous atteignons un autre temple. Des jets d'eau jaillissent de la gueule d'une multitude de têtes de taureaux en bronze. Elles sont serties, côte à côte, sur deux murs perpendiculaires bordant le temple. Les fidèles en font le tour, toujours dans le sens des aiguilles d'une montre, en s'aspergeant les mains à chaque jet. Respectueusement, nous nous adonnons au même rituel ; nous avons ainsi meilleure conscience lorsque nous prenons des photos.

Un temple hindouiste est situé à proximité. On nous laisse pénétrer dans une cour intérieure, mais il nous est interdit de prendre des photos. Jean-Pierre, discrètement, d'un air faussement innocent, contemple l'architecture, la caméra en marche au niveau des hanches, jetant de temps à autre un rapide coup d'œil à son écran de cadrage.

En face, se trouve un petit sanctuaire dans lequel nous n'avons pas le droit de pénétrer. Sur notre droite, des fidèles assis par terre, les jambes croisées, lisent les prières des livres sacrés. L'un d'entre eux, dans une sorte de transe, les yeux à demi révulsés, rythme ses prières de balancements réguliers et rapides de son buste d'avant en arrière, un peu à la manière des fanatiques juifs ou musulmans.

Devant le temple, des sâdhus hirsutes au visage buriné, de type indien très prononcé, emmaillotés seulement dans une sorte de pagne, sont également assis jambes croisées. Ils nous contemplent dans la plus grande plénitude, d'un air béat, avec un sourire extatique, comme si les préoccupations de ce bas monde leur étaient inconnues. Peut-être ont-ils déjà la vision du nirvana.

Les sâdhus sont des ermites hindouistes qui pratiquent un ascétisme strict et ne possèdent généralement qu'un bâton, une cruche et une sébile, sorte de bol de bois pour recueillir les aumônes. On les considère comme des saints, menant une vie d'ascèse et d'errance avec, pour seul but, la recherche du salut ; ce sont des adeptes de Shiva. Ils répondent tous posément à nos salutations.

Derrière eux, de nombreux drapeaux à prières bouddhistes flottent, tendus sur des fils accrochés de manière désordonnée aux arbres et buissons environnants.

La tolérance des religions et le calme qui s'en dégagent donnent à ce lieu une atmosphère magique de mysticisme. Nous avons du mal à distinguer les temples hindouistes des temples bouddhistes, c'est peut-être dû au fait que cette deuxième religion est issue de la première.

Hindouistes et bouddhistes se côtoient dans une grande tolérance et une réelle entente mutuelle. Si seulement les autres religions de ce monde pouvaient en faire autant ! Ou plutôt, si seulement les hommes n'utilisaient pas les religions pour servir leurs intérêts et pour justifier des actes répréhensibles ! En définitive, toutes les religions prêchent la paix et la tolérance. Ce sont les hommes, les exégètes de tous poils, qui en font l'interprétation qui les arrange.

Cette ambiance particulière déteint sur les trekkeurs de confessions différentes, agnostiques ou athées, même si habituellement ils n'accordent pour la plupart que peu d'importance à la religion. Ici, tous font preuve également de beaucoup de respect et de tolérance. À la fois par déférence et par mimétisme, la plupart s'adonnent volontiers à certains rituels élémentaires.

Une constatation nous surprendra tout de même. Nous apprendrons par Gilles que des sâdhus ont débarqué tout à l'heure de l'hélicoptère que nous avons vu atterrir. À nos yeux, il existe tout de même un énorme contraste entre leur dénuement et les moyens de se rendre en pèlerinage en ces lieux. Il s'agit peut-être d'anciens riches convertis à l'ascétisme ou de réels sâdhus profitant de la générosité d'une personne fortunée qui espère la rédemption par une bonne action.

De nombreux pèlerins hindous sont vêtus de saris satinés aux couleurs chatoyantes et parés de bijoux. Les pèlerins bouddhistes semblent quant à eux beaucoup plus modestes et dépourvus de moyens. C'est un raccourci de ce que sont ces ethnies dans la société népalaise : la tolérance est grande, mais chacun est à sa place et y reste.

Babul-Lal nous conduit ensuite vers un autre temple qui est un haut lieu du bouddhisme. Nous traversons un endroit étrange qui ressemble, vu de loin, à un cimetière abandonné et en ruine. Une multitude de cairns, pour la plupart modestes s'élèvent sur cet espace aride comme des sentinelles du temple. Ils sont constitués d'un empilement de pierres, certainement bâtis par les fidèles, allant de quelques dizaines de centimètres à la taille d'un homme.

Si Muktinath est un haut lieu de pèlerinage bouddhiste, c'est que dans ce temple brûle en permanence une flamme sacrée. Elle provient de la combustion du méthane naturel qui s'échappe du sol en cet endroit précis. La flamme bleutée ressemble tellement à une banale flamme de nos cuisinières à gaz, que je me demande au premier abord s'il ne s'agit pas là tout simplement d'une supercherie. Mais le gaz naturel existe et, si celui-ci n'émanait pas du sol, il faudrait le transporter en de lourdes bouteilles qui finiraient par être remarquées des fidèles. Cela enlèverait toute crédibilité au caractère sacré du lieu.

Tout à côté, toujours dans le temple, une niche creusée à même le roc débouche sur un ruisseau souterrain dont on entend le murmure, ajoutant encore au mystère de ce lieu. Babul-Lal nous explique que lors de certains pèlerinages, de nombreux fidèles entrent en transe dans ce temple.

Bien qu'il nous ait été demandé de ne pas prendre d'images, Jean-Pierre bien rôdé à cet exercice, toujours d'un air désinvolte, caméra au niveau des hanches, comme si de rien n'était, filme méthodiquement tous les recoins du temple. Il y fait une forte chaleur. Babul-Lal qui semble ne rien remarquer, continue à nous commenter chaque détail, peut-être complaisamment. Plusieurs gongs suspendus n'attendent que les cérémonies pour émettre leurs puissantes et envoutantes vibrations.

Notre regard est attiré par une grande étoile juive à cinq branches brodée sur une toile suspendue au plafond. Renseignements pris auprès de Babul-Lal, elle a d'autres significations dont nous n'avons pas saisi les subtilités, mais n'a rien à voir avec le judaïsme.

Sur un tableau nous découvrons encore une scène d'accouplement de Bouddha. Comme dans la représentation que nous avions vue sur une pierre plate, il est assis en tailleur et la femme beaucoup plus petite, assise face à lui, lui enserre les hanches avec ses jambes. Tout compte fait... chaud lapin le Bouddha ! Après tout Bouddha, signifie : éveillé à la vérité...

À l'issue de notre visite, nous partons en direction du village de Muktinath[2], plus bas à quelques centaines de mètres. Nous sommes racolés par des marchandes de bijoux et de tissus artisanaux locaux. Elles ont installé leurs articles au bord du chemin sur des tréteaux. Leurs produits sont authentiques et réellement magnifiques.

Catherine cède de nouveau à la tentation. Il s'ensuit un marchandage intraitable et interminable ; elle finit par avoir gain de cause. Elle procède avec une

[2] J'apprendrai, bien plus tard, que Muktinath est uniquement le nom du lieu où se situent les temples et non celui communément donné à ce village à proximité, qui se nomme en réalité Ranipawa. Je continuerai à le désigner sous son nom usuel de Muktinath.

réelle assurance ; elle est vraiment très forte ! Elle négocie ensuite avec le même zèle quelques objets pour Jean-Pierre.

Depuis les suppléments à régler le jour de notre arrivée à Katmandou, je n'ai plus un sou ; je n'avais pas prévu assez. C'est avec un réel regret que je me vois contraint de renoncer à l'aubaine qui s'offre à nous. Catherine et Jean-Pierre ne peuvent pas me prêter d'argent, ils sont en train de racler le fond de leurs poches. Il est temps que nous atteignions Jomosom, ville assez grande pour posséder une banque.

Les marchandes essaient de me convaincre d'acheter leurs produits. Je leur réponds systématiquement d'un air désolé : *I'm sorry, I have no more money.* Les vendeuses prenant certainement cela pour une forme de marchandage et me considérant sans doute comme un fieffé radin, baissent de plus en plus leurs prix. Finalement, à ma manière, moi aussi je ne me débrouille pas si mal en matière de marchandage... sauf que je ne peux rien acheter. La scène se renouvelle à plusieurs reprises devant chaque nouvel étal.

Nous finissons tout de même par arriver sur la place de Muktinat qui offre un tableau pittoresque haut en couleurs. Nous apercevons une dizaine de femmes œuvrant avec habileté sur des métiers à tisser en bois assez rudimentaires. Les tissus de couleurs chatoyantes ainsi obtenus sont d'une réelle beauté.

Des fillettes accroupies font la vaisselle dans la rigole qui traverse la place. Visiblement leurs notions d'hygiène ne sont pas les mêmes que les nôtres. Derrière elles, en amont, un groupe de chevaux mustang aux harnachements colorés s'abreuve dans la même rigole. Des poules qui picorent aux alentours viennent y patauger.

Nous faisons une courte halte pendant que Catherine va acheter des pellicules photo qu'elle ne peut bien évidement s'empêcher de marchander. Jean-Pierre et moi sommes hélés en français par une voix fort sympathique à l'accent très reconnaissable. Il s'agit de notre jovial Canadien de la veille. Il nous souhaite bonne route de la fenêtre à l'étage d'une maison, probablement un lodge. Pour lui, aujourd'hui la marche s'arrête ici. Il nous apprend que Gilles et Jacques sont passés par-là il y a environ une heure. Ils n'ont pas dû trop s'attarder pour visiter les lieux.

Nous sortons de Muktinath à 14 h 20 ; nous n'avons toujours pas mangé. À quelques centaines de mètres du village, sur un petit promontoire poussiéreux au bord du chemin, nous nous accordons une courte halte de vingt-cinq minutes pour prendre notre repas. Il est composé de rations distribuées ce matin même par Babul-Lal. De nombreux pèlerins hindous passent sur le chemin en contrebas, en direction des temples.

Nous repartons à 14 h 45. Un grand plateau aride bordé de montagnes s'étend devant nous vers la région du Mustang. Sur la gauche, quelques femmes munies de pioches et de râteaux travaillent à la réfection d'un chemin.

Plusieurs kilomètres plus loin, nous traversons le village très pittoresque de Jharkot, bâti sur un piton rocheux. Excepté les nombreux drapeaux à prières qui émergent des toits, les façades blanches peintes à la chaux font penser aux villages du Maroc ou du sud de l'Espagne. Des enfants jouent accroupis dans un terrain vague ; ils nous regardent passer. À l'entrée du village, une rigole aux bords fangeux s'écoule au milieu de la rue.

Plus bas, dans une ruelle, nous croisons un Américain unijambiste qui fait le trek en sens inverse, en direction de Muktinath. Nous nous entretenons un moment avec lui et nous informons mutuellement de ce qui nous attend dans la suite de notre périple. Une prothèse maintenue par des lanières est fixée sur sa cuisse gauche ; elle est terminée par une lame flexible recourbée vers le haut, semblable à une spatule de ski. À aucun moment, il ne fait allusion à son handicap, qui semble ne pas en être un pour lui. Nous souhaiterions témoigner de cette leçon de volonté et de courage. Nous aimerions en conserver un souvenir visuel. Mais, sans nous concerter, la décence la plus élémentaire prend à nouveau le dessus et nous ne faisons aucune photo ni film de cet homme hors de commun.

Pendant notre conversation, une vieille femme attend poliment en retrait ; elle souhaite poursuivre son chemin dans l'étroite ruelle, mais n'ose pas passer entre des personnes en pleine discussion. Dès que nous nous en apercevons, nous nous écartons et lui faisons signe de passer. Après un échange de *namasté*, de salutations courtoises, elle nous remercie avec un large sourire en hochant la tête. Elle a un regard d'enfant, un regard d'enfant étonné d'avoir déjà vieilli. Quelle leçon de politesse ! Elle est âgée, elle est chez elle, dans son village, des étrangers sont sur son chemin et elle attend l'autorisation de passer pour ne pas perturber leur conversation.

À la sortie du village, nous remarquons plusieurs yacks empaillés sur le toit des lodges. Il s'agit peut-être de leur enseigne. C'est à la fois original et macabre. Darius Milhaud, qui a composé *Le Bœuf sur le toit*, en référence au cabaret parisien du même nom, aurait pu composer ici « Le Yack sur le toit ». L'expression

« faire un bœuf » utilisée par les musiciens pour désigner une séance collective d'improvisation, tire son nom de ce même cabaret.

Le vent se lève peu à peu et soulève de nombreux tourbillons de poussière dans cette région aride. Le plateau sur lequel nous progressons surplombe la Jhong Khola sur sa rive sud.

Quelques kilomètres plus loin, nous croisons plusieurs groupes de très vieilles femmes au teint de cuivre, le visage tanné et fripé par le soleil, par le froid et l'ingratitude du temps qui passe. Elles marchent laborieusement sous un soleil de plomb, luttant contre le vent, sur ce chemin poussiéreux interminable. D'où viennent-elles ? Où vont-elles ? Qui sait le chemin qu'elles ont déjà parcouru ? Les habitants des pays dits développés, les handicapés de la société que nous sommes, considèrent comme un acte sportif ce qui est, ici, le lot quotidien de la population, même la plus âgée. Ici, les gens vivent en symbiose avec la nature, ils s'adaptent jusqu'à ce que peu à peu la modernité prenne le pas.

Si par un revirement de situation extraordinaire, nous perdions toute notre technologie, nos compétences à l'adaptation au milieu naturel se retrouveraient probablement inférieures à celles de l'homme de Neandertal.

Nous croisons également des cavaliers sur de vaillants mustangs toujours au trot ou au galop. Ils sont originaires de la région en bordure du Tibet, à proximité de laquelle nous allons passer et dont ils portent le nom. Certains mustangs, utilisés en bête de somme, transportent des charges impressionnantes.

Nous rencontrons un troupeau de tahrs en liberté, ces chèvres tibétaines au long poil tombant. Elles essaient de tirer leur subsistance en broutant les maigres buissons épineux de cette région rocailleuse semi-désertique.

Je souffre de plus en plus du genou gauche, et je commence à boiter. J'appréhende la suite du périple. Il me faut absolument aller jusqu'au bout, coûte que coûte. Si la marche se révélait impossible, la solution immédiate serait de louer un cheval. Dans certains secteurs, l'évacuation ne pourrait se faire qu'à dos d'homme.

Catherine me prête une de ses genouillères qu'elle a utilisée par précaution pour effectuer la très longue descente depuis le col de Thorung La. Cela me soulage immédiatement et malgré une légère claudication, je peux poursuivre la marche sans encombre.

Nous croisons un homme qui transporte deux poutres énormes : elles doivent faire un poids considérable. Il se bat avec des efforts surhumains contre le vent qui a une forte prise sur les poutres : il est constamment déstabilisé. Nous ne pouvons rien faire pour l'aider ; nous ne pouvons que l'observer et compatir. Il poursuit obstinément son ingrate besogne et disparaît peu à peu dans les tourbillons de poussière, en direction de Muktinath.

Nous sommes intrigués par de grandes plaques blanches au loin sur la montagne, sur notre droite vers le Mustang. Est-ce du sel, de la silice, de la craie, du calcaire ? Nous apprendrons par Babul-Lal qu'il s'agit de gigantesques plaques de silice.

Nous observons dans cette même direction, au-dessus de la Jong Khola, deux aigles qui se chamaillent longuement dans le ciel entre des phases de plané majestueux.

Nous remarquons des svastikas, aux branches coudées vers la gauche, peints en jaune sur de grosses pierres au bord du chemin. Nous en avions déjà vu, gravés dans la roche, sur le chemin entre Manang et le lac Tilicho. De grands poteaux électriques en aluminium, constitués de trois longs tubes coniques emboîtés, bordent le chemin depuis Muktinath. Ces éléments sont acheminés un par un à dos d'homme. La ligne électrique est en construction ; aucun fil ne relie encore les poteaux. La civilisation est en marche, pour le meilleur et pour le pire, dans cette contrée reculée.

Le chemin bifurque, nous allons nous engager sur celui de droite, mais j'aperçois sur le sol une flèche faite de pierres assemblées en direction du chemin de gauche. Nous sommes les derniers, nous supposons que Babul-Lal a voulu nous indiquer la direction à prendre. Cela va s'avérer.

Nous arrivons peu de temps après au confluent de la Jong Khola que nous longeons depuis Muktinath et de la Kali Gandaki dont le nom signifierait « noire méandreuse ». Tout au fond sur la droite, se trouve Kagbeni, dans le lit majeur de la Kali Gandaki, avec son imposant gompa peint en ocre rouge. Le village est précédé, en aval, d'une oasis de cultures verdoyantes de quelques centaines de mètres. À cet endroit, l'ensemble s'étale sur la quasi-totalité du lit majeur de la rivière, ne lui laissant pour s'écouler qu'un mince passage contre la paroi rocheuse. Si une importante crue venait à se produire, je crains le pire pour Kagbeni et ses champs fertiles.

Ce village est considéré comme la porte du Mustang, région interdite en raison de sa proximité avec le Tibet. Ne peuvent y pénétrer qu'un nombre limité de visiteurs, munis d'une autorisation spéciale pour une durée limitée. Ils payent très cher et sont accompagnés d'un officier. Autrefois, avant 1991, même cette solution n'était pas envisageable, le Mustang était totalement interdit aux randonneurs.

Le royaume du Mustang (ou royaume de Lo), également nommé « le royaume interdit » était une enclave indépendante en territoire népalais, proche du Tibet par sa langue et sa culture. Depuis 1951, il dépend du Népal. L'abolition de son autonomie n'a laissé à son roi que des pouvoirs de chef féodal. En 1963, les Occidentaux ont découvert un monde étrange où on ignorait la roue et où l'on croyait que la terre était plane. Totalement isolé du reste du monde, ce désert d'altitude vivait encore au rythme des saisons et des réincarnations. En 2008, la monarchie fut abolie au Mustang par décision de la toute nouvelle république du Népal.

La Kali Gandaki est une rivière sinueuse, encaissée entre deux massifs de montagne. Elle serpente en méandres larges d'une dizaine de mètres ramifiés en de nombreux bras ; ils se rejoignent ensuite puis se séparent à nouveau, formant des anses sur le lit majeur qui s'étale sur plusieurs centaines de mètres.

Les montagnes aux alentours sont brumeuses et recouvertes d'épais nuages. On distingue au loin le Dhaulagiri, à l'ouest sur la droite, et l'Annapurna I, à l'est sur la gauche. Nous redescendons vers le sud.

Ces deux sommets mythiques ont été convoités par l'expédition de Maurice Herzog en 1950. Ce sont deux des quatorze sommets de plus de 8 000 m de la planète, tous en Asie. Le passage pour accéder au sommet du Dhaulagiri étant introuvable, l'expédition s'est alors rabattue sur l'Annapurna I dont le passage a été découvert in extremis et le sommet vaincu juste avant l'arrivée de la mousson. Ce fut le premier sommet de plus de 8 000 m vaincu par l'homme, mais au prix de combien de souffrances ?

Cette victoire fut le début d'innombrables drames à venir, puisque, à ce jour, la cruelle moyenne des himalayistes ayant succombé lors de l'ascension de l'Annapurna I est de 32 %.

Le Dhaulagiri dont le nom dérivé du sanscrit signifie « montagne blanche », ne sera vaincu quant à lui, que dix ans plus tard, en 1960, par une expédition suisse, conduite par Max Eiselin.

Nous descendons la vallée de la Kali Gandaki ; nous la surplombons sur un résidu de plateau qui s'amenuise peu à peu, jusqu'à ne plus former qu'un chemin balayé par un vent violent. Face à nous se dressent : le Nilgiri nord (7 061 m) et le Nilgiri sud (6 839 m). Nous surplombons Eklobhati, mais nous avons un doute, nous ne voyons aucun campement. Nous serions-nous trompés ?

Inquiets, nous empruntons le chemin qui plonge vers le village, il achève ce qui nous reste de jambes et de courage. Arrivés en bas, à notre grand soulagement nous rencontrons des Népalais de notre équipe ; ils nous apprennent que nous passerons la nuit en lodge et nous en indiquent le chemin.

Il est 17 h 30. Nous sommes partis ce matin à 5 h 15, nous avons marché durant 11 h 20. Nous avons dans les jambes un dénivelé positif de 566 m et un dénivelé négatif de 2 676 m.

Sur un muret, un jeune porteur souriant dépose le temps d'une courte halte sa charge constituée d'un empilement impressionnant de six poutres. Juste à côté, de gros rouleaux de câbles électriques sont entassés contre le mur. Ce doit être pour la ligne électrique en construction. Je songe que tout a été acheminé jusqu'ici à dos d'homme.

Nous entrons dans le lodge qui, comme souvent dans la région, présente une devanture attirante qui offre des prestations plus que sommaires. Les chambres sont acceptables, mais les douches et les toilettes sont infectes. Après un repas dans une salle spacieuse et une douche tiède dans un local repoussant, nous allons nous coucher exténués par cette très longue journée de marche. À 23 heures tout le monde dort. Comme d'habitude, je finis de rédiger à la lueur de la lampe frontale. L'électricité est déjà coupée depuis bien longtemps.

Je m'apprête à éteindre, lorsque Jean-Pierre m'appelle ; il ne va pas bien du tout, il a mal au ventre et a envie de vomir. Je monte à l'étage et essaie de trouver la chambre de Gilles pour lui demander la boîte à pharmacie n° 2. Je remarque sur la rambarde du palier, en haut de l'escalier, des vêtements qui lui appartiennent. Hésitant, je frappe à la porte qui est en face ; c'est la bonne. Il me donne les médicaments nécessaires.

En bas, on entend Jean-Pierre vomir dans les toilettes. Je le raccompagne ensuite dans sa chambre et je l'aide à prendre ses médicaments. Je me couche ; il est 23 h 55.

Chapitre 14

13e étape

Samedi 20 avril

Eklobhati (2 740 m) ➔ Kalapani (2 530 m)
Marche : 9 h 30 – Dénivelé : -210 m

Pendant la nuit, Jean-Pierre est très malade, il se lève à nouveau. C'est l'horreur : diarrhée, vomissements et saignement du nez. Il se rend plusieurs fois dans les toilettes immondes. Malgré son état et la saleté du lieu, il a la dignité de tout nettoyer avant de regagner sa chambre.

Nous nous levons à 6 heures comme prévu. La nuit n'y a rien fait, Jean-Pierre ne va pas bien du tout. Il ne peut pas se lever ; il veut rester couché et nous demande de partir. Il a l'intention de louer un cheval et de nous rejoindre lorsqu'il ira mieux. Il nous rappelle ce dont nous étions convenus : si l'un d'entre nous ne peut pas continuer le trek, il sera rapatrié sans que cela entrave la marche prévue pour les autres. Mais, maintenant c'est différent, ce n'est plus un trek ; c'est une fuite en avant, une course contre la montre pour attraper un car en temps et en heure, à cause d'une hypothétique grève. Habituellement, celui qui est rapatrié s'en va or, dans le cas présent, nous l'abandonnerions. Jean-Pierre s'entête, il veut que nous le laissions. Nous trouvons cela insensé, nous ne sommes pas du tout d'accord.

Je vais chercher Babul-Lal. Moi non plus je ne me sens pas très bien. J'ai également la diarrhée, mais je peux tenir debout. Nous essayons de nous remémorer ce que nous avons mangé la veille. Babul-Lal semble contrarié à l'idée que de la nourriture provenant de son cuisinier ait pu nous rendre malade.

Jean-Pierre réalise que ses ennuis ont de fortes chances de provenir d'une galette de blé germé importée de France. Cette galette était conditionnée en emballage stérile, sous cellophane. Il y a deux jours, après en avoir consommée la moitié, il l'a remise dans la cellophane pour le lendemain. Il a consommé la deuxième moitié hier après-midi, lors du repas au bord du chemin après Muktinath. Ce devait être un véritable bouillon de culture.

Quant à moi, je n'arrive pas à comprendre d'où peut provenir mon léger trouble gastrique, sans aucune mesure avec la virulence de celui de Jean-Pierre.

Le prochain village, Jomosom, se trouve à un peu plus de deux heures de marche. C'est un village assez important avec un aérodrome. Si Jean-Pierre arrive à l'atteindre, il pourra embarquer dans un avion qui le conduira en une demi-heure de vol à Pokhara. Il pourra ensuite regagner l'hôtel dans lequel nous avons retenu les chambres pour la fin de notre trek et, si nécessaire, se faire soigner. Nous en décidons ainsi et obligeons Jean-Pierre à marcher jusqu'à Jomosom. Il souffre, il tient à peine debout : c'est un véritable zombi.

Avant de partir, Jean-Pierre et moi achetons chacun une bouteille de Coca Cola, breuvage efficace lorsqu'on a des troubles gastriques. Nous n'avons pas le droit d'emporter les bouteilles, elles sont consignées. Je demande une bouteille d'eau minérale vide pour transvaser le liquide. La bouteille qui m'est apportée est répugnante. Je bois donc une partie du coca dans ma tasse qui contient encore un fond de chocolat et je verse le reste dans ma gourde, dans laquelle est diluée de la poudre énergétique au citron. Fameux mélange. Jean-Pierre qui a d'autres soucis, chaparde discrètement la bouteille qu'il a tout de même payée ; tant pis pour la consigne.

Nous rangeons toutes les affaires de Jean-Pierre pendant qu'il se tord de douleur le visage grimaçant, puis nous nous équipons pour le départ. Quel contraste avec le départ de la veille où nous avions tous : nos combinaisons d'altitude, passe-montagne gants, etc. Nous sommes maintenant en short et coiffés de chapeaux. J'étrenne celui que j'ai acheté il y a déjà six jours à Manang. Nous allons, peu à peu, redescendre vers un climat tropical.

Babul-Lal nous informe que les caméras et appareils photos sont strictement interdits à Jomosom. Il s'y trouve une base militaire et un aérodrome en état d'alerte depuis la rébellion maoïste. Il ne veut pas prendre de risques : il nous conseille de les enfermer dans nos sacs dès maintenant. Nous n'aurons donc aucune image de Jomosom ni de ses environs. Il nous apprend qu'ils seront soumis à un contrôle militaire assez strict.

Shandra prend le sac de Jean-Pierre. Je m'empare de la caméra et nous entamons la marche vers Jomosom qui va être un véritable calvaire pour Jean-Pierre. Il s'appuie au bras de Catherine.

Nous partons ; il est 7 h 15. Nous sommes estomaqués de constater que malgré l'état de Jean-Pierre, Gilles et Jacques sont partis avec Babul-Lal et les porteurs sans attendre personne, comme si de rien n'était. Nous descendons le long du lit majeur de la Kali Gandaki, dans la vallée qui conduit à Jomosom, toujours face à l'Annapurna I sur la gauche et au Dhaulagiri sur la droite. De nombreux cavaliers passent sur des mustangs, toujours au trop ou au galop.

Le spectacle de Jean-Pierre se traînant sur ce chemin, le visage crispé de douleur est affligeant. Il fait vraiment peine à voir ; j'admire son courage.

Je demande où est passé le bip, notre téléphone satellitaire ; il n'est plus sous les batteries de la caméra. Etant donné que ce matin nous avons dispatché les affaires de Jean-Pierre comme nous avons pu, qu'est donc devenu le bip ? J'apprends qu'il est parti à dos de porteur, glissé au fond d'un sac appartenant à Gilles. Comme jusqu'à présent ce ne sont que les porteurs qui ont été fouillés, j'estime que nous courrons un réel risque. Ce serait vraiment trop bête de se faire prendre avec le bip, alors que nous approchons de la fin du trek.

Nous venons de faire une bonne heure de marche depuis Eklobhati. Je décide de m'élancer sur le champ d'un pas rapide à la poursuite des porteurs qui sont partis bien avant nous. Qui sait, ils vont peut-être faire une pause ; je vais peut- être les rattraper avant Jomosom et pouvoir récupérer le bip. Je ne sais pas encore quel prétexte je vais invoquer ; aucun porteur ne doit savoir ce que nous transportons depuis le début.

Je sors mes deux bâtons de marche, donne le caméscope à Catherine et je m'élance à leur poursuite à vive allure. J'ai toutefois un léger sentiment de culpabilité vis-à-vis de Jean-Pierre que j'abandonne, malgré son état, avec Catherine et Shandra.

Je marche rapidement, soufflant, crachant, à la limite du point de côté dont je sens insidieusement se manifester les prémices. Mon allure effrénée, poussant sur mes bâtons de marche, le visage en sueur, le regard effaré rivé sur l'horizon, intrigue les autres voyageurs et les muletiers.

Je croise de nombreux pèlerins hindous en route pour Muktinath. Comme Jacques et Gilles sont partis avec les porteurs, je demande aux personnes que je croise si elles n'ont pas vu passer deux hommes avec le même chapeau que le mien. C'est un bon moyen de reconnaissance. Je finis par en trouver qui parlent un peu l'anglais. J'apprends qu'ils sont passés à peu près une demi-heure auparavant. J'accélère encore le pas : j'ai les mollets tétanisés. Peu à peu, l'écart semble se resserrer : ils ne me précèdent plus que d'environ dix minutes, mais je vois apparaître les premières maisons de Jomosom. Je ne me fais plus beaucoup d'illusions, je ne vais jamais rattraper les porteurs à temps et récupérer le bip. D'autre part, si j'y parvenais, dans Jomosom la manœuvre ne serait pas très discrète. Je risquerais d'attirer l'attention en transvasant d'un sac de porteur vers le mien, un objet étrange, juste avant un contrôle militaire. J'ai donc marché quasi au pas de course pendant une heure pour rien au lieu de rester auprès de Jean-Pierre. J'ai les plus vives inquiétudes sur une éventuelle découverte du bip lors du contrôle militaire. Je suis essoufflé, je suis en nage, j'ai mal aux mollets.

Dès l'entrée de Jomosom, sur la gauche, j'aperçois de nombreux militaires en armes, cela sent la ville de garnison ; bientôt je passe devant une caserne. J'atteins une bifurcation de la rue principale : sur la droite elle conduit à un pont qui enjambe la Kali Gandaki. Que faire, aller tout droit ou emprunter le pont ? Je décide d'aller tout droit. Je demande à un policier, à grand renfort de gestes et de mimiques, s'il n'a pas vu deux hommes avec le même chapeau que le mien. Sa réponse est affirmative ; il est visiblement ravi de me rendre service. Ils sont allés tout droit ; ils sont passés environ dix minutes auparavant et sont partis en direction de la poste dont il m'indique le chemin. Je m'égare ; la poste est située dans un renfoncement, je me renseigne à nouveau et reviens sur mes pas.

J'aperçois Jacques dans la cour d'un bâtiment ; j'y suis, c'est la poste. Gilles et Babul-Lal, sont entrés pour téléphoner : obtenir des nouvelles plus précises des évènements politiques et indiquer à l'agence de Katmandou notre changement d'itinéraire. Ils conviennent d'un lieu et d'une heure précise de rendez-vous avec le car.

Pour accéder au bureau de poste, il faut passer par une porte très basse, obligeant les usagers à se courber, comme pour faire acte de soumission à l'administration.

Le seul téléphone public de la région se trouve en ce chef-lieu administratif. Pour pouvoir l'utiliser, il faut patienter dans une longue file d'attente. Les touristes sont prioritaires et sont invités à passer devant tout le monde. Voilà encore une bonne raison de nous faire haïr, mais il n'en n'est rien ; ce peuple résigné, habitué au système des castes, alors qu'officiellement elles n'existent pas au Népal, semble admettre cet état de fait. Grâce à la présence de Gilles, Babul-Lal peut accéder immédiatement au téléphone tant convoité.

Bien qu'elle ne soit pas encore confirmée avec certitude, la probabilité de la grève reste forte. Le car viendra donc nous chercher après demain, vers midi, à Béni et non plus dans trois jours en fin de journée, après Birethanti, comme prévu initialement.

J'apprends que les porteurs sont partis devant, sur l'autre branche de la bifurcation ; à l'heure actuelle ils doivent être en train d'être contrôlés par les militaires. Pourvu qu'il n'y ait pas d'incident.

Guidés par Babul-Lal à travers un dédale de ruelles, nous allons à la banque échanger nos quelques dollars rescapés. Sur un mur de pierres mal jointes, un sobre panneau portant l'inscription « *bank* », peinte à la main sur une planche, nous indique que nous y sommes. Nous entrons dans une misérable cour intérieure où un Népalais de type indien, comme tous ceux que nous avons vus jusqu'à présent dans l'administration, nous donne un formulaire. Nous le remplissons dehors, à califourchon sur un banc. L'homme disparaît dans le bâtiment.

Quelques minutes plus tard, une majestueuse jeune femme, toujours de type indien, satisfaite de son embonpoint, enveloppée d'un riche sari coloré et couverte de bijoux, apparaît telle une vestale sur le pas de la porte. D'un air important, respectueusement mais sans un sourire, elle nous invite à entrer dans son temple. Après avoir rempli de nouveaux formulaires et que notre prêtresse a fait de savants calculs, puis méticuleusement vérifié nos identités, nous sortons enfin avec nos quelques dollars transformés en liasses de roupies.

Nous repartons. À cause de la bifurcation je crains de ne pas retrouver Catherine et Jean-Pierre. Gilles me fait remarquer avec justesse que le moyen le plus sûr de les rencontrer est d'aller à l'aérodrome. Nous revenons sur nos pas et tournons sur la gauche, dans la rue qui emprunte le pont devant lequel j'ai hésité tout à l'heure.

Gilles, ses roupies toutes fraîches en poche, se laisse tenter par les articles d'un magasin de souvenirs. Il ne peut s'empêcher de se lancer dans un long et ferme marchandage, dont seuls ont le secret ceux qui ont déjà voyagé dans les pays où les transactions de toutes sortes ne se font que de cette manière.

Je surveille la rue dans la direction par laquelle nous sommes venus et guette l'arrivée de Catherine, Jean-Pierre et Shandra. Je vois Catherine sortir d'un hôtel à l'opposé. Ils sont arrivés il y a environ une quinzaine de minutes. Jean-Pierre qui n'en peut plus, a l'intention de s'installer à l'hôtel en attendant un vol pour Pokhara ; Babul-Lal est avec lui.

Nous apprenons que les porteurs ont passé le contrôle militaire sans encombre ; le téléphone satellitaire n'a pas été découvert. Nous avons la chance d'avoir une équipe de quatorze Népalais, ce qui, à raison de quatre à cinq sacs chacun, représente un fameux barda à même de dissuader les militaires les plus zélés d'effectuer une fouille approfondie.

Je m'applique à couper une ficelle en la frottant contre l'arrête tranchante d'un muret. Elle me servira de jugulaire afin de ne pas perdre mon chapeau au passage des ponts suspendus toujours très ventés en leur milieu.

J'aperçois soudain un branle-bas au niveau de l'hôtel. Lorsque j'arrive sur les lieux, j'apprends qu'un avion va décoller immédiatement vers Pokhara ; Jean-Pierre est déjà parti accompagné de Babul-Lal et de Shandra. Nous nous dirigeons d'un pas rapide vers l'aérodrome. Dès que nous arrivons à proximité, nous entendons le ronflement sourd et puissant d'un avion au décollage. Un bimoteur à hélices d'une vingtaine de places s'arrache de la piste en terre, après avoir roulé sur une très courte distance. Il effectue une montée sous un angle d'incidence étonnamment fort, vire énergiquement sur la gauche pour éviter les montagnes et suivre la vallée de la Kali Gandaki, puis disparaît derrière les reliefs.

Jean-Pierre s'est envolé pour Pokhara ; cela a été extrêmement rapide. Pour les retrouvailles, rendez-vous a été donné dans deux jours au *Barahi Hotel* à Pokhara, nos chambres y sont retenues.

En trente minutes, il va effectuer le trajet qui nous demandera deux pénibles journées et demie de marche et 3 h 30 de car sur des chemins et des routes défoncés. Je songe au raccourci que représente la voie des airs ; il me vient à l'esprit les mêmes réflexions que lorsque j'ai observé les aigles puis le parapente. Juste en quelques jours j'ai eu un résumé symbolique de l'émergence du mythe d'Icare, jusqu'à son aboutissement : vautours, aigles, parapente, avion.

Je songe à la frustration que doit certainement éprouver Jean-Pierre à l'idée de ne pas terminer ce trek avec nous. C'est malgré tout un soulagement pour nous tous de savoir qu'il va pouvoir se soigner et se reposer. Privés de notre chef d'expédition, nous poursuivons notre périple sous un fort soleil.

À la sortie de Jomosom nous apercevons sur notre gauche le col du Mesocantu, derrière lequel se trouve le lac Tilicho où nous nous trouvions trois jours plus tôt. Si nous avions réussi à passer, nous aurions débouché ici, nous aurions donc trois jours d'avance. À cause de la grève annoncée, notre trek est raccourci d'un jour et demi. Ceci explique la longueur de nos étapes et notre changement d'itinéraire. Nous n'aurions pas vu la vallée de Muktinath et ses temples, mais nous aurions eu tout le loisir de passer par la vallée qui conduit à Birethanti avec sa forêt de rhododendrons géants en fleur.

Nous espérions aussi faire un crochet par le Poon Hill. De ce sommet de 3 200 m d'altitude, on jouit d'un des plus beaux panoramas au monde. Il offre une vue sur l'ensemble de la chaîne himalayenne centrale, dévoilant une formidable débauche de sommets de 6 000 m à plus de 8 000 m. On aurait pu apercevoir, d'ouest en est : le Putali Himal, (la montagne papillon) 7 246 m ; le Manapathi Himal, 6 380 m ; le Dhaulagiri IV, 7 661 m ; le Dhaulagiri I, 8 167 m ; le Tukuche Peak, 6 920 m ; le Dhampus Peak, 6 035 m ; le Nilgiri Sud, 6 839 m ; le Baraha Shikkar, 7 647 m ; l'Annapurna I, 8 091 m ; l'Annapurna Sud, 7 219 m ; l'Hiunchuli, 6 441 m ; le Machhapuchare, 6 993 m ; l'Annapurna IV, 7 525 m et le Lamjung Himal, 6 988 m.

Comme nous tous, si Catherine a choisi de faire ce trek, c'est notamment parce que cet itinéraire était prévu. La déception est telle qu'elle en veut à Babul-Lal et à Katia de l'agence de Katmandou ; elle les soupçonne de vouloir faire un maximum de bénéfice sur notre dos au détriment également du reste de l'équipe népalaise.

Ce qui fait surtout râler Catherine, c'est qu'elle a l'impression de s'être faite berner, que toute cette histoire de grève maoïste n'est qu'un prétexte afin d'effectuer le trek au même prix, avec deux jours de marche en moins, deux jours de moins à payer aux porteurs et la possibilité d'enchaîner plus rapidement sur un autre trek.

Ce sentiment est de plus en plus partagé par Jacques et Gilles. Le fait d'en parler, de ressasser sans cesse, transforme ce qui n'était que soupçon en certitude.

Pour ma part, bien que j'aie aussi quelques ressentiments concernant les suppléments dont nous avons dû nous acquitter à Katmandou, en particulier pour les deux porteurs que nous avons payés en plus, alors qu'au final nous en avons eu un de moins, je suis sceptique. Je n'écarte pas cette possibilité, mais elle reste à prouver. La rébellion maoïste est bien réelle et la grève, bien qu'elle ne soit pas encore tout à fait confirmée, n'est pas une invention.

Après trois bons quarts d'heures de marche, notre route est barrée par un affluent de la Kali Gandaki : le Padken Khola ; nous devons le traverser à gué. Shandra se déchausse, retrousse ses pantalons jusqu'aux cuisses et fait traverser Catherine en la portant sur son dos. L'exercice n'est pas aisé car le courant est fort et les galets sont glissants. Pendant que je me déchausse, il revient avec l'intention de me porter à mon tour ; malgré son insistance je refuse. Je suspends par les lacets mes chaussures à mon cou et traverse pieds nus le torrent, soulevant le bas de mon short tel une donzelle relevant son jupon ; l'eau est glacée. Déséquilibré par le courant et glissant sur les galets, je donne de grands coups d'épaule dans le vide pour me rétablir.

Les autres traversent comme moi pieds nus dans l'eau. Jacques préfère utiliser une autre méthode ; il repère plus loin en aval, un passage plus large mais moins profond. Il saute de pierre en pierre au risque de s'étaler dans l'eau, sous le regard amusé de Babul-Lal qui semble attendre la glissade avec plaisir. Mais non, soulevant une gerbe d'eau lors du dernier bond, il parvient sur l'autre rive, les pieds mouillés mais l'honneur sauf.

Des vaches ensevelies sous d'énormes charges de foin traversent le torrent en sens inverse. Elles progressent prudemment au milieu du courant. Elles sont suivies d'ânes et de chevaux qui transportent toutefois un fardeau plus modeste. Malgré cela, dans le torrent, ils ne sont pas plus à l'aise que les vaches. J'ose à peine imaginer ce qui se passerait si l'un de ces animaux venait à perdre l'équilibre ; entraîné par le courant, sous le poids de la charge, il ne pourrait pas se redresser. En période de crue, à cause de ces passages à gué, il ne doit plus être possible de transporter des marchandises.

Plus loin nous franchissons encore un torrent, mais cette fois sur deux troncs disposés côte à côte.

À 12 h 30, nous arrivons à Marpha, dont un stupa très moderne indique l'entrée. Il est maçonné et sa partie supérieure est constituée de marches sur quatre côtés, ce qui lui confère une allure pyramidale de temple inca. Nous traversons ce très joli village tout en longueur ; les maisons bordent la rue centrale. Elles sont constituées de pierres jointes, peintes à la chaux. Les boiseries : portes, fenêtres, corniches, sont ornées de motifs géométriques. Tous les toits sont recouverts de provisions de bois soigneusement aligné, dont pas une branche, pas un tronc ne dépasse. Les rues sont pavées de grandes dalles de pierre. Tout est coquet et soigné. Un grand stupa conique, taillé dans le roc, s'élève sur la falaise au-dessus du village ; il est également peint à la chaux, sa base est de teinte ocre. Un long escalier, dont l'entrée est bordée de moulins à prières, conduit à un monastère bouddhiste. Un lama en robe safran, assis tout en haut sur la dernière marche devant le temple, nous fait de grands signes amicaux.

Sur l'étal d'une boutique, j'aperçois un bracelet en turquoise massive taillé d'un bloc dans la pierre. Pour la première fois, je me lance dans un marchandage ; ce n'est, tout compte fait, pas si difficile et j'arrive à l'obtenir à un bon prix. Plus tard, Babul-Lal m'expliquera qu'il ne faut surtout pas avoir de scrupules à marchander, c'est ainsi que fonctionne le commerce de ce pays. Si on payait directement les prix demandés, les commerçants seraient, dans un premier temps, heureux de faire de bonnes affaires, mais nous déstabiliserions peu à peu l'économie locale ; le travail perdrait trop de sa valeur face à l'argent facile apporté par les touristes.

Dans la boutique d'un cordonnier, nous apercevons Babul-Lal, en chaussettes, assis par terre ; il fait réparer ses chaussures. Elles constituent en quelque sorte son outil de travail. Le cordonnier ne dispose pas d'établi comme en France ; il travaille comme tous les artisans au Népal, accroupi à même le sol au milieu de tout un attirail hétéroclite.

À la sortie de Marpha, à 12 h 45, des porteurs nous font signe ; ils nous invitent à entrer dans une cour donnant sur un jardin potager et à nous installer aux tables de l'auberge attenante pour notre repas de midi. Comme d'habitude un accord est passé entre les propriétaires des lieux et Babul-Lal. Le repas est toujours préparé par nos cuisiniers. Durant le déjeuner le ciel se couvre : le temps devient menaçant, des orages se préparent.

Catherine est plutôt morose ; elle est même par moments furieuse de devoir faire des étapes marathons afin d'arriver à temps à Béni. Ce qui comme moi la désole le plus, c'est ce changement d'itinéraire qui ne nous permet plus d'aller au Poon Hill.

L'orage menace de plus en plus : le tonnerre se fait entendre et des éclairs commencent à zébrer le ciel à l'horizon.

Catherine et moi décidons de partir immédiatement ; Jacques et Gilles préfèrent se reposer encore un peu. Pour une fois, nous partons avant eux. Un fort vent se lève brusquement. La marche devient rapidement pénible sous les rafales et la poussière. Il fait de plus en plus frais : nous nous couvrons en conséquence.

Nous longeons la rive ouest de la Kali Gandaki. Nous passons devant un lieu où l'on confectionne des poutres. Il n'existe aucun appareil à moteur thermique ou électrique : tout le travail se fait à la main. Au bord du chemin, des ouvriers accroupis taillent des troncs sur quatre côtés en retirant des copeaux avec une herminette, sorte de petite hache recourbée en forme de pioche. C'est ainsi, que passant d'une section circulaire à une section carrée, le tronc se transforme peu à peu en poutre. Les ouvriers ne cessent de bavarder avec un compère accroupi à côté d'eux ; il prend régulièrement le relais à l'herminette. Cette alternance à la tâche, accompagnée d'une conversation ininterrompue, semblent enlever tout repère au temps qui passe. Ainsi, les ouvriers se reposent et s'occupent l'esprit ; de cette manière, le travail se poursuit sans relâche des heures durant. Cela serait impensable en France. Nous n'avons pas la même notion du temps et tout est de plus en plus régi par la rentabilité. Ici, l'ingéniosité, le savoir-faire et la persévérance, priment sur la mécanisation, la productivité et le profit.

Plus loin, nous contemplons une sorte de monte-charge à flanc de montagne. Une nacelle métallique équipée de poulies est suspendue à un câble fixé sur de gros poteaux en bois profondément ancrés dans le sol. On ne devine aucun moteur, aucun mécanisme particulier. La nacelle doit probablement se hisser à l'aide de câbles tirés par des hommes ou des animaux.

Nous croisons à nouveau un porteur chargé de deux énormes poutres qui barrent toute la largeur du chemin. Il lutte contre le vent comme son confrère hier après-midi.

Nous contemplons, de temps en temps au bord du chemin, de petits massifs de fleurs rouges auréolées de blanc. De loin, on dirait des pétunias ou des géraniums. Ces massifs floraux apportent un peu de couleur à la grisaille qui s'installe.

Les cuisiniers avec tout leur bric-à-brac de cantine et leur lourd réchaud à pétrole nous dépassent d'un pas alerte. Je constate avec stupéfaction que le piolet qui sert habituellement à creuser nos latrines émerge de la hotte au milieu des casseroles et gamelles de toutes sortes. Si ce piolet est pour le moins insolite au milieu du matériel de cuisine, ce sont surtout des préoccupations d'ordre hygiénique qui suscitent mon inquiétude et ma désapprobation.

Nous croisons une caravane d'ânes. Ils transportent de grosses poutres relativement courtes d'environ un mètre. Elles font contrepoids suspendues deux par deux, une de chaque côté du bât. Je me demande à quoi elles peuvent bien servir.

Nous traversons le village de Tukuche où nous prenons à nouveau quelques photos. Il est plus petit que Marpha mais tout aussi coquet. L'architecture et les boiseries admirablement travaillées témoignent de la richesse de ce village. De gros fagots, ainsi que des troncs sont déposés au milieu de la rue pavée. Ils ne tarderont pas à rejoindre les alignements de bois entreposé sur les toits.

D'après la carte, nous savons que le Tukuche Peak surplombe le village, mais nous ne pouvons même pas le voir, il est noyé dans la brume.

Malgré quelques scènes pittoresques glanées par-ci par-là, l'ambiance est morose ; le temps et l'humeur sont au diapason. Nous pensons à Jean-Pierre qui peut se reposer et qui après tout ne rate pas grand-chose. Le paysage n'est pas extraordinaire, de plus nous n'en voyons qu'une infime partie ; les nuages bas et sombres constituent des œillères panoramiques.

Nous traversons ensuite de nombreux bras de la Kali Gandaki. La rivière s'effiloche en plusieurs torrents au courant vif, zigzaguant dans son large lit majeur. Ces traversées s'effectuent sur des ponts précaires constitués pour certains, de deux troncs branlants côte à côte à raz de l'eau. Ces ponts relient entre eux de minuscules îlots de galets. Certains sont créés artificiellement. Lorsque que le niveau de l'eau augmente, les ponts sont emportés puis reconstruits chaque année.

Un petit veau passe sans appréhension apparente d'un air résigné, au-dessus du courant impétueux sur deux troncs joints relativement élevés. Sa vie dépend de son sens de l'équilibre.

Plus loin, nous rencontrons deux fillettes devant le seuil d'une pauvre petite maison très basse. Les murs sont construits en pierres superposées non maçonnées et le toit est constitué de morceaux d'écorces. La plus jeune nous salue mains jointes, pendant que sa sœur aînée lui peigne méticuleusement ses longs cheveux noirs. Je leur offre quelques barres énergétiques, friandises toujours très appréciées des enfants de la région.

Nous marchons, toujours avec l'Annapurna I sur notre gauche et le Dhaulagiri sur notre droite. J'ai à nouveau une pensée pour Lionel André qui est venu sur les pentes du Dhaulagiri. Je foule ses traces. Je choisis méticuleusement dans le lit de la Kali Gandaki un galet que je graverai et déposerai sur sa tombe dans un petit village de Seine-et-Marne.

Il se met à pleuvoir ; nous passons devant de nombreuses cabanes précaires à fleur d'eau, elles sont reconstruites après chaque crue. Le mauvais temps s'installe ; il pleut de plus en plus fort ; l'horizon se rétrécit ; le paysage s'assombrit progressivement, notre moral aussi.

En cet endroit, le lit de la Kali Gandaki, n'est plus praticable ; nous sommes obligés de grimper à flanc de montagne, sur la rive gauche. Nous effectuons de nombreuses montées et descentes exténuantes, surtout pour Catherine qui broie du noir.

Peu à peu, l'austère montagne et son univers minéral cède la place à une végétation de plus en plus dense ; elle se couvre graduellement de conifères. Comparée à ce que nous avons vu jusqu'à présent, cette vallée ne présente pas un réel intérêt.

Nous croisons, une fois encore, un homme chargé de poutres. Comme l'étroit chemin qui surplombe la rivière serpente entre les arbres, celui-ci doit marcher sur le côté, tour à tour en croisant les jambes, puis à pas chassés. Il se contorsionne pour esquiver les troncs et les branches basses.

Nous passons, une fois encore, devant des zones de fabrique de poutre. Toujours selon la même technique : les troncs posés à même le sol sont taillés à coups d'herminette par plusieurs personnes en alternance, jusqu'à ce qu'elles obtiennent une section carrée. Ici la matière première ne manque pas ; espérons que la gestion de la forêt soit faite de manière cohérente. Excepté les troncs prêts à être transformés, nous ne remarquons aucun arbre coupé. La zone d'abattage doit se situer plus haut, sur les pentes.

Nous traversons de nombreux hameaux et petits villages. Leur modestie leur donne un air presque misérable comparés à Marpha et Tukuche.

Avec tous ces dénivelés le chemin semble interminable ; il est très éprouvant. J'ai de plus en plus mal aux genoux. Catherine est également très fatiguée. Babul-Lal et Shandra comme d'habitude donnent l'impression de faire une promenade.

Nous franchisons un grand pont suspendu sur la Kali Gandaki ; cela fait plus de quatre jours que nous n'en avions plus rencontrés. Dix minutes après, à la vue d'un village, nous pensons arriver au terme de notre étape du jour, mais nous ne sommes qu'à Kokhethati. Identifier les villages n'est pas toujours aisé : il n'y a aucun panneau indicateur, nous devons les repérer sur notre carte. Nous marchons encore pendant une demi-heure. Après avoir repassé la rivière nous arrivons enfin à Kalopani, qui signifie « eau noire ». Il est 18 h 30 ; nous sommes éreintés ; nous venons de faire 9 h 30 de marche.

À l'entrée du village je salue une femme du traditionnel *namasté* ; pour toute réponse, j'obtiens « mmm ». Un peu plus loin, je salue une autre femme qui me regarde fixement, sans me répondre. Cela nous surprend assez car jusqu'à présent les gens se sont montrés très avenants.

Plus loin un jeune homme m'interpelle en anglais et me demande : « D'où venez-vous ? » La fatigue aidant, croyant qu'il me propose quelque chose, je lui réponds : « Non merci. » Catherine amusée, me traduit « D'où viens-tu ? »

Je réponds : « Du tour des Annapurnas ». Je me ravise et réponds : « De Tukuche, de Jomosom ». Il semble surpris. Catherine qui n'intervient pas directement dans la conversation mais s'amuse de la situation me précise : « Mais non, de quel pays, de quelle nationalité ? » Enfin éclairé, je réponds laconiquement : « Ah !... *french !* » Satisfait de ma réponse, après ce dialogue de sourd, il me remercie, me sourit toutes dents dehors et s'en va. Cela a au moins eu pour mérite de dérider Catherine qui n'a montré durant tout l'après-midi qu'un visage renfrogné.

Nous arrivons sur notre lieu de campement. Nous avons le choix : tente ou lodge. Comme il pleut et que nous en avons assez de cette journée éprouvante, nous prenons un lodge à nos frais, pour un peu plus d'un euro par personne.

Nous apprenons que Jacques s'est fait mal à la cheville : il est tombé. Arrivé à l'extrémité du dernier pont suspendu, il a voulu sauter mais a glissé sur le sol mouillé. J'espère que cela ne va pas compromettre les dernières étapes ; Gilles le soigne.

Nous prenons notre repas vers 17 heures dans une belle salle à manger digne de celle d'un petit restaurant français. Nos cuisiniers nous concoctent un repas composé de soupe, pâtes, sorte de rouleaux de printemps, poires au jus et thé.

Jacques n'y tenant plus, propose d'entamer un des deux saucissons apportés de France par Jean-Pierre pour Katia. Comme nous avions oublié de les lui donner à Katmandou, ils ont fait le tour des Annapurnas, nous narguant de leur présence discrète au fond d'un sac de porteur. Jean-Pierre n'est plus là pour sauver ces malheureux saucissons de notre convoitise, comme il l'a fait à maintes reprises. Nous pouvons enfin satisfaire librement notre gourmandise, tout en ayant le sentiment de nous venger.

Nous avons tous mal accepté que Katia nous demande un supplément pour deux porteurs de plus, que nous n'avons jamais vus, donc pourquoi lui faire un cadeau ?

Nous mangeons allègrement un des deux saucissons, ainsi que le nougat que nous trouvons aussi dans le colis. Nous partageons notre larcin avec Babul-Lal, Shandra et les deux jeunes femmes qui tiennent le lodge ; tous se régalent.

Nous découvrons du jambon cru en tranches ; il est avarié, marbré de vert et persillé de moisissure blanche. Nous demandons qu'il soit jeté et nous insistons lourdement sur les risques d'intoxication. Le jambon est emporté soigneusement par les deux femmes pour être... jeté. Malgré nos mises en garde, nous craignons et avons la certitude qu'une fois ébouillanté ou cuit ce jambon avarié sera consommé.

Babul-Lal semble bien connaitre les deux jeunes femmes et paraît partager une certaine complicité, plus particulièrement avec l'une d'entre-elles. Des sous-entendus et des quolibets bon enfant fusent de la part de Jacques et de Gilles concernant la nature de leur relation. Ils prétendent que ce soir Babul-Lal ne dormira pas sous la tente.

Gilles distribue les rations restantes ; il donne des sachets de barres énergétiques à chaque membre de l'équipe népalaise.

Il est 21 heures, nous montons nous coucher. Nous allumons nos lampes frontales : nous n'avons pas eu d'électricité de toute la soirée : nous nous sommes éclairés à la lampe à pétrole.

Les toilettes sont beaucoup plus propres qu'à l'ordinaire, malheureusement la présence de la corbeille à papier hygiénique usagé, ternit cette impression de relative propreté. Avant de m'endormir, je consacre une bonne heure à la rédaction des évènements de la journée.

Dehors, il pleut à verse. Les porteurs dorment sous la tente.

Chapitre 15

14e étape

Dimanche 21 avril

Kalopani (2 530 m) ➔ Tiplyang (1 040 m)
Marche : 10 h 10 – Dénivelé : -1 490 m

Nous avons encore une longue journée de marche en perspective. Nous nous levons à 5 heures. Nous prenons notre petit déjeuner dans la grande salle où nous avons mangé hier soir. Les galettes de blé confectionnées sur place que nous avons tant appréciées au début du trek, finissent par nous écœurer. Gilles partage la même impression que moi : c'est sans doute dû à cet arrière-goût persistant de pétrole mal brûlé.

Dehors, le ciel est dégagé ; nous avons une vue grandiose sur les sommets environnants. Hier, lors de notre arrivée ils étaient masqués par les nuages et par la brume. Nous prenons des photos du lever du jour sur le Dhaulagiri et sur le Tukuche Peak.

Nous partons à 6 h 30, en tournant le dos au Dhaulagiri. Nous l'avons dépassé sans nous en rendre compte à la fin de l'étape d'hier. Nous descendons dans une vallée bordée de sommets hérissés de conifères.

Plus bas, nous traversons des villages aux maisons recouvertes de toits en bambou. Après le village de Lete, la descente devient raide, nous franchissons un affluent de la Kali Gandaki, la Lete Khola, sur un pont suspendu où il vaut mieux ne pas avoir le vertige ; il y manque deux plaques métalliques au sol. Les vides que nous devons enjamber d'un grand pas laissent voir le courant impétueux de l'affluent au-dessous de nous. Comme hier, nous n'en finissons pas de monter et de descendre sur les coteaux des collines qui bordent la Kali Gandaki.

Vers 10 heures, après 3 h 30 de marche, ayant atteint des altitudes plus basses, mais tout de même à plus de 2 000 m, le paysage change radicalement. La transition est quasi brutale. Les conifères cèdent la place à la forêt tropicale ; nous retrouvons des bambous et des bananiers. Aux abords et à l'intérieur des villages nous ne rencontrons plus d'étals de bijoux. Nous sommes entrés dans une vallée où la population de type tibétain a pratiquement disparue. Peu à peu, nous quittons la haute montagne.

À plusieurs reprises nous remarquons des toitures colorées : jaunes, oranges et rouges. Ce sont des légumes râpés et des piments qui sèchent sur les toits. Nous rencontrons de nombreux buffles qui vaquent sur le chemin. Les buffles d'Asie ont deux longues cornes massives pointant vers l'arrière contrairement à leurs cousins africains dont les deux cornes recourbées vers le haut sont soudées entre elles, formant sur le crâne, une masse compacte qui donne l'aspect d'un casque ou plutôt d'une perruque grossière avec une raie au milieu. Sur le seuil d'une maison, un vieil homme pèse des légumes avec une balance suspendue munie de deux plateaux.

Les ânes, rares en haute montagne, sont de plus en plus nombreux. Décidément, dans ces contrées, ils m'en veulent toujours et je me fais sévèrement bousculer à deux reprises sur des chemins étroits et abrupts.

Intrigué, je réalise soudain que nous entendons des cigales. Cela faisait déjà un moment que je percevais leurs stridulations, mais abruti par la marche et par la chaleur qui devient de plus en plus accablante, je n'en avais pas pris conscience. Leur chant est presque semblable à celui de nos cigales méditerranéennes, mais beaucoup plus rauque et grave. Catherine et moi ralentissons considérablement la marche pour essayer d'en apercevoir une. Au bout d'une bonne demi-heure de marche attentive, alors que nous commencions à désespérer, nous en repérons une sur une haute branche, puis deux puis trois... Elles ont une drôle de forme allongée et une couleur étrange. Je lance une pierre dans les branchages et lors de leur envol, je découvre des cigales aux ailes jaunes translucides, beaucoup plus développées que chez les nôtres. On dirait plutôt un vol de lourds papillons.

Après avoir descendu un chemin sinueux sur une forte pente, nous passons au pied d'une superbe cascade. Sur un muret à proximité, je photographie un gros lézard jaune orangé, au corps trapu, affublé d'une sorte de crête qui lui donne une apparence d'iguane. Catherine manifeste une certaine répulsion : elle préfère photographier les ânes.

Nous entendons à nouveau les chants d'oiseaux qui nous ont accompagnés deux semaines auparavant lors de notre ascension vers Manang.

En bordure du chemin, je découvre un moignon à chair rouge d'environ 50 cm de hauteur ; c'est un tronc d'arbre fraîchement abattu. Le bois mutilé est rouge. Est-ce de l'acajou ? Je n'en sais rien. C'est la première fois que je vois du bois de cette couleur.

La chaleur augmente : le soleil cogne sérieusement. Nous franchissons plusieurs ponts sommaires, constitués de planches posées transversalement sur deux troncs.

Après une longue marche dans la forêt subtropicale, avec une multitude de montées et de descentes éprouvantes et la traversée de plusieurs villages, nous arrivons exténués à Dana. Il est 12 heures ; nous venons de faire 5 h 30 de marche.

Dans un champ en contrebas, des femmes étalent du fumier qui est déposé en une multitude de cônes sur toute sa superficie. Chaque cône de fumier correspond au contenu d'un doko. Dans le champ de pommes de terre à côté, les plants sont disposés en quinconce et non en sillons comme chez nous. À l'entrée du village, deux buffles boivent sur le chemin dans une flaque d'eau formée par les orages de la veille.

L'architecture de certaines maisons témoigne d'une opulence aujourd'hui révolue. L'usage qui en est fait contraste étonnamment avec leur aspect extérieur. Ceux qui les ont faites construire ont apparemment abandonné ces lieux depuis fort longtemps. Bien que le Népal n'ait jamais été colonisé, elles ressemblent à des maisons coloniales abandonnées. Elles sont bâties en pierres jointes, parfaitement taillées, superposées comme des briques, mais sans maçonnerie apparente. Les boiseries de certains porches, portes, fenêtres et corniches sont ornés de motifs et de sculptures dignes de figurer dans certaines de nos églises gothiques. Plusieurs porches ornés et surmontés de tels chefs-d'œuvre servent d'entrepôt de bois ou de bergerie.

Tout le monde est occupé dans le village : il y règne une intense activité. Sur une plateforme, un vieil homme de type indien pèse des légumes secs sur une sorte de balance romaine qu'il tient suspendue, pendant que son collègue plus jeune fait un petit somme à proximité. À leur côté, quatre gros paniers en osier chargés de marchandises diverses sont reliés deux à deux par une barre transversale en bambou ; il s'agit de palanches qui permettent de transporter les charges avec des paniers à balancier, à la manière chinoise. Un homme vente du blé en le déversant d'un plateau qu'il tient à bout de bras au-dessus de lui sur un grand tapis en paille de riz tressée ; le vent sépare les impuretés du grain. Un autre homme au type tibétain, assis en tailleur, confectionne de grands paniers en osier : les fameux dokos à l'usage des porteurs. Un autre fait cuire des légumes secs dans une marmite posée sur un trépied au-dessus de quelques bûches incandescentes. Sous un porche, une femme file de la laine sur un tout petit rouet posé sur le sol. Un autre homme prépare l'armature d'un panier en osier. Tous travaillent à même le sol, assis en tailleur ou accroupis.

Des enfants s'amusent dans l'unique rue du village. Certains d'entre eux jouent, avec des pierres plus ou moins rondes, à un jeu semblable à notre pétanque. Des femmes, des hommes passent, transportant légumes, bois, blé et marchandises diverses. Un porteur fait une halte ; son fardeau est un énorme rouleau de plus d'un mètre cinquante de diamètre de gros tuyaux en PVC. Ce rouleau est fixé à un astucieux support en bambou, sur lequel est attaché le bandeau en tissus qui sangle son front.

Même les enfants transportent des marchandises, équipés de petits dokos à leur taille. Le doko sanglé sur le front est le moyen le plus utilisé, mais ceux qui sont de type indien se servent de palanches avec leurs deux paniers, l'un devant, l'autre derrière, suspendus à un balancier posé sur l'épaule. Ils vont tous pieds nus ou uniquement chaussés de tongs.

Quasiment à la sortie du village, comme hier, nous tournons à gauche dans une cour donnant sur un jardin et nous nous installons à la terrasse d'un lodge.

Gilles, arrivé bien avant nous, est en train de faire un petit somme. Jacques, qui à cause de la chute de la veille, a mal à la cheville, préfère poursuivre sa route sans manger. Il craint de ne pas pouvoir repartir après un repos qui à mon sens lui serait plus que bénéfique. Fidèle à son habitude, borné et résolu, il procède en force. Le repas est constitué de riz cantonnais, d'une sorte de choux crus croquants, sauce, galette constituée de crêpes superposées et thé.

Vraiment très exténué, après le repas je m'endors la tête reposant sur mes bras croisés sur la table. Catherine en fait de même et décrète qu'elle ne partira pas avant 13 heures. Gilles se lève et s'en va tout seul. Babul-Lal nous propose de partir dès maintenant, car nous avons encore une longue marche à faire ; il est 12 h 45. Shandra insiste également ; Catherine se fâche, elle veut se reposer. Babul-Lal visiblement contrarié part seul ; Jacques avec son mal à la cheville l'inquiète, il a l'intention de le rattraper.

Finalement, nous repartons dix minutes après. Des pigeons à proximité roucoulent à cœur joie. Plusieurs pigeonniers en bois sont fixés au mur sous la saillie de la pente d'un toit. Ce sont des caisses longitudinales à deux étages, contenant chacune douze ouvertures ; un rebord en bois permet aux habitants de cette cité miniature de s'adonner à leurs exubérants roucoulements sur le pas de leur porte.

À la sortie du village, nous croisons plusieurs porteurs transportant des poules vivantes rousses dans de grandes cages de quatre à cinq étages. Les pauvres gallinacés, suffoquant, les yeux ronds, la bouche grande ouverte, pointant leur langue effilée, tendent le cou à travers les barreaux pour ne pas étouffer durant leur ultime voyage.

Il fait très chaud ; de plus en plus chaud. Nous passons à gué un des affluents de la Kali Gandaki, sur lequel est tendu un câble équipé d'un siège fixé sur des poulies. Ce système de tyrolienne, simple mais astucieux, permet de passer en période de crue. Nous effectuons de très nombreuses montées et descentes toujours aussi éprouvantes sur les flancs des collines, de part et d'autre de la Kali Gandaki après l'avoir traversée sur de petits ponts branlants. Ils enjambent ses multiples ramifications au courant vif, serpentant au gré de leur fantaisie le long du lit majeur.

Le ciel s'assombrit peu à peu ; le tonnerre gronde au loin ; il est 14 heures. Comme lors des premiers jours, lorsque nous effectuions notre approche, il se met à pleuvoir en début d'après-midi. Nous enfilons nos imperméables qui enveloppent également nos sacs à dos, prêts à affronter un orage tropical. Nous poursuivons notre chemin d'un pas rapide. Il pleut de plus en plus fort.

À 15 heures nous traversons Tatopani ; nous passons sans nous arrêter devant des magasins qui tenteraient bien Catherine, mais nous sommes trop pressés ; nous avons à faire une longue étape, beaucoup trop longue. Les gens, bien à l'abri chez eux, viennent sur le pas de leur porte nous regarder marcher sous l'orage.

En sortant de Tatopani, nous nous engageons résolument sur la droite, dans la vallée vers l'ouest, en direction de Béni. Nous regardons avec regret l'autre vallée en face, notre itinéraire initial, en direction de Ghorepani et Birethanti. Adieu les rhododendrons en fleur, adieu le Poon Hill. Il pleut de plus en plus ; le paysage n'a rien d'extraordinaire ; le ciel est sombre ; l'horizon est barré ; nous ne pouvons pas prendre de photos, il n'y a pas assez de lumière et de toute manière, elles seraient sans intérêt. Nous pataugeons sur le chemin, l'eau ruisselle de toutes parts. La pluie s'acharne sur nous ; elle nous fouette obliquement. Malgré nos vêtements étanches, elle s'infiltre par la moindre ouverture : bientôt, je la sens dégouliner dans les manches, dans le cou, dans le dos et le long de mes jambes jusqu'à l'intérieur des chaussures.

Nous pensons à Jean-Pierre et nous nous demandons ce qu'il devient. De toute manière, il n'a rien manqué d'extraordinaire sur cette partie du parcours. Nous l'envions presque ; il doit être guéri, il doit visiter Pokhara. Il peut se reposer ; il ne marche pas comme un abruti sous une pluie battante, sur un parcours sans intérêt. Nos états d'âme sont à l'image du paysage et du temps : Catherine en particulier est d'humeur exécrable.

Nous traversons des plantations de bananiers lustrés par la pluie. Comme dans l'autre vallée deux semaines auparavant, les bananes sont d'une variété toute petite ; elles ne sont pas encore mûres.

Nous poursuivons nos montées et descentes à n'en plus finir sous la pluie diluvienne qui ravine le chemin. L'humidité devient de plus en plus pénétrante : mes sous-vêtements sont trempés. Mon genou va mieux, mais j'ai plein d'ampoules aux pieds, de plus en plus douloureuses. J'ai les lèvres gercées qui se craquellent, le nez rouge, pelé, les mains enflées et mes douleurs articulaires se manifestent à nouveau. À part cela tout va bien. Sur une équipe de cinq réduite à quatre, nous ne marchons plus qu'à deux. Des rigoles de plus en plus grosses s'écoulent à nos pieds. La brume s'accroche de plus en plus bas sur les reliefs. Le paysage est de plus en plus sombre, notre moral aussi.

Catherine est en colère ; elle trouve l'étape beaucoup trop longue ; le trek finit un jour et demi plus tôt que prévu et nous progressons dans une vallée affligeante, sans intérêt, sous des trombes d'eau. Nous avons l'impression que cette pluie ne finira jamais. Je marche devant ; j'atteins une bifurcation ; le chemin de droite me semble plus large et plus marqué, je le montre à Shandra resté en arrière. Avec de grands cris et gesticulations, il me montre celui de gauche : je m'y engage. J'entends à nouveau des cris à travers le crépitement de la pluie. Shandra accourt et m'explique que celui qu'il m'a montré était celui à ne pas prendre ; il faut aller à droite. Décidément, je ne comprendrai jamais sa logique, le sens de sa gestuelle et encore moins son anglais saccadé à la prononciation plus qu'approximative.

Catherine se fâche et lui demande combien de temps il nous reste encore à marcher. Il nous répond : « Bientôt, bientôt, vingt minutes environ ». Une heure après nous marchons toujours et Shandra ne cesse de nous dire : « On arrive, on arrive, encore vingt minutes ».

Contrairement à Catherine qui est furieuse, la pluie se calme peu à peu. Moi qui suis d'un naturel relativement calme, cela commence aussi à m'exaspérer.

Soudain, nous voyons accourir à notre rencontre deux porteurs qui nous proposent de prendre nos sacs. Babul-Lal les a envoyés, supposant que nous devions être harassés. Un des porteurs, Rakam Sing, saisit le sac de Catherine, l'arrachant presque de son dos. Je refuse de donner le mien ; si je vais jusqu'au bout de ce trek, c'est avec mon sac sur le dos. Non mais, qu'est-ce qu'ils ont tous à vouloir porter mon sac ! Le second porteur, Sudeb, est totalement désemparé ; il insiste lourdement prétextant que c'est son métier, qu'il a l'habitude, que cela n'est rien pour lui alors que pour moi cela demande un effort important. En fait, je comprends, il craint de se faire réprimander. Je suis obligé de le rassurer, de lui dire que j'expliquerai à Babul-Lal qu'il a fait le nécessaire et que c'est moi qui ai voulu garder mon sac. Catherine est d'une humeur massacrante : elle remballe tout le monde. Ces pauvres porteurs n'y sont pourtant pour rien ; ils font de leur mieux.

Après un bon quart d'heure de marche nous arrivons enfin à Tiplyang (1 040 m) ; visiblement Shandra devrait réexaminer son appréciation des distances et du temps. Notre lodge est situé à l'extrémité du village. Nous sommes entièrement trempés ; l'eau s'est infiltrée de toutes parts, même nos sous-vêtements sont imbibés.

Nous essayons de nous installer dans nos chambres ; il fait très sombre à cause de l'orage et comme d'habitude nous n'avons pas d'électricité. Des moustiquaires poussiéreuses, maculées de taches, sont tendues au-dessus de l'assemblage de planches que l'on appelle un lit. Nous avons la peau toute fripée et le froid a pénétré en nous. Que cela fait du bien de pouvoir se sécher et d'enfiler des vêtements secs ! Comme d'habitude, notre dévoué Shandra, préposé au thé, vient nous le servir au moment le plus inopportun. Nous avons tout un étalage de sacs et de vêtements, il ne sait pas où mettre son plateau dans la minuscule chambre encombrée, finalement il le dépose par terre dans le couloir.

Comme nous arrivons à la fin de notre trek, selon la coutume, les cuisiniers et les porteurs nous préparent un repas d'adieu. Ils se procurent cinq poulets vivants qu'ils expédient promptement. Pour cela, dans la cour, sous une sorte de préau, un porteur cale un long couteau, lame vers le haut, entre ses doigts de pied et accroupi, leur tranche le cou d'un mouvement de va-et-vient rapide, en les tenant par la tête et par la base du cou. Le sang gicle ; un seau d'eau jeté à la volée viendra effacer tout ça. Nous assistons désemparés, au passage de vie à trépas de ces pauvres poulets sacrifiés pour nous. Dur rappel à la réalité. Notre société nous fait oublier hypocritement que l'excellente viande dont nous sommes de plus en plus friands, provient d'animaux sur pattes, bien vivants. Leur transformation d'animaux en aliments, faite par d'autres, nous donne bonne conscience ou, plutôt, ne nous en fait prendre aucune.

Une fois les poulets transformés en aliments par les cuisiniers, nous passons sereinement à table. On nous sert les parties nobles : deux cuisses de poulet frites à la poêle chacun. Les porteurs se régalent avec le reste. Nous n'éprouvons plus aucune compassion pour ces pauvres volatiles ; nous les avons oubliés ; c'est excellent !

J'explique à Babul-Lal que tout à l'heure Sudeb a fait le nécessaire, mais que c'est moi qui n'ai pas voulu lui donner mon sac ; il est déjà au courant et me dit que c'est sans importance. Catherine et moi commandons une bière de 60 cl pour deux. Jacques en fait son affaire à lui tout seul. Gilles se contentera de thé.

Sur son petit réchaud à pétrole, le cuisinier accomplit des prouesses d'ingéniosité. Il confectionne un gâteau au chocolat, décoré avec des inscriptions d'amitié et de bienvenue au Népal ; il est excellent.

Babul-Lal nous sert de l'alcool de millet ; c'est un peu fort mais vraiment très bon. Jacques, ravi en redemande. Nous sommes réellement gâtés. Devant tous ces témoignages d'amitié et de sympathie, nous demandons à Babul-Lal de dire aux porteurs que nous avons pensé à eux, mais les cadeaux que nous avons apportés pour l'équipe, sont restés à l'hôtel, à Katmandou ; ils leur seront distribués à leur retour.

Nous apprenons que dans le dernier village que nous avons traversé, les maoïstes ont brûlé deux lodges. La situation commence à devenir inquiétante ; il est temps que nous rentrions. Il nous faut absolument rejoindre Pokhara demain, afin d'être certains de regagner Katmandou.

D'habitude, pour la soirée d'adieu, les Népalais chantent et dansent, mais ils s'abstiennent cette fois car les maoïstes sont dans le secteur ; ils ne veulent pas attirer l'attention. Babul-Lal a pu téléphoner à l'hôtel à Pokhara ; il nous apprend que Jean-Pierre va beaucoup mieux. Il viendra avec le car, nous rejoindre demain midi à Beni.

Avec la tombée de la nuit, il a cessé de pleuvoir. Avant d'aller me coucher, je vais faire ma toilette, ma lampe frontale rivée sur la tête, au fond de la cour où j'ai repéré un vieux robinet branlant fixé contre un mur. Je constate les dégâts sur mes pieds endoloris : mes plantes de pieds sont en chantier, des lambeaux de peau ramollis par la pluie se détachent de mes anciennes ampoules et s'arrachent avec les sparadraps réduits en loques. De nouvelles ampoules se forment sur ma peau fraichement renouvelée. On dirait dans un champ de bataille, des cratères en relief sur d'autres cratères.

La cabane à proximité qui porte l'inscription WC sur sa porte, exhale des relents pestilentiels. Sur le mur, j'aperçois une ombre furtive qui s'immobilise sous une fenêtre, il s'agit d'une araignée, noire, énorme ; le faisceau de ma lampe ne semble pas la déranger. Ma chambre est située juste au-dessus ; j'en ai froid dans le dos, bien que cette pauvre bête hideuse soit très certainement inoffensive. À nouveau, je suis intrigué par un arbre dont une branche mutilée laisse apparaître un bois rouge. J'ai l'intention de demander des renseignements sur cet arbre le lendemain, mais finalement je vais oublier.

Je monte me coucher ; il est 21 heures. Je suis étendu torse nu sur mon sac de couchage pour ne pas être en contact avec le matelas douteux. Au-dessus de moi pend lamentablement la moustiquaire poussiéreuse auréolée de taches ; j'ai une continuelle envie d'éternuer. Les chambres ne sont séparées que par quelques planches et une étagère commune, à travers laquelle on peut se voir et communiquer. Il fait très chaud, l'air est moite ; dehors, les grillons et les criquets s'en donnent à cœur joie ; Jacques les accompagne de puissants ronflements. Il est 22 heures ; tout le monde dort ; je finis de rédiger le résumé de cette journée harassante, à la lueur de ma lampe frontale. De toute la soirée nous n'avons pas eu d'électricité.

Je réalise qu'aujourd'hui, 15 avril 2002, en France, a lieu le premier tour des élections présidentielles. Mais actuellement, notre seule préoccupation est d'arriver à temps au rendez-vous avec le car. Hormis cet impératif, nous vivons hors du temps. Bien que nous ayons tous donné procuration à nos conjoints respectifs et, par conséquent, effectué indirectement notre devoir de citoyen, personne aujourd'hui n'a songé aux élections.

Chapitre 16

15e et dernière étape

Lundi 22 avril

Tiplyang (1 040 m) ➔ Beni (820 m)
Marche : 4 h 30 – Dénivelé : -220 m

Beni (820 m) ➔ Pokhara (780 m)
Car : 3 h 30 – Dénivelé : -40 m

Nous nous levons à 5 h 30, prenons un rapide petit déjeuner sur la terrasse et sans traîner nous partons à 5 h 55. Pour ma part je commence la journée, mauvais pied, bon œil. J'avance d'un pas hésitant : mes airbags ou plutôt, mes *waterbags* ampoulés aux pieds, me rappellent leur douloureuse existence. Je persiste jusqu'à ce que ma volonté de marcher et de finir ce trek soit plus forte que ma douleur. Une fois apprivoisée, diluée avec les douleurs musculaires et les désagréments de toutes sortes : fatigue, chaleur, soif, irritations, mal au dos… elle n'est plus qu'une incommodité parmi tant d'autres. Il n'y a aucune perversité masochiste à accepter cela ; nous ne nous l'imposons pas, nous le subissons. C'est la conséquence d'un choix ; c'est le prix à payer pour la moisson d'images et de souvenirs exceptionnels, bons ou mauvais, que nous venons d'emmagasiner. Ce sera à chacun d'entre nous de faire le tri entre le bon grain et l'ivraie.

C'est notre dernier jour de marche ; voilà malgré tout, une belle aventure qui s'achève. J'éprouve une grande satisfaction d'avoir pu accomplir ce périple hors du commun. Je devrais en éprouver de la joie pure, mais je ressens aussi une certaine amertume ; dommage qu'il y ait cette fin de parcours tronquée et précipitée.

Il est temps que cela s'achève ; le moral de mes camarades est au plus bas, persuadés qu'il s'agit d'une arnaque et que cette rébellion maoïste n'est qu'un prétexte pour finir le trek plus tôt, encaisser le même prix et payer les porteurs deux jours de moins.

Si tel était le cas, j'ai du mal à imaginer Babul-Lal complice de tels agissements. C'est une hypothèse envisageable, mais compte tenu des évènements qui se précipitent, de l'imminence de la grève imposée, j'en doute fort. L'avenir révèlera chez Babul-Lal, un être intègre, digne d'une grande confiance.

La présence de Jean-Pierre me manque ; lui qui est d'un naturel très optimiste et qui sait s'extasier devant les choses les plus simples de la vie, aurait réussi à nous dire et à nous faire voir tout ce qu'il y a de positif dans ce que nous avons fait, y compris ces derniers jours. J'aurais eu un complice pour évoquer tous les bons souvenirs et rire de nos petites mésaventures. Nous aurions tourné en dérision les moments difficiles et nous nous serions livrés comme d'habitude à des jeux de mots de plus en plus approximatifs qui n'amusent que nous.

Dans cette vallée, le paysage ne présente pas un grand intérêt. Nous marchons sur des chemins escarpés, défoncés par endroits. Nous poursuivons en mode « montagnes russes » effectuant une infinité de montées et descentes, parfois dans des secteurs quasiment impraticables. Qu'est-ce que ce sera dans quelques mois, quand la mousson ravinera à nouveau tous ces passages ?

Nous finissons par atteindre un chemin beaucoup plus confortable, sur lequel circulent de nombreuses caravanes d'ânes. Il s'en dégage une forte odeur âcre, écœurante, d'urine et de crotte.

Avec Babul-Lal, j'ai une longue conversation sans tabous, sur les systèmes politiques français et népalais, sur l'éducation, la religion, les ethnies, les castes, la vie sociale, les mariages, les enterrements etc. J'ai la confirmation d'être en présence de quelqu'un de très ouvert, érudit, faisant preuve d'une grande lucidité. Il a fait des études supérieures ; ses parents l'avaient destiné à devenir lama, mais il a préféré la liberté et, contre leur gré, est devenu sirdar c'est-à-dire chef d'expéditions en montagne.

Son grand-père qui était guide de haute montagne, est mort au cours d'une expédition sur l'Everest ; il s'est sacrifié pour sauver une cordée.

Nous croisons de nombreuses colonnes de militaires armés de très vieux fusils, mais aussi de quelques mitrailleuses, lance-roquettes et de *kalachnikovs*, dont nous reconnaissons le chargeur à sa caractéristique forme recourbée.

À 8 h 30, nous apercevons un attroupement à l'entrée d'un pont. Des militaires sont en faction sur celui-ci ; d'autres courent en bas le long de la rivière. Babul-Lal nous dit qu'ils sont peut-être en train de débusquer des maoïstes ; il nous rappelle qu'ils ont brûlé des maisons la veille dans un village à proximité. Gilles qui est arrivé au niveau du pont bien avant nous, nous dit qu'il a entendu des tirs d'armes automatiques.

Puisque nous sommes bloqués à l'entrée du pont par les militaires et que nous sommes là tous les quatre, j'en profite pour faire quelques photos et compléter mon trombinoscope. Nous avons tous les traits tirés, le visage buriné, le nez rouge et pelé et une barbe de quinze jours pour les hommes. Catherine, coquetterie féminine oblige, n'apprécie pas de se faire photographier dans cet état. Catherine a le nez rouge au « Népal », j'aime bien. De plus il « n'est pas laid », wahou ! Certaines fois je me claquerais. Dommage que Jean-Pierre ne soit pas là pour renchérir sur ce genre de calembours.

Le lieu est peut-être particulièrement mal choisi ; il ne faudrait pas que les militaires croient que je me livre à des activités d'espionnage.

Soudain, nous sursautons ; deux très fortes explosions provoquent l'effondrement d'un pan de falaise en contrebas. Je pense à un tir de mortier ; ils n'y vont pas de main morte pour débusquer les maoïstes. Jacques, en connaisseur, précise qu'il s'agit d'un tir de roquette. Je ne peux m'empêcher d'avoir une réflexion pour le moins égoïste, qui amuse mes camarades : « Pourvu qu'il ne nous esquintent pas le chemin ! »

Au bout d'un quart d'heure, les militaires nous laissent passer. Ça y est, la zone doit être « nettoyée », pourvu qu'il ne s'agisse que d'intimidation et qu'il n'y ait ni tués ni blessés.

Nous entamons tous ensemble, une montée sur un chemin complètement défoncé qui grimpe à pic, c'est presque de l'escalade. Elle est lente et fastidieuse ; on se bouscule tant il y a de monde.

Après avoir tourné sur la gauche, nous passons à ras de la falaise qui surplombe la rivière, à l'endroit où tout un pan s'est affaissé. Nous nous penchons avec précaution pour voir les dégâts causés par les tirs de roquettes ; nous craignons d'y découvrir des corps en charpie.

Nous apercevons des ouvriers équipés de pics, de pelles et de pioches qui extraient les débris du dynamitage de la paroi. Ils sont en train de construire un chemin en contrebas, qui remplacera celui totalement raviné que nous venons d'emprunter en surplomb.

Peu habitués à voir autant de soldats en armes dans un milieu relativement hostile compte tenu des circonstances, une sorte de psychose collective s'est emparée de nous ; notre imagination a construit un lien de cause à effet, sans aucun esprit critique.

Plus en avant, le paysage devient intéressant ; nous longeons de petites maisons aux toits de chaume, elles sont bordées de bananiers. En traversant des plantations, nous sommes tentés par ces toutes petites bananes ; elles nous semblent bien appétissantes. Nous passons devant une échoppe ; Catherine en achète deux. Après un moment d'hésitation, la femme qui nous sert, annonce un prix exorbitant pour le pays. C'est avec un sourire condescendant que Catherine, pourtant si âpre au marchandage s'exécute ; elle comprend que cette pauvre femme tente sa chance. C'est une aubaine pour elle, alors que cela ne représente pour nous, que quelques dizaines de centimes d'euros. Nous dérogeons aux conseils donnés par Babul-Lal au sujet du marchandage. Finalement, nous sommes déçus ; même ici en ayant la plantation à proximité, les bananes ne sont pas mûres. Nous aurions aimé goûter à de bons fruits ayant atteint leur maturité sur l'arbre ; tant pis.

Le chemin devient plus mauvais et poussiéreux ; nous rencontrons de nombreuses caravanes d'ânes. L'odeur de leurs déjections est omniprésente ; nous n'y faisons presque plus attention.

Nous croisons un impressionnant cortège d'hommes, peut-être une centaine à la queue leu leu ; ils forment une longue file ondulante comme des chenilles processionnaires. Ils transportent un gros câble déployé, d'une bonne centaine de mètres de long. Il servira sans doute à la construction ou à la rénovation d'un pont suspendu.

Je vois encore des hommes transporter d'immenses poutres, d'énormes rouleaux de tuyaux d'arrosage. Ce qui semblerait banal ou dérisoire sur un camion, prend à dos d'homme des proportions démesurées. Ici ce qui ne peut être transporté par les ânes se transporte à dos d'homme.

Un vieil homme est lui aussi porté sur un siège, dos-à-dos. Il règne un fourmillement de vie incroyable. L'activité est intense, tout le monde travaille, tout le monde transporte et pourtant tous ont le sourire. Au fur et à mesure que nous avançons, il y a de plus en plus de monde.

Soudain, Babul-Lal m'arrête et me désigne quelque chose en contrebas près de la rivière, toujours la Kali Gandaki. J'aperçois un attroupement autour d'un bûcher ; une civière est portée sur laquelle est étendue un corps recouvert d'un drap jaune safran. Aucun doute : il s'agit d'une crémation hindoue. Je souhaiterais prendre une photo, mais régler méticuleusement l'appareil en visant une scène de deuil, me paraît particulièrement déplacé et indécent. Je trouve un compromis ; je m'éloigne et effectue mes réglages à l'opposé, sur un objet quelconque, à peu près à la même distance que le bûcher. Je reviens et dérobe discrètement une image à la volée, puis dissimule mon appareil.

Tout un rituel que je ne comprends pas, se déroule ; des offrandes sont faites ; le drap safran est retiré, apparaît alors un drap blanc qui est retiré à son tour au bout d'une dizaine de minutes. Le corps du défunt apparaît : bras, jambes et torse nu ; il s'agit d'un vieil homme ; il est emmailloté d'un drap blanc autour de la taille.

Une sorte de curiosité morbide nous incite à attendre l'embrasement du bûcher, mais la cérémonie s'éternise ; nous devons repartir.

Un peu plus tard, nous remarquons un brusque contraste avec ce que nous avons vu jusqu'à présent ; des bulldozers et des pelles mécaniques agrandissent et aplanissent le chemin. Babul-Lal m'apprend qu'il est question de construire une route jusqu'à Jomosom ; plus tard, peut-être même jusqu'à Muktinath. La route, l'électricité à haute tension : le progrès est en marche.

Je suis déçu, comme lorsqu'on accède à un sommet après de longs efforts de marche et qu'au moment d'apprécier ce que l'on a vaillamment mérité, espérant jouir de la solitude et du dépaysement, on découvre une foule de promeneurs désinvoltes, venus de l'autre versant par une route ou un télésiège.

Pourtant, il faut bien qu'un jour ces populations aient une vie plus facile ; hélas certainement moins saine et plus corrompue.

Je m'imagine, revenant un jour au volant d'une voiture avec mes futurs petits-enfants, essayant de leur expliquer avec nostalgie, que ce que nous parcourons en quelques heures, nous a demandé autrefois de très longues journées de marche et recevant, pour toute réponse, un « ouais » d'incompréhension sur un air blasé.

À 10 h 30, après exactement 3 h 35 de marche nous arrivons à Galeshwor. Nous passons devant des étals rangés avec soin de fruits et légumes de toutes les couleurs. Babul-Lal nous invite à entrer dans une propriété, au milieu de laquelle est bâtie une grande maison de style néocolonial. Nous nous installons dans une véranda. Le mobilier est soigné ; nous sommes assis sur des chaises imposantes qui me font penser à des trônes ; la table est spacieuse ; c'est le luxe. Quel contraste avec ce que nous avons connu depuis quinze jours. Le repas nous est servi ; il est encore préparé par nos cuisiniers ; ils se sont installés dans le parc. On nous sert des sortes de croque-monsieur, du thon en boîte, du riz et du thé.

Les porteurs semblent impressionnés par le lieu ; ils paraissent moins à l'aise que d'habitude. Ils s'affairent autour d'un robinet dans le jardin : c'est la grande toilette, chacun se savonne, se fait un shampoing. Tout cela sent le retour à la « civilisation ».

Babul-Lal, à une table à l'écart, muni d'une calculatrice se livre d'un air concentré à un exercice de comptabilité. C'est le jour de la paye pour les porteurs. Shandra les appelle individuellement et leur distribue précautionneusement leur salaire, en comptant lentement les billets un par un. Apparemment certains porteurs ne semblent pas très satisfaits. Que d'efforts et de peines depuis quinze jours, probablement pour des salaires de misère. Sans doute ne restera-t-il presque plus rien à certains, après avoir réglé leurs dettes de jeu. Elles auront été contractées durant les longues parties de cartes, les soirs après chaque étape ou durant les deux jours de repos dont ils ont bénéficié. J'observe la scène discrètement.

À l'égard de l'argent, j'ai toujours remarqué de la pudeur et de la discrétion dans tous les pays. Il semblerait que seuls les Américains n'ont aucun complexe de ce côté-là. Ce que l'argent peut engendrer de vil, nous le qualifions pudiquement de cupidité, usure, arnaque, fraude, magouille, trafic, corruption ou tout simplement goût de l'argent, au service de la richesse et du pouvoir, au détriment des disparités sociales, de la pauvreté et de la misère.

Les Américains, avec une logique fataliste et implacable, pleine de cruauté et de candeur à la fois, utilisent froidement et sans complexe un mot, démoniaque et magique, empreint d'une cynique lucidité qui semble tout absoudre et supprimer tous les tabous à ce sujet : *business*. La fin justifie les moyens.

Nous repartons à midi ; nous savons que nous n'avons plus qu'une heure de marche, cela nous donne des ailes. De l'autre côté du pont, à une centaine de mètres de l'endroit où nous avons mangé, nous apercevons deux taxis Toyota tous terrains en piteux état ; ce sont les premières voitures que nous voyons depuis quinze jours.

Nous passons devant un de ces arbres étranges, un banian, avec ses nombreuses racines pendantes. En arrivant au sol, ces racines s'enfoncent et leur partie aérienne fait office de tronc secondaire duquel partent de nouvelles racines.

Heureusement que nous n'avons plus qu'une heure de marche. Que nous étions bien dans la montagne ! Sur ce large chemin bosselé, rempli d'ornières, défoncé par endroits, c'est l'horreur. Il fait chaud ; chassant les mouches, nous nous frayons un passage dans la poussière, en zigzagant entre les incessantes caravanes d'ânes et les voitures brinquebalantes et pétaradantes qui forcent le passage à grands coups de klaxon. La poussière et les émanations des gaz d'échappement, mêlées à l'odeur âcre des déjections des ânes nous prennent à la gorge.

Je n'ai toujours pas sympathisé avec les ânes népalais : ils m'en veulent toujours. L'un d'entre eux se met en travers et me barre le passage. J'essaie d'avancer latéralement, à pas chassés, entre lui et un de ses congénères ; il se retourne alors brusquement et m'assomme d'un vigoureux coup de tête, (c'est dur une tête d'âne) me projetant sur l'âne voisin qui dans la foulée me gifle d'un violent coup de queue au visage. Quelle gifle ! C'est une coalition de la gent équidé ! Maintenant j'en ris, mais sur le moment j'ai maudit tous les ânes de la création.

Mes mésaventures avec les ânes ne datent pas d'aujourd'hui. Pourtant, je les aime bien les ânes, ils ont une bonne bouille et un regard qui attendrirait les plus endurcis. Mais, ce sont eux qui ne m'aiment pas.

Lorsque ma fille était petite, je lui ai fait faire une promenade à dos d'âne dans les Alpes ; j'ai passé une heure à repousser désespérément la tête de l'animal qui durant tout le parcours essayait obstinément de me mordre.

Une autre fois, j'ai loué un âne dans les Pyrénées pour ne pas avoir à porter ma fille jusqu'au cirque de Gavarnie. Il m'a ridiculisé, refusant d'avancer, pattes tendues en avant, croupe bien en arrière et pour couronner le tout, j'avais même droit de temps à autre, à quelques braiments tonitruants, cela durant tout le chemin à l'aller. Au retour en revanche, j'essayais de le retenir, mais il me traînait ; j'ai été obligé de courir tout le long. Nous avons fait le bonheur des autres touristes.

Après une heure passée à faire du gymkhana entre les ânes et à jouer au torero pour esquiver les voitures, nous arrivons à Beni. Il était temps, ce nom est de circonstance.

Sur les marches d'une terrasse, devant une maison, j'aperçois un barbu avec un chapeau, l'air réjoui, caméscope au poing. C'est Jean-Pierre ! Il est venu à notre rencontre avec le car. Nous sommes heureux de le retrouver en bonne santé et l'embrassons tous. Il est intarissable : il ne cesse de nous poser des questions, de nous raconter des anecdotes et de nous faire part des rencontres qu'il a faites durant deux jours à Pokhara. Je suis content : sa bonne humeur communicative me manquait. Quand il n'est pas au-dessus de 3 500 m, Jean-Pierre est quelqu'un d'adorable ; c'est aussi un véritable boute-en-train.

Il nous apprend qu'il a dû insister pour retenir le chauffeur jusqu'à treize heures. Celui-ci est visiblement très inquiet pour son car ; il veut absolument rentrer au plus tôt à Pokhara. La grève va avoir effectivement lieu le lendemain : il n'y aura plus aucun car pour Katmandou. Nous avons réservé nos places dans un avion pour rejoindre la capitale après-demain matin, mais les porteurs vont rester bloqués à Pokhara.

Jean-Pierre nous raconte ses deux jours passés à Pokhara. Avec un peu de diète et du repos, ses troubles gastriques ont disparu d'eux-mêmes. Il s'est ensuite aventuré dans la ville. Il a fait la connaissance d'un réfugié tibétain qui vend des souvenirs devant l'hôtel. Il s'est hasardé à faire une promenade à cheval, mais au cours d'une halte son cheval s'est enfui : il a dû rentrer à pied. Il nous raconte que lors d'un repas pris à l'hôtel, il a observé une famille de type indien dont le chef de famille, véritable *pater familias*, appelait le personnel avec un certain mépris en claquant des doigts.

Par ses récits et en nous montrant des images sur son caméscope, il nous donne un aperçu de Pokhara. Une scène assez insolite montre un psylle c'est-à-dire un charmeur de serpents. Il joue sans discontinuer sur un instrument à vent, un pungi. Celui-ci est constitué d'une calebasse comportant une anche simple du coté par lequel on souffle ; elle est prolongée du côté opposé par deux morceaux de bambou : un bourdon à son unique et le tuyau de jeu, percé comme une flûte. Le psylle effectue la respiration continue, dite aussi respiration circulaire. Pour cela, il souffle d'abord normalement, tout en emmagasinant de l'air dans ses joues, puis pendant qu'il expulse cet air dans l'instrument, il inspire par le nez, puis reprend son expiration normale, ainsi de suite. Le naja, appelé aussi cobra à lunettes, émergeant d'un panier en rotin, en posture de défense, déploie sa coiffe, exhibant ainsi ses lunettes dessinées derrière la tête ; il oscille en permanence et semble envoûté par la musique, mais en réalité, il suit les mouvements balancés de l'instrument.

Ensuite, quelqu'un filme Jean-Pierre pendant qu'on lui dépose quelques pythons autour du cou. Il semble embarrassé et surveille d'un air méfiant son écharpe de reptiles. On lui demande de l'argent pour retirer les serpents ; à la stupéfaction des badauds, Jean-Pierre, sans hésiter, saisit les pythons à pleines mains et les rend à leurs propriétaires.

Jean-Pierre nous conduit jusqu'au car. Il est resté de l'autre côté de la rivière, pour ne pas avoir à faire un grand détour par la route. Nous franchissons notre dernier pont suspendu au-dessus de la rivière qui traverse le village.

Nous sommes engagés à un quart du pont, lorsque nous voyons apparaître à son extrémité une caravane d'ânes qui s'y engouffre. Catherine et Gilles sont déjà passés. Jean-Pierre et moi, prudemment, rebroussons chemin, mais Jacques qui était avec nous, comme d'habitude, décide de passer en force. Le pont suspendu est très étroit : seulement deux personnes peuvent s'y croiser. Un seul âne avec sa charge en travers en occupe toute la largeur. De plus le pont n'est pas rigide ; bien que stabilisé par des câbles tendus, il oscille dans tous les sens. Jean-Pierre et moi assistons alors, pour notre plus grand bonheur, à une scène épique.

La lutte acharnée de Jaques contre les ânes a quelque chose de sublime. Il s'impose, force le passage, esquive les ânes, se fait projeter par les charges sur la rambarde, recommence, se fait encore propulser en arrière, s'obstine, essaie à nouveau de passer en force, pousse avec son ventre généreux, avec ses mains, se campe sur ses jambes ; il se surpasse. Nous l'entendons proférer des jurons ; il se transcende ; il tape sur les flancs de ces pauvres bêtes, leur donne des coups de poing sur la tête, insiste encore, puis, finalement, de sa démarche chaloupée, parvient victorieux à l'autre extrémité du pont.

Après le passage des ânes, une fois le calme revenu, Jean-Pierre et moi nous nous engageons tranquillement sur l'étroit champ de bataille.

Nous arrivons sur la partie de Beni située de l'autre côté de la rivière. Sur une place en contrebas, des centaines d'ânes attendent que se forment les caravanes ; c'est sans doute le point de ralliement de tous les transporteurs. J'ai ma dose d'ânes pour le reste de mes jours.

Après avoir traversé des ruelles sales et encombrées de détritus, nous arrivons sur une place haute en couleurs. Les boutiques regorgent de vêtements multicolores et d'ustensiles divers. Ce sont des sortes de bazars où l'on trouve de tout. La place et les magasins grouillent de monde. Sur les cars décorés de motifs chargés et de couleurs chatoyantes, des hommes s'affairent à entasser toutes sortes de bagages. En temps normal, les cars sont bondés ; j'imagine ce que cela va être aujourd'hui, veille de la grève d'une semaine imposée dans les transports. Heureusement que nous avons affrété un car pour nous et les porteurs. Après avoir chargé tout le matériel de l'expédition, environ une heure après nous partons pour Pokhara, au grand soulagement du conducteur.

À la sortie de Beni, des militaires arrêtent le car et font monter d'office un des leurs en civil. Il part en permission ; nous lui faisons une place. Il dépose son sac dans l'allée centrale et s'installe sans dire un mot. Est-ce la coutume ? Apparemment le conducteur n'a pas le choix : il doit accepter gracieusement le permissionnaire.

Nous entamons un trajet d'une soixantaine de kilomètres à travers un chemin à peine carrossable. La route qui lui succède, dans certains secteurs, n'est pas plus reluisante. Par endroits, elle a été emportée par des glissements de terrain, puis recreusée sur les remblais de la coulée, formant ainsi une courbe artificielle de terre et de pierre, qui se tasse et s'affaisse peu à peu. Les roues du car passent au bord du vide sur ces zones instables : ce n'est pas très rassurant. Le manque de moyens et la mousson qui ravine tous les axes routiers à chaque saison ne permettent pas d'améliorer le réseau.

Nous avons tout le loisir d'observer des paysages sublimes. Toute une série de vallonnements, de cultures en terrasses, de champs de maïs et de rizières se profilent jusqu'à l'horizon. La douceur de ces paysages galbés, l'étagement de ces rizières aux contours arrondis, contrastent avec la grandeur et l'austérité de la montagne.

Nous faisons trois heures et demie de route sous la canicule, pour parcourir une soixantaine d'interminables kilomètres ; nous arrivons enfin à Pokhara. Nous faisons une halte sur une grande esplanade poussiéreuse encombrée de monde : c'est la gare routière. Des dizaines et des dizaines de cars sont garés en désordre, comme enchevêtrés. Je suppose que ce rassemblement est dû à l'imminence de la grève. Notre chauffeur descend s'entretenir avec un de ses confrères. Le soldat permissionnaire toujours aussi peu loquace s'en va sans rien dire. Nous repartons quelques instants plus tard.

Dès notre arrivée à l'hôtel Barahi, nous sommes assaillis par les vendeurs ambulants, auxquels nous précisons que nous n'avons besoin de rien. Nous les informons que nous avons déjà tout ce qu'ils nous proposent. Ils décident toutefois de tenir le siège et de retenter leur chance lorsque nous sortirons, même si cela doit durer des heures. Ils n'ont pas la même notion du temps que nous : ils ne sont jamais tenus par des horaires. Ils savent que tôt ou tard leur patience finira par payer, même si le résultat est aléatoire et infime.

Vu de l'extérieur, l'hôtel ressemble à un véritable palace. Nous sommes accueillis par du personnel en grande livrée : uniforme et épaulettes. Ils saisissent promptement nos bagages et nous conduisent dans un superbe hall. En face, une piscine et un jardin méticuleusement entretenus, nous laissent présager de ce que seront nos chambres. Je rêve de prendre enfin un bon bain et de m'y prélasser.

Je partage une chambre avec Jean-Pierre ; nous avons chacun un grand lit. Je ne tarde pas à déchanter ; la chambre est propre certes, mais la moquette est racornie, les fenêtres disjointes, la peinture écaillée. Je m'apprête à prendre un bain, mais un trou dans le carrelage à côté des toilettes, me fait comprendre que je devrai me contenter d'une douche. La chasse d'eau ne fonctionne pas ; toutefois, on a pris soin de ranger un seau en plastique sous le lavabo. Après l'avoir rempli, nous projetons l'eau dans la cuvette. Nous devons nous estimer heureux : nous n'avons pas l'infecte corbeille à papier usagé à proximité. Quel contraste avec la livrée du personnel, le hall d'entrée, la piscine, le jardin ! Qu'importe le contenu, pourvu que le paquet ait fière allure !

Catherine, Jean-Pierre et moi sortons faire une promenade dans Pokhara ; Gilles et Jacques sont déjà partis. À peine la porte de la cour franchie, nous sommes à nouveau abordés par les vendeurs ambulants que nous avions oubliés, mais qui nous attendaient patiemment. Nous finissons par leur acheter quelques menus souvenirs. Leur persévérance finit toujours par payer : la preuve en est faite.

Jean-Pierre et moi, sommes hélés par un barbier qui exerce au regard de tous, dans un petit magasin ouvert sur la rue. Ayant remarqué nos barbes de quinze jours, il a flairé deux clients potentiels. Sachant qu'il travaille au sabre, nous ne tenons pas à nous faire raser avec une lame qui a peut-être tailladé la peau d'autres clients ; nous le remercions. Il fait claquer dans le vide une paire d'énormes ciseaux noirs, dignes de ceux que l'on utilisait autrefois pour tondre les moutons dans les ranchs australiens.

Dans la rue principale, nous découvrons une multitude de magasins de toutes sortes ; Catherine jubile. Nous rencontrons Jacques et Gilles en plein marchandage ; nous nous joignons à eux. À notre tour nous nous y mettons. On nous propose une grande diversité de bijoux ; nombreux sont en argent, sertis de pierres semi-précieuses : lapis-lazuli, jade, turquoise, œil de tigre, importés du Tibet et corail rouge importé de Chine. Ici, les gens font la distinction entre Tibet et Chine, alors qu'officiellement, le Tibet fait partie de la Chine après sa brutale invasion et son annexion par la toute nouvelle République populaire en 1950 et 1951. Nous pouvons acheter toutes sortes d'armes blanches, richement décorées : couteaux népalais, couteaux tibétains faits de baïonnettes, épées, poignards. Nous découvrons aussi de nombreux instruments de musique népalais appartenant à chacune des familles : cordes, vents, percussions. Dans d'autres magasins il est possible de nous approvisionner en tissus, vêtements, tapis et thangkas. Nous nous apercevons après marchandage, que leurs articles sont cédés à des prix plus avantageux que ceux des vendeurs ambulants ; ils viennent peut-être s'approvisionner ici.

Nous passons d'un magasin à l'autre pour comparer les articles et les prix. Comme il faut systématiquement marchander, cela prend beaucoup de temps, mais nous y prenons un réel plaisir ; les marchands parlent anglais et se montrent aussi curieux que nous sur les coutumes de nos pays réciproques.

Chacun d'entre nous repère les bonnes affaires qu'il va éventuellement réaliser. Malgré tout, si nous voulons faire aboutir nos marchandages, les quelques dollars échangés à Jomosom ne seront pas suffisants ; nous devons nous réapprovisionner. Nous allons, tous les cinq, retirer de l'argent à un distributeur automatique. Ce privilège est réservé essentiellement aux touristes, peu de Népalais possèdent une carte de crédit.

Pendant que nous nous entretenons, occupés à retirer de l'argent, nous remarquons Catherine un peu à l'écart ; elle pleure. Nous essayons de connaître les raisons de son chagrin, espérant pouvoir lui apporter une consolation mais, pudiquement, elle se détourne. Dans ce genre de situation, je me suis toujours senti empêtré, je voudrais pouvoir réconforter et aider mais, dès que je parle, je suis mal à l'aise et je ne dis que des sottises. J'ai l'impression que les autres ne sont pas plus doués que moi pour cela. Nous la laissons tranquille quelques instants. Elle nous apprendra qu'elle vient de téléphoner en France. Fabrice, son mari, est à l'hôpital. Il a été agressé à Paris ; il a reçu un coup de batte de base-ball au genou et a été opéré. Jean-Pierre et moi connaissons bien Fabrice, il fait, comme nous, partie de la musique de l'Air, il est trompettiste. Nous sommes donc également affectés par la nouvelle ; nous essayons de nous rassurer et de consoler Catherine avec les habituelles considérations raisonnables. Maladroitement, nous lui faisons remarquer que ses jours ne sont pas en danger, que la chirurgie réparatrice fait aujourd'hui des miracles et qu'après une bonne rééducation, il n'y paraîtra plus rien. Dans ces cas, nous essayons toujours de nous convaincre que le pire aurait pu arriver, afin de minimiser l'évènement et de dédramatiser la situation.

Nous poursuivons malgré tout la visite de Pokhara. Je suis surpris de voir, de temps à autre, des hommes passer se tenant par la main, doigts entrecroisés. Est-ce que ce pays serait beaucoup plus libéral que les pays occidentaux ? L'homosexualité n'y serait pas un tabou ? Les hommes s'y promènent ainsi, librement, sans choquer personne d'autre que les touristes bien-pensants que nous sommes ? J'en fais part aux autres ; cela amuse beaucoup Gilles qui connaît cette coutume. Il m'apprend que dans les pays orientaux, les amis se tiennent ainsi par la main, le plus naturellement du monde, sans qu'il y ait la moindre ambiguïté.

Toujours dans la rue principale, j'observe un barbier qui se livre à une étrange activité : elle semble bien éloignée de sa profession d'origine. Après tout, autrefois nos barbiers étaient bien chargés d'effectuer les saignées ; ils furent à l'origine de la profession de chirurgien qui était méprisée par les médecins.

Ce barbier masse longuement la nuque et le dos d'un client, torse nu, assis à califourchon sur une chaise, la tête appuyée sur ses bras croisés, posés sur le dessus du dossier. Il commence avec douceur, puis peu à peu devient plus énergique. Ensuite, il passe ses bras sous ceux de son client, joint les mains en croisant les doigts à hauteur de sa nuque et d'un mouvement sec fait entendre de sinistres craquements osseux. Il finit en douceur par une application d'huiles essentielles.

Pendant que je fais mes emplettes, en observant les scènes de la rue, je m'égare et ne retrouve plus les autres. Je déambule seul, au hasard de mon humeur du moment, dans les rues de Pokhara.

C'est une des plus grandes villes du pays, bâtie à 780 m d'altitude, elle est peuplée de 255 000 habitants dont 15 000 Tibétains. Le développement du tourisme et la vogue du trek ont considérablement contribué à son expansion. Jusqu'en 1968, elle ne connaissait pas l'électricité. Les berges du lac Phewa, dans la partie sud-ouest de la ville, sont une promenade très appréciée ; le panorama grandiose sur toute la chaîne himalayenne et la vie bon marché en font un lieu de villégiature privilégié.

Ma flânerie me conduit sur les berges du lac Phewa ; il est superbe, parsemé d'îlots arborés entre lesquels sillonnent des barques nonchalantes. En arrière-plan, les collines s'étagent dans une perspective harmonieuse ; au fur et à mesure qu'elles se rapprochent de l'horizon elles se teintent de bleu comme les paysages des tableaux de Cézanne.

En revenant vers l'hôtel, je passe devant une de ces plates-formes de pierre communes au Népal, un chautara ; il cerne un banian, aux racines pendantes.

Je suis impressionné par une vache sacrée en pleine méditation sur cette plate-forme. C'est un zébu, facilement identifiable par sa bosse au-dessus de la nuque. Je la reconnais et je me replonge dans mes souvenirs d'enfance : c'est la vache sacrée de Tintin au Tibet ! Celle que, bien malgré lui, le capitaine Haddock a chevauchée à l'envers. Je suis troublé par le regard de cette vache, bien campée sur son piédestal dans une posture altière, les cornes dressées comme celles d'un taureau camarguais. Son museau et ses yeux noirs, comme s'ils étaient maquillés, contrastent avec son pelage luisant beige d'une extrême propreté. Ce n'est pas le regard débonnaire de nos bonnes vieilles vaches, placides et résignées. C'est un regard intelligent, interrogatif qui semble percer les mystères de l'existence. À moins qu'elle exprime simplement le plaisir que lui procure l'ombrage du banian.

De retour à l'hôtel, Catherine et Jean-Pierre m'apprennent qu'ils sont allés boire un grand jus de fruits dans un magasin où l'on presse sur place toutes sortes de fruits exotiques. Apprenant que l'hôtel offre un service de laverie, je fais laver toutes mes affaires sales pour l'équivalent de quelques euros. Je les récupèrerai propres et repassées demain matin.

Le soir, nous allons manger tous le cinq dans un restaurant indien que nous avons repéré cet après-midi. Il porte un nom curieux pour le pays : *Mama Mia*. On s'attendrait à y être reçu par un Italien excentrique à la gestuelle volubile, moustache fine et cheveux gominés. Mais non ! L'établissement est bien tenu par des Népalais. L'accueil y est cordial, la nourriture excellente et abondante, quoique un peu trop épicée.

Tard dans la soirée, nous rentrons à travers les rues désertes ; seules des patrouilles militaires les sillonnent. Nous dérogeons au couvre-feu, mais nous sommes des touristes qui apportent des devises au pays, nous ne serons jamais importunés. Nos faciès d'Occidentaux et un amical *namasté*, nous tiennent lieu de laissez-passer.

De retour à l'hôtel, pour la première fois depuis plus de quinze jours, nous pouvons nous vautrer dans un grand lit confortable.

Chapitre 17

Mardi 23 avril

Pokhara (1er jour de grève)

Nous faisons la grasse matinée et nous nous levons à 8 h 30. Après une bonne douche, Jean-Pierre et moi décidons de nous débarrasser de notre barbe de plus de quinze jours. Il me faut deux rasoirs pour en venir à bout. Les poils trop longs se coincent systématiquement entre les deux lames de mon rasoir. Je m'arrache les poils et m'écorche la peau.

Peu après 9 heures, nous prenons tranquillement notre petit-déjeuner dans la grande salle à manger de l'hôtel. Nous avons le choix entre le menu népalais et le menu américain. Comme nous en avons assez de manger, depuis quinze jours, la même chose chaque matin et que nous ne supportons plus les galettes de blé qui, pourtant, nous ont parues si bonnes les premiers jours, puisque nous avons le choix, nous prenons le menu américain.

Nous avons la physionomie transformée avec nos visages imberbes. Notre peau lisse de bébé fait l'admiration des autres. Jacques et Gilles n'ont pas l'intention de s'embarrasser ; ils ont décidé d'aller chez le barbier.

J'accompagne Catherine et Jean-Pierre dans les magasins. Pour ma part, je n'ai pas l'intention d'acheter quoi que ce soit : je n'ai ni assez d'argent ni de place dans mes bagages. Je craque toutefois devant un laba, une trompe tibétaine télescopique en cuivre. J'ai bien fait d'emporter mon petit sac à dos de ville.

À cause de la grève, la circulation est quasi inexistante dans les rues de Pokhara ; nous ne rencontrons que quelques rares véhicules privés.

Une scène assez insolite attire notre attention. Un lama, crâne rasé, en tongs, vêtu d'une robe safran, passe dans la rue devant un groupement de militaires en face d'une caserne. Il psalmodie ostensiblement des prières ou des revendications, tout en ponctuant ses paroles de grands coups de gong.

Nous nous dirigeons vers l'hôtel. En chemin nous apercevons Gilles chez le barbier. Une coupe de cheveux bien fraîche et un rasage de près l'ont considérablement rajeuni. Il est en train de se faire masser le dos, assis à califourchon sur sa chaise, il semble en éprouver un réel plaisir. Il nous explique qu'il n'y a rien à craindre concernant le rasage, le barbier utilise un sabre à lames jetables qu'il change pour chaque client. Le rasage au sabre est extraordinaire paraît-il ; il est d'une grande douceur, on sent à peine glisser la lame. Jacques qui attend son tour, nous dit que durant ses séjours en outre-mer, il avait coutume de recourir aux services d'un barbier ; c'est incomparable. Catherine confirme également que son mari, Fabrice, a fait la même réflexion lors de leurs voyages au Maroc, en Tunisie et en Turquie.

Je commence à regretter de m'être écorché la couenne avec mon arrache-poils jetable à deux lames. Jean-Pierre et moi nous consolons en sortant nos éternels calembours spontanés ou éculés : le sabre coupe les poils en n'effleurant la « peau qu'à ras » nous avons ainsi le plaisir d'avoir « la peau lisse ». J'observe tour à tour la fine coupe de cheveux taillés avec précision et les gros ciseaux noirs sur le présentoir. Comment le barbier a-t-il pu obtenir ce résultat avec cette cisaille à haies ? Le massage de Gilles devient de plus en plus énergique ; on entend des craquements osseux qui lui valent quelques grimaces, mais il prétend que ça fait du bien. Nous rentrons à l'hôtel déposer nos achats.

Un moment plus tard, nous repartons flâner en ville. Lorsque nous repassons devant le barbier, Jacques est déjà rasé de près ; il se laisse masser la nuque avec un sourire qui exprime tout le bien-être qu'il ressent.

Dans les rues, de nombreux marchands ambulants proposent des fruits ou des légumes sur des plateaux posés sur leur carriole ou dans des filets accrochés à leur vélo. Nous nous offrons un grand jus de fruits dans la boutique où sont allés Catherine et Jean-Pierre la veille. Le magasin est entièrement ouvert sur la rue. À sa devanture pendent des grappes et des filets de fruits exotiques disposés en guirlandes. Nous avons le choix : oranges, citrons, pamplemousses, mangues, papayes, bananes, ananas, noix de coco etc. À l'intérieur, les chaises sont garnies de housses aux couleurs vives et les tables recouvertes de nappes aux motifs assortis.

Un couple avenant nous propose une carte qui nous suggère toutes sortes d'assortiments possibles. Une fois notre commande passée, l'homme choisit les meilleurs fruits et les presse sur l'étal devant nous. Ce nectar nous est servi dans de grandes coupes métalliques de plus de cinquante centilitres, agrémenté d'une paille et d'un petit parasol en papier. Dans ce cadre exotique et reposant, nous dégustons notre jus de fruits avec délectation. Il nous en coûte moins de deux euros, cela nous paraît dérisoire par rapport à la prestation. Mais, une fois encore, je songe qu'ici peu de gens peuvent se permettre de s'offrir un breuvage qui leur coûterait presque deux journées de travail.

Lorsque nous avons terminé, nous nous dirigeons, au bord du lac, vers un chautara qui entoure un énorme banian. À travers le rideau des racines tentaculaires tombant de ses branches, nous apercevons, amarrées en contrebas, des barques et des pirogues aux couleurs chatoyantes.

Nous avons remarqué de nombreux emplacements où se louent des vélos à la journée. Précisément, au pied du banian, plusieurs propriétaires nous proposent leurs services. Nous louons trois vélos pour la journée, pour un peu plus d'un euro chacun. Aucun nom, aucune adresse, aucune pièce d'identité ne nous sont demandés : c'est la confiance la plus absolue. Cela me rappelle les petites stations de ski en Haute-Savoie où on se procurait du matériel de location, sans que les propriétaires s'enquièrent de notre identité, il y a déjà fort longtemps. Nous pouvons désormais élargir notre champ d'action et explorer à notre guise, la ville de fond en comble. Excepté les bords du lac et le paysage environnant, elle ne présente pas un grand intérêt. Elle ne possède aucun monument remarquable. Elle est constituée de constructions relativement récentes, depuis qu'elle a pris son essor à la fin des années soixante.

Je pédale devant Catherine et Jean-Pierre, contemplant le lac, perdu dans mes pensées. Je me trouve soudain nez-à-nez avec un des rares véhicules qui circulent aujourd'hui ; je suis du mauvais côté de la chaussée. C'est vrai, au Népal la circulation s'effectue à gauche, même à vélo. Je freine énergiquement et je bloque la roue avant, je suis violemment déséquilibré, j'échappe de peu à la culbute. Je ne comprends pas, je teste les freins un à un et découvre que le frein droit commande la roue avant et le gauche la roue arrière, contrairement à ce qui se fait chez nous. Décidemment, ici tout est à l'envers, sens de conduite et disposition des freins, c'est admirablement conçu pour des Anglais.

En revenant en direction de l'hôtel, nous retrouvons Jacques devant l'échoppe du barbier, l'air bourru, la mine renfrognée ; visiblement quelque chose ne va pas. Il attend Gilles de pied ferme. Il nous explique sa mésaventure. Le barbier, après lui avoir coupé les cheveux, l'avoir rasé et massé, lui demande le prix exorbitant de quatre-vingt-dix euros. Cela ne correspond pas du tout à ce qu'a payé Gilles. Comme Jacques ne parle pas anglais, il ne peut que protester sans argumenter ; il attend donc désespérément le secours de Gilles. De toute façon, il n'a pas assez d'argent.

En poursuivant notre promenade à vélo, amusés par cette situation cocasse, nous rencontrons Gilles. Nous lui faisons part des déboires de Jaques et l'informons que celui-ci attend son aide. Il nous répond qu'il n'a qu'à se débrouiller, c'est son problème. Il nous apprend qu'après s'être fait masser la nuque et le dos, Jacques s'est laissé entraîner dans l'arrière-boutique pour un massage allongé, beaucoup plus complet. Lassé de l'attendre, il est reparti.

Vers midi, nous nous retrouvons tous au bord du lac. La plage est bordée de nombreux restaurants qui lui donnent une allure de station balnéaire. Nous en repérons un qui semble nous convenir et nous laissons nos vélos à l'entrée du jardin. Ils sont équipés d'une béquille et d'un astucieux antivol incorporé, il suffit de tourner la clé, encastrée en position ouverte, et de la récupérer en position fermée. Nous nous installons sous une paillote au milieu d'une pelouse sur laquelle sont disposées, à l'ombre des palmiers, de nombreuses tables et chaises longues blanches. Ce lieu est propice au farniente. À l'unanimité, nous commandons un menu de poissons grillés : la cuisine est délicieuse.

Nous évoquons les démêlés entre Jacques et le barbier, nous nous en amusons. Finalement, Gilles est intervenu menaçant d'appeler la police. Le barbier a rétorqué que le massage de Jacques n'avait rien à voir avec le sien, ce n'était pas la même prestation. Nous taquinons Jacques sur le type de prestation qu'il a pu obtenir. N'y avait-il pas dans l'arrière-boutique, une hôtesse pour lui dispenser une relaxation plus libertine ? Jacques s'amuse de nos quolibets et se défend contre nos sous-entendus. Il a simplement bénéficié d'un long massage relaxant, en position allongée.

Gilles a obtenu la diminution du prix de moitié. Jacques a tout de même dû débourser trois mille roupies, soit quarante-cinq euros pour un rasage, une coupe de cheveux et un massage. Le barbier a encaissé l'équivalent d'un mois et demi de salaire d'un ouvrier népalais. Travailler avec des touristes est, semble-t-il, une affaire qui marche.

Pour se justifier, comme pour s'excuser, Jacques nous explique que le barbier ne lui a rien demandé. Après l'avoir rasé et lui avoir coupé les cheveux, il a commencé à lui masser le cuir chevelu, la nuque puis le dos ; Jacques emporté par son bien-être s'est laissé faire. De fil en aiguille, il s'est retrouvé allongé dans l'arrière-boutique, sans qu'à aucun moment le barbier ne lui ait parlé de prix ; ce n'est qu'à la fin qu'il en a eu la surprise.

Il fait chaud sous la paillote, la proximité du lac et les palmiers nous donnent l'impression d'être en vacances dans une station balnéaire d'une contrée exotique. Mais... nous sommes dans une contrée exotique !

Le cadre ressemble aux images que proposent les agences de voyages ou les animateurs de jeux, pour faire rêver les futurs clients ou les heureux gagnants. Heureusement, que nous avons commencé par le trek : nous n'aurions plus la volonté de nous y engager.

Jacques et Gilles ont rencontré Babul-Lal ce matin ; ils nous apprennent que les porteurs sont hébergés dans des conditions déplorables. Cette nuit, ils ont couché par terre dans une minuscule cour d'un véritable taudis. Nos amis ont vu les lieux et ont été écœurés. Babul-Lal est resté avec eux par solidarité, alors que nous l'avions invité à venir dormir à l'hôtel. Nous aurions dormi à deux dans un même lit pour lui en libérer un. Comme il n'y avait pas assez de place dans la minuscule cour, il s'est couché dehors et n'a pas pu dormir. Il a été dévoré par les moustiques et molesté lors de nombreux contrôles militaires tout au long de la nuit, à cause du couvre-feu.

Alors que nous dégustons notre poisson grillé, Babul-Lal et Shandra nous rejoignent sous la paillote. Nous voulons leur offrir le repas, mais ils refusent prétextant avoir déjà mangé. Babul-Lal a les bras et le visage boursouflés par les piqûres de cette nuit.

Pour atténuer un peu leur pénible condition, nous décidons de les inviter avec l'ensemble de l'équipe des porteurs au restaurant indien où nous avons mangé hier. Nous leur demandons de prévenir tout le monde et nous leur donnons rendez-vous pour le soir à 20 h 30.

Après le repas, nous allons ensemble réserver les places pour dix-neuf personnes. Au retour, nous chinons à nouveau dans les magasins. Heureusement car un orage éclate et nous pouvons ainsi nous mettre à l'abri ! Nous faisons la connaissance d'une dame allemande, retraitée. Elle nous raconte que depuis une dizaine d'années, elle vient à Pokhara deux mois par an en villégiature. Elle s'offre ici des prestations et une qualité de vie qui seraient inabordables ailleurs. Compte-tenu des prix pratiqués ici, le coût du voyage est rapidement amorti.

Comme les marchandages s'éternisent, une fois l'orage passé, je pars seul à vélo dans les rues de Pokhara. Je me dirige d'abord en direction de l'endroit où sont hébergés les porteurs, pour me rendre compte de leurs conditions d'hébergement. J'en rencontre certains qui déambulent dans les rues en compagnie de Gilles et

Jacques. Le fait de me voir sur un vélo déclenche l'hilarité générale. Cela semble réellement les amuser, surtout lorsque je freine ; le grincement ressemble au cri d'une oie effarouchée.

Gilles et Sudeb, un des porteurs, se promènent main dans la main. C'est une manière d'exprimer leur amitié en toute simplicité. Gilles la connaît bien depuis ses voyages en Inde. Mais, l'esprit gaulois de Jacques et le mien lui valent quelques quolibets sexistes.

Je décide de partir à la recherche d'une cascade, les *Devil's falls*, que j'ai repérée sur la carte au sud de la ville. J'emprunte une rue à double sens délimitée par un terre-plein central. Roulant à gauche, au moment de bifurquer, je marque une certaine hésitation qui me fait zigzaguer, cela attire l'attention d'un groupement de militaires en faction. À cet endroit, la route est inondée à cause de l'orage ; je m'y engage tout de même, mais un profond nid de poule s'y dissimule traîtreusement. Je suis déséquilibré par la secousse et je ne sais pas par quel miracle je ne tombe pas, mais je suis projeté en arrière et je continue à pédaler ainsi, bras et jambes tendues, assis sur le porte-bagages. Sans m'arrêter, tirant sur le guidon et appuyant sur les pédales, je remonte sur la selle, mais au moment où j'y parviens, mon pied glisse d'une pédale et je donne un coup de genou sur le guidon. Je suis alors éjecté en avant par-dessus le vélo, poursuivant ma course à quatre pattes dans la mare d'eau boueuse. Je n'ai, fort heureusement, que les mains écorchées et les vêtements mouillés mais, j'ai la désagréable sensation de me sentir observé. J'en ai la confirmation immédiate par les éclats de rire moqueurs des militaires. Esquissant un sourire niais, je reprends une attitude digne et je poursuis ma route sans encombre.

Je traverse une zone d'habitations de plus en plus misérables, à la limite du sordide. La saleté et l'amoncellement d'immondices dans la rue contrastent étonnamment avec la relative propreté du quartier dans lequel nous sommes. Je passe pratiquement dans l'axe d'envol de l'aéroport, puis je m'éloigne en direction d'un temple sur les collines. Après avoir, à plusieurs reprises, demandé mon chemin sans succès car personne ne comprend l'anglais, je m'égare complètement. Je décide de repartir en direction du centre-ville, tant pis je ne verrai pas la cascade ; j'aurais tout de même fait une bonne promenade. Lorsque je passe à nouveau dans l'eau devant les militaires, je redouble de vigilance. Bien qu'il ne se produise rien, ils me reconnaissent et ne peuvent s'empêcher de rire, ce qui est assez vexant. Si je ne fais du vélo que pour amuser les militaires népalais, il vaut mieux le restituer.

Lorsque j'arrive sous le banian où je l'ai loué, je ne vois ni commerçants, ni vélos. Dépité, je m'apprête à le laisser sur place sous l'arbre. Un passant me désigne une maison un peu plus loin ; à mon approche les propriétaires du vélo viennent à ma rencontre et le récupèrent en me remerciant.

Je rentre à l'hôtel, où une douche chaude et des vêtements secs me réconfortent de mes déboires cyclistes. Je désinfecte les écorchures sur la paume des mains qui tout à l'heure, m'ont servi de train d'atterrissage.

J'accompagne ensuite Catherine et Jean-Pierre dans un magasin de vêtements. J'achète un tee-shirt représentant les Annapurnas pour mon fils. Je suis tenté par un pantalon de trek aux jambes détachables. Lorsque je l'essaye, le vendeur fait, sur moi, une démonstration de la facilité avec lequel il peut se transformer. Lorsqu'il referme la fermeture éclair, il m'arrache les poils des jambes, ce qui réjouit Catherine et Jean-Pierre. Dommage que nous n'ayons plus de place dans nos bagages, les prix pratiqués nous inciteraient à tout acheter.

Comme nous sommes à proximité de la boutique de jus de fruits, nous allons nous délecter d'un de ces délicieux breuvages concoctés sur place.

À 20 h 30, nous nous rendons au « Mama Mia ». Décidément, ce nom manque d'exotisme. Toute l'équipe népalaise est déjà présente ; ils n'ont pas osé se rendre directement au restaurant, ils nous attendent à l'angle du carrefour juste à proximité. Jacques et Gilles nous y rejoignent.

Comme nous avons réservé, les tables sont déjà alignées comme pour un banquet. Elles sont recouvertes de nappes blanches ornées de grands losanges mauves ; les couverts sont en place. Les haut-parleurs crachent un pseudo rock oriental qui, dès notre arrivée, est aussitôt remplacé par une musique beaucoup plus langoureuse. L'ambiance est tout à la fois feutrée et festive.

Nous invitons les porteurs, visiblement intimidés, à entrer. Babul-Lal nous explique que la plupart d'entre eux n'ont jamais mis les pieds dans un restaurant ; certains ne savent même pas manger avec un couteau et une fourchette. Avant de venir, il les a réunis et les a briefés sur la manière de se tenir et de se comporter.

Après nous être fait décrire les plats de menus incompréhensibles, à peine plus éclairés, nous choisissons pratiquement au hasard. Les porteurs ne sachant pas lire, écarquillent les yeux et se demandent de quelle manière ils vont pouvoir s'en sortir. Finalement, Babul-Lal vient à leur secours et choisit le même menu pour tous. Il précise que si certains ont des préférences, ils peuvent toutefois choisir ; personne ne se manifeste, trop contents d'être ainsi tirés d'embarras. La boisson fait l'unanimité, bière pour tout le monde : on nous sert à chacun une bouteille de 60 cl, si familière à Jacques.

Jean-Pierre et Babul-Lal font chacun un discours d'adieu en anglais ou chacun exprime la joie d'avoir passé quinze jours ensemble et la tristesse de devoir se quitter ; chaque phrase est traduite en népali par Babul-Lal afin que les porteurs puissent comprendre. Ce ne sont pas paroles de pure forme, nous sentons poindre une réelle émotion que nous partageons tous.

Lors du repas, j'observe les porteurs qui, pour la plupart, sont réellement mal à l'aise avec leur fourchette ; ils faisaient preuve de beaucoup plus de dextérité lorsqu'ils malaxaient le dal baht avec une main. Malgré tout, ils se débrouillent et apprécient le repas.

Bien que les rations soient copieuses, elles n'ont rien à voir avec les quantités phénoménales de nourriture que les porteurs ingurgitaient à chaque repas durant le trek. La bière semble également très appréciée. Nous n'en sommes qu'à nos premières bouchées, alors que la plupart des porteurs ont déjà leur verre et assiette vide. Nous leur proposons d'en reprendre : nous leur offrons bière et nourriture à volonté. Certains consomment sans modération sous le regard désapprobateur de Babul-Lal.

Mon porteur préféré, Mekram, celui qui a toujours avec le sourire, transporté mon matériel et que j'ai souvent fait attendre lorsque je n'étais pas prêt le matin, est assis presque en face de moi. Il fait preuve d'une grande sobriété, contrairement à la majorité de ses collègues ; il mange et boit à petites gorgées. Lorsqu'il a terminé, nous lui proposons d'en reprendre, mais il décline l'offre en riant. Ce n'est pas le cas de mon voisin de gauche qui, les yeux glauques, le regard vitreux, essaie d'articuler d'une langue pâteuse des mots visiblement incompréhensibles même pour ses confrères. Il commence à avoir du mal à tenir sur sa chaise et continue à boire bière après bière. Finalement, Babul-Lal vient le voir et lui parle discrètement à l'oreille, mais sur un ton ferme.

Tout le monde parle bruyamment, nous échangeons dans des langues différentes que nous ne comprenons pas, mais cela n'a plus d'importance ; la gaîté, le ton de la voix et les expressions du visage, en disent plus long que les discours. Comme bien souvent dans ces circonstances, cela finit en chansons. Les Népalais entonnent en chœur des chansons populaires. Ne voulant pas être en reste, nous chantons, à notre tour, des chansons populaires françaises. Mais, nous ne sommes pas particulièrement doués pour cet exercice : nous commençons toujours très bien, puis, très vite, nous ne nous souvenons plus des paroles ; nous poursuivons malgré tout la mélodie sur des « la, la, la » en frappant des mains. Ayant ainsi simplifié le texte, les Népalais peuvent se joindre à nous à chaque couplet ce qui ne fait qu'accroître l'ambiance.

J'observe discrètement Mekram ; il est heureux, il jubile, il frappe continuellement des mains sans chanter, il ne fait que rire, il tourne continuellement la tête de droite à gauche, les yeux écarquillés, le regard pétillant de bonheur empreint d'une certaine ingénuité. Il fait plaisir à voir il est radieux ; il a une expression qui nous manque à tous depuis fort longtemps : il a une expression d'enfant.

Je ne suis pas le seul à l'observer. Nous l'avons tous remarqué. Nous retiendrons de lui sa simplicité et sa gentillesse. Il vit seul, au jour le jour, se contente de son sort, sans convoitise, sans ambition, entouré des amis du moment, ne s'est créé aucun besoin et prend la vie comme elle vient. Il accepte avec un certain fatalisme les moments les plus durs, comme dans les moments heureux, il s'enthousiasme sans craindre de laisser paraître sa jubilation.

Un des porteurs, Sudeb, se lève et entonne une chanson aux accents nostalgiques en esquissant une danse bras en l'air avec des gestes efféminés, comme une danseuse de caravansérail. L'ensemble des porteurs entonne à leur tour cette chanson connue de tous et fort appréciée. À peine est-elle terminée, après des applaudissements nourris, le patron du restaurant passe le disque de cette même chanson. Tous reprennent en chœur, les autres clients du restaurant se joignent à nous. Babul-Lal nous traduit le texte de cette mélodie : c'est l'histoire d'un oiseau qui prend son envol, quitte son nid et va vivre sa vie loin des siens ; c'est un peu l'histoire de chacun d'entre nous. Sudeb continue sa danse, imitant l'oiseau qui s'envole gracieusement. Jean-Pierre va se joindre à lui et, non sans humour, essaie d'imiter sa gestuelle pour le plus grand bonheur de tous. À notre tour, nous entonnons phonétiquement le refrain qui se répète inlassablement.

Quel dommage de ne pas avoir eu cette complicité durant le trek. Ils ont tenu à garder leurs distances, ils étaient à notre service, ils accomplissaient leur travail. Sans doute ont-ils reçu des directives dictées par Babul-Lal. Maintenant, ces codes déontologiques n'ont plus lieu d'être, ils sont nos invités, tout le monde se lâche.

Demain matin, nous nous envolerons pour Katmandou que nous atteindrons en une demi-heure. Babul-Lal viendra avec nous ; il bénéficie d'un tarif spécial réservé aux Népalais. Malgré cela, les porteurs ne peuvent pas se permettre cette dépense excessive ; ils resteront à Pokhara et attendront, désœuvrés, dans des conditions déplorables, la fin de la grève.

Nous apprenons qu'ils n'ont pas prévenu leurs familles respectives. Ils ne les reverront que lorsque tout sera terminé, à moins qu'ils enchaînent sur un autre trek entre temps. Lorsqu'ils quittent leur domicile, ils ne savent jamais exactement quand ils reverront les leurs : ils n'échangent des nouvelles qu'à leur retour. Comment communiquer autrement que de vive voix ? Ils sont pour la plupart illettrés et ne possèdent pas de téléphone.

Quel contraste avec notre usage immodéré de la communication et nos innombrables appels, pour la plupart futiles, sur nos téléphones portables ! À l'heure d'Internet et des grands médias où toute information nous parvient en temps réel, où tout nous est accessible instantanément, il est encore des gens qui ne peuvent communiquer que de vive voix lorsqu'ils se rencontrent. Il en va ainsi au Népal.

Nombre d'entre eux ne possèdent aucun bien propre ; ils vivent seuls, au jour le jour, et n'ont qu'un point d'attache intermittent auprès de leur famille. Ils sont peut-être dans le vrai et se rapprochent, certainement bien involontairement, de l'idée directrice de l'enseignement de Bouddha : « Le bonheur et la pureté de l'âme sont dans le renoncement des biens sur cette terre. » Après tout, la possession n'est qu'un leurre ; toute notre vie nous courrons d'acquisitions en acquisitions, dont nous n'utiliserons qu'épisodiquement une grande partie. Nous serons, de toute façon, contraints de tout abandonner à la fin de notre existence. Tout compte fait, nous ne sommes jamais que locataires précaires sur cette terre.

Babul-Lal et les porteurs semblent nerveux ; ils sont inquiets. Ils doivent partir ; il va bientôt être 23 heures et ils doivent respecter le couvre-feu.

Nous demandons l'addition. Le patron nous annonce le prix à haute voix et non quasi pudiquement comme cela se fait en France. Les porteurs semblent impressionnés par la somme que nous allons débourser. Pour dix-neuf personnes, alors que de nombreux porteurs ont pris plusieurs plats et bières, cela nous revient à cent-cinquante euros, soit trente euros pour chacun de nous cinq. Ici, il est préférable de se nourrir que de se faire raser et masser. Imaginons ce que cela représenterait pour nous si, en France, nous étions invités avec un groupe d'amis par cinq personnes qui débourseraient chacune pour ce seul repas, l'équivalent d'un mois de notre salaire...

En sortant du restaurant, je me fais prendre en photo à côté de Mekram, toujours aussi souriant ; il est visiblement ému. Je lui pose amicalement la main sur l'épaule et réalise qu'il est vraiment petit, je le domine du haut de mon petit mètre soixante-dix, sa tête arrive au niveau de mes épaules. Je réalise que ce petit bonhomme jovial a fait tout le trek sans broncher, avec une charge d'une soixantaine de kilos, sans doute supérieure à son propre poids. Il y a de quoi être admiratif. Alors que nous éprouvons de la fierté à l'idée d'avoir effectué ce trek, si nous comparons à ce qu'a enduré Mékram, cela devient de la vanité.

Lorsque je lui serre la main, je lui glisse un billet de 500 roupies, soit un peu plus de sept euros, en le remerciant. Il est d'abord surpris, puis lorsqu'il comprend, comme d'habitude il se met à rire ; c'est sa façon de me remercier. Il doit penser que je lui ai donné une dizaine de roupies ; il n'a pas encore réalisé qu'il tient dans sa main, presque l'équivalent d'une semaine de travail.

Il est un peu plus de 23 heures : ils risquent de sérieux ennuis avec les militaires. Nous les raccompagnons. Effectivement, nous n'avons pas fait une cinquantaine de mètres qu'une patrouille vient à notre rencontre ; les porteurs sont inquiets. Nous expliquons aux militaires les raisons de notre sortie nocturne, précisant que les porteurs n'y sont pour rien ; ce sont nos invités, c'est à cause de nous qu'ils n'ont pas pu respecter le couvre-feu.

Tous très émus, sachant que nous ne nous reverrons jamais, nous faisons nos adieux à grand renfort d'embrassades, d'accolades et de tapes sur les épaules, sous les yeux effarés des militaires, surpris d'autant de convivialité et de complicité. C'est maintenant que nous devrions commencer le trek, nous serions un groupe d'amis et non pas les uns exclusivement au service des autres. Sous notre couvert, les porteurs peuvent donc rentrer sans encombre. C'est tout de même un comble. Nous, des étrangers en vacances, servons de sauf-conduit aux autochtones. En rentrant à l'hôtel, nous rencontrons d'autres patrouilles qui ne nous inquiètent pas le moins du monde, voyant que nous sommes des touristes occidentaux.

Chapitre 18

Mercredi 24 avril

Pokhara ➔ Katmandou

À nouveau, nous nous levons de bonne heure à 6 h 30. Aujourd'hui, nous regagnons Katmandou. À 7 h 30, comme la veille, nous reprenons tous un petit déjeuner américain ; la salade de fruits et le jus de fruits bien frais à la fin sont particulièrement appréciés.

Nous ne pourrons pas remporter tout notre matériel dans l'avion : nous devons nous délester. Après avoir regagné nos chambres, nous essayons de réduire le contenu de cinq sacs de matériel en un seul ; nous offrons le surplus à Babul-Lal. Nous lui donnons des jeux complets de cordes de rappel, ainsi que toute la pharmacie. Nous trions tous les médicaments ; les plus simples d'usage lui sont offerts également, afin qu'il puisse les emporter dans son village. Il remettra à l'ambassade de France ceux dont la posologie est plus complexe et qui présentent un danger s'ils ne sont pas administrés convenablement. Tout ce que nous lui laissons sera confié aux porteurs et acheminé en car dès la fin de la grève.

Sachant que nous partons aujourd'hui, des vendeurs ambulants attendent depuis plusieurs heures, sur le trottoir, devant la grille de la cour de l'hôtel ; ils espèrent nous convaincre d'acheter quelques souvenirs de dernière minute.

En sortant, dans le hall, je glisse un billet dans la *tip box* ; il s'agit d'une boîte destinée à recevoir les pourboires que se partageront les membres du personnel, ici on ne donne pas de pourboires individuels.

Un véhicule monospace flambant neuf vient nous chercher pour nous conduire à l'aéroport. Les plaques d'immatriculation sont cachées par des feuilles scotchées sur lesquelles il est écrit en grosses lettres : *tourist*. De cette manière, si des maoïstes nous repèrent, ils se montreront certainement indulgents ; en principe, au Népal, les touristes qui contribuent significativement à l'économie du pays sont protégés. Le fait de cacher les plaques d'immatriculation permet un certain anonymat qui préserve le propriétaire du véhicule d'éventuelles représailles. En fran-chissant le portail de l'hôtel, nous passons devant les vendeurs ambulants dépités de nous voir sortir de la cour directement en voiture. Je reconnais une bonne partie du trajet, je l'ai parcouru la veille lors de mon périple à vélo.

Arrivés à l'aéroport, nous devons patienter longuement ; nous attendons environ une heure et demie avant de décoller. Sur le tarmac surchauffé, nous attend un bel oiseau bleu, un petit bimoteur de dix-huit places de la compagnie Mountain Air. La carlingue est basse et étroite : nous devons nous courber pour y circuler. Il n'y a qu'un siège de part et d'autre de l'allée centrale.

Après nous avoir distribué des bonbons, une gracieuse hôtesse en sari s'assied sur un strapontin derrière le commandant de bord. Seules deux demi-cloisons latérales, derrière les sièges des pilotes, séparent la cabine de pilotage du reste de la carlingue, je peux ainsi les observer. Après les essais moteurs suivis d'une ultime check-list, une fois l'avion aligné sur la piste, le pilote et le copilote obtiennent la clairance de la tour de contrôle ; ils poussent à fond, ensemble, sur la manette de gaz centrale. L'avion, moteurs à plein régime, s'élance sur la piste et très vite est aspiré vers le haut ; il est 10 h 30.

Pour la première fois, la petite appréhension que j'ai bien souvent au décollage, sauf lorsque je suis aux commandes sur des avions d'aéroclubs, se transforme en peur. Compte tenu des évènements, notre avion serait une cible idéale pour un tireur embusqué muni d'un lance-roquettes. Je ne fais part de mes réflexions à personne, mais j'apprendrai que nous y avons tous pensé. Cette appréhension disparaît au bout de dix minutes lorsque nous atteignons l'altitude de croisière ; elle réapparaîtra en approche de Katmandou.

Alors que je m'apprête à faire de splendides photos de la chaîne de l'Himalaya toute proche sur la gauche, nous nous retrouvons, très vite, dans les nuages et j'ai, tout juste, le temps d'apercevoir le Manaslu (8 163 m) émergeant de la brume, pendant la montée initiale.

J'occupe la demi-heure de vol à observer les pilotes, je suis juste derrière eux. Ils naviguent dans la purée de pois d'une couche d'altostratus. Tous deux sont de type indien ; le commandant de bord, très sérieux, avec ses cheveux et sa barbe poivre et sel, a des allures de sage. Ils sont très concentrés sur leurs instruments ;

ils appliquent des procédures strictes, en suivant méthodiquement et à intervalles réguliers leurs check-lists.

Ils font les mêmes gestes, les mêmes vérifications que tous les pilotes du monde. Les pilotes aux instruments sont semblables aux musiciens avec les leurs ; quels que soient leurs pays, leurs coutumes, leurs langues, ils obéissent tous à une même logique et aux mêmes règles strictes dans un langage universel.

En approche finale, j'observe dans la brume, l'étendue de la capitale Katmandou, agglomération de plus de 820 000 habitants. Située au sud de l'Himalaya, elle est bâtie à 1 400 m d'altitude. En périphérie, les immeubles semblent disséminés çà et là, puis dans un agglomérat de plus en plus dense au fur et à mesure que nous nous rapprochons du centre. Aucun axe routier ne se détache réellement de cet ensemble urbain, contrairement aux abords de villes comme Paris où se dessine tout un quadrillage de routes.

Sur ma droite, j'aperçois le vaste dôme blanc du stupa de Bodnath, un des principaux sanctuaires bouddhistes de la région, lieu de pèlerinage de nombreux réfugiés tibétains. Nous atterrissons sans encombre à 11 heures.

Dans le hall, nous tenons nos bagages fermement pour ne pas nous les faire arracher des mains par ceux qui veulent s'improviser porteurs.

Deux taxis affrétés par l'agence nous attendent. Comme à Pokhara, les rares véhicules en circulation ont la mention *tourist*, inscrite sur des feuilles scotchées sur les plaques d'immatriculation. Nous reprenons la même route que nous avions empruntée voici dix-huit jours ; elle est aujourd'hui beaucoup moins encombrée, mais son état et celui des taxis n'ont pas changé, nous sommes autant ballottés.

Vers midi, nous retrouvons le *Siddhartha Garden Hotel* dans le quartier de Thamel, au nord-ouest de la ville. Jacques et Gilles partent sur le champ à la recherche d'un restaurant, seuls, sans nous prévenir.

Catherine, Jean-Pierre et moi, avons pris un petit déjeuner copieux ce matin et n'avons pas faim ; nous aviserons plus tard. Nous décidons de visiter le grand stupa de Swayambunath, vénéré par les bouddhistes tibétains et les Néwars d'origine mongole. C'est le plus grand stupa du Népal ; il est également surnommé le temple des singes, en raison des nombreux macaques qui peuplent ses abords. Il se situe à environ quatre kilomètres d'ici, à l'ouest de la ville, de l'autre côté de la rivière : la Bisnumati Khola. Nous décidons d'y aller à pied, cela nous permettra de mieux visiter Katmandou.

Nous nous aidons d'un plan et progressons à travers un dédale de ruelles sales et surpeuplées. Le contraste est parfois assez surprenant : d'élégantes femmes en sari croisent de pauvres femmes aux vêtements en lambeaux. Des temples richement décorés côtoient de misérables bicoques ou des tas d'immondices. Tous vaquent à leurs occupations. Des femmes vendent quelques menues marchandises au pied d'une maison éventrée. D'autres se terrent dans des abris de planches recouverts de tôles, assises sur des cartons, contre tout un fatras de chiffons et de sacs en plastique. Dans ce secteur, les rues sont en terre battue ; ailleurs, certaines ont pour revêtement des plaques de bitume ou de ciment éparses, d'autres sont pavées de toute une mosaïque hétéroclite de pierres, briques, tuiles et carrelages cassés. De nombreux petits sanctuaires hindouistes sont encastrés dans les murs des maisons. Les généreuses offrandes qui y sont faites pourrissent sur place, exhalant une odeur nauséabonde qui attire une multitude de mouches et de rats comme en témoignent quelques spécimens crevés jonchant le sol.

Nous ne sommes pas au bout de nos surprises. De grosses pièces de viande, de ce qui semble être un buffle, les pattes et la tête sanguinolentes, sont posées sans aucune protection, à même le sol dans la rue sous un étal mobile. Elles sont découpées à la demande des clients qui ne semblent pas le moins du monde inquiets, de ce manque flagrant d'hygiène. Le boucher qui en est peut-être conscient, voyant que nous nous apprêtons à le photographier s'y oppose ; il nous fait des signes pour nous ordonner de partir ; nous ne voulons pas d'ennuis, nous obtempérons.

Nous traversons un pont au-dessus de la Bisnumati Khola et sommes sidérés par le spectacle qui s'offre à nous sur notre gauche. Les ordures sont jetées, en pleine ville, sur une décharge dans le lit de la rivière. Elles sont transportées à vélo dans d'immenses sacoches ou par des rickshaws prévus à cet effet. Elles sont déversées sur un énorme tas qui s'affaisse dans l'eau. La prochaine crue en emportera la majeure partie, comme en témoignent les détritus et plastiques de toutes sortes, dispersés tout au long des berges et sur les îlots de galets. Le même constat à droite du pont laisse supposer la présence d'autres décharges en amont. J'imagine les ordures de Paris déversées ainsi sur les quais de Seine…

Des cochons noirs fouillent les déchets à la recherche de nourriture. Tout au loin, en aval, une femme, les pieds dans l'eau, penchée en avant, se lave et fait sa lessive. Dans cette rivière sont aussi jetés les restes à demi-calcinés des cadavres humains, après les rituels de crémations. En matière d'hygiène il y a d'énormes efforts à faire. Qui sait ce que l'on fait avec cette eau ? Il est fort probable qu'elle soit bue.

À l'extrémité du pont deux enfants à l'allure effrontée viennent à notre rencontre. L'un des deux parle correctement l'anglais malgré un fort accent népalais et nous demande de quel pays nous venons ; fièrement il nous dit que la capitale de la France est Paris. Jusque-là la réponse ne nous impressionne pas trop, mais il nous demande de l'interroger sur n'importe quel pays du monde. Tout en marchant, nous faisons appel à nos souvenirs et essayons de le piéger à nous trois, en l'interrogeant sur des pays moins connus, ainsi que sur de récents états indépendants, comme les états baltes ou les états issus de l'ex-Yougoslavie. Chaque fois nous obtenons la bonne réponse sans hésitation, cela tourne au numéro de cirque. Il a visiblement appris tous les pays et leurs capitales respectives par cœur afin de s'attirer l'admiration et la sympathie des touristes. Il a tout de même dû faire un sacré effort, il en existe entre 190 et 200 selon la situation géopolitique du moment.

Nous comprenons vite où il veut en venir. Pourtant, lorsque nous nous apprêtons à lui donner une récompense, il refuse et nous dit qu'il veut se procurer du lait pour son petit frère ; il ne veut pas d'argent et préfèrerait que nous lui achetions du lait.

Concernant l'allaitement des enfants en Asie, il existe un drame peu connu dont Gilles nous a fait part durant le trek. Les grandes marques multinationales de lait en poudre utilisent un stratagème machiavélique pour créer une dépendance au sein des populations. Elles offrent, aux nouvelles mamans, des boîtes de lait à l'occasion des naissances. Ravies de ces cadeaux, elles en font bon usage ; malheureusement, n'ayant plus ou peu sollicité leurs glandes mammaires leurs seins se tarissent. Elles se retrouvent donc bien malgré elles, tributaires de ces grandes marques qui leur vendent ensuite le lait à un prix excessif pour des familles vivant déjà dans une extrême pauvreté.

Nous trouvons l'intention de notre jeune garçon très louable et acceptons donc de lui offrir du lait. Accompagné du deuxième enfant resté un peu en retrait, il nous conduit à un magasin devant lequel nous allions précisément passer. Le marchand qui a l'air bien au courant et qui ne fait même pas semblant de jouer la comédie, va directement au fond du magasin chercher une boîte de lait en poudre qu'il tend à l'enfant et nous demande 300 roupies.

Nous venons de comprendre la manœuvre bien rodée ; ils sont de mèche, c'est peut-être le propre fils du commerçant. Ils comptent sur la compassion des touristes pour vendre leurs boîtes de lait à un prix exorbitant pour le Népal. Une seule de ces boîtes leur assure ainsi un revenu équivalent à une moyenne de quatre jours de travail. Nous donnons un billet de dix roupies à l'enfant pour son ingéniosité et sa vivacité d'esprit et reprenons notre chemin.

Nous suivons un groupe de six moines en robe pourpre engagés dans une conversation animée. Comme tous les lamas, leur toge est jetée sur l'épaule droite, laissant l'épaule gauche découverte. Au-delà de la vocation, la première aptitude d'un lama est de ne pas être frileux de l'épaule gauche.

Au loin, nous découvrons l'imposant stupa de Swayambunath ; son immense dôme est surmonté d'une flèche et bordé de deux tours circulaires blanches. C'est un des plus grands stupas du Népal, bâti au sommet d'une colline verdoyante ; c'est l'un des plus anciens sanctuaires bouddhistes au monde, sa fondation remonterait à plus de 2 500 ans. Pour y accéder, il nous faut gravir un long escalier de trois cents marches. La base de cet escalier est ornée de portiques, de moulins à prières, de chörtens, de statues de Bouddha...

Des touristes et des pèlerins se reposent sur des bancs auprès de moines bouddhistes en pleine méditation. Ce lieu fréquenté attire de nombreux marchands de souvenirs, installés tout au long des marches du grand escalier.

On y vend toutes sortes d'objets pieux : moulins à prières, livres de prières, statues de Bouddha, thangkas, foudres, emblèmes de la puissance souveraine, cloches représentant la sagesse féminine... Je ne fais que rapporter les informations reçues et s'il me vient tout de même une petite arrière-pensée concernant les cloches, représentation de la sagesse féminine, ce n'est que par pure taquinerie.

On vend aussi des couteaux tibétains et népalais, des instruments de musique, ainsi que des tapis confectionnés, sur place derrière les étals, sur de vieux métiers à tisser en bois. D'autres gravent sur des pierres plates ou des ardoises des motifs symboliques religieux et des représentations de Bouddha.

Des macaques effrontés, vivant en toute liberté sur cette colline boisée, viennent quémander ou chaparder des friandises aux touristes.

Jean-Pierre se lance dans un long marchandage pour essayer d'obtenir un vieux livre de prières qui lui plait particulièrement. Le marchand ne consent qu'un rabais dérisoire, prétendant que c'est un livre très ancien qui a une grande valeur. Un cruel dilemme s'impose à Jean-Pierre : soit c'est un authentique livre ancien dérobé dans un temple et, en l'achetant, il cautionne le pillage du patrimoine népalais et fait du recel, soit c'est une copie à un prix beaucoup trop élevé. Le marchandage pour un prix qui représente ici une grosse somme, attire de nombreux badauds ; je filme la scène. Jean-Pierre finit par abandonner.

Catherine ne prend plus de photos, n'envisage aucun achat, semble totalement désintéressée. Elle est assise en retrait sur une marche, le visage blême ; elle ne se sent pas bien, elle est barbouillée, elle sent qu'elle a des problèmes gastriques, elle n'a plus de forces. C'est étrange, en l'observant je prends conscience que moi aussi depuis un moment, je ressens également une sorte de malaise qui augmente de manière imperceptible. Après nous être reposés une dizaine de minutes, nous reprenons l'ascension de l'escalier.

Nous atteignons enfin l'imposant stupa surmonté d'une flèche composée de treize cercles de métal doré représentant les treize degrés de la connaissance. Sur chacune des quatre faces du socle du stupa, les yeux impressionnants de Bouddha semblent nous fixer : ils nous transpercent. C'est le regard de Bouddha qui voit tout, c'est le regard de notre conscience à laquelle rien n'échappe.

Du haut de ce belvédère, nous avons une vue d'ensemble sur Katmandou qui me laisse la même impression que celle que j'ai eu en arrivant du ciel quelques heures auparavant. Je porte mon regard vers le nord, dans l'espoir d'apercevoir au loin les montagnes, mais un voile laiteux barre l'horizon.

Nous visitons l'esplanade du stupa en le contournant, comme il se doit, dans le sens des aiguilles d'une montre. Nous découvrons une multitude de temples, de sanctuaires et de statues de Bouddha. Nous ne savons pas où porter nos regards devant une telle profusion de sculptures et de moulures de toutes sortes.

Des moinillons en robe pourpre et chemise safran, chaussés de tongs, jouent avec désinvolture dans ces lieux sacrés. Des macaques irrespectueux surgissent des sanctuaires, sautent, se balancent et s'agrippent à tout ce qui se présente. Ils se perchent sur les arbres, les statues, les rebords des fenêtres, les toits... Chaque singe serait la réincarnation d'un pou tombé de la tête de Manjushri qui s'était fait couper les cheveux à Swayambunath. C'est pourquoi ils sont sacrés. Personnage de l'iconographie bouddhiste, représenté sous les traits d'un adolescent, Manjushri évoque la sagesse et l'intelligence.

Sur cette esplanade ne règne pas une ambiance de recueillement, mais plutôt une ambiance de fête. Toutefois, un vieux moine, crâne rasé, passe devant nous, mains derrière le dos, méditatif, le regard empreint de sagesse.

Des menuisiers travaillent à la restauration d'un temple. Pour la première fois, je vois utiliser une scie circulaire électrique pour découper des planches. Les sculpteurs des moulures sur les poutres frappent sur leur ciseau à bois à l'aide d'un épais battoir oblong.

Nous visitons un musée dédié à Bouddha ; l'entrée est gratuite, néanmoins un moine près de la sortie nous remercie de notre visite à proximité d'un tronc ce qui nous incite à y glisser un billet.

Peu à peu, Catherine semble revigorée ; les magasins avoisinants qui proposent toutes sortes de petites merveilles lui font retrouver toute sa vitalité. Il n'en va pas de même pour moi ; je me sens de plus en plus barbouillé.

Nous visitons quelques magasins sur une placette en contrebas. Heureusement, nous n'avons plus de place dans nos bagages et l'usage de la carte de crédit reste exceptionnel : nous serions tentés, une fois encore, de tout acheter.

Dans un local exigu, un jeune homme confectionne, avec une patience inouïe, des thangkas pour les touristes. Ces peintures sur toile sont effectuées avec un pinceau très fin pour pouvoir exécuter une multitude de détails ; chaque centimètre carré nécessite des heures de travail. Il faut en moyenne une quinzaine de jours pour réaliser une de ces œuvres. La toile en cours de création est tendue par des lacets sur un cadre en bois, posé par terre à l'angle d'un mur. Le jeune artiste poursuit son ouvrage en nous tournant le dos, assis en tailleur par terre. Nous nous entretenons quelques instants avec lui.

Avant de redescendre, nous entrons dans un temple ; nous nous déchaussons dans une sorte de vestibule devant une imposante statue de Bouddha à l'aspect androgyne. Elle est protégée par une cage vitrée. Sa tête est coiffée d'une riche couronne. À proximité, tout un rayonnage de vieux livres de prières est entreposé dans une grande armoire vitrée.

Nous percevons un ronronnement de voix graves émettant tour à tour différentes voyelles sur un ton monocorde, parfois entrecoupées d'une diction syllabique rapide. Ce chant monodique est ponctué, par moments, de coups de gongs et de cymbales ; il est accentué par les sons rauques de trompes et le timbre nasillard de hautbois.

Sans faire de bruit, nous nous glissons le long d'un corridor jusqu'à la source de ce brouhaha. À travers l'embrasure d'une porte grande ouverte, nous découvrons tout un aréopage de moines bouddhistes en pleine cérémonie. Ils sont disposés en U ouvert dans notre direction, assis en tailleur, la paume des mains vers le haut. Ils psalmodient des prières que chacun lit dans un livre aux feuillets détachables muni d'une couverture en bois ornée de gravures. Il est posé devant eux sur un petit meuble très bas, en forme de tabouret rectangulaire recouvert d'un tissu rouge.

Nous restons médusés par la vue d'un tel spectacle. Nous nous faisions une idée de ces cérémonies à travers certains documentaires. Cette fois, elle est réelle sous nos yeux ; nous sommes comblés.

Je suis surpris par la désinvolture des moines qui alterne avec des instants de plus forte concentration. En observant plus attentivement, je m'aperçois que ce qui ressemble au premier abord, pour le néophyte que je suis, à la pagaille la plus totale est en fait très ordonné et obéi à des règles très strictes.

Des hautboïstes émettent par moment des sons continus en gonflant les joues par intermittence. Comme les charmeurs de serpents, ils utilisent la respiration circulaire. Les hautbois ont des anches doubles ; le corps de l'instrument est en bois et se prolonge par un large pavillon en cuivre. Les trompettes, beaucoup plus petites, entièrement en cuivre, sont munies d'une embouchure soudée à l'instrument et leur pavillon a la forme d'une tête de dragon la gueule grande ouverte. Elles sont tenues d'une seule main, contrairement aux hautbois. Je m'attendais à voir de longues trompes tibétaines, les labas, mais je n'en aperçois aucune. Sans doute sont-elles utilisées en d'autres circonstances. Les musiciens se tiennent tous sur la partie gauche.

Dans le couloir, à quelques mètres de nous sur notre gauche, devant une fenêtre, deux moinillons d'une dizaine d'années, en robe, crâne rasé, nullement concernés par la cérémonie, se visent mutuellement avec des pistolets laser en plastique, inspirés des films de science-fiction. Ils produisent des clignotements lumineux de toutes les couleurs et émettent des stridulations semblables aux sirènes de police américaines, mais en beaucoup plus aigu. À l'intérieur du temple cela doit s'entendre ; j'en suis gêné, j'ai envie de leur demander d'arrêter. Un moine qui sort ne leur fait aucune remarque, au contraire, il semble amusé et sourit.

Nous sommes les seuls observateurs : sans doute, que personne n'ose entrer. Jean-Pierre filme discrètement ; nous n'osons pas prendre de photos. Un vieux moine en train d'officier nous fait signe, il nous invite à entrer et nous fait comprendre par gestes, en souriant, que nous pouvons prendre des images ; nous n'en revenons pas. Quelle convivialité et quelle tolérance ! Nous assistons discrètement à la cérémonie jusqu'à ce qu'elle se termine ; je ne me souviens plus exactement combien cela a duré, tellement nous étions hors du temps. Nous restons là, « obscurs témoins », ébahis par un tel dépaysement ; nous sommes comme envoûtés, baignant dans cette ambiance mystique, nous faisons notre plein de souvenirs de ce moment intemporel.

Nous ressortons sereins, béats, encore imprégnés de spiritualité bouddhiste. De retour sur l'esplanade, nous nous apprêtons à redescendre la colline par le grand escalier, lorsqu'un singe chaparde subrepticement à un touriste dépité, une glace qu'il va déguster tranquillement sur un arbre.

La descente de l'escalier est interminable : nous effectuons de nombreux arrêts devant les stands de souvenirs. Après un long marchandage, Jean-Pierre finit par obtenir à un bon prix, un livre de prières cédé par un vieux Tibétain jovial, très typé, au visage fripé et doté d'une abondante tignasse noire. De longs poils clairsemés sur sa lèvre supérieure au niveau des commissures et au centre, sous sa lèvre inférieure, lui tiennent lieu de moustache et de bouc. Il pose volontiers pour nos objectifs en faisant tourner son moulin à prières et en égrenant un chapelet.

Il s'amuse ensuite à faire résonner une cloche, en frottant ses bords avec un battant en bois dans un mouvement circulaire, comme lorsqu'on fait vibrer une coupe en cristal. Lorsque la vibration est au maximum, il place la cloche devant ses lèvres et tel une carpe ouvre et ferme alternativement la bouche qui fait caisse de résonance, produisant une série de « waa, waa ». Notre étonnement l'amuse beaucoup et il recommence avec plaisir l'exercice autant de fois que nous le lui demandons, visiblement ravi d'être filmé. Un vrai cabotin ! Derrière lui, sa femme également très typée, assise en tailleur, s'applique à confectionner une toile multicolore sur un métier à tisser en bois.

Une éternité plus tard, nous atteignons le bas de l'escalier. Au lieu de repartir directement vers l'hôtel, nous bifurquons sur notre gauche. Devant ce qui semble être un magasin, une femme assise sur un banc fait tourner un moulin à prières machinalement, tout en observant l'animation de la rue. Le mur contre lequel elle est adossée, arbore en grand et de manière voyante, le nom de deux marques rivales mondialement connues : à sa gauche sur fond bleu, Pepsi Cola et à sa droite sur fond rouge, Coca-Cola. Nous avons là le contraste de deux mondes et de deux cultures totalement différentes. L'une s'impose à l'autre de manière inéluctable : rapidité, business et profit ; éternité, prière et méditation.

Cette femme a le luxe de disposer de tout son temps ; elle fait tourner machinalement une prière universelle dont elle a l'intuition. Par ce geste quasi distrait, elle vénère la sagesse de Bouddha, le dieu qu'elle s'invente, le dieu qui est en elle. Alors que les deux marques de boissons peintes sur le mur s'imposent à toutes les sociétés de la planète pour qu'elles vénèrent la puissance du business et de son dieu, le pouvoir de l'argent.

Une toile blanche est accrochée au mur entre ces deux marques. Nous avons ainsi de gauche à droite : Pepsi sur fond bleu, toile blanche au milieu et Coca sur fond rouge. En bons chauvins que nous sommes, nous y reconnaissons notre emblème national.

Tout le côté gauche de la rue est bâti de stupas impeccables. Ils sont peints à la chaux ou ornés à la base d'une profusion de fresques multicolores que jouxtent des moulins à prières soigneusement entretenus. Des drapeaux à prières : rouges, verts, jaunes, bleus et blancs, accrochés à des fils tendus de toutes parts, donnent à l'ensemble un air de joyeuse kermesse. Seule ombre au tableau et non des moindres, juste en face, sur la droite, s'entassent des ordures qui s'éparpillent jusqu'au milieu de la rue. Cela dégage des relents nauséabonds qui me rappellent certaines rues de Marseille les jours de grève des éboueurs lorsqu'il y a quelques années, j'y vivais. J'ose à peine imaginer en période de mousson, toutes ces immondices flottant au gré du courant et les habitants pataugeant dans la fange.

Les petits immeubles et les maisons individuelles environnantes, malgré l'air de fête que leur donnent les multiples drapeaux à prières sur leur terrasse, ressemblent à un éternel chantier. Chaque toit en terrasse est prolongé de piliers, d'où émergent les armatures métalliques du béton armé. Bien que terminée depuis bien longtemps, chaque maison semble attendre un étage supplémentaire sur sa terrasse hérissée de pointes métalliques et ornée de drapeaux.

Cela me rappelle les maisons espagnoles aux abords des villes en expansion, dans les années 70. Les propriétaires n'apportaient jamais la touche finale. Ils espéraient pouvoir les surélever d'un étage de plus quand les finances le leur permettraient et y loger, plus tard, leurs enfants.

Ici rien de tel, l'objectif est tout autre : c'est une manière de s'accommoder avec le fisc qui n'est pas exigeant tant qu'une maison n'est pas officiellement achevée.

Nous décidons de rentrer et faisons demi-tour ; cela me réconforte car je commence à ne pas me sentir bien du tout et nous avons encore une longue marche à effectuer. En cours de route, deux enfants effrontés se joignent à nous. Nous n'arrivons pas à nous en dépêtrer ; ils nous posent des tas de questions, nous demandent de l'argent, veulent regarder dans l'œilleton de nos appareils, s'y agrippent, puis commencent à molester Catherine. Nous essayons de les houspiller, mais rien n'y fait ; nos rémoras sont plus collants que jamais. Un lama qui semble bien les connaître, vient à notre rescousse et les sermonne sévèrement, prêt à les empoigner s'il le faut ; il les menace même avec un bâton. Il nous conseille de bien faire attention, car ces galopins n'attendent qu'un moment de distraction de notre part, pour nous chaparder ce qui passera à leur portée. Nos deux chenapans, repoussés de tous côtés, abandonnent la partie.

Escortés d'un autre groupe d'enfants aussi délurés que sales, nous repassons sur le pont de la Bisnumati Khola. Décidemment, nous les attirons tous ; ce pont est le rendez-vous de tous les gamins de Katmandou. Nous nous méfions, car ils veulent tout voir de notre matériel, nous demandent également de l'argent, s'agrippent à nous. En bas, au bord de la rivière, les cochons fouillent inlassablement les ordures que continuent à déverser sans discontinuer des cyclistes et des conducteurs de rickshaws.

Je m'apprête à prendre la scène en photo. J'ouvre l'interrupteur, réarme, vise, choisis la bonne focale, règle le zoom, teste la profondeur de champ, règle la netteté et enfin, je déclenche. J'entends un simple « clic » comme lorsque je prends une photo manuellement en pause longue. J'attends désespérément le « clac ». L'obturateur s'est ouvert et ne s'est jamais refermé. Le diaphragme est resté grand ouvert, comme médusé par la scène qu'il découvre. L'appareil n'a pas supporté que je lui impose des images répugnantes. Je dois être tombé en disgrâce auprès du dieu de la photographie depuis que je suis au Népal.

Je retire l'objectif pour essayer de comprendre ce qui se passe. Je suis bouche bée d'étonnement et de déception ; c'est à ce moment précis qu'un des chenapans, en riant m'engouffre profondément ses doigts crasseux dans la bouche. Mon appareil n'a plus aucune importance ; je bondis, je crache tout ce que je peux, je vocifère, je me racle la gorge, je n'ai pas assez de salive pour cracher la souillure, je me rince la bouche avec un fond d'eau minérale, je me gargarise, je crache à nouveau. J'ai l'impression d'avoir avalé le tas d'ordures que je m'apprêtais à photographier. Catherine et Jean-Pierre ne trouvent rien de mieux à faire que de rire aux éclats ; je fulmine.

Une fois ma colère et ma déception apaisées, je range dans mon sac mon appareil devenu inutile ; j'invective encore mon ignoble tortionnaire et je chasse fermement les enfants qui comprennent que je ne suis pas d'humeur à plaisanter. Nous reprenons notre chemin.

J'en ai oublié momentanément mes problèmes gastriques. Je réalise que nous n'avons pas mangé depuis ce matin à Pokhara. Fort heureusement, car je suis vraiment barbouillé. Je sens mes jambes qui flageolent : elles sont de plus en plus cotonneuses, il est temps que je regagne l'hôtel. Nous repassons en sens inverse dans les ruelles toujours aussi encombrées ; j'ai l'impression que tout est flou autour de moi. J'avance dans une sorte de brouillard, les sons ne sont que des murmures lointains, je marche comme un automate, je ne garde guère de souvenir de ce long retour.

Je me retrouve allongé dans mon lit, je suis à l'hôtel, je me repose quelques heures. Bien que je n'aie toujours pas faim, le soir nous allons retenir une table dans un restaurant qui nous a été recommandé. Une cour intérieure verdoyante, agrémentée de fontaines, reconstitue un microcosme paradisiaque. Nous passons devant les cuisines ; le fumet qui s'en dégage met en appétit Catherine et Jean-Pierre, quant à moi il me soulève des haut-le-cœur.

Jean-Pierre veut envoyer un courriel ; nous nous rendons dans une sorte de cybercafé. Catherine et moi obtenons une communication téléphonique par Internet ; elle est de très mauvaise qualité, le son est haché, à la limite de la compréhension. La communication de Catherine échoue : elle est obligée de refaire une tentative. Au moment de payer, cela provoque une polémique, car elle refuse de régler le premier appel qu'elle n'a pas pu obtenir. Je contacte mon épouse qui, au lieu d'être heureuse d'avoir des nouvelles, semble exaspérée par ce dialogue de sourds par l'intermédiaire de bribes de paroles que nous devons reconstituer.

À nouveau je ne me sens pas bien du tout ; je demande à Catherine et à Jean-Pierre de partir sans moi au restaurant, je vais rentrer directement à l'hôtel. J'ai quelques soupçons sur la salade de fruits et le jus de fruits pris à l'hôtel de Pokhara ce matin. C'était tellement bon ! Les fruits ont-ils été lavés avec l'eau du robinet, a-t-on ajouté un peu d'eau dans la salade de fruits ? Je ne le saurai jamais. Les autres ne semblent pas affectés, Catherine exceptée cet après-midi.

Sur le chemin du retour, deux vaches sacrées barrent la rue. Une des deux, libère une bouse non moins sacrée au pied d'un étal de souvenirs. En s'écrasant sur le sol, elle éclate en projetant de fins rayons brun verdâtres, faits d'une multitude de particules qui bénissent tout ce qu'elles atteignent à la ronde. Combien de fois des aliments en vente posés sur le sol, doivent faire l'objet de cette septique bénédiction ?

À quelques mètres près, je l'ai échappé belle ; je rentre à l'hôtel, impur mais propre.

Chapitre 19

Jeudi 25 avril

Katmandou, visite de Patan et Bhaktapur

La diète de la veille et une bonne nuit de sommeil ont été réparatrices, je me sens beaucoup mieux. Vers 7 h 30, nous prenons le petit-déjeuner tous réunis dans la cour de l'hôtel, sous les orangers en fleurs et les jasmins.

Un exemplaire du quotidien anglais, *Daily Mail*, laissé sur la table, nous ramène à la réalité du moment, il nous apprend le résultat du premier tour de l'élection présidentielle en France, le dimanche 21 avril. Ayant accompli notre devoir électoral par procuration et ayant eu d'autres préoccupations, nous n'y avons plus pensé du tout. Le souvenir des élections m'a simplement effleuré l'esprit le jour même, le soir de la 14e étape à Tiplyang.

C'est incroyable, nous ne découvrons le verdict des urnes que quatre jours plus tard. Hors du temps, isolés de nos sources d'informations habituelles, nous n'avons même pas pensé à demander les résultats à nos familles respectives lors de nos rares communications. Elles n'ont pas plus songé, un seul instant, à nous en informer. Nos seules préoccupations étaient de nous enquérir réciproquement de notre état de santé et de notre moral, tout en exprimant notre attachement à nos proches.

Nous apprenons que les deux candidats en lice pour le deuxième tour sont le président sortant, Jacques Chirac, et le candidat d'extrême-droite, Jean-Marie Le Pen. Le candidat socialiste actuel premier ministre, Lionel Jospin, contre toute attente, a été éliminé au premier tour. Chacun y va de son commentaire sur cette situation que personne n'avait envisagé. Bien que je ne saisisse pas toutes les subtilités de l'article, les Anglais ne semblent pas apprécier que le candidat d'extrême-droite, Jean-Marie Le Pen puisse être présent au second tour. Ils ne sont pas tendres avec nous et accusent les Français d'être devenus des sympathisants fascistes et de faire planer une menace sur la démocratie en Europe.

Peu après huit heures, nous quittons l'hôtel ; le groupe se scinde une nouvelle fois en deux, c'est à se demander ce que nous sommes venus faire au Népal ensemble. Catherine, Jean-Pierre et moi avons décidé de visiter Patan et Bhaktapur, situées respectivement à sept kilomètres au sud et dix-sept kilomètres à l'est du centre de Katmandou. Ce sont deux villes voisines qui abritent une extraordinaire profusion de temples.

Mon appareil photo étant inutilisable, Catherine me donne un appareil jetable de secours qu'elle avait apporté en cas de nécessité. Toujours maître dans l'art du marchandage, elle négocie un taxi pour six cents roupies la journée, soit un peu plus de neuf euros. Il sera à notre disposition la journée entière. Comme tous ceux qui osent braver la grève, ses plaques d'immatriculation sont cachées par la mention *tourist*.

L'intérieur du véhicule est entièrement riveté. Toutes les parties rouillées ou usées ont été découpées et remplacées par des plaques habilement disposées. Ici lorsque les véhicules s'usent, au lieu de les remplacer, ils sont refaits entièrement. Celui-ci en est à sa énième réincarnation. Ceux qui sont incommodés par des suspensions trop souples, seraient heureux ici car elles sont inexistantes. Dans ce shaker ambulant, nous sommes en totale symbiose avec la route défoncée dont nous pouvons apprécier les moindres creux et bosses. Nous fonçons vers Patan dans un concert de grincements et de cliquetis. Le moteur et le klaxon sont mis en concurrence dans un étonnant concours de décibels.

Finalement, nous arrivons à Patan un peu groggy mais sans dommages. Nous nous faisons déposer à Durbar Square où nombre de temples et de monuments de toutes sortes s'offre à nous. Nous donnons rendez-vous au taxi ici même pour midi ; nous lui demandons d'être précis ; il sera payé à la fin de la journée.

Patan est la seconde cité de la vallée avec plus de 250 000 habitants, mais elle ne forme désormais plus qu'une seule et même ville avec Katmandou, dont elle n'est séparée que par un pont sur la Bagmati. Cette ville constitue un véritable musée en plein air, avec son palais, ses monastères, ses pagodes et ses sanctuaires. C'est aussi une ville célèbre pour ses orfèvres qui travaillent le bronze et l'argent.

Nous nous lançons dans une visite effrénée des lieux. Nous contemplons de nombreuses pagodes comportant de trois à quatre étages de toitures, en retrait les unes par rapport aux autres. Temples bouddhistes et hindouistes se côtoient étroitement, sans que cette promiscuité gène les fidèles dans leurs dévotions respectives. Parfois, seule une observation attentive nous permet de savoir à quelle religion appartiennent certains temples, tant leurs architectures semblent avoir subi leurs influences mutuelles.

En revanche, contrairement aux temples bouddhistes, nous ne pouvons pas visiter les temples hindouistes : nous les contemplons de l'extérieur, seuls les fidèles ont le droit d'y pénétrer. Nous songeons à la tolérance des bouddhistes qui la veille nous ont autorisé à entrer pendant une cérémonie, à laquelle participaient exclusivement des moines.

Nous observons les fidèles hindous patientant dans une interminable file pour faire leurs offrandes aux différentes divinités. De nombreuses femmes aux saris de toutes les couleurs s'abritent de l'ardeur du soleil, sous des parapluies en guise d'ombrelle. D'autres femmes vendent des plats contenant les différents ingrédients pour les offrandes : fruits, fleurs, riz, poudres diverses, farine, safran, lait etc. Elles seront déposées avec dévotion aux pieds des différentes divinités, dans un rituel bien codifié, avec une savante gestuelle et dans un ordre très précis. Chaque offrande est un symbole. L'inconvénient est que ce sont des denrées périssables qui pourrissent ensuite sur place. Il s'en dégage une odeur fétide. La forte chaleur rend l'atmosphère pesante. Je ne sais pas si tout cela incommode Jean-Pierre, mais il ne se sent pas très bien à son tour.

Les Hindous sont toutefois avides de propreté physique et spirituelle ; ils se purifient, au sens propre comme au sens figuré, dans des thermes, sortes de fontaines publiques semblables aux nymphées de l'Antiquité. Deux grandes excavations d'une dizaine de mètres de côté aux parois en briques rouges sont creusées à proximité des temples. Au centre s'élève un autel surmonté d'un dôme. Sur l'autel une multitude de cierges se consument dans des coupelles. Des robinets sont alignés sur l'un des côtés de l'excavation ; avec des gestes rituels, les fidèles viennent y faire leurs ablutions, indifférents aux regards indiscrets des touristes.

Les thermes ne sont pas mixtes. Ceux des hommes sont bien distincts de ceux des femmes et des enfants. Les thermes des femmes sont plus mouvementés et plus colorés ; elles viennent avec des bassines et y font également leur lessive.

Jean-Pierre, hagard, est assis sur un muret, le regard dans le vide. Il ne se sent pas bien du tout, il n'a pas la force de poursuivre. Nous nous apprêtions à visiter le musée de l'hindouisme. Il nous propose d'y aller sans lui, il nous attendra dehors, je prends la caméra.

Le musée occupe une grande partie d'un somptueux palais de trois étages. Nous y pénétrons par la porte d'or, chef-d'œuvre des orfèvres de Patan, en cuivre repoussé, elle est richement décorée. Au-dessus, une double rangée de fenêtres en bois ouvragé est encastrée dans la brique.

À l'intérieur, sur trois étages, dans un dédale de pièces et de couloirs, je découvre l'imbroglio des divinités hindouistes : Shiva, Vishnou, Ganesh, Rama, Kali, Krishna, etc. ainsi que la complexité de leur histoire, de leurs unions, de leur symbolique. Au début, j'ai l'impression de comprendre, mais très vite je suis décontenancé ; je m'embrouille, je me contente ensuite simplement d'admirer leurs représentations. Je filme chaque pièce, véritable chef-d'œuvre d'orfèvrerie, en faisant un plan fixe de quatre secondes, tout en lisant le nom des divinités. Rapidement, devant la quantité impressionnante de statues et d'objets exposés, je n'ai d'autre alternative que de sélectionner uniquement ce qui, à mon sens, est le plus représentatif.

En sortant du temple, je suis abordé par une fillette qui me propose des petits sacs brodés et des bracelets en cuivre torsadé. Un jeune garçon survient et me propose un lot de cinq articles pour un prix plus avantageux. Le prix étant déjà dérisoire, je n'ose pas marchander et je lui achète un lot, sous le regard dépité de la fillette qui me propose alors les mêmes conditions que le jeune garçon. Elle s'en va désappointée.

Je suis pris de remords et je rappelle la fillette à qui j'achète un autre lot ; elle est radieuse. C'est un petit bout de chou de sept ou huit ans. Comment ai-je pu céder à l'offre du jeune garçon et la laisser tomber ? C'était, sans m'en rendre compte, une forme de marchandage indirect.

Il existe à n'en point douter un instinct égoïste et dominateur de l'acheteur qui l'incite à obtenir toujours le meilleur prix, quelles qu'en soient les conséquences, quelles qu'en soient les répercussions en amont. C'est vraisemblablement ce genre de comportement qui permet aux pays riches d'obtenir des denrées bon marché, en exploitant de pauvres gens ou des enfants de pays défavorisés, tout en engraissant de riches hommes d'affaires sans scrupules. Même si j'ai essayé de me racheter, rétrospectivement je ne suis pas très fier.

Nous quittons ensuite Durbar Square, à la recherche d'autres temples disséminés dans la ville. Jean-Pierre nous accompagne en souffrant ; cela me rappelle son chemin de croix entre Eklobhati et Jomosom. Il s'achète une bouteille de Coca pour essayer de soulager ses troubles gastriques. Il est obligé de la boire sur place à cause de la consigne.

Décidément nous y avons tous eu droit ; cela a commencé par Catherine hier, ensuite cela a été mon tour, puis maintenant celui de Jean-Pierre. Nous faisons pourtant attention à notre alimentation et n'absorbons que des breuvages cachetés ou capsulés.

Nos soupçons se portent encore sur le jus d'orange qu'on nous sert à l'hôtel, au petit déjeuner. Ne serait-il pas allongé d'un peu d'eau du robinet ? Si elle est captée dans la rivière, compte tenu de ce que nous avons vu hier, nous pouvons nous attendre à tout.

Nous visitons, entre autres, le temple aux neuf mille Bouddhas. Une multitude de petites statues de Bouddha sont gravées sur les murs d'un édifice en forme d'immense pain de sucre. Il est érigé sur un socle, dans une cour intérieure encadrée de bâtiments. Afin d'avoir une meilleure perspective du monument, suivant les conseils du Guide du Routard, nous empruntons l'escalier étroit d'une maison au fond de la cour jusqu'au dernier étage.

Arrivés en haut, dans un étroit corridor ouvert sur la cour, nous rencontrons un vieil homme avenant, vêtu d'un slip baillant jusqu'aux genoux et d'un vieux débardeur. Ces modestes vêtements que je suppose blancs à l'origine, sont constellés de taches et d'auréoles de toute sorte, dont je n'ose imaginer la provenance. Il n'en semble absolument pas incommodé : il a l'air ravi de nous rencontrer. Nous échangeons quelques mots sans nous comprendre.

Nous allons ensuite voir un autre temple bouddhiste où, chose inhabituelle, nous sommes contrôlés à l'entrée pour vérifier si nous n'avons pas d'objets en cuir : ceinture, chaussures, sacoche, portefeuille, etc. Ces objets ont coûté la vie à des animaux ; la vie est sacrée, ils sont, par conséquent, interdits dans ce temple, ils doivent être déposés à l'entrée. À l'intérieur, de gros rats noirs vénérés se promènent en toute liberté. Ils surgissent des parties les plus sacrées du sanctuaire.

Après la visite de ce temple, nous déambulons au hasard dans les rues. Nous avons le loisir d'admirer des orfèvres en plein ouvrage. Ils travaillent accroupis dans des ateliers, noirs, sales, sordides, ouverts sur la rue. Aucun établi, aucune table, aucun panneau pour ranger leurs outils, tout se fait sur le sol. Un ouvrier active un soufflet de forge qui maintient l'incandescence d'un petit tas de charbon au milieu de l'atelier. Sur celui-ci est posé un petit creuset dont la gueule ouverte laisse entrevoir la lueur mouvante, jaune orangée, du bronze en fusion. À proximité, telle une chrysalide, un moule extérieurement grossier, fait de paille, d'argile et de bouse de vache, attend de recevoir le métal liquide qu'il va métamorphoser en œuvre d'art.

Les outils jonchent le sol à portée de main des artisans. L'un d'eux, une statue de Bouddha calée entre ses pieds qui lui servent d'étau, retire à l'aide d'un burin les protubérances de bronze indésirables. Un autre, une statue callée entre les genoux, grave et façonne de multiples détails, tandis qu'un troisième, par l'alchimie d'un long et patient polissage manuel, transforme cette masse noire, balafrée de cicatrices dorées, en or étincelant. Quel contraste entre ces ateliers misérables, issus tout droit d'un roman de Zola, et la beauté de ce qu'ils produisent !

Nous repartons vers Durbar Square, nous ne voulons pas faire attendre le chauffeur de taxi à qui nous avons demandé d'être ponctuel. Nous arrivons dix minutes avant l'heure du rendez-vous. Il faudrait deux ou trois jours pour visiter Patan, nous n'y avons consacré que trois heures. De toute manière, il y a tellement de choses à voir, tant de détails à mémoriser que je finirais par tout mélanger. Je sais par expérience que lorsqu'en France, je visite plusieurs châteaux, je finis par faire un amalgame de tout ce que j'ai vu. Pour moi c'est déjà trop ; nous avons tout de même eu un honorable aperçu de la richesse et de la diversité de l'architecture comme de l'art népalais, essentiellement au service de la religion.

Nous observons les vendeurs installés dans la rue sur le trottoir. Les marchandises sont posées par terre sur une simple toile : poissons séchés, fruits, légumes, épices, fleurs. Elles ornent le trottoir d'une mosaïque colorée. Il est déjà plus de midi et nous ne voyons pas notre taxi. Nous patientons.

Jean-Pierre va un peu mieux ; il est amusé par l'efficacité et la manière de procéder d'un vendeur de limonade à l'hygiène approximative.

Avec une dextérité incroyable, il coupe en deux un petit citron vert qu'il ramasse sur un tas par terre et presse chaque moitié à l'aide d'un ustensile en bois, dont il rapproche les deux poignées. Il puise un peu d'eau dans un seau avec un gobelet en plastique qu'il rince avec les doigts, rejette l'eau dans le seau et se débarrasse de l'écorce du citron sur un sac posé sur le sol. Il verse ensuite le jus du citron dans le gobelet. Il ouvre une petite bouteille de limonade en introduisant le pouce dans le goulot, afin de repousser une bille qui obstrue l'ouverture plaquée par la pression du gaz. Après un puissant pschitt, suivi d'un geyser de bulles, il introduit la bouteille, goulot vers le bas, qui se vide seule dans le gobelet. Pendant ce temps, muni d'un robuste couteau il poignarde un gros pain de glace posé sur le trottoir. Il verse les éclats de glace dans le gobelet, pendant que de l'autre main il replace la bouteille vide dans un casier. Il s'assure que le client est prêt et à l'aide d'une spatule en bois, prélève du bicarbonate dans un sachet ; il le verse dans le gobelet et agite à toute vitesse à l'aide d'une petite cuillère qu'il repose n'importe où. Immédiatement, une éruption de liquide effervescent surgit du gobelet qu'il tend au client, en échange d'une pièce donnée simultanément. Le client se penche en avant et à coup de gorgées frénétiques, essaie de gagner de vitesse la montée de son bouillonnant breuvage. Il absorbe ce qu'il peut ; ce qu'il n'aura pas bu à temps se déversera par terre. Avant que le gobelet ne soit reposé, le marchand de limonade a déjà effectué la moitié des opérations nécessaires pour satisfaire un nouveau client. Le buveur assouvi, s'en va tranquillement, laissant parfois échapper un rot de satisfaction.

En plaisantant, je propose à Jean-Pierre de lui offrir une limonade pour soigner ses troubles gastriques. Il s'exclame en riant : « Tu veux me faire crever ! »

Le temps passe : cela fait plus d'une demi-heure que nous attendons et nous ne voyons toujours pas notre taxi. Sans doute a-t-il accepté une trop longue course ou rencontré des clients plus intéressants que nous. Nous repartons en France demain et nous voulons visiter Bhaktapur ; tant pis pour lui, nous allons prendre un autre véhicule. Les taxis avec lesquels nous essayons de négocier sont déjà pris ou, de toute évidence, essaient de nous exploiter en prétextant courir des risques à cause de la grève.

Finalement, nous tombons d'accord avec le propriétaire d'un rickshaw à moteur. C'est une sorte de scooter tricycle couvert. Il est conçu pour transporter son conducteur et deux passagers. Nous y montons à cinq. Catherine, Jean-Pierre et moi sommes plus que serrés à l'arrière, nous sommes pratiquement à moitié assis les uns sur les autres. Un ami du conducteur s'installe à l'avant, prenant appui sur un marchepied et agrippé à l'armature du rickshaw. Le conducteur essaie de lancer le moteur en tirant énergiquement un levier sur la gauche, identique à un grand frein à main. Après une dizaine d'essais infructueux, alors que nous commençons à désespérer, le moteur accepte de pétarader.

Nous nous lançons, à grand renfort de coups de klaxon, dans une course effrénée de dix kilomètres dans la banlieue sud-est de Katmandou. L'inconfort, le bruit et l'ouverture sur l'extérieur, nous donnent une sensation de vitesse extraordinaire, alors que nous n'avons jamais dû dépasser les soixante kilomètres/heure. Sur cette route cahoteuse, nous zigzaguons entre les obstacles, esquivons au dernier moment les véhicules arrivant en face, faisons des bonds à chacun des nombreux nids de poule en nous agrippant de notre mieux pour ne pas être éjectés. À trois à l'arrière, sur une banquette conçue pour deux, nous avons le même confort que les passagers d'une boîte de sardines posée sur une machine à laver en phase d'essorage. Dire que nous sommes secoués, serait un doux euphémisme : nous sommes carrément brutalisés. Nous ne sommes pas très rassurés, mais cela ne nous empêche pas de nous amuser de cette situation insolite.

Dans cette banlieue regorgeant de vie, désordonnée, parsemée de maisons et de petits immeubles entre des champs cultivés, chacun vaque à ses occupations. De nombreux ateliers à ciel ouvert sont improvisés sur le côté de la route. Les ouvriers travaillent, comme d'habitude, accroupis sur le sol.

Par endroits, des camions, des cars, des voitures sont entièrement désossés ; il n'en reste que le châssis. Ils sont ensuite remontés. Les pièces défectueuses sont réparées, reconstituées ou cannibalisées sur d'autres véhicules. Les parties trop abîmées des carrosseries sont remplacées par des plaques métalliques rivetées. Certaines parties de carrosserie de cars ou de camions sont refaites entièrement en bois ; elles seront ensuite ornées de nombreux motifs colorés. Ce sont des ateliers de résurrection de véhicules.

Agrippé comme il le peut, Jean-Pierre essaie héroïquement de filmer, tamponné par le viseur de la caméra, d'une oreille à l'autre et du front au menton. Parfois, nous sommes incommodés par des odeurs rebutantes, nous passons à proximité de décharges au bord de la route.

Dans les montées, le conducteur du rickshaw rétrograde progressivement jusqu'en première. Après avoir épuisé tous les régimes de la boîte de vitesse, le véhicule se fait de plus en plus poussif, le moteur atteint des sonorités de plus en plus graves ; nous avons l'impression qu'il va caler à tout instant. Un marcheur pourrait nous suivre sans problème ; par moments, nous nous demandons si nous n'allons pas devoir descendre pour pousser. Mais, dès que la déclivité diminue, l'engin reprend peu à peu son élan, le moteur retrouve son registre aigu et malheur à nous si nous abordons à nouveau une descente, nous la dévalons dans une course effrénée, plus ballottés que jamais.

Nous arrivons à Bhaktapur juste avant que notre cerveau ne monte en neige. Étrangement, le rickshaw ne s'est pas disloqué : il peut repartir pour d'autres courses. Nous donnons rendez-vous au conducteur, ici même pour dix-sept heures ; nous avons quatre heures devant nous. Nous faisons la journée continue, sans pause-repas : compte tenu de ce que nous avons ingurgité ce matin, nous pouvons tenir sans problème jusqu'à ce soir.

Derrière une immense grille, nous découvrons des temples et des monuments à perte de vue. Nous constatons la présence de guichets : l'entrée est payante, uniquement pour les touristes, nous devrons nous acquitter de 300 roupies, soit 4,5 euros. Pour une fois, nos faciès d'Occidentaux ne sont pas à notre avantage.

Jean-Pierre et moi nous nous sentons barbouillés ; j'ai l'impression que les secousses du trajet m'ont fait remonter l'estomac derrière la gorge ; je sens que je suis encore en train de digérer le copieux petit déjeuner de ce matin ; il m'en faudrait peu pour le régurgiter. Nous décidons de partir à la recherche d'un magasin pour acheter du Coca devenu, depuis quelques temps, notre panacée digestive alors qu'habituellement nous n'en buvons que très rarement.

Catherine trépigne d'impatience ; elle ne veut pas perdre de temps, elle décide de partir seule, le Guide du Routard à la main. Comme elle n'a plus de montre, depuis sa disparition mystérieuse à Syange lors de notre deuxième étape, elle me demande de lui prêter la mienne.

Après avoir absorbé notre Coca, passablement ragaillardis, nous revenons sur cette grande esplanade à l'entrée de Bhaktapur qui, comme à Patan, se nomme : Dubar Square. Tout ceci ressemble à un décor, à une reconstitution historique. Ce n'est pas possible d'avoir érigé une telle concentration de chefs-d'œuvre architecturaux ! Et pourtant...

Voyant l'attention que nous portons aux monuments, un jeune homme avenant d'une vingtaine d'années nous accoste. Il nous propose de nous faire visiter gratuitement les lieux afin d'avoir l'occasion de pratiquer l'anglais et le français, ainsi que pour le plaisir de rendre service. C'est un jeune lama habillé à l'européenne ; il est étudiant, passionné d'histoire de l'art, curieux de tout. Nous avons là une sacrée chance. Nous sympathisons rapidement. Il se nomme Kumar Lama.

Il nous apprend que Bhaktapur est une ville de plus de 80 000 habitants ; elle est également appelée la cité des dévots. Les deux religions, hindouisme et bouddhisme, y cohabitent étroitement sans aucun problème comme dans de nombreux endroits dans le pays. Bhaktapur a été la capitale du Népal jusqu'au XVIIIe siècle. La cité a été fondée au XIIe siècle, mais elle doit son éclat actuel à un roi bâtisseur qui régna au XVIIe siècle, donc contemporain de Louis XIV. Il nous fait part d'une anecdote. Le roi trouva les deux statues qui encadrent la porte à gauche de l'entrée de la cité si remarquables qu'il ordonna de faire couper les mains de l'artiste pour qu'il ne puisse plus en sculpter d'autres aussi belles.

Le nombre de demeures et d'édifices du XVIIe et XVIIIe siècle est impressionnant. Ils ont pourtant failli disparaître faute d'entretien. En 1950, lorsque le Népal a ouvert ses portes à l'Occident, le gouvernement a sollicité l'aide de l'Unesco pour sauver plus de mille bâtiments qui menaçaient ruine, principalement à Katmandou et dans ses environs.

Nous devrions apercevoir en toile de fond les sommets enneigés de l'Himalaya, mais la brume persistante de ces jours-ci nous prive de ce somptueux décor.

Nous visitons l'ancien palais royal sur la partie gauche de la place. À l'entrée, la porte dorée en cuivre est considérée comme le chef-d'œuvre de l'orfèvrerie népalaise ; elle était exclusivement réservée au roi. Les autres portes, beaucoup plus basses, obligeaient ses sujets à s'incliner et à faire ainsi allégeance au roi. Cela me rappelle la porte basse pour accéder à la poste de Jomosom. La soumission à l'administration s'étant, en quelque sorte, substituée à celle due traditionnellement au pouvoir royal.

Nous découvrons les bains privés du roi, sorte de nymphée semblable aux thermes de Patan. Le centre de l'excavation est toutefois différent. Il est occupé par un bassin rempli d'eau, duquel émerge une colonne en pierre, gravée d'écailles, surmontée d'une tête de cobra. L'eau recouverte d'algues est totalement verte. Cela ne décourage pas les femmes qui écartent les particules végétales concentrées en surface pour faire leur lessive. Du linge sèche sur des murets et sur des fils tendus à proximité. Le pourtour du bassin est orné de pierres représentant deux corps de cobras garnis d'écailles dont les têtes sont dressées aux extrémités. Le lama nous explique qu'ils symbolisent la chance et la sérénité.

Nous visitons ensuite l'extérieur de nombreux temples et sommes sidérés par la multitude de statues et d'ornements de toutes sortes dont ils sont parés. Sur les façades et les corniches de certains temples bouddhistes, nous découvrons des scènes entières de copulation, dans toutes les postures possibles et imaginables. Il ne s'agit pas de symboles de la fécondité, mais de scènes franchement érotiques à la limite de la pornographie. Toute personne en manque d'imagination ou de fantasmes trouvera ici un échantillon assez complet de préliminaires et de pratiques inavouables. C'est en quelque sorte un Kâma-Sûtra à ciel ouvert qui représenterait l'expression corporelle de la sensualité universelle, innée chez tous les peuples, mais inhibée par les tabous qu'imposent la bienséance, l'éducation ou certaines religions.

Kumar Lama nous apprend qu'un roi qui redoutait une baisse de la natalité au Népal, a fait exécuter ces sculptures afin de promouvoir la natalité chez son peuple.

J'imagine mal en France, sur les façades de nos églises ou de nos cathédrales, le tympan orné de telles scènes. Quoique j'ai vu, en Haute-Garonne, dans le chœur de la cathédrale de Saint-Bertrand-de-Comminges, authentique chef-d'œuvre, des scènes assez osées et sans équivoque. Sur tout le pourtour du chœur sont gravées dans le chêne des situations de la vie quotidienne, absolument toutes sortes de scènes. À l'époque, les gens ne sachant pas lire, elles se présentaient à eux comme un livre d'images ouvert. Elles sont toutefois sans aucune commune mesure avec celles représentées ici.

Au fil de la conversation, Kumar Lama nous apprend qu'il est étudiant à l'école de thangkas de Bhaktapur. Nous n'en revenons pas, nous lui demandons s'il est possible de visiter son école. Enchanté de pouvoir satisfaire notre curiosité, il accepte avec plaisir. Une telle opportunité est pour nous une véritable aubaine.

Il nous conduit vers un quartier plus retiré ; nous empruntons des ruelles qui nous mènent devant un immeuble vétuste, dans lequel nous entrons. Nous grimpons à l'étage par un vieil escalier. Jusqu'à présent, rien dans l'environnement extérieur ne laisse présager que nous sommes dans un lieu de création d'œuvres d'art que sont les thangkas.

Après avoir franchi une porte à l'étage, nous entrons dans ce qui ressemble à un appartement. Kumar Lama nous conduit vers différentes pièces dans lesquelles sont tendus sur des cadres des thangkas en cours de réalisation. À raison d'environ huit heures par jour, chaque thangka nécessite en moyenne, selon son importance, une à deux semaines de travail pour être mené à terme.

Il nous propose de nous présenter au maître, qu'il appelle avec déférence le gourou. Nous entrons, très respectueusement, dans une salle ouverte. Nous apercevons un petit bonhomme assis en tailleur par terre au fond de la pièce, en plein ouvrage. Il peint dans une concentration extrême, sans détourner la tête, recueilli comme s'il faisait une prière ; il peint un mandala avec des gestes lents et précis. Pendant ce temps, Kumar Lama nous explique en chuchotant la signification de la toile en cours d'élaboration. Quand le maître juge le moment opportun, il se retourne et nous accueille avec un large sourire. Kumar Lama nous présente. Après une brève conversation, nous prenons congé ; le maître reprend son ouvrage. Il règne naturellement en ce lieu une ambiance de prière et de recueillement.

Nous demandons s'il est possible de voir différents modèles de thangkas. Kumar Lama nous conduit dans une salle voisine et nous présente à un jeune lama plus avancé que lui dans les études. Comme son collègue et son maître, il ne porte pas de robe, il est habillé à l'européenne. Il possède une parfaite maîtrise du français et se révèle être un véritable érudit.

Les thangkas achevés et secs, sont enroulés et conservés dans des cylindres en carton. Sur une table, Kumar Lama et son collègue en déroulent plusieurs. Nous sommes impressionnés par la qualité et la précision des détails de ces œuvres sublimes, ainsi que par les connaissances de ce gracieux et sympathique lama. En véritable pédagogue, il nous explique l'origine et la signification des thangkas.

Ce sont des peintures murales, initialement destinées à orner les monastères ou les demeures tibétaines et dont l'origine remonte au VIIIe siècle. Les peintures sont exécutées sur des toiles, enduites d'un mélange de craie et de colle, qu'on polit à la corne. Toujours rectangulaires, dans le sens de la hauteur, les thangkas sont encadrés de trois bandes de brocart : rouge, jaune et bleue. Les sujets obéissent à des règles très strictes.

Il existe quatre principaux thèmes de composition : le mandala, la roue de la vie, la vie de Bouddha et les thangkas à caractère pratique ou éducatif.

Le mandala est une sorte de prière peinte. Il se présente toujours sous forme d'un grand cercle, au centre du rectangle. Il symbolise l'univers ou le palais céleste d'une divinité avec des ouvertures aux quatre coins cardinaux. L'artiste donne libre cours à son imagination. C'est ce type d'œuvre que nous avons vu en cours de réalisation par le maître.

La roue de la vie représente les six vies et le nirvana au centre. Les six vies sont les suivantes : la vie des hommes, la vie des fantômes, la vie en enfer, la vie des animaux, la vie des demi-dieux, la vie des dieux. Il faut vivre toutes ces vies, avant d'atteindre le nirvana, état de plénitude suprême, dans lequel s'achève, selon la théorie de la métempsychose, le cycle des réincarnations. Ce but ultime est la rupture de la chaîne de l'existence et de son cortège de souffrances. Il consiste en un état d'éveil où les feux de l'avidité, de la haine et de l'ignorance se sont éteints.

La vie de Bouddha inspire les artistes, ils dépeignent dans ce type de mandala, différentes phases marquantes ou anecdotiques de son existence.

Les thangkas à caractère pratique ou éducatif constituent le quatrième thème de composition. Il s'agit de représentation de personnages, de planches anatomiques, d'herbiers, de calendriers, etc.

Tout en nous donnant les explications, ce jeune lama nous montre des thangkas correspondant aux différents thèmes. Il nous décrit la symbolique de certains animaux : le coq représente la colère, le cochon la jalousie, le serpent le désir... Il nous montre certaines toiles composées par le maître, par son ami et par lui-même. Bien que néophytes, nous remarquons toutefois une différence de qualité, proportionnelle à l'expérience de chacun.

Nous sommes séduits par certaines d'entre elles, nous demandons si nous pouvons en faire l'acquisition et à quel prix. Cela est possible ; la vente de toiles leur permet d'acheter du matériel pour l'école. Nous ne sommes pas du tout poussés à la consommation et choisissons librement en fonction de nos goûts.

Jean-Pierre et moi en achetons deux chacun, à raison de deux à trois mille roupies (30 à 45 €) pièce selon le modèle. Nous ne songeons pas à marchander. Ce serait indécent quand on imagine la somme de travail que cela représente, de plus les revenus ainsi récoltés servent une noble cause. Encore une fois, nous sommes confrontés à une situation paradoxale et injuste, due à ce profond décalage de niveau de vie qui me choque toujours. Ces chefs-d'œuvre sont pour la plupart des prières, des dons de soi, ils ont demandé une à deux semaines de travail, à raison de huit heures par jour et nous nous les offrons avec le fruit de quelques heures de travail en France.

Nous apprenons que l'école est équipée d'un ordinateur et qu'ils ont accès à Internet. Comme nous avons bien sympathisé avec Kumar Lama, nous échangeons nos adresses électroniques respectives.

Après avoir quitté les lieux, nous poursuivons la visite de Bhaktapur, toujours accompagnés de Kumar Lama. Nous traversons un secteur commerçant où l'on vend des fruits, des légumes, du poisson séché, des épices, des fleurs... Comme presque partout dans les rues du Népal, les marchandises sont étalées sur une toile étendue sur le sol. La variété des denrées proposées égaye le quartier de couleurs contrastées.

Les fleurs ne sont pas présentées comme chez nous, sur tiges avec leurs feuilles, elles composent des guirlandes ou des bouquets très serrés, sans aucun feuillage. Elles servent d'ornement éphémère, elles ne sont pas destinées à se conserver quelques temps dans un vase.

Un homme pousse un vélo croulant sous une charge impressionnante d'oignons ; au premier abord, je me demande de quelle manière il parvient à les faire tenir. Je constate qu'ils sont groupés en mottes ficelées sur le cadre.

Bien que Bhaktapur soit, par son abondance de monuments, un haut lieu touristique, la ville n'en demeure pas moins un lieu de vie comme en témoignent son animation et les nombreuses habitations toutes proches.

Un peu plus loin, nous arrivons sur la place où sont concentrés les potiers. Ils confectionnent toutes sortes de vases et de figurines dans une argile de couleur gris foncé, quasiment noire. Les tours des potiers sont activés d'une manière assez inattendue ; ils les font tourner en les poussant directement à l'aide d'un manche en bois. Lorsqu'ils atteignent une vitesse suffisante, ils se mettent rapidement à l'ouvrage, façonnant l'argile pendant que le tour poursuit sa rotation par inertie.

Le ciel devient menaçant, un orage éclate au loin, nous recevons quelques grosses gouttes résiduelles. Nous poursuivons néanmoins notre visite.

Nous admirons le plus haut temple du Népal : il comprend cinq étages de toitures. Il est bâti sur un socle pyramidal également de cinq étages, dans lequel est encastré un grand escalier bordé de statues à personnages méditatifs, paisibles éléphants aux défenses tronquées et chimères grimaçantes.

Nous achevons la visite de Bhaktapur peu avant 17 heures. Comme convenu, le rickshaw nous attend déjà à l'extérieur près de la grille ; il est plus ponctuel que le taxi de ce matin. Catherine est également présente. Lorsque nous lui apprenons que nous avons visité l'école de thangkas, elle n'a qu'un désir : s'y rendre à son tour pour y acheter quelques toiles. C'est encore matériellement faisable.

Nous demandons au conducteur du rickshaw s'il peut encore patienter un quart d'heure. Etant donné qu'il est en pleine conversation avec des collègues, il n'y voit aucun inconvénient. Catherine part en compagnie de Kumar Lama à qui nous faisons nos adieux. Un bon moment après, elle revient radieuse, elle a trouvé son bonheur.

Le retour est tout aussi cahoteux et pétaradant que l'aller. Sérieusement secoués, nous reprenons notre slalom habituel entre vélos, motos, vaches sacrées, piétons, voitures, nous frayant le passage à grand renfort de klaxon. C'est le rituel de la circulation au Népal. La devise de leur code de la route, doit être : « klaxonne, fonce et esquive ». Compte tenu de la grève, à part quelques taxis portant la mention *tourist*, il n'y a pas de véhicules de transports publics de cars ou de camions.

Arrivés devant l'hôtel, au moment de régler notre course, nous devons entamer de nouvelles négociations. Nous étions convenus avec le conducteur du rickshaw, d'une course pour six cents roupies, mais il réclame à présent mille cinq cents roupies. Catherine, outrée que la parole donnée ne soit pas tenue, reprend fermement les négociations et finit par faire admettre la somme de six cents roupies fixée au départ.

À 19 heures, nous sommes invités au restaurant de Jean-Claude, par sa compagne Katia, la propriétaire de l'agence de trek. C'est, en quelque sorte, le repas d'adieu.

Contrairement au soir de notre arrivée au Népal, nous prenons le repas à l'intérieur, dans une salle spacieuse. Nous dégustons une fondue népalaise. Chacun dispose devant lui d'un gros récipient métallique surélevé. À sa base, une flamme alimentée par du pétrole, réchauffe de la viande et des légumes dans la partie supérieure. Les mets sont agrémentés de sauces diverses, fortement épicées. Ce repas offert nous fait en partie oublier les suppléments que nous avons eu à payer lors de notre arrivée. Il se déroule dans la bonne humeur, de manière relativement conviviale, jusqu'à ce que Katia nous apprenne, que demain nous devrons nous acquitter de taxes à l'aéroport de Katmandou. Nous ne comprenons pas, nous avons déjà acheté nos billets qui sont sensés inclure les taxes diverses, comme cela a été le cas pour venir de Paris. Katia nous précise qu'à Katmandou, il n'en va pas ainsi ; même si on est en possession d'un billet, il faudra régler environ 700 roupies (11 euros) de taxes avant d'embarquer.

Catherine est furieuse, elle qui a l'habitude de voyager en avion dans divers pays, dit que c'est la première fois qu'elle voit cela ; les taxes sont ajoutées directement au prix du billet lors de l'achat, on n'a pas à régler de suppléments au coup par coup, elle ne paiera pas une roupie de plus.

Il s'ensuit une vive altercation entre Catherine et Katia. L'une prétend que nous avons nos billets à part et qu'elle n'a rien à voir avec ces histoires de taxes, l'autre rétorque que lors de l'évaluation globale du coût du trek et de tous les frais annexes, elle aurait dû prendre en compte les taxes ou nous prévenir de ce nouveau surcoût. Elle en a assez de payer des suppléments. Elle prétend que le travail n'a pas été fait correctement. S'il y a un supplément à régler, c'est à l'agence de le faire. Finalement, Katia excédée tend avec mépris sept cents roupies à Catherine qui les saisit rageusement.

Je suis étonné de voir le contraste entre la jeune femme que je connais, habituellement adorable et pondérée et la tigresse irascible qu'elle devient dès qu'on touche à ses intérêts ou qu'elle se sent victime d'une injustice. À la fin de la soirée lorsque nous repartons, l'ambiance est plutôt tendue.

Nous rentrons à l'hôtel peu après 23 heures.

Chapitre 20

Vendredi 26 avril

Katmandou – Dhaka

Après avoir fait la grasse matinée, nous prenons tranquillement notre petit déjeuner dans la cour qui nous devient familière. Nous entreposons tous nos bagages dans un angle en attendant le départ qui est imminent.

Babul-Lal vient nous faire ses adieux peu avant midi. Il nous offre des foulards en soie qu'il nous remet cérémonieusement autour du cou, après quoi il nous dit *namasté* en joignant les mains et en inclinant le buste. Il nous apprend que ces foulards, offerts traditionnellement en signe de bienvenue ou au moment des adieux, se nomment des khatas. Il nous fait part de la satisfaction qu'il a eu à travailler pour nous et nous souhaite bon voyage ; il est visiblement ému. C'est avec un pincement au cœur que nous nous quittons.

Vers midi, nous partons pour l'aéroport international de Tribhuvan situé à six kilomètres de Katmandou ; nous aurons tout le temps d'accomplir les formalités, le décollage est prévu pour 15 h 45.

À l'aéroport, des individus nous arrachent des mains les chariots sur lesquels nous avons déposé nos bagages ; ceux qui n'ont pas pu y parvenir, posent simplement les mains sur nos sacs pendant que nous poussons le chariot, signifiant ainsi la réalité de leur pseudo service. C'est particulièrement exaspérant. Ils nous réclament ensuite un pourboire que nous leur refusons. Il est des manières de procéder que nous n'acceptons pas.

Nous réglons notre taxe d'aéroports d'environ onze euros, objet de la polémique d'hier soir. Nous déposons nos bagages sur un tapis roulant pour un contrôle totalement inutile. Ils passent dans un gros caisson que je crois équipé d'un système de détection aux rayons X. Mais, après avoir jeté un coup d'œil à l'intérieur, je m'aperçois qu'il s'agit simplement d'une grosse caisse en contreplaqué, peinte en noir et... vide. À l'issue, un employé sangle nos sacs d'un ruban en plastique portant l'inscription : Katmandou.

La pesée des bagages qui iront dans la soute fait état d'un excédent de poids ; nous devons encore nous acquitter d'un surcoût équivalent à 43 euros chacun. Jean-Pierre décide de régler la totalité de la somme : nous le rembourserons ensuite. Il a la désagréable surprise de se voir refuser sa carte bancaire. Au guichet, ne sont acceptés que les règlements en liquide et exclusivement en dollars.

Il veut voir un responsable ; ce n'est pas possible. Il essaie de trouver un distributeur de billets ou un guichet de banque, mais il apprend qu'il n'y a aucun moyen de se procurer de l'argent liquide dans l'aéroport ; il faut aller en ville. Envisager un aller-retour en taxi est hasardeux, cela risque de prendre trop de temps et de nous faire rater l'avion. Jean-Pierre explique notre cas à plusieurs guichets, mais aucun employé de l'aéroport ne trouve de solution. Il se heurte à l'inertie (ou à l'omerta) la plus absolue. Comme toujours dans ces circonstances, il est impossible de rencontrer un responsable ; nous sommes simplement victimes de la fatalité. À nous tous nous parvenons à rassembler en dollars, presque la totalité de la somme, mais il nous en manque encore une vingtaine. La situation devient ubuesque.

Cette situation, obligatoirement fréquente, semble n'avoir jamais été prise en compte par les autorités aéroportuaires. D'un geste fataliste, les employés nous signifient qu'ils ne peuvent rien pour nous. Perplexe, je m'interroge sur la possibilité d'un système de corruption mis en place par quelques personnes influentes dans l'aéroport. Paranoïa sans doute. Mais, quand même, ne pas accepter la carte bancaire et exiger un paiement exclusivement en liquide et en dollars me semble insensé voire suspect dans un aéroport international. Fort heureusement, en raclant nos fonds de poches nous parvenons, tout juste, à rassembler, en dollars, la somme nécessaire.

Nous apprenons ainsi, à nos dépends, que lors de nos voyages à l'étranger, nous devons toujours conserver une réserve conséquente de dollars pour faire face à ce genre d'imprévus que je persiste à juger inacceptables. Si nous n'avions réussi à rassembler la somme exigée, notre seul secours ne pouvait provenir que de Katia, à condition de parvenir à la joindre et de la convaincre de nous avancer de l'argent nécessaire malgré l'altercation d'hier soir. Faute de quoi, nous rations l'avion !

Une fois ce tracas résolu, commence une interminable attente ; nous sommes tous un peu nerveux. Catherine visiblement contrariée, s'assied à l'écart et, isolée du reste du monde, se lance à corps perdu dans son ouvrage au point de croix. Elle fait vraiment sa tête des mauvais jours. Je le fais discrètement remarquer à Jean-Pierre : « Regarde, elle fait la gueule, elle allonge le museau ». Nous ne pouvons nous empêcher d'en rire, nous moquant d'elle amicalement sans qu'elle n'en sache rien. Elle fut contrariée et Catherine « Bouddha ».

Les dernières roupies restantes nous permettent tout juste de nous offrir un maigre sandwich au buffet de l'aérogare. On nous annonce que notre avion dont le décollage est prévu à 15 h 45, aura une heure de retard ; finalement, nous décollerons à 17 h 45.

Au moment d'embarquer, sur le tarmac de l'aéroport, une patrouille de militaires se livre à une fouille méticuleuse des sacs de tous les passagers. Nous vidons une bonne partie de leur contenu sur le sol, mais nos sacs sont équipés de multiples poches et contiennent de nombreuses trousses et pochettes de toutes sortes. Il est impossible d'en vérifier la totalité sans risquer de retenir davantage l'avion au sol.

Lorsque vient mon tour, avant de procéder à la vérification, un militaire affable me demande si je ne transporte pas d'œuvres d'art, d'armes, de couteaux, de briquet ou de produits inflammables. Je réponds par la négative, la conscience tranquille, précisant que je ne fume pas ; il me laisse passer. Une fois dans l'avion, je réalise que j'ai oublié dans une poche au fond du sac, mes fusées éclairantes et mes allumettes étanches ; j'aurais dû les ranger dans un sac marin qui voyage dans la soute. Heureusement que cela n'a pas été découvert ; je ne sais pas si je serais passé pour un terroriste, mais je suis certain que j'aurais eu des ennuis.

Après le décollage, le pilote effectue un virage à forte inclinaison pour prendre son cap définitif. Par chance, nous sommes sur la partie gauche de l'avion et nous allons vers l'est, nous pouvons ainsi admirer une grande partie de la chaîne de l'Himalaya qui, en sanscrit, signifie « demeure des neiges ».

Le spectacle est impressionnant ; la plus haute chaîne de montagnes de la planète s'étire sur notre gauche, sur deux mille quatre cents kilomètres. Habituellement, lorsque je survole des montagnes, j'observe les sommets en regardant vers le bas. Ici, la plupart des sommets sont si hauts, que j'ai l'impression qu'ils culminent à l'altitude de l'avion dans le prolongement des ailes. Nous volons à environ dix mille mètres d'altitude et de nombreux sommets dépassent huit mille mètres. Je suis une fois de plus impressionné par l'aisance avec laquelle Jean-Pierre identifie toutes ces crêtes et tous ces pics sur le toit du monde. C'est à croire qu'il a appris par cœur les positions et les formes de tous les sommets de la terre.

Je n'arrive pas à détacher mon regard de l'Everest, je suis comme hypnotisé. Malgré son apparence tranquille, ses formes sont plus agressives que celles de notre placide mont Blanc tout en rondeur. Le mont a été nommé ainsi, en hommage à Sir George Everest, directeur de 1830 à 1843 du service géodésique de l'Inde. Au Népal, il continue à être désigné sous son nom d'origine : *Sagar Mata*, qui signifie « dont la tête touche le ciel ». Les sherpas, ethnie originaire de la région, quant à eux, le surnomment *Chomolungma* ce qui signifie, « déesse mère de la terre ». Il a été vaincu, en 1953, par le Néo-zélandais, Sir Hillary Edmund, en compagnie de Tenzing Norgay, l'un des premiers sherpas à avoir acquis un haut niveau technique. L'altitude officielle de l'Everest est désormais de 8 850 m depuis les relevés de 1999, gagnant ainsi deux mètres.

Le plus haut sommet de la planète est là, sous mes yeux, paisible, presque accueillant ; pourtant, ses pentes sont jalonnées de souffrances et de drames. À ce jour, plus de cent personnes y ont péri ; pour la plupart, non pas dans des accidents d'alpinisme, mais à cause d'un milieu hostile par le froid et le manque d'oxygène. Les avalanches, trop souvent négligées, ont également fait leur lot de victimes. Nombreux sont ceux qui ont trouvé la mort lors de la descente, après avoir atteint le sommet. Aux flancs mêmes de la montagne ils ont cru pouvoir la vaincre, mais ont péri dans d'atroces souffrances avant d'être enseveli à tout jamais sous son froid linceul blanc. De nombreux corps disparus gisent encore sur les lieux du drame ; certains ont été retrouvés et identifiés quarante ans plus tard. Au glacier du Khumbu, camp de base de l'Everest, plusieurs stèles bouddhistes ont été érigées en souvenir des sherpas disparus sur ses pentes.

Au total, plus de six cents personnes ont péri sur l'ensemble des sommets depuis le début de la conquête de l'Himalaya.

Je songe au trek que nous venons d'effectuer. Il est vrai que les moyens mis en œuvre me semblent, plus que jamais, tout à fait disproportionnés. Nous sommes partis en expédition comme si nous allions explorer des sommets vierges, des contrées inconnues. Nous aurions pu tout simplement nous faire accompagner par un guide et loger en lodge à chaque étape, en emportant un matériel réduit. Le tour des Annapurnas est désormais devenu un grand classique que de nombreux trekkeurs abordent de la sorte. Certains louent simplement un porteur auprès d'une agence de trek. Même s'ils sont beaucoup moins cher, il vaut mieux éviter les porteurs indépendants qui, pour certains, n'en sont pas et n'ont qu'une seule intention : s'éclipser à la première occasion avec tout le matériel.

Nous avons effectué une expédition à l'ancienne, avec du matériel lourd et de nombreux porteurs, tout simplement parce que nous voulions nous écarter du circuit classique pendant trois jours pour passer par le lac Tilicho et nous avons échoués. Peut-on réellement parler d'échec ? Nous avons tout mis en œuvre pour y parvenir, mais les conditions météo ont été défavorables. C'est souvent le sort de nombreuses expéditions en montagne ; dans ce cas, il faut admettre la fatalité, faire preuve d'humilité et se résigner. On ne peut lutter contre la montagne, on ne doit pas lutter contre la montagne ; les éléments et la nature sont toujours vainqueurs. Ils acceptent de se dévoiler à nous et tolèrent notre présence jusqu'à un certain point ; si nous nous obstinons à les combattre, leur sanction peut être impitoyable. Nous avons donc rebroussé chemin pour regagner le circuit classique.

J'ai malgré tout un regret : n'avoir fait qu'effleurer les populations. J'aurais tant aimé rencontrer réellement tous ces gens anonymes que nous avons croisés, pouvoir partager quelques moments de leur vie, connaitre leurs coutumes, être en immersion totale dans leur quotidien, ne pas avoir le handicap de la langue. Mais, il s'agit là d'une autre manière d'appréhender les voyages ; nous avons voulu découvrir un des plus beaux panoramas de la planète ; nous avons choisi d'effectuer un trek.

De toute façon, nous n'avons rien à regretter. Nous avons vécu l'expérience d'une expédition avec des porteurs sur fond de rébellion maoïste, nous avons connu des moments d'exaltation, de doute, d'espoir et d'angoisse. Le lac Tilicho et le passage par le col du Mesocantu nous ont fait rêver ; ils ont donné une dimension supplémentaire à ce qui aurait pu n'être qu'un trek ordinaire.

Pour ce qui est de la connaissance des populations et de leurs coutumes, notre indéfectible Babul-Lal a été un guide efficace tout au long du parcours ; malgré un anglais parfois approximatif ses informations ont été très appréciées.

Peu à peu, une immense chape noire s'installe au-dessous de nous ; nous ne voyons émerger que les plus hauts sommets à l'horizon. Cette chape noire scintille de flashes et de zigzags lumineux. Progressivement, les sommets sont engloutis à leur tour. Nous survolons un orage titanesque qui semble monter vers nous. Est-il formé d'un agglomérat de cumulonimbus ou est-ce un cumulonimbus colossal ? De manière ininterrompue, des éclairs gigantesques surgissent de toutes parts, l'horizon est constamment strié de traînées lumineuses comme une lampe au plasma. Parfois, c'est le ciel tout entier qui s'embrase. Si seulement toute cette énergie pouvait être domptée et exploitée ! Je réalise à quel point le confort artificiel qui nous entoure est fragile et précaire. Si, à la suite d'une défaillance quelconque, notre avion devait plonger dans ce milieu hostile, il serait disloqué.

Le pilote le sait mieux que quiconque ; la trajectoire de l'avion est représentée en temps réel sur un écran ; au lieu d'aller vers l'est en direction du Bangladesh, notre destination, nous nous dirigeons délibérément vers le sud, au-dessus de l'Inde. Lorsque nous survolons Calcutta, Jean-Pierre me fait la remarque suivante : « Que de misère au-dessous de nous alors que nous passons indifférents dans le confort de notre cabine ! » Notre trajectoire s'incurve ensuite vers le golfe du Bengale que nous survolons, puis nous remontons vers le nord en direction de Dhaka. Nous avons ainsi contourné l'essentiel de la zone orageuse.

Après 1 h 35 de vol, nous atterrissons à Dhaka sous une pluie battante ; nos montres indiquent 19 h 20, nous les avançons d'un quart d'heure, ce qui nous fait 19 h 35 à l'heure du Bangladesh. À notre sortie de l'avion, nous sommes saisis par la chaleur et les odeurs nauséabondes. Dans le hall, après trois semaines d'absence, nous retrouvons nos vieilles banquettes toujours aussi sales et défoncées. Nous patientons à nouveau durant presque une heure dans une file d'attente pour obtenir nos tickets d'embarquement pour Paris.

Nous sommes conviés à nous rendre à l'étage où un repas nous sera servi. En montant nous percevons une forte odeur de peinture : des armoires métalliques viennent d'être repeintes à côté de la salle de restaurant. Je vais aux toilettes à proximité et suis pris à la gorge par l'odeur d'urine et d'ammoniaque qui s'en dégage. Jusqu'à présent, utiliser des toilettes propres et parfumées me paraissait tout à fait normal, dorénavant je saurai apprécier ce moment de luxe et de confort.

À 21 heures, du poulet accompagné de frites et de légumes divers nous est servi avec une carafe d'eau et du Pepsi Cola. Par prudence, nous ne buvons que le Pepsi. Jacques qui meurt de faim, engloutit son repas immédiatement sans attendre ; il cache son assiette vide et place devant lui une propre restée sur la table. Lorsqu'on sert la table voisine, il fait croire qu'il a été oublié. L'astuce fonctionne et c'est avec le double plaisir d'absorber un deuxième repas et d'avoir berné les serveurs que Jacques, satisfait, peut enfin apprécier ce qu'il a dans son assiette.

Comme trois semaines auparavant, nous redescendons dans l'immense salle d'attente qui occupe une grande partie du hall de l'aérogare. Nous répugnons une nouvelle fois à nous installer sur les sièges en tissus poisseux, imbibés de toutes sortes de substances qui ont depuis séché, comme en témoignent les nombreuses auréoles entremêlées recouvertes de crasse.

Dehors, depuis notre arrivée, il continue de pleuvoir. Cela n'apporte aucune fraîcheur et semble au contraire accroître la moiteur de cette salle ; l'air est pesant.

Chapitre 21

Samedi 27 avril

Dhaka – Paris via Dubaï

À minuit nous sommes conviés à embarquer. Chouette, pour une fois nous allons partir à l'heure ! Arrivés à nos places, Catherine et moi, assis côte à côte, sommes incommodés par une très désagréable odeur d'excrément. Nous examinons les environs, les sièges, sous les sièges, la moquette, interrogeons les autres passagers mais, l'origine de l'odeur reste indéterminée. Nous appelons une hôtesse et lui faisons part de notre désagrément. Elle revient pulvériser un désodorisant sur la moquette. Cela s'avère efficace un certain temps, mais progressivement l'odeur se manifeste à nouveau. Ce n'est pas possible, nous n'allons pas faire le voyage dans ces conditions. Nous demandons à changer de place, mais la gracieuse hôtesse en sari est désolée, l'avion est complet, elle ne peut rien pour nous.

L'attente avant le décollage est interminable, nous n'avons aucune explication, sans doute est-ce dû aux conditions météo qui sont exécrables. Finalement à 2 h 25, comme au départ d'Orly, nous voyons sur l'écran, un message religieux à la gloire d'Allah, suivi des consignes de sécurité. Ils ont au moins le chic de préparer les passagers aux incidents autant matériellement que spirituellement. Nous sommes priés de boucler nos ceintures et après une forte accélération, nous quittons le sol asiatique. Le décollage s'effectue sous une pluie battante ; pendant la montée, nous traversons une zone orageuse. Les turbulences secouent par moment l'avion assez brutalement. À travers le hublot, à la lueur des éclairs, je vois nettement les ailes ployer de haut en bas. L'avion bat des ailes ; il essaie d'imiter les oiseaux. C'est toujours assez impressionnant, mais la flexibilité des ailes est un gage de solidité, sans quoi elles rompraient.

L'odeur incommodante persiste et devient de plus en plus âcre. Nous nous levons pour essayer d'en identifier la cause ; nous ne tardons pas à la découvrir. Derrière moi, une femme de type indien, vêtue d'un ample sari et parée ostensiblement d'une multitude de bijoux en or, mâche une matière verdâtre infecte. Elle se délecte de tranches d'une substance qui ressemble, au premier abord, à du poivron vert fermenté, macéré dans de l'huile. Elle les extrait d'un bocal, les mâche puis les recrache dans un sac en plastique. Nous lui demandons d'arrêter, lui faisant comprendre que nous sommes incommodés par l'odeur. Mais sûre de son importance, elle affiche avec mépris la plus grande indifférence. Elle condescend à peine à nous remarquer. Sans bouger la tête, elle daigne tout juste braquer sur nous un regard torve.

Nous rappelons une hôtesse qui, aidée d'un steward, essaie de convaincre notre indésirable voisine d'arrêter de mâcher cette substance infâme. Une vive discussion s'engage. Visiblement, elle ne semble pas habituée à être ainsi interpelée et n'est pas prête à obtempérer. Elle est soutenue par l'homme qui l'accompagne ; il s'agit peut-être de son mari. Elle fait preuve d'un aplomb et d'une insolence qui lui semblent coutumiers. Nous demandons à l'hôtesse et au steward de prendre des mesures pour préserver le confort des passagers, mais ils semblent totalement désemparés. Le ton respectueux avec lequel ils s'adressent dans leur langue à l'arrogante passagère, nous laisse supposer qu'ils sont peut-être d'une condition ou d'une caste inférieure et que leurs positions dans la société prime sur leurs fonctions et sur leurs prérogatives. Ils repartent impuissants, nous faisant comprendre qu'ils ne peuvent rien faire.

Un repas nous est servi ; nous avons du mal à l'absorber dans ces conditions.

Totalement désabusés, nous abandonnons la partie et essayons de dormir malgré les miasmes ambiants. Catherine imbibe de parfum un mouchoir qu'elle tient constamment sous son nez ; je fais de même avec une serviette rafraîchissante. Nos amis, plus à l'écart deux rangées devant nous, dorment déjà comme des chérubins.

Après une courte nuit inconfortable, je perçois une variation du régime des réacteurs, suivie du bruit aigu caractéristique de la sortie des volets. Dans la pâleur du jour naissant, nous survolons le désert des Émirats arabes, au sud-est du Golfe persique, à l'ouest du détroit d'Ormuz. Subitement la ville de Dubaï apparaît, illuminée. Si l'expression galvaudée, « surgit de nulle part », a un sens c'est bien ici. Rien ne laisse présager une quelconque marque urbaine au milieu de cette étendue de sable, quand, sans aucun signe précurseur, soudain apparaît une ville moderne, ordonnée, bien agencée, fruit des pétrodollars, bâtie de toutes pièces dans un milieu stérile et hostile. Lorsque l'avion s'incline j'aperçois de l'autre côté de la carlingue à travers les hublots, la mer, le golfe arabo-persique.

Nous nous posons sur le sol de Dubaï ; je jongle avec les fuseaux horaires, voyons un peu, il est... 7 h 20 au Bangladesh, 3 h 20 en France et 5 h 20 ici.

Manquant de sommeil, je m'endors précisément au moment où les passagers sont autorisés à descendre de l'avion pour se détendre dans l'aérogare. Lorsque je me réveille, vingt minutes plus tard, pour des raisons de sécurité, je n'ai pas l'autorisation de sortir. Je suis condamné à patienter une heure dans l'avion.

Au réembarquement, Jean-Pierre me raconte ce qu'il a vu. L'aérogare contraste de manière arrogante avec l'état de délabrement de celle de Dhaka. Son hall est gigantesque, luisant, entièrement recouvert de marbre. Les multiples magasins, essentiellement des bijouteries, des parfumeries et des maroquineries proposent leurs produits de luxe les plus prestigieux à des prix inaccessibles pour la grande majorité des voyageurs. Les toilettes également recouvertes de marbre, sont d'une propreté exemplaire ; tu pourrais y manger par terre, précise Jean-Pierre.

Nous redécollons à 6 h 50, heure locale ; je règle dès à présent ma montre sur l'heure de Paris, j'affiche 4 h 50. La ville disparaît subitement pour faire place à l'immensité du désert que nous pouvons admirer maintenant en plein jour.

Très vite, nous sommes à nouveau incommodés par notre sordide mâcheuse de substance putride. Ne pouvant la jeter par-dessus bord, nous sommes obligés de prendre notre mal en patience et de la supporter jusqu'à Paris.

Vers 9 h 40, nous survolons une chaîne de montagnes sur notre gauche ; je ne sais pas où nous sommes. Peut-être survolons-nous les montagnes de Turquie ; je n'en sais rien. Il est dommage que les compagnies aériennes ne proposent pas de suivre, en temps réel, notre position sur un écran.

Plus tard, à l'aide d'une carte, j'identifie la mer Adriatique ; nous survolons ensuite l'Italie puis les Alpes. Sur notre gauche, je peux admirer le point culminant de l'Europe, le mont Blanc ; moins de vingt heures plus tôt, j'admirais l'Everest, point culminant de la planète. Auparavant, je n'avais jamais vu ni l'un ni l'autre depuis un avion.

Du haut de mes 10 000 m, pourtant 3 500 fois plus bas que nos satellites géostationnaires, volant à environ 1 000 km à l'heure, soit environ 25 fois moins vite que les navettes et stations orbitales de toutes sortes, entre 40 et 80 fois moins haut que les orbites basses des stations et navettes spatiales, je me rends compte que la terre est petite et fragile. En moins d'une vingtaine d'heures, j'ai parcouru le quart de la planète, survolé les pauvretés et es richesses les plus extrêmes, les plus fortes concentrations de populations et le désert, la mer et les plus hautes montagnes.

Toutes ces richesses, cette diversité sont le patrimoine de l'humanité, de notre humanité. Or, depuis la nuit des temps, au lieu de le partager, les hommes s'évertuent à se l'approprier, quitte, en se déchirant, à le détruire en partie. Que de terrains de conflits nous venons de survoler !

Cet univers terrestre, autrefois majoritairement inconnu, a nécessité tant de sacrifices et de témérité lors de l'exploration de ses plus lointaines et inaccessibles contrées ! Il n'est en définitive qu'un fragile cocon. L'instantanéité des moyens de communication et d'observation ainsi que la rapidité des moyens de transports, nous font prendre conscience de sa vulnérabilité.

Nous atterrissons à Orly, ce samedi 27 avril 2002, à 12 h 06. Une part de nous-même, restée là-bas, nous fait encore réaliser qu'il est 16 h 06 à Dhaka et 15 h 51 à Katmandou.

Nous sommes soulagés de quitter cet avion d'Air Bangladesh qui poursuit son vol vers Londres avec sa méprisante passagère qui a incommodé tout son voisinage.

Dès que nous sortons de l'appareil nous consultons à nouveau nos montres et tout s'enchaîne très vite : bagages, téléphone, taxi, adieux rapides. C'est l'éclatement général : Catherine et Jean-Pierre regagnent la banlieue parisienne, Jacques et Gilles partent à Dijon et moi je prends le train pour Tarbes qui va me permettre de regagner le Gers.

Nous sommes happés par le tourbillon de la vie occidentale, nous avons hâte de retrouver nos familles que nous n'avons pas vues depuis trois semaines. Ma femme et mes enfants me manquent ; je suis heureux de pouvoir les retrouver, les serrer dans mes bras dans quelques heures, de leur faire partager ce que j'ai vécu et de leur dire à quel point je les aime. Je sais que je ne pourrai pas réaliser de tels treks avec eux, mais j'envisage de concrétiser des projets de voyages que nous avions évoqués ensemble : fjords norvégiens, Noël au Tyrol.

Nous replongeons tous dans la réalité quotidienne, retrouvant nos joies et nos soucis, la tête remplie d'images et de souvenirs, comme si nous venions de faire un rêve. Sans faire aucun exploit, nous venons de vivre une expérience extraordinaire, riche en enseignements.

Expérience qui nous a permis de nous dépasser, elle a exigé de nous de la force de caractère et beaucoup de volonté ; chacun, à sa manière, a remporté une victoire sur lui-même. Nous avons découvert des paysages parmi les plus grandioses et les plus beaux de la planète, des contrées et des modes de vie radicalement différents des nôtres.

Expérience de la vie en groupe au moment où il faut fournir des efforts soutenus, dans un milieu inhabituel et relativement hostile. En montagne, on ne peut pas tricher, les traits de caractère de chacun sont exacerbés et transparaissent rapidement. Il nous a fallu admettre cette diversité de caractères et tirer profit des qualités et des défauts de chacun, même si nous avons eu à déplorer une certaine dissension et, parfois, quelques anicroches. Expérience de la vie, au contact de populations qui doivent encore fournir des efforts considérables pour obtenir les ressources les plus élémentaires nécessaires à leur subsistance. Ressources que nous considérons ici comme un dû. Ces gens ne semblent jamais blasés, tous acceptent leur sort, plus avec philosophie qu'avec résignation. Chacun à sa manière essaie de s'en tirer admettant, sans aucun ressentiment, que d'autres puissent posséder plus qu'eux ou avoir une vie plus aisée. Ils considèrent la vie non comme un dû mais comme un don du ciel.

Lorsque par la suite nous rencontrerons quelques contrariétés ou difficultés, l'évocation de ces souvenirs nous permettra de relativiser.

Nous venons surtout de vivre une riche expérience humaine.

Namasté.

Lendemains de trek

Voilà plus de douze ans que nous avons réalisé ce trek ; j'en garde encore un souvenir très présent.

Certains ont été étonnés que Jean-Pierre ait pris un tel luxe de précautions et qu'il nous ait fait transporter autant de matériel pour effectuer un périple somme toute relativement classique.

Alors que j'apporte la touche finale à ce livre, le 14 octobre 2014, les médias nous informent d'un drame survenu au Népal. Quarante-trois personnes, surprises par une forte tempête de neige ont trouvé la mort, très précisément en franchissant le col de Thorung La, à 5 416 m, par lequel nous étions passés lors de notre 12e étape, le vendredi 19 avril 2002.

Je ne sais pas ce que nous aurions fait à la place de ces malheureux, mais en 2002, outre nos vêtements prévus pour la haute montagne, nous disposions de tentes, de duvets polaires, de crampons, de baudriers, de cordes, de couvertures de survie, de matériel médical, d'un caisson hyperbare, d'un téléphone satellitaire, de fusées éclairantes...

Nous n'avons pas eu besoin d'une certaine partie de ce matériel, qui, de ce fait, peut sembler superflu, voire inutile ; mais, si cela avait été nécessaire, nous l'avions à notre disposition.

Plus que jamais je comprends la prudence de Jean-Pierre ; c'est un montagnard dans l'âme, un alpiniste expérimenté qui sait que, malgré sa beauté, la montagne est un milieu hostile. Il connaît mieux que quiconque ses dangers et ses embûches. Il sait que les conditions météorologiques peuvent changer brusquement, transformant un lieu sublime en piège redoutable. Dans les Alpes, il a déjà eu à affronter la puissance des éléments en haute montagne, dans des conditions difficiles de survie ; il est désormais paré à toute éventualité. C'est la raison pour laquelle lorsqu'il entraîne des amis dans une aventure, Jean-Pierre s'entoure d'un maximum de précautions.

Cette année, le passage du col de Thorung La, habituellement considéré comme un grand classique, a malheureusement tourné au drame, nous rappelant la dure réalité de la montagne.

Mon ami Lionel Renoux, créateur des Éditions du Petit Page, également musicien, avec qui j'ai eu le plaisir de faire du parachutisme et de la plongée sous-marine, a effectué en compagnie de Jean-Pierre l'ascension du mont Blanc en 2000 et, par la suite, un trek au Népal avec Babul-Lal en 2003 dans la région du Khumbu, à l'est du pays. Après avoir séjourné dans le même hôtel que nous, le *Siddhartha Garden Hotel* à Katmandou, ils ont gravi le Kala Patar « la roche noire » (5 545 m), puis sont allés au camp de base de l'Everest avant d'effectuer l'ascension de l'Imja Tse (6 189 m), plus connu sous le nom de Island Peak.

À travers ce récit, il a reconnu le quotidien d'un trekkeur, les impressions, les émotions et les sensations qu'il a également ressenties ; il a souhaité que je le rende public et m'a finalement convaincu de le faire éditer.

Après la séparation du groupe à notre arrivée à Orly, nous ne nous sommes plus jamais retrouvés tous les cinq. Catherine et moi n'avons plus eu de nouvelles de Gilles et de Jacques pendant plus de douze ans. Ce n'est que tout récemment, fin 2014, à l'occasion de la parution de ce livre que j'ai renoué le contact avec eux par l'intermédiaire de Jean-Pierre. Ils ont été ravis par ce projet. Nous avons été sincèrement heureux de nos retrouvailles téléphoniques. Catherine, Jean-Pierre et moi, avons continués à nous voir dans le cadre professionnel en évoquant très souvent nos souvenirs du Népal. Quelques mois plus tard, au cours d'un repas chez Catherine, nous avons partagés photos, vidéos ainsi que mon récit. Sous l'impulsion de Jean-Pierre, nous avons évoqués de nouveaux projets d'ascensions et de voyages. Pour donner un cadre à ces projets d'évasion, Jean-Pierre a proposé de transformer notre groupe en club et d'y adjoindre tous les curieux et passionnés de montagne ayant une réelle envie de concrétiser leurs rêves et d'assouvir leur passion.

Ce club dont le trek au Népal a été l'embryon, a vu le jour, il s'appelle le Liberty-Cimes. Créé en 2002, il est devenu un club sportif et a pris de l'ampleur au fil du temps ; il est affilié à la Fédération Française de la Montagne et de l'Escalade (FFME). Il a pour objectif d'initier et de favoriser la pratique des sports de montagne principalement dans les massifs lointains : Himalaya, Karakorum... Il met en œuvre diverses activités de montagne : randonnées, escalade, alpinisme, ski, raquettes, etc.

Un an plus tard, au sein du club et en compagnie de sept ou huit amis formés et guidés par Jean-Pierre, j'ai participé à un stage d'escalade sur roche et d'escalade sur glace à Chamonix. Nous avons terminé ce stage par l'ascension du mont Blanc.

Un des participants à cette ascension, Mathias, a, par la suite, suivi plusieurs formations et obtenu les diplômes qui lui permettent d'encadrer des expéditions en montagne.

Jean-Pierre a organisé, avec Libety-Cimes, de nombreux treks en Himalaya et au Karakorum où il a eu l'occasion de retrouver Catherine et Babul-Lal. Il a, par ailleurs, dirigé plusieurs expéditions d'envergure dans les montagnes du Nord-Pakistan dont l'ambitieux projet humanitaire international, intitulé « Karakorum 2007, les sommets de la solidarité ». Il s'agit d'une sorte de « Téléthon en montagne » destiné à venir en aide aux sinistrés du gigantesque tremblement de terre de 2005 dans la région du Cachemire.

En 2010, Jean-Pierre a organisé la venue de Babul-Lal en France. À l'issue de ce séjour, notre ami est reparti au Népal après avoir gravi le toit de l'Europe et nanti d'un diplôme fédéral délivré par le club Liberty-Cimes.

Depuis 2011, Jean-Pierre s'est installé en Corse, terrain d'aventures certes plus modeste que l'Himalaya, mais non moins empreint d'authenticité et de montagnes attrayantes. Pendant la construction de sa maison près d'Ajaccio, Mathias l'a remplacé à la tête du club. Très dynamique, il a élaboré et encadré de nombreux treks, stages de formation et randonnées diverses en France et dans des contrées lointaines. Depuis peu, Jean-Pierre a repris la direction du club, alors que Mathias est en mission humanitaire au Népal.

Des changements dans ma vie privée ont fait que, hormis le stage à Chamonix et l'ascension du mont Blanc, je n'ai plus participé à une grande expédition en montagne. J'ai seulement effectuée, avec du matériel de bivouac, des randonnées de plusieurs jours sur le GR 10 dans les Pyrénées en compagnie de mon fils Nicolas qui est devenu, à son tour, un adepte de la montagne. Il a effectué, cette année, la traversée de la Corse par le GR20 avec un ami. Toutefois, je n'ai pas renoncé. Trois treks à ma portée me font particulièrement rêver : le tour du mont Blanc, la traversée des Pyrénées d'est en ouest par le GR 10 et la traversée de la Corse du nord au sud par le fameux GR 20 où je sais que Jean-Pierre m'attend de pied ferme. Je les ferai dès que j'en aurai le temps, peut-être à la retraite toute proche.

Au Népal, la situation politique a bien changé. La rébellion maoïste a fini par renverser la monarchie constitutionnelle. En 2006, à la suite d'une grève générale, le roi s'est vu retirer ses prérogatives. En 2007, le Népal a été dirigé par un gouvernement provisoire constitué des différents partis avant de devenir, en 2008, la République démocratique fédérale du Népal. La royauté a alors également été abolie au Mustang, territoire népalais dont le roi n'exerçait qu'une fonction honorifique.

En 2008, une grande majorité des trente millions d'habitants du Népal vivaient encore avec moins de deux dollars par jour. Aujourd'hui, le Népal reste un des pays les plus pauvres de la planète.

Je garde de ce trek le souvenir d'une expérience humaine enrichissante qui m'aura permis de découvrir des contrées lointaines et grandioses qui se méritent, mais aussi d'autres modes de vie.

La rencontre de gens qui se contentent de leur sort, vivant quasiment au jour le jour, prenant la vie comme elle vient, m'a particulièrement marquée. Quel contraste avec nos pays matérialistes, au mode de vie plus aisé, dans lesquels nous vivons en éternels insatisfaits !

Nous devrions méditer de temps à autre sur l'essentiel de l'enseignement de Bouddha : « Le bonheur et la pureté de l'âme sont dans le renoncement des biens sur la terre. » Il n'est pas inutile d'essayer de comprendre la sagesse qu'il a exprimé et de nous en inspirer pour mieux apprécier ce que nous offre la vie. Prenons conscience que chaque rencontre, chaque moment de partage avec des êtres chers, des amis ou des inconnus est un moment privilégié qu'il faut vivre pleinement.

Sachons simplement admirer les merveilles de la nature ; nul besoin de nous les approprier, il suffit de savoir les découvrir, les apprécier et les partager.

Pour cela, rien de tel que le trek, la simple randonnée ou la marche. Nous sommes alors en de bonnes dispositions pour laisser vagabonder notre âme contemplative et retrouver la candeur et l'émerveillement de notre enfance ; le bonheur et la sensation de liberté sont alors au rendez-vous.

Une personne qui marche est une personne libre et heureuse.

Om Mani Padme Hum

Postface

Le séisme du 25 avril 2015

par Jean-Pierre Revoil

Le Népal est situé sur le mégachevauchement himalayen. Depuis cent millions d'années, le sous-continent indien dérive vers le nord en direction du continent asiatique. Il y a un peu plus de cinquante millions d'années, leur titanesque collision a donné naissance à la chaîne de l'Himalaya qui constitue la bordure sud de la plaque eurasienne. Depuis, la plaque indienne continue à s'enfoncer sous la plaque eurasienne à une vitesse de l'ordre de deux centimètres par an. En d'autres termes, au pied de l'Himalaya, le Népal se « contracte » chaque année de deux centimètres. La zone de contact des deux plaques tectoniques suit approximativement sa frontière sud. Ces contraintes colossales se libèrent en soubresauts destructeurs de la croûte terrestre. Pour ne remonter qu'au siècle dernier, les principaux tremblements de terre furent les suivants :

- janvier 1934, un séisme de magnitude 8 touche les trois grandes villes de la vallée, Katmandou, Patan et Bhaktapur, faisant de 15 à 20 000 morts, des répliques sont ressenties en Inde et au Bangladesh,
- juillet 1980, le nord-ouest du Népal subit un séisme de magnitude 6,5 qui fait entre 150 et 200 morts,
- août 1988, une secousse de magnitude 6,9 touche l'est du Népal faisant 1 500 morts,
- septembre 2011, un séisme de magnitude 6,9 secoue l'état himalayen du Sikkim dans le nord de l'Inde faisant 100 à 150 morts.

Le samedi 25 avril 2015 à 11 h 56 en heure locale, un séisme de magnitude 7,9 frappe le Népal. Il s'agit donc du plus puissant tremblement de terre enregistré dans ce pays depuis celui de janvier 1934. Son épicentre est situé à Gorkha à 80 kilomètres au nord-ouest de Katmandou et à 70 kilomètres de Pokhara. La secousse est ressentie jusqu'à New Delhi ainsi que dans tout le nord de l'Inde. Quelques secondes après le séisme, les sommets himalayens libèrent les amas de glace et de neige recouvrant leurs flancs. Sur le mont Everest, ces avalanches recouvrent plusieurs camps d'alpinistes.

Dans les jours qui suivent, une dizaine de répliques se produisent dont certaines de magnitude 7. Elles ajoutent l'angoisse au chaos. Les habitants préfèrent dès lors camper à l'extérieur sous des bâches malgré la pluie et le froid.

Le nombre de victimes, estimé entre 8 à 10 000, est élevé à cause de la magnitude du séisme mais également en raison de la fragilité des habitations, plus particulièrement de celles de la capitale népalaise. Le nombre des victimes n'est qu'un indicateur parmi d'autres, même s'il est celui qui est le plus couramment cité. Le nombre de blessés, dont certains grièvement, est équivalent à celui des morts. Les habitations endommagées sont au nombre de 300 000 dont plus de la moitié (160 000) entièrement détruites. L'Organisation des Nations Unies (ONU) estime que plus d'un quart des Népalais ont été, à des degrés divers, touchés par le séisme soit 8 millions sur 28 millions d'habitants. Dans certains secteurs, la topographie des lieux est tellement modifiée, tant en superficie qu'en relief, que les villageois ne savent plus qui est propriétaire de quelles terres !

Dans la vallée de Katmandou, les nombreux temples, monastères et palais datant des XVIe et XVIIe siècles et inscrits, depuis 1979, au Patrimoine mondial de l'Unesco, ont subi d'importants dégâts. À Katmandou, deux impressionnants tas de briques sont ce qui reste des grands temples à gradins dédiés à Shiva et à Vichnou. De nombreux temples de Bhaktapur et trois temples de Patan sont aussi à terre.

Ram Sharan Mahat, ministre des finances du Népal, estime que son pays a besoin de deux milliards de dollars (1,8 milliards d'euros) pour reconstruire habitations, hôpitaux, bâtiments administratifs et historiques dont le quart de cette somme en aide d'urgence.

Dès l'annonce de la catastrophe, j'ai tenté d'avoir des nouvelles de Babu-Lal. La plupart des lignes électriques et téléphoniques étant endommagées donc, sans électricité pour faire fonctionner les ordinateurs, c'était bien évidemment « mission impossible ». Néanmoins, je renouvelais mes tentatives chaque jour dans l'espoir d'obtenir un contact téléphonique dès que les communications seraient rétablies.

Finalement, à peine deux jours après le début du séisme, j'ai pu joindre Babul-Lal sur son téléphone portable. Il allait bien et sa famille également, personne n'était blessé. Rassuré, je profitais de cette conversation pour obtenir quelques détails. Encore sous le choc, Babul-Lal eût quand même le courage de me faire un point de la situation.

Toute l'équipe de l'agence de trek, « Tribeni Trek », qu'il a récemment créée avec ses amis Haribol et Alexandre, sont également sains et saufs ainsi que leurs familles. C'est d'ailleurs grâce à Alexandre que la plupart des témoignages de soutien en provenance de l'Europe lui parviennent.

Babul-Lal m'annonce qu'il est, en ce moment, à Bhaktapur, ville historique abritant l'ancienne cité royale et de très nombreux temples remarquables. Il s'est installé à l'extérieur, sous une bâche de trek, avec Yani, sa compagne, et leurs enfants. Tout le monde dort dehors, dans la rue, sur la route, dans les champs. À Katmandou, des répliques ressenties pratiquement toutes les heures entretiennent la peur. Les habitants vont se réfugier dans la banlieue et évitent le centre de la ville. À Phakding, Haribol reste aussi dehors avec sa famille. Pour l'instant, la vie s'organise par quartier avec le voisinage. Toutefois, des problèmes d'eau potable commencent à apparaître. Babul-Lal me décrit ce qu'il voit autour de lui :

De nombreuses personnes arrivent dans son quartier de la périphérie de Bhaktapur. Elles sont avant tout choquées par la violence du séisme, sans commune mesure avec ce qui a été connu de mémoire d'homme. La secousse principale était si forte que l'on ne pouvait pas tenir debout à Bhaktapur et encore moins marcher.

Son quartier n'a plus d'électricité mais il a pu recharger son téléphone sur un générateur. D'autres quartiers ont de l'électricité et Internet. De nombreuses per-sonnes dorment à Thundikel, un vaste terrain en plein cœur de Katmandou. Il en va de même à Pokhara où la plupart des habitants dorment dans la rue. Un message des autorités circule de bouche à oreille demandant de rester soixante-douze heures en dehors des maisons.

Dans le village de Babul-Lal, les maisons sont écroulées ou fortement endommagées mais tout le monde est sain et sauf. Mane Gaon se situe pourtant loin du premier épicentre, sur les monts Mahabarath au sud-est de Katmandou, mais de nombreuses répliques ont frappé la zone du Rolwaling directement au nord.

Nous sommes très inquiets pour les villages de moyenne montagne depuis le sud du Manaslu, région de Gorkha, jusqu'au Rolwaling. Les différentes personnes contactées sur place pensent qu'il y a beaucoup plus de victimes que le bilan provisoire annoncé de 2 400 morts ! En montagne, seul le camp de base de l'Everest a donné des nouvelles, après une terrible avalanche. Nous n'avons, à ce jour, pas de nouvelles des autres expéditions en cours sur les grands sommets ni dans les régions de trekking de l'Annapurna et du Manaslu me dit Babul-Lal, la gorge serrée.

Chaque réplique du séisme endommage encore plus le réseau routier de la vallée de Katmandou et complique la tâche des secours. Il faut, en temps normal, quatre à cinq heures pour aller de Katmandou à Gorkha. Désormais, ce trajet prend une journée tant à cause des glissements de terrain qu'à cause des embouteillages liés à un trafic inhabituel. La route de Kodari en direction du Tibet est totalement impraticable. L'aéroport de Katmandou reste en partie opérationnel, avec des vols sur l'Inde uniquement.

Quelques jours plus tard, Babul-Lal a rejoint son village de Mane Gaon, dans le district de Kavre, particulièrement touché par le séisme. Il est passé auparavant à l'agence pour prendre des médicaments et du matériel de camping. Arrivé sur place, il m'envoie le message suivant :

Je viens d'arriver dans mon village. La situation est terrible, je n'ai pas les mots pour vous la décrire. Il y a plus de seize maisons qui sont entièrement détruites. La mienne a beaucoup de dégâts et celle de mes parents n'a plus de toit. Tout le monde s'installe donc dans les champs sous des bâches en plastique. Le froid et la pluie ne facilitent pas les choses comme vous pouvez l'imaginer ! La situation est très difficile pour les enfants et les personnes âgées, particulièrement la nuit. Ils ont tous besoin de notre aide immédiate.

Dans l'impossibilité de me rendre au Népal à cette époque, je me suis renseigné auprès de l'ambassade du Népal en France pour connaître les affrètements de l'aide en partance pour la région. Mobilisées, dès les premières heures qui ont suivi le drame, plusieurs équipes de secours se rendent sur place par le premier vol disponible pour fournir une aide humanitaire d'urgence aux rescapés (eau potable, abris, biens de première nécessité), en coordination avec les autorités népalaises et les acteurs humanitaires engagés dans la région.

J'ai ensuite relayé les informations disponibles à mon entourage et, plus particulièrement, aux membres du club Liberty-Cimes qui, pour la plupart, connaissent Babul-Lal. Nous avons pu lui envoyer directement nos dons par le relais de la plate-forme d'échanges créée par Alexandre sur Internet. Cet élan de générosité a permis à Babul-Lal et Haribol de venir rapidement en aide aux personnes les plus touchées dans le Rasuwa, le district de Kabré, à Laprak ou encore à Dhading.

En homme de terrain reconnu avec ses vingt années d'expérience de trekking, Babul-Lal a immédiatement pris les initiatives nécessaires pour identifier et hiérarchiser l'urgence des besoins : distribuer du riz et des lentilles, des bâches et des tôles pour confectionner des abris ou remplacer le toit des maisons endommagées. Il s'agissait, avant tout, de parer au plus pressé pour faire face à l'arrivée de la mousson. Au total, Babul-Lal et son équipe auront distribués plus de 8 000 kilos de riz, 230 bâches et 117 tôles grâce aux dons récoltés.

A l'automne 2015, quelques mois après la catastrophe, je peux apporter un premier témoignage de la situation. Aujourd'hui, à Katmandou, les cicatrices du séisme ne sont pas particulièrement visibles. En revanche, les villages de moyenne montagne autour des deux principaux épicentres ont été détruits à 90 %.

À Mane Gaon, le village de Babul-Lal et de sa famille, une dizaine de maisons seulement ont été détruites, dont quatre appartenant à des personnes qui ne pourront pas faire face au coût de leur reconstruction. Mais, la plupart de celles qui sont toujours debout, devront tout de même être démolies et reconstruites. Leurs fissures compromettent irrémédiablement tout espoir d'y habiter à nouveau sans d'importants risques d'écroulements...

Globalement, les habitations ont été plus ou moins touchées selon leur situation géographique. Les maisons les plus endommagées sont celles situées au sommet de collines ou sur une crête. C'est le cas du hameau de Purano Gaon dont les treize maisons ont toutes été détruites.

Dans les villages autour de la vallée, les vieux bourgs ont été plus touchés comme le centre de Lubu où de nombreuses vieilles maisons se sont écroulées. Dans ce village de la vallée, sept personnes ont perdu la vie.

À Bhaktapur, des temples se sont effondrés mais, paradoxalement, pas les plus hauts ou les plus importants. Ce qui est troublant dans les maisons particulières, c'est le peu de fissures que l'on constate et qu'il faut souvent chercher sur des immeubles aux structures en béton armé de mauvaise fabrication. Tout aussi surprenant, de nombreuses maisons construites uniquement en briques avec des dalles de béton ont également résistées. Peu de réserves d'eau sont tombées des toits, ce qui constituait une des craintes majeures.

En revanche, en face des décombres d'un immeuble effondré, il est facile d'imaginer que de nombreuses personnes sont décédés car la population est dense dans cette ville toujours animée.

Le choc le plus important est la vision des temples multi-centenaires écroulés qui laissent un vide sur les places de Patan, de Katmandou et de Bodnath. Pour qui a connu ces lieux auparavant, leur disparition est un déchirement !

Il faudra, a minima, entre deux et trois ans pour que tous les immeubles soient reconstruits. D'une part, en raison des délais de déblocage des financements et, d'autre part, parce que les maisons souvent proches ne pourront pas être refaites simultanément. Dans ce domaine, un certain flottement est perceptible. D'une part, le gouvernement a promis 2 lakhs, c'est-à-dire 200 000 roupies (environ 1 800 € par maison) sur lesquels 15 000 roupies ont déjà été distribuées en aide d'urgence. Mais, ni date ni modalités n'ont été annoncées pour la suite du versement de l'aide (185 000 roupies). Les sinistrés arriveront-ils à percevoir le solde de leur indemnisation ? Combien de temps leur faudra-t-il patienter ? Comment vivront-ils en attendant ? D'autre part, comment reconstruire ? Le bon sens voudrait que la construction en étages soit proscrite. Mais alors, comment faire pour stocker les récoltes ? D'autre part, prendre du terrain au sol signifie enlever autant de surface agraire...

L'avenir du pays passe prioritairement par la reconstruction. Toutefois, Babul-Lal et son équipe font un certain nombre de constats à ce sujet. Premier constat : il est compliqué voire impossible de distribuer équitablement les dons : jalousie, méfiance et suspicions sont très rapidement présentes. Deuxième constat : ils ne pourront pas aider significativement la population locale avec les seuls moyens dont ils disposent. Troisième constat : d'autres ONG aident également à Mane Gaon. Elles ont des fonds importants de l'ordre de plusieurs dizaines de milliers d'euros. Elles ont d'ores et déjà mandaté un architecte pour établir les plans de maisons de plein pied en béton armé pour un coût de 3 200 € par maison, ce qui parait vraiment très peu compte tenu du coût des matériaux, des moyens de transport pour les acheminer jusqu'au village et de la main d'œuvre. Elles prévoient également de reconstruire l'école de Juguepani. Quatrième constat : dans une minorité de cas, les 15 000 roupies de première urgence ont été immédiatement dépensés par le père de famille en « rakshi », c'est-à-dire en alcool !

À partir de ces constats et compte tenu des moyens dont ils disposent, l'équipe de Babul-Lal a pris les sages résolutions suivantes :

- distribuer l'aide au fur et à mesure directement sous forme de matériaux même si cela doit prendre du temps,
- donner en priorité aux personnes connues de l'équipe qui sait ainsi qu'elle est la réalité des besoins,

- organiser, en présence de l'équipe, une assemblée du village et proposer aux habitants un plan de reconstruction inspiré de celui utilisé par la Croix Rouge lors de la reconstruction du Pakistan après le séisme de 2005. Il est réaliste et peut être mené à bien sans surenchère de moyens.

Les tremblements de terre ont lourdement impacté une économie déjà fragile et confrontée au blocus imposé par l'Inde. Au Népal, l'entrée des devises provient prioritairement de deux secteurs : les travailleurs émigrés (environ 10 % de la population) et le tourisme. Ces deux domaines utilisent une main d'œuvre peu voire pas qualifiée et fonctionnent en vases communicants. Ceci est particulièrement vrai pour les villages de moyenne montagne qui ont été les plus touchés et d'où viennent, le plus souvent, les équipes de trekking. Le redémarrage du tourisme est une des conditions de la reconstruction du pays.

Si les secteurs du Manaslu et du Langtang, les plus durement touchés, ne sont pas prêts pour l'instant à accueillir des trekkeurs, en revanche, tous les autres régions du Népal sont ouvertes.

En conclusion, amis randonneurs de tous niveaux et de tous horizons, c'est sans hésitation et avec la plus grande sincérité que je vous dis : venez marcher utile en planifiant vos prochaines vacances au Népal. Vous y rencontrerez les plus beaux paysages de montagnes de la planète. Vous côtoierez des habitants accueillants, courageux et sympathiques qui sauront vous rendre l'aide et l'affection que vous leur témoignerez pour leurs souffrances. Vous contribuerez ainsi au redressement économique de ce pays cher au cœur des montagnards du monde entier.

Portage de poules à la sortie de Dana.

Kanni, porte d'entrée des villages de montagne.

Chörten en pierre brute.

Ânes traversant la Marsyangdi.

Catherine, Gilles, Lorenzo et Jean Pierre à 4 950 mètres devant le lac Tilicho gelé.

Chörten dans la vallée qui conduit à Manang.

Moulins à prières dans une rue de Manang.

Entrée du Temple d'Or au Durbar Square à Patan.

Panneau indicateur en sanscrit taillé dans la pierre à l'entrée de Tare Gompa.

Cultures en terrasse à flanc de coteau à la sortie de Bahundanda.

Marchande de fleurs à Bhaktapur.

Gilles, Jacques, Lorenzo, Jean-Pierre et Catherine.

Repos pendant les labours à la sortie de Manang.

Portage entre Bhulbhule et Bahundanda.

Portage entre Muktinath et Eklobhati.

Portage en arrivant à Galeshwor.

Thermes réservés aux femmes à Patan.

Métiers à tisser sur la place de Ranipauwa à la sortie de Muktinath.

Vendeuse de fruits dans les rues de Pokhara.

Lexique

Ce lexique regroupe les principaux noms de lieux ainsi que des noms tibétains et népalais cités dans le livre.

La transcription française des noms pose fréquemment problème. Faute d'une convention appropriée, ils sont orthographiés différemment selon les sources. Les altitudes ne sont, elles aussi, pas homogènes. Selon les cartes, certaines altitudes peuvent varier de manière conséquente. Il a donc fallu faire des choix en retenant les noms et les altitudes les plus couramment mentionnés. Après de multiples recherches, aucune carte de référence n'est disponible pour cette région.

Annapurna I

Altitude 8 091 m. Il est le dixième plus haut sommet de la planète. En 1950, une expédition française a réussi son ascension, réalisant ainsi l'exploit de gravir le premier sommet de plus de 8 000 mètres. Maurice Herzog et Louis Lachenal atteignent le sommet par la face nord. Il est le plus dangereux de tous les sommets avec un taux de mortalité de 32 % contre 4 % pour l'Everest.

Annapurna II

Altitude 7 937 m. Il a été gravi pour la première fois, en 1960, par l'expédition britannique dirigée par Chris Bonington.

Annapurna III

Altitude 7 555 m. Il a été gravi pour la première fois, en 1961, par une expédition dirigée par John Whitock.

Annapurna IV

Altitude 7 525 m. Il a été gravi pour la première fois, en 1955, par une expédition allemande.

Annapurna Sud

Altitude 7 219 m. Il a été gravi pour la première fois, en 1964, par une expédition japonaise. Il est aussi appelé le Modo Peak ou Moditse.

Bagarchap

Altitude 2 080 m. Village entre Tal et Chame, traversé durant notre 4e étape. C'est un comité de développement villageois du district de Manang. En 1995, le village a été détruit à 80 % par un glissement de terrain qui a tué onze villageois et neuf randonneurs. Depuis, une partie de la population a été déplacée.

Bagmati

Rivière sacrée de la vallée de Katmandou qui, par le sud, sépare Katmandou et l'ancienne cité royale de Patan. Elle continue son parcours toujours vers le sud et se jette en Inde dans le Koshi, un affluent du Gange.

Bahundanda

Altitude 1 314 m. Ce village est situé sur un promontoire entre Bhulbhule et Syange. Son nom signifie : colline des Brahmanes. C'est un comité de développement villageois dans le district de Lamjung comptant environ 2 000 habitants. Traversé durant la 2e étape.

Beni

Selon les sources, le village de Beni, est à une altitude comprise entre 820 mètres et 899 mètres. Siège du district de Myagdi, il est situé au sud-ouest du massif des Annapurnas, au confluent de la Kali Gandaki et de la Myagdi. Sa population est de 1 900 habitants. Nous avons atteint Beni au terme de la 15e étape qui constituait la fin du trek. Nous y avions rendez-vous avec le car qui nous a conduit à Pokhara.

Besi

Hameau composé de quelques maisons qui bordent le chemin entre Bhulbhule et Syange, traversé durant la 2e étape.

Besisahar

Altitude 760 m. Ville de 15 400 habitants, chef-lieu du district du Lamjung. Elle est devenue le point de départ de presque tous les treks autour des Annapurnas effectués d'est en ouest. C'est une bourgade très colorée, de nombreux magasins bordent la route. Arrêt en car au départ de la 1ère étape.

Bhaktapur

Ville de plus de 80 000 habitants, située à dix-sept kilomètres à l'est du centre de Katmandou. Ancienne cité royale, elle fut fondée au XIIe siècle. Elle a dominé politiquement et économiquement tout le Népal et en fut la capitale jusqu'au XVIe siècle. Elle offre une telle profusion de monuments, de temples et d'édifices des XVIIe et XVIIIe siècles qu'elle donne l'impression de se trouver au cœur d'un décor de film. De nombreux édifices historiques y furent endommagés le 25 avril 2015.

Bhratang

Altitude 2 919 m. Village à la population d'origine tibétaine entre Chame et Pisang. Traversé durant la 5e étape.

Bhulbhule

Altitude 853 m. Ce village est un comité de développement villageois dans le district de Lamjung, il compte environ 3 000 habitants. Ce fut le lieu de notre premier bivouac à la fin de la 1ère étape.

Birethanti

Altitude 1 025 m. Village au sud-ouest du massif des Annapurnas. Selon le sens du circuit, lieu de départ ou d'arrivée des treks faisant le tour des Annapurnas. Lieu du rendez-vous, initialement prévu pour prendre le car pour Pokhara.

Bisnumati Khola

Rivière qui traverse la partie ouest de la vieille ville de Katmandou. Elle est sacrée pour les hindouistes et les bouddhistes. Elle fournit l'eau « potable » et est utilisée pour l'irrigation. Depuis trente-cinq ans, elle est utilisée comme dépotoir et constitue un réel problème de santé publique.

Bodnath

Stupa situé à l'ouest de Katmandou. Il est un des principaux sanctuaires bouddhistes de la région et le lieu de pèlerinage de nombreux réfugiés tibétains. Son vaste dôme blanc est un des plus grands dômes de stupa du monde.

Bouddha

Prince népalais ayant vécu selon diverses sources de 532 à 480 av. J.-C. Toutefois, les traditions divergent sur ce point. De son vrai nom Siddhârta Gautama, il renonça à ses privilèges princiers pour se mettre en quête de vérité spirituelle. Il la découvrit au cours d'une longue méditation sous l' « arbre de la sagesse ». De cet éveil, il tira une philosophie de la compassion, du renoncement et de l'oubli de soi. Bouddha signifie éveillé en sanscrit, éveillé à la vérité. De son vivant il enseigna les préceptes de sa pensée et après sa mort il est devenu la figure emblématique d'une doctrine religieuse qui s'est répandue dans l'Asie toute entière.

Braga

Altitude 3 505 m. C'est un tout petit village pittoresque surplombé par son riche gompa, monastère bouddhiste vieux de plus de 500 ans. Lors de la 6e étape, nous avons visité ce gompa, avant d'arriver à Manang.

Brahmane

Membre de la caste sacerdotale, la plus élevée chez les hindous.

Brama

Dieu du panthéon hindouiste, premier dieu de la Trimurti. Il symbolise la création de l'univers. Voir Trimurti.

Chame

Altitude 2 713 m. Village de plus de 1 200 habitants au pied du Peak 29, chef-lieu du district de Manang. Nous y avons bivouaqué au terme de notre 4e étape.

Chamje

Altitude 1 433 m. Village entre Syange et Tal, à la sortie duquel nous avons pris notre déjeuner lors de la 3e étape. Il est surplombé par de magnifiques cascades.

Chamonix

Altitude 1 000 m. Commune de Haute-Savoie de 8 900 habitants, dominée par le mont Blanc. Elle porte, depuis 1920, le nom de Chamonix-Mont-Blanc. Haut lieu de l'alpinisme, elle est le sanctuaire alpin des sports de montagne. L'entrée du tunnel du mont Blanc qui passe sous la vallée blanche et relie la France à l'Italie se trouve sur sa commune. Inauguré en 1965, il mesure 11,6 kilomètres.

Chautara

Muret en pierres soit le long des sentiers soit entourant un arbre. Il constitue une plate-forme qui permet aux porteurs de poser leur charge sans se baisser.

Chörten

Monument bouddhique renfermant des reliques ou des textes sacrés et destiné à protéger les lieux où ils sont érigés. Ils doivent être contournés par la gauche. En forme de bulbe pyramidal, ils sont une variante tibétaine des stupas bouddhiques. Ils sont généralement de taille plus modeste.

Chulu Est

Altitude 6 400 m. Son sommet recouvert de neiges éternelles domine le village de Manang. C'est un des plus beaux et des plus fréquentés sommets de la région.

Chulu Ouest

Altitude 6 419 m. Situé au nord-ouest du Chulu Est, il domine le village de Yack Kharka.

Comité de développement villageois

C'est l'unité administrative de base au Népal. Chaque district comporte plusieurs comités de développement villageois semblables à nos municipalités, mais avec une plus grande interaction du gouvernement et de l'administration publique. Il y a actuellement au Népal 14 zones administratives divisées en 75 districts, eux-mêmes divisés en 3 625 comités de développement villageois.

Dal baht

Plat traditionnel du Népal, de l'Inde et du Bangladesh composé de riz blanc et de soupe aux lentilles et agrémenté d'épices.

Dana

Altitude 1 540 m. Village situé sur la rive droite de la Kali Gandaki traversé lors de la 14e étape peu avant Tatopani, entre Kalopani et Tiplyang.

Dhading

District situé à l'ouest de Katmandou, à proximité de la capitale.

Dhaka ou **Dacca**

Capitale du Bangladesh comptant un peu plus de 7 millions d'habitants. Elle est située au centre du pays, dans le delta du Gange et du Brahmapoutre. Avec sa banlieue, elle forme une des plus grandes mégalopoles du sous-continent indien, comptant 17 millions d'habitants.

Dhampus Peak ou Thapa Peak

Altitude 6 035 m. Sommet situé au nord-est du Dhaulagiri et du Tukuche Peak, au nord-ouest de Jomosom.

Dhanagyu

Altitude 2 300 m. Village à proximité d'une forêt de conifères, entre Tal et Shame, dans lequel nous avons fait notre pause déjeuner au cours de la 4e étape.

Dharapani

Altitude 1 943 m. Village traversé au cours de la 4e étape, situé après Karte, peu avant le confluent de la Marsyangdi et de la Dudh Khola, entre Tal et Shame. C'est un comité de développement villageois dans le district de Manang comptant 1 000 habitants.

Dhaulagiri

Altitude 8 167 m. Situé au nord-ouest du massif des Annapurnas, il est le septième plus haut sommet de la planète. En 1950, il a été l'objectif initial de l'expédition française menée par Maurice Herzog qui était à la recherche d'un premier sommet de plus de 8 000 mètres à gravir. Mais, après plusieurs semaines de repérages et de vaines ascensions, ne trouvant pas de voie vers le sommet, les alpinistes se sont finalement reportés sur l'Annapurna I situé à trente-quatre kilomètres au sud-est. Après les échecs successifs de six expéditions de 1953 à 1959, le Dhaulagiri a été finalement gravi, en 1960, par une expédition austro-suisse dirigée par Max Eiselin.

District

Voir comité de développement villageois.

Doko

Hotte en bambous tressés, portée sur le dos, retenue par un large bandeau posé sur le front servant au transport des marchandises.

Drapeaux à prières

Nommés lungtas, petits drapeaux de différentes couleurs, sur lesquels sont inscrites des prières, des mantras qui se propagent au gré du vent. Ils sont généralement fixés sur une corde tendue sur les maisons, les temples, les rochers au passage des cols, etc. Les couleurs sont les symboles des différents éléments : le bleu pour l'eau, le rouge pour le feu, le vert pour la forêt, le jaune pour la terre et le blanc pour l'espace.

Dudh Khola

Affluent de la Marsyangdi provenant de la vallée située au nord-ouest du Manaslu à l'est du massif des Annapurnas. Le monastère bouddhiste de Thonje Gompa est situé à son confluent, à l'endroit même où la Marsyangdi s'incurve vers l'ouest.

Dumre

Altitude 631 m. Village sur la route de Katmandou à Pokhara à partir duquel la route bifurque vers le nord-est pour rejoindre Besisahar distant de quarante-deux kilomètres, ainsi que le chemin d'accès aux Annapurnas par l'est. Nous y avons pris notre repas de midi lors d'une halte du car pendant la 1ère étape.

Eastern Pass

Altitude 5 180 m. Les chiffres indiquant l'altitude de ce col sont assez déroutants, puisqu'on en trouve plus d'une quinzaine, allant de 5 100 à 5 400 mètres. Col très proche du lac Tilicho, situé au nord de celui-ci et à l'est du col du Mesocantu, il permet le passage direct vers Jomosom sans avoir à faire le tour par le col du Thorung-La à 5 415 mètres. Il est de difficulté technique élevée.

Eklobhati

Altitude 2 740 m. Village au sud de Kagbeni, à la pointe nord du circuit du tour des Annapurnas. Situé à proximité du confluent de la Kali Gandaki et de la Jong Khola et de l'entrée de la région du Mustang. Nous y avons passé la nuit en lodge au terme de la 12e étape avant de nous élancer vers Jomosom.

Everest

Altitude 8 850 m depuis les relevés de 1999. C'est le plus haut sommet de la planète. Il se situe dans la chaîne de l'Himalaya, au nord-est du Népal, à la frontière avec la Chine. Il a été nommé ainsi, en hommage à Sir George Everest, directeur de 1830 à 1843 du service géodésique de l'Inde. Au Népal, il continue à être désigné sous son nom d'origine *Sagar Mata* qui signifie « dont la tête touche le ciel ». Les Tibétains et les Sherpas le nomment *Chomolungma*, « déesse mère de la terre ». Il a été gravi pour la première fois, en 1953, par le Néo-zélandais, Sir Hillary Edmund en compagnie du Sherpa Tenzing Norgay.

Galeshwor

Village traversé vers la fin du trek lors de la 15e et dernière étape entre Tiplyang et Beni.

Ganesh

Dieu du panthéon hindouiste à tête d'éléphant, fils du dieu Shiva et de la déesse Parvati.

Gangapurna

Altitude 7 454 mètres. Ce sommet domine Manag. Il est souvent confondu avec l'Annapurna III dont il est séparé par une haute vallée glaciaire. Il a été gravi pour la première fois en 1965. Nous avons effectué sur ses pentes un entraînement à l'alpinisme au cours de la 7e étape.

Ghar Khola

Affluent de la Kali Gandaki, à l'ouest du massif des Annapurnas, en provenance de la vallée de Ghorepani. C'est à son confluent, à Tatopani, que l'on bifurque soit à l'ouest vers la vallée qui conduit à Beni, soit à l'est vers celle qui conduit à Ghorepani et au Poon Hill.

Ghorepani ou **Ghorapani**

Altitude 2 750 m. Village situé au sud-ouest du massif des Annapurnas à proximité d'une forêt de rhododendrons géants. Point de bifurcation pour accéder au Poon Hill et à un panorama impressionnant sur l'ensemble des massifs voisins.

Gompa

Monastère bouddhiste.

Gorkha

Ville de plus de 270 000 habitants, située au sud du Manaslu, à environ 80 kilomètres au nord-ouest de Katmandou, épicentre du séisme qui a frappé le Népal le samedi 25 avril 2015, faisant de 8 à 10 000 victimes.

Himal

Massif montagneux.

Himalaya

En sanscrit le mot signifie demeure des neiges : *Hima* « neige » et *alaya* « maison ». C'est un ensemble de chaînes de montagnes s'étirant d'est en ouest sur plus de 2 400 kilomètres et du nord au sud sur 250 à 400 kilomètres. Il sépare le sous-continent indien du continent euro-asiatique. Les plus hautes montagnes de la planète se situent dans l'Himalaya, soit quatorze sommets qui culminent à plus de 8 000 mètres. Le plus haut est le mont Everest à 8 850 mètres.

Humde

Altitude 3 280 m. Orthographié Hungde ou Hongde. Village entre Pisang et Manang au pied du Pisang Peak. Un long champ balisé y tient lieu d'aérodrome. Nous y avons pris notre repas de midi à la sortie du village au cours de la 6e étape.

Jagat

Altitude 1 340 m. Village entre Syange et Tal, traversé au cours de la 3e étape. Il est un comité de développement villageois dans le district de Lamjung.

Jhargeng Khola

Rivière, voir Khangsar Khola.

Jharkot

Village bâti sur un piton rocheux, surplombant la Jong Khola à l'ouest de Muktinath, traversé au cours de la 12e étape entre Thorung High Camp et Eklobhati.

Jhong Khola

Rivière située au nord du massif des Annapurnas dans la vallée de Muktinath. Nous l'avons longée au cours de la 12e étape. Elle se jette dans la Kali Gandaki à hauteur du village de Kagbeni.

Jomosom

Altitude 2 713 m. Importante ville de garnison de 1 370 habitants dans le district du Mustang, au nord-ouest du circuit du tour des Annapurnas. Sa position stratégique sur le lit de la Kali Gandaki permettait autrefois de contrôler le passage entre les basses vallées du Népal et le plateau tibétain. Son aérodrome a permis l'évacuation de Jean-Pierre vers Pokhara lors de la 13e étape.

Kabré

Comité de développement villageois de 4 235 habitants, situé au nord-est du Népal, touché par le séisme du 25 avril 2015.

Kagbeni

Altitude 2 807 m. Village principal du comité de développement villageois du même nom dans le district du Mustang. Il compte 937 habitants. Il est situé au nord-ouest du massif des Annapurnas, à la confluence de la Kali Gandaki et de la Jhong Khola. Il est considéré comme la porte d'entrée du Mustang. Nous l'avons surplombé au cours de la 12e étape.

Kali Gandaki

Rivière qui prend sa source au niveau du glacier Nhubine Himal dans la région du Mustang. Elle est longée, sur une partie nord-ouest, par le chemin du trek du tour des Annapurnas. Après avoir traversé le Népal et parcouru une partie de l'Inde sur 630 kilomètres, elle se jette directement dans le Gange.

Kalopani

Altitude 2 530 m. Village au pied du Dhaulagiri dans lequel nous avons passé la nuit en lodge au terme de la 13e étape.

Kanni

Chörten en forme de portique sous lequel on circule. Il est situé à l'entrée des villages pour tenir à l'écart les esprits malveillants.

Karte

Altitude 1 850 m. Petit village précédant Dharapani, peu avant le confluent de la Marsyangdi et de la Dudh Khola, entre Tal et Shame, traversé au cours de la 4e étape.

Kathung Kang

Altitude 6 484 m. Sommet au sud-ouest du col de Thorung La, en face du Yakgawa Kang, sommets qui surplombent, de part et d'autre, le col de Thorung La.

Katmandou

Altitude 1 400 m. Capitale du Népal, agglomération de plus de 820 000 habitants. Elle est située au sud de l'Himalaya. La ville accueille aujourd'hui de nombreux réfugiés tibétains. Les activités principales y sont l'artisanat et le tourisme. Elle comporte de nombreux monuments hindouistes et bouddhistes. Le séisme du 25 avril 2015 a détruit de nombreux temples dans les « Durbar squares », les places du palais.

Kavre

District situé au sud-est de Katmandou, particulièrement touché par le séisme du 25 avril 2015.

Khangsar

Altitude 3 734 m. Dernier village de la vallée de la Khangsar Khola en direction du camp de base du Tilicho. C'est un comité de développement villageois du district de Manang qui compte 250 habitants. Nous sommes entrés dans un lodge pour y prendre un thé lors de la 8e étape.

Khangsar Khola

Après Manang, la rivière Marsyangdi se divise en deux bras ; la branche ouest en provenance du lac Tilicho se nomme Khangsar Khola ; la branche nord en provenance de la vallée de Thorung Phédi se nomme Jhargeng Khola ou Jharsang Khola selon les cartes.

Khata

Écharpe de félicité en soie que les bouddhistes déposent autour du cou d'un dignitaire, d'un être cher ou courageux en signe d'hommage et de respect. Elle symbolise la pureté, la bienveillance, le bon présage et la compassion. Elle est aussi traditionnellement offerte en signe de bienvenue ou d'adieu.

Khola

Rivière en népali.

Khumbu

Région du parc national de Sagarmatha, dans laquelle se trouve le Mont-Everest, située au nord-est du Népal, frontalière de l'Inde.

Kodari

Village situé à la frontière du Tibet, à 115 km au nord-est de Katmandou. On a coutume de désigner par « route de Kodari » la voie d'accès, construite en 1960, qui relie Lassa à Katmandou mais, qui pour des raisons politiques, n'est utilisée pratiquement que par des camions de fret. Elle est devenue totalement impraticable depuis le séisme du 25 avril 2015. Le nom officiel de cette route est : Araniko Highway au Népal et China National Highway 318 en Chine.

Kokhethati

Altitude 2 550 m. Village traversé à la fin de la 13e étape juste avant Kalopani.

La

Col en tibétain.

Laba

Longue trompe tibétaine en cuivre produisant un son grave et rauque. Elle est utilisée par les moines lors de certaines cérémonies.

Lama

Titre donné à un enseignant religieux du bouddhisme tibétain. Il peut être utilisé de manière honorifique pour un moine, une personne célibataire ou mariée exerçant des fonctions religieuses. Lama est couramment utilisé pour désigner un moine bouddhiste.

Lamjung Himal

Altitude 6 988 m. C'est le premier grand sommet qui surplombe, à l'ouest, le chemin du trek du tour des Annapurnas lorsqu'il est effectué dans le sens est-ouest. Il se situe entre les villages de Tal et de Chame. Selon les cartes, l'altitude varie de 6 930 à 6 988 mètres.

Lamgtang

Région située à la frontière du Tibet, au nord de Katmandou.

Laprak

Village situé au nord-ouest de Katmandou, à l'est de Manaslu.

Lassi

Boisson traditionnelle de l'Inde et du Népal à base de lait fermenté sucré.

Lete Khola

Affluent de la Kali Gandaki dont le confluent se situe à proximité du village de Lete, après Kalopani. Nous l'avons franchi au début de la 14e étape.

Liberty-Cimes

Club organisant des stages d'alpinisme, des randonnées et des treks lointains. Notre expédition au Népal en 2002 en a été l'embryon.

Lodge

Lieu d'hébergement conçu pour les trekkeurs dans les montagnes. Il peut aller du simple baraquement à l'auberge.

Lubu

Village de la campagne de Katmandou, touché par le séisme du 25 avril 2015.

Lungtas

Voir drapeaux à prières.

Machapuchare

Altitude 6 993 m. Sommet au centre du massif des Annapurnas. Son nom signifie « queue de poisson » en raison de son magnifique double sommet si caractéristique. Il est particulièrement sacré et vénéré par la population locale. Il est réputé n'avoir jamais été gravi jusqu'au sommet. L'unique tentative attestée fut celle d'une équipe britannique conduite par Jimmy Roberts. Deux membres de cette expédition grimpèrent jusqu'à environ cinquante mètres du sommet mais ne terminèrent pas l'ascension. Ils s'étaient engagés à ne pas mettre le pied sur le sommet. Après cette expédition, la montagne fut déclarée sacrée et interdite aux grimpeurs.

Manang

Altitude 3 530 m. Village de 630 habitants au pied du Gangapurna dont l'activité principale est l'agriculture et l'élevage. C'est un comité de développement villageois du district de Manang dont paradoxalement le chef-lieu est Chame. La population de ce district est de 6 500 habitants. Nous y avons effectué notre palier d'acclimatation à l'altitude ainsi que notre entraînement à l'alpinisme au cours de la 7e étape.

Manaslu

Altitude 8 163 m. C'est le huitième plus haut sommet de la planète. Il a été gravi pour la première fois, en 1956, par une expédition japonaise dirigée par Toshio Imanishi. Il se situe à l'est entre les villages de Tal et de Shame.

Mandala

Peinture murale, thangka aux traits très fins et détaillés, représentant un diagramme mystique symbolique. Il se présente toujours sous forme d'un grand cercle au centre du rectangle de la toile. Il symbolise l'univers ou le palais céleste d'une divinité. C'est une sorte de prière peinte dans laquelle l'artiste donne libre cours à son imagination.

Mane Gaon

Village de Babul-Lal situé dans le district de Kavre au sud-est de Katmandou. Il a particulièrement été touché par le séisme du 25 avril 2015.

Mani

Parfois appelé par les Occidentaux « mani stone », c'est une pierre gravée de sutras, prières bouddhistes. Un mur de manis, un mendam, est un amoncellement de manis que l'on contourne par la gauche. Longer un de ces murs revient à réciter les prières qui y sont inscrites.

Mantra

Syllabe ou prière sacrée psalmodiée pour favoriser la méditation.

Mardi Himal

Altitude 5 587 m. Sommet au nord de Pokhara, il forme une crête triangulaire sur le versant sud du Machapuchare. De cette crête, la vue est magnifique sur le massif des Annapurnas et la pittoresque vallée de Pokhara. Il est peu fréquenté car il présente de sérieuses difficultés.

Marpha

Village de 1 550 habitants du district du Mustang dans lequel nous avons pris notre repas de midi au cours de la 13e étape, entre Eklobhati et Kalopani.

Marsyangdi

Cette rivière longe, sur sa partie est, le chemin du trek du tour des Annapurnas. Elle prend son nom près de Manang, au confluent de la Khangsar Khola en provenance du lac Tilicho et de la Jharsang Khola en provenance de la vallée de Thorung Phédi. Après une course d'environ 150 kilomètres, elle conflue avec le Trishuli, qui, lui-même, conflue avec le Gandak, lequel se jette dans le Gange qui débouche dans l'Océan Indien dans le golfe du Bengale, après s'être mélangé sur la partie est de son delta avec les eaux du Brahmapoutre.

Mendam

Mur constitué de nombreux manis que l'on contourne par la gauche.

Mesocantu

Altitude 5 121 m. Col situé à l'ouest du lac Tilicho et de l'Eastern Pass. Il permet le passage direct vers Jomosom sans avoir à faire le tour par le col de Thorung La situé à 5 415 mètres, mais il est de difficulté technique beaucoup plus élevée.

Momos

Sortes de raviolis tibétains, fourrés à la viande et aux légumes. Ils sont généralement servis bouillis, mais parfois frits.

Mont Blanc

Altitude 4 810 m. Le plus haut sommet d'Europe occidentale et le sixième sur le plan continental en considérant les montagnes du Caucase dont le plus haut sommet est le mont Elbrouz de 5 642 mètres, situé en Russie. Il domine la vallée de Chamonix dans les Alpes. La première ascension connue de ce sommet eut lieu, en 1786, par Jacques Balmat et le docteur Michel Paccard. Cet exploit a marqué les débuts de l'alpinisme.

Muktinath

Altitude 3 802 m. Village de 630 habitants, lieu de pèlerinage à la fois pour les hindouistes et les bouddhistes. Il compte plusieurs temples. C'est un comité de développement villageois du district du Mustang. Le site à proximité, où se trouvent les hôtels et les commerces, constitue le village de Ranipauwa. Communément lorsqu'on parle de Muktinath, on considère l'ensemble.

Mustang

District au nord d'Eklobhati englobant l'ancien royaume du Mustang. Avant 1991, la région était totalement interdite en raison de sa proximité avec le Tibet. Ne peuvent y pénétrer actuellement que des visiteurs, peu nombreux, munis d'une autorisation spéciale et pour une durée limitée. Totalement isolé du reste du monde, ce désert d'altitude vivait encore, il y a peu de temps, au rythme des saisons et des réincarnations. La roue y était ignorée et la terre y était considérée comme plane. En 2008, la monarchie du Mustang fut abolie avec celle du Népal par décision de la toute nouvelle République népalaise. Le roi du Mustang n'avait plus d'autres pouvoirs que ceux d'un chef féodal.

Namasté

Salutation utilisée en Inde et au Népal signifiant : bonjour, bienvenue, bonne route et heureux de vous retrouver. Sa signification exacte est : « que toutes les qualités que vous portez en vous soient bénies par les dieux, je vous salue respectueusement ». Simultanément, on joint les deux mains et on incline le buste.

Népal

République démocratique et fédérale depuis 2008. Pays d'Asie, frontalier au nord avec la région autonome du Tibet annexée par la Chine en 1950 et, au sud, avec l'Inde. Sa superficie est de 147 181 km^2 et sa population de 28 757 000 habitants. Géographiquement, le pays est formé, au nord, par la chaîne de l'Himalaya et, au sud, par la plaine du Téraï, région marécageuse où se concentre l'essentiel de sa population. Il a pour capitale Katmandou. Les ressources du Népal sont essentiellement agricoles (céréales, fruits et élevage). Une industrialisation récente émerge peu à peu (cimenteries et textiles). Le tourisme s'est développé de manière spectaculaire ces dernières décennies. Malgré tout, le Népal demeure un des pays les plus pauvres de la planète. Sa monnaie est la roupie népalaise et sa langue le népali. Il est composé de 81 % d'hindouistes, 10 % de bouddhistes et 4 % de musulmans.

En 1990, le roi Mahendra Bir Birkram qui avait succédé à son père en 1950, dut accepter une libéralisation du régime après plusieurs périodes d'émeutes. En 2001, le roi et la reine furent assassinés par leur fils et le frère du roi monta sur le trône. Il durcit le régime, sans toutefois venir à bout de la guérilla maoïste active dans le pays depuis 1996. La solution adoptée consista à proposer aux rebelles maoïstes de participer au gouvernement à condition de déposer les armes.

Cet accord fut accepté en 2007. Les maoïstes obtinrent alors la transformation de la monarchie en une république fédérale. Elle fut proclamée en mai 2008 et Ram Baran Yadav en devint président.

New Delhi

Capitale de l'Inde située au centre-nord du sous-continent indien, au sud-ouest du Népal. Bien qu'elle constitue une agglomération de 16,3 millions d'habitants, New Delhi est une ville nouvelle créée au début du XXe siècle. Elle résulte de la volonté des Britanniques de déplacer la capitale le leur colonie, Calcutta, vers une position plus centrale.

Ngadi

Altitude 920 m. Village situé sur le chemin du trek entre Bhulbhule et Syange, traversé lors de la 2e étape.

Ngadi Chuli

Altitude 7 871 m. Voir Peak 29.

Nilgiri

Altitude 6 940 m. Le massif du Nilgiri ou Nilgiri Himal est composé d'une suite de trois sommets situés au nord-ouest du massif des Annapurnas. Le Nilgiri Central a été gravi pour la première fois par une expédition japonaise en 1979.

Nilgiri Nord

Altitude 7 061 m. Il a été gravi pour la première fois, en 1962, par l'expédition française dirigée par Lionel Terray qui avait participé, en 1950, à l'ascension de l'Annapurna I.

Nilgiri Sud

Altitude 6 839 m. Il a été gravi pour la première fois par une expédition japonaise en 1978.

Nirvana

Concept philosophique de l'hindouisme et du bouddhisme désignant la finalité de leurs pratiques religieuses. Il correspond à l'état de béatitude qui survient à la fin du cycle des réincarnations.

Om Mani Padme Hum

Mantra fondamental du bouddhisme tibétain pouvant se traduire par : « Salut à toi, ô joyau émanant de la fleur de lotus ». Aidé de Babul-Lal je me suis hasardé à l'interprétation toute personnelle suivante : « Le bonheur et la pureté de l'âme sont dans le renoncement des biens sur la terre. Ainsi soit-il ! »

Pagode

Temple asiatique caractérisé par ses toits superposés à bords relevés.

Phakding

Petit village situé à 2 600 m d'altitude dans la région du Khumbu.

Palanche

Pièce de bois droite ou légèrement incurvée très utilisée en Asie. Placée sur l'épaule, elle permet de porter, à chacune de ses extrémités un panier ou un fardeau.

Patan

Ville située à sept kilomètres au sud du centre de Katmandou, ancienne ville royale, autrefois capitale, grand centre d'enseignement bouddhique et ville d'art. Avec plus de 250 000 habitants, Patan est la seconde cité de la vallée, avec plus de 250 000 habitants, elle ne forme désormais qu'une seule et même ville avec Katmandou dont elle n'est séparée que par un pont sur la Bagmati. Cette ville constitue un véritable musée en plein air, avec son palais, ses monastères, ses pagodes et ses sanctuaires. C'est aussi une ville célèbre pour ses orfèvres qui travaillent le bronze et l'argent. Depuis le 25 avril 2015, sur le « Durban square », les trois temples qui cohabitaient avec les « shikaras », les tours-sanctuaires coniques, sont détruits.

Pauda Danda

Altitude 4 665 m pour la crête. Entre Shame et Pisang, la Pauda Danda est une immense plaque rocheuse inclinée qui surplombe la Marsyangdy sur plus de 1 500 mètres.

Peak 29 ou Manaslu II

Altitude 7 871 m. Ce sommet se situe au sud du Manaslu, au nord-est du village de Tal. Il est également connu sous le nom de Ngadi Chuli. Il est parfois aussi nommé le Manaslu II. La première ascension probable de ce sommet aurait eu lieu, en 1970, par le Japonais Hiroshi et le Sherpa Lhakpa Tsering. Ils furent, tous deux, victimes d'une chute mortelle au retour de leur ascension.

Phewa

Altitude 780 m. Lac situé à l'ouest de Pokhara qui contribue à en faire un lieu de villégiature.

Phungi Himal

Altitude 6 379 m. Pic situé au nord-est de Tal et à l'ouest du Manaslu.

Pisang

Village double au pied du Pisang Peak. Lower Pisang à 3 200 mètres, où nous avons installé notre campement au terme de la 5e étape et High Pisang à 3 300 mètres, dominé par un gompa magnifique.

Pisang Peak

Altitude 6 091 m. Ce sommet surplombe le village de Pisang au nord de celui-ci. Il a été gravi pour la première fois, en 1955, par une expédition allemande.

Pokhara

Altitude 780 à 915 m. selon les sources. C'est une des plus grandes villes du pays. Située au sud des Annapurnas, elle est peuplée de 255 000 habitants dont 15 000 tibétains. Le roi y avait autrefois sa résidence d'été près du lac Phewa. Elle a pour principales activités l'agriculture et surtout le commerce qui s'adapte au tourisme en plein développement. Elle est le point de départ ou d'arrivée de toutes les expéditions dans la région des Annapurnas.

Poon Hill

Altitude 3 200 m. Sommet au sud-ouest du massif des Annapurnas, à l'est de Beni qui s'ouvre sur le panorama somptueux de l'ensemble de la chaîne himalayenne centrale. En Europe, nous appellerions un sommet de 3 200 mètres une montagne, ici c'est une colline (Hill).

Purano Gaon

Hameau de treize maisons situé au sud-ouest du massif des Annapurnas, au nord-ouest de Pokhara, détruit en totalité lors du séisme du 25 avril 2015.

Ranipauwa

Altitude 3 700 m. Voir Muktinath.

Rasuwa

District situé à la frontière du Tibet, au nord de Katmandou

Rolwaling

Région du nord-est du Népal, à la frontière du Tibet, située à l'ouest du parc national de Sagarmatha.

Sâdhu

Ermite hindouiste vivant de charité qui pratique un ascétisme strict et ne possède généralement qu'un bâton, une cruche et une sébile, sorte de bol de bois servant à recueillir les aumônes.

Sagarmatha

Nom du mont Everest en népalais, signifiant « la montagne dont la tête touche le ciel ». C'est aussi le nom de l'une des quatorze zones administratives du Népal située à l'est, dans le secteur de l'Everest, comprenant le parc national du Sagarmatha.

Sahib

Mot de l'hindi ou du bengali signifiant à l'origine « seigneur ». Dans les Indes britanniques, il était un titre honorifique. De nos jours, il a pris la signification de « monsieur » ou « maître ».

Saranghi

Petite viole à quatre cordes.

Sari

Vêtement féminin traditionnel en Inde, fait d'une longue bande de tissus drapée.

Sera

Altitude 833 m. Lieu de départ de notre trek, entre Besisahar et Bhulbule à une heure de marche de ce dernier.

Sherpa

Ethnie originaire du Tibet vivant au nord-est du Népal dans la région de l'Everest. Ils ont été les premiers à être utilisés comme porteurs lors des premières expéditions himalayennes. Depuis, à tort, leur nom est devenu synonyme de porteur. De nos jours, ils n'exercent plus cette fonction mais encadrent les expéditions.

Shiva

Dieu du panthéon hindouiste, troisième dieu de la Trimurti. Il symbolise la destruction de l'univers et se manifeste sous plusieurs formes. Il peut être tout à la fois créateur et destructeur et symbolise la connaissance universelle. Voir Trimurti.

Siddhârta Gautama

Vrai nom de Bouddha. Voir Bouddha.

Sikkim

Ancien royaume de plus de 600 000 habitants, situé au cœur de l'Himalaya, entre le Népal à l'ouest, le Bhoutan à l'est, le Tibet au nord, et l'Inde au sud. Il a été intégré à l'Inde par voie de référendum en 1975. Cet état indien a été frappé en septembre 2011 par un séisme de magnitude 6,9 faisant entre 100 et 150 morts.

Sirdar

Personne chargée de recruter l'équipe d'une expédition et d'en assurer la coordination : il en est le chef tout en faisant office de guide et d'interprète. Le sirdar est détenteur d'une licence spéciale qui lui permet d'exercer ses fonctions. Généralement il travaille en exclusivité pour une agence de trek.

Stupa

Ce sont des monuments bouddhistes de taille variable. Ils vont du dôme immense au petit monticule de pierres. Ils sont constitués, pour la plupart, d'un socle en brique, en stuc ou en pierre, surmonté d'une tour carrée sur laquelle sont peints les yeux de Bouddha. Le sommet de l'édifice, de forme conique ou pyramidale, est couronné par un dôme. L'ensemble protège une chambre scellée qui abrite des reliques. Les stupas se remarquent de loin : ils sont toujours bâtis sur des hauteurs ou dans des sites dégagés.

Syange

Altitude 1 136 m. Petit village situé de l'autre côté d'un pont suspendu sur la Marsyangdi où nous avons installé notre campement au terme de la 2e étape.

Swayambunath

Grand stupa situé à l'ouest de Katmandou sur une colline verdoyante qui surplombe la ville. C'est un des plus anciens et le plus saint des sites de la capitale. Il est vénéré par les bouddhistes tibétains et les Néwars d'origine mongole. C'est un des plus grands stupas du Népal. Il est également surnommé le temple des singes, en raison des nombreux macaques qui peuplent ses abords. Sur l'esplanade du stupa se trouve une multitude de temples, de sanctuaires, de statues de Bouddha, de sculptures et moulures de toutes sortes. De nombreux commerces et étals de vendeurs sont installés aux abords du temple.

Tal

Altitude 1 707 m. Signifie « lac » en népalais. Coquet petit village dallé sur un petit plateau alluvionnaire dans une étroite vallée de la Marsyangdi, au sud-ouest du Manaslu. La population d'origine tibétaine est bouddhiste. Nous y avons passé la nuit en lodge au terme de la 3e étape.

Tamang

Groupe ethnique vivant au nord et à l'est de Katmandou. Leur culture est proche des cultures tibétaine et sherpa. Ils parlent le tamang, langue d'origine tibéto-birmane. Nombre de nos porteurs, ainsi que notre sirdar, Babul-Lal, sont tamangs.

Tare Gompa

Altitude 3 900 m. Petit hameau après le village de Khangsar en direction du camp de base du Tilicho. Il est surplombé par un gompa, temple bouddhiste, d'où son nom. Nous y avons pris notre repas de midi au cours de la 8e étape.

Tatopani

Altitude 1 190 m. Village du tour des Annapurnas situé au confluent de la Kali Gandaki et de la Ghar Khola. En venant du nord, c'est à partir de Tatopani que l'on bifurque soit vers la vallée à l'ouest qui conduit à Beni, soit, à l'est, vers celle qui conduit à Ghorepani et au Poon Hill.

Teraï

Plaine de toute la partie sud du Népal. Cette région peuplée d'ethnies de type indien se situe à une altitude comprise entre 60 et 300 mètres. Elle est parsemée de prairies marécageuses, de savane et de forêts tropicales qui hébergent une faune particulièrement riche : tigres, léopards, ours à collier, éléphants, rhinocéros, crocodiles et reptiles de toutes sortes. Elle constitue le grenier à blé du Népal.

Thamel

Quartier pittoresque, situé au nord-ouest de Katmandou, très fréquenté par les touristes. Il présente une forte concentration d'hôtels, de restaurants et de magasins de toutes sortes.

Thangka

Peinture sur toile aux traits très fins et détaillés. Elle représente des divinités du bouddhisme tibétain, des sujets à caractère pratique ou éducatif voire des diagrammes mystiques symboliques comme les mandalas.

Thar

Chèvre sauvage à poils longs de l'Himalaya.

Thonje Gompa

Altitude 1 950 m. Monastère bouddhiste situé au confluent de la Dudh Khola et de la Marsyangdi, entre Tal et Chame, visité au cours de la 4e étape.

Thorung High Camp

Altitude 4 850 m. Camp d'altitude composé de deux rangées de lodges, entre Yack Kharka et Muktinath dans lequel nous avons passé la nuit au terme de la 11e étape. Il permet de répartir les efforts de l'exténuante montée vers le col de Thorung La et de l'interminable descente vers Muktinath sur deux étapes.

Thorung La

Altitude 5 416 m. Col situé au nord de la chaîne des Annapurnas entre le Khatung Kan au sud-ouest et le Yakgawa Kang au nord-est. Il est le passage obligé, à haute altitude, des trekkeurs faisant le tour classique des Annapurnas. Il est la seule voie de communication entre la vallée de Manag et celle de Muktinath.

Thorung Phedi

Altitude 4 420 m. Minuscule hameau, bâti sur un monticule surplombant une prairie au pied de l'interminable montée qui conduit au Thorung High Camp puis au col de Thorung La. Nous y avons fait une halte lors de la 11e étape.

Tibet

Région de hauts plateaux désertiques, située au nord de l'Himalaya, peuplée par 2 616 300 habitants. Sous domination chinoise depuis le XVIIe siècle, le Tibet proclama son indépendance en 1911. La Chine l'ayant toujours considérée comme l'une de ses provinces, a envahi militairement son territoire en 1950 et l'a annexé en 1951. La résistance tibétaine fut durement réprimée. Le dalaï-lama, Tenzin Gyatso, dut quitter la capitale Lhasa et s'exiler en Inde avec son gouvernement. De nos jours, certains utilisent le terme de génocide pour désigner la sévère répression qui s'exerce toujours à l'encontre des opposants au régime chinois. Si le mot est discutable, il est certain que la normalisation chinoise du Tibet se poursuit sous la forme d'une systématique destruction culturelle, linguistique et religieuse.

Tilicho, camp de base

Altitude 4 150 m. Il permet de s'élancer, à l'assaut du lac Tilicho ou vers le Tilicho Peak. Il comporte un refuge, mais il est possible d'y installer un campement.

Tilicho, lac

Altitude 4 950 m. Situé au nord-ouest de la chaîne des Annapurnas, à l'ouest de Manang, il est le plus haut grand lac de la planète. Il a une superficie de 4,8 km^2, une longueur de 3,9 km, une largeur de 1,6 km et une profondeur de 85 m. Il a été découvert, en 1950, par l'expédition française dirigée par Maurice Herzog qui effectuait une reconnaissance pour trouver une voie d'accès vers le sommet de l'Annapurna I.

Tilicho Peak

Altitude 7 134 m. Ce sommet à l'ouest de la chaîne des Annapurnas surplombe le lac Tilicho. La première ascension a été réalisée, en 1978, par le français Emmanuel Schmutz par la voie nord-ouest.

Tiplyang

Altitude 1 040 m. Village au nord-ouest du Poon Hill dans lequel nous avons passé notre dernière nuit du trek en lodge. Un repas spécial d'adieu nous y fut offert par les cuisiniers népalais.

Titicaca, lac

Altitude 3 800 m. Traversé par la frontière entre la Bolivie et le Pérou, il est le plus haut lac navigable de la planète.

Trek ou trekking

Mot d'origine néerlandaise et afrikaner désignant une grande randonnée en région montagneuse.

Trekkeur

Randonneur effectuant un trek.

Trimurti

Trinité hindouiste faisant partie de la divinité suprême qui préside aux différents états de l'univers, composée des dieux : Brahma, Vishnou et Shiva. Brahma symbolise la création de l'univers, Vishnou sa préservation et Shiva sa destruction.

Tukuche

Comité de développement villageois situé entre Eklobhati et Kalapani comptant 740 habitants. Nous avons traversé ce village lors de la 13e étape.

Tukuche Peak

Altitude 6 920 m. Sommet situé au nord-ouest du massif des Annapurnas, très proche du Dhaulagiri, au nord-est de celui-ci.

Uper Khangsar

Altitude 4 100 m environ. Village désaffecté qui surplombe Khangsar, en face du Gangapurna, sur le chemin qui conduit du camp de base du Tilicho à Yack Kharka. Nous y avons fait une halte au cours de la 10e étape.

Vishnou

Dieu du panthéon hindouiste, deuxième dieu de la Trimurti ; il symbolise la préservation de l'univers. Voir Trimurti.

Yack

Bœuf massif couvert d'une toison de longs poils vivant dans les prairies himalayennes.

Yack Kharka

Altitude 4 018 m. Hameau composé de quelques lodges entre Manang et Thorung High Camp. Son nom signifie en népalais : pâturage des yacks. Effectivement, des troupeaux de yacks paissent en liberté dans les prairies environnantes. Nous y avons installé notre campement au terme de la 10e étape.

Yakgawa Kang

Altitude 6 482 m. Sommet au nord-est du col de Thorung La, en face du Kathung Kang. Ces deux sommets surplombent, de part et d'autre, le col de Thorung La.

Yéti

Humanoïde légendaire ressemblant à un singe, de très haute taille, couvert de poils, nommé aussi « abominable homme des neiges », il hanterait les hautes régions de l'Himalaya.

Table des matières

Imprimé en France en décembre 2015
Par Corlet Numérique
14110 Condé-sur-Noireau
N° 124384
Dépôt légal : décembre 2015